AF753586

El arte de vestir a la Virgen

© J. Ignacio Sánchez Rico • Antonio Bejarano Ruiz • Jesús Romanov López–Alfonso 2017
© Editorial Almuzara, s.l., 2017

Primera edición: febrero de 2017
Segunda edición abril de 2019
Tercera edición: julio de 2024

Reservados todos los derechos. «No está permitida la reproducción total o parcial de este libro, ni su tratamiento informático, ni la transmisión de ninguna forma o por cualquier medio, ya sea mecánico, electrónico, por fotocopia, por registro u otros métodos, sin el permiso previo y por escrito de los titulares del *copyright*.»

Cualquier forma de reproducción, distribución, comunicación pública o transformación de esta obra solo puede ser realizada con la autorización de sus titulares, salvo excepción prevista por la ley. Diríjase a CEDRO (Centro Español de Derechos Reprográficos, www.cedro.org) si necesita fotocopiar o escanear algún fragmento de esta obra.

www.editorialalmuzara.com
pedidos@almuzaralibros.com - info@almuzaralibros.com

Editorial Almuzara
Parque Logístico de Córdoba. Ctra. Palma del Río, km 4
C/8, Nave L2, n.º 3. 14005 - Córdoba

Editorial Almuzara • Colección Arte y patrimonio
Edición al cuidado de: Rosa García Perea
Director editorial: Antonio Cuesta

Imprime: BLACK PRINT
ISBN: 978-84-10522-15-2
Depósito Legal: CO-977-2024
Hecho e impreso en España–Made and printed in Spain

JOSÉ IGNACIO SÁNCHEZ RICO
ANTONIO BEJARANO RUIZ
JESÚS ROMANOV LÓPEZ-ALFONSO

El arte de vestir a la Virgen

Tercera edición revisada y actualizada

ALMUZARA

ÍNDICE

INTRODUCCIÓN HISTÓRICA

(JOSÉ IGNACIO SÁNCHEZ RICO)

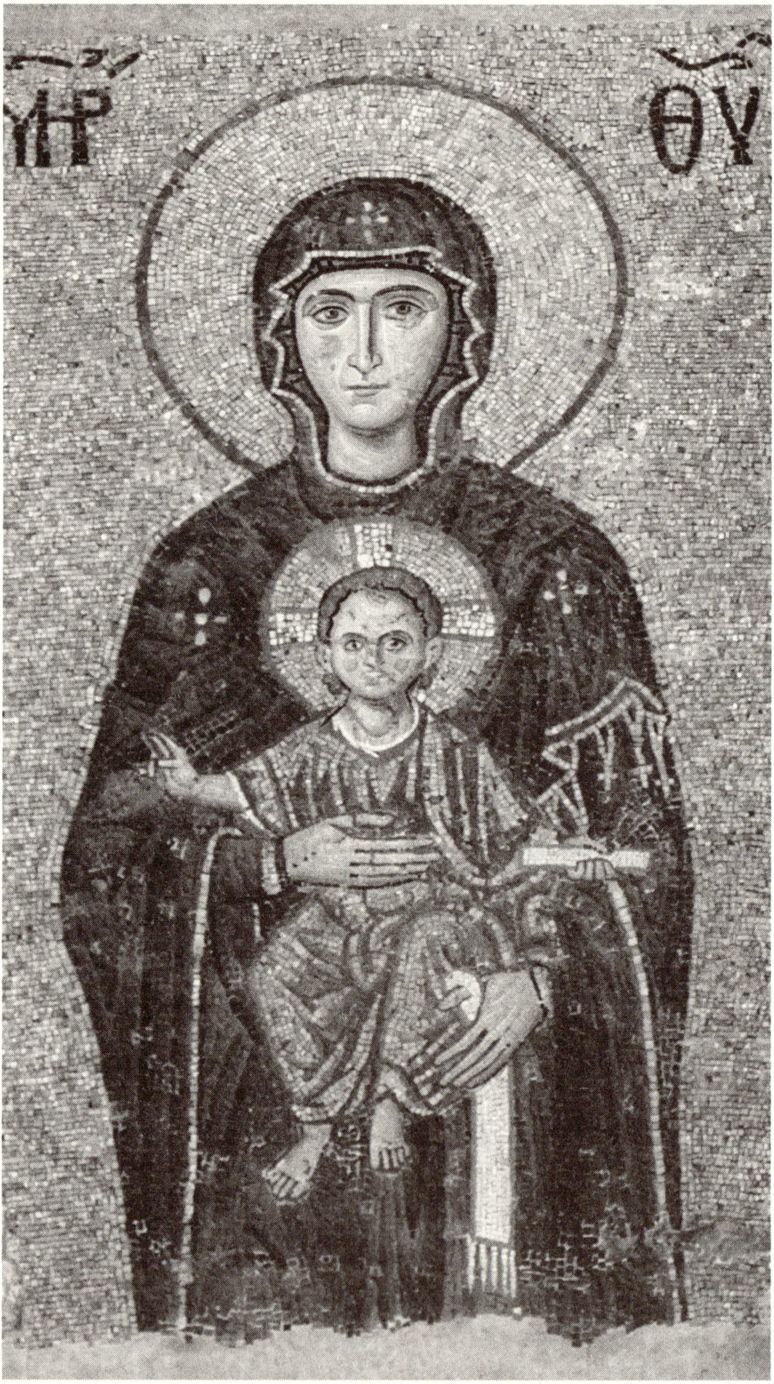

Virgen kyriotissa, mosaico bizantino de Santa Sofía en Constantinopla.

1. INTRODUCCIÓN A LA ICONOGRAFÍA DE LA VIRGEN

Analizar siete siglos de la historia de la vestimenta de las imágenes marianas es una tarea descomunal para sintetizarla en tan breves líneas. No se trata de una recopilación exhaustiva porque se escapa a las dimensiones del libro, por lo que vamos a tratar de hacer una introducción a un tema, tan apasionante como poco estudiado. Ciñéndonos al caso sevillano, la primera persona que se da cuenta de la importancia de las vestimentas en las imágenes será el periodista sevillano Manuel Sánchez del Arco en su *Exégesis profana de la Semana Santa de Sevilla* de 1943, pero no serán muchos los escritos sobre esta actividad y sobre los que la ejercen, salvo excepciones como la del historiador Juan Martínez Alcalde[1], el periodista Antonio Burgos, o el antropólogo Isidoro Moreno[2].

Quizás el primer estudio detallado nos lo ofrece el profesor Jesús Miguel Palomero Páramo en un capítulo de su libro *las Vírgenes de la Semana Santa de Sevilla* de 1983, que completara dos años más tarde con un artículo por entregas que publicó el *Diario ABC* [3]. Hay que esperar a la década de los noventa para que investigadores de la talla de José González Isidoro, o Ramón de la Campa, traten de algunos aspectos iconográficos e iconológicos en revistas cofrades de la época, en esto coinciden con los programas de mano de la Semana Santa sevillana que empiezan ahora a incorporar entre sus datos los nombres de los

---

1 Su primer artículo para el *Boletín de las Cofradías de Sevilla* en agosto de 1966, se titulaba «Del atavío de nuestras Vírgenes».

2 MORENO, Isidoro: *La Semana Santa de Sevilla. Conformación, mistificación y significaciones y significaciones.* Sevilla, 1982.

3 PALOMERO PÁRAMO Jesús M.: El arte sevillano de de vestir Vírgenes. En *Diario ABC de Sevilla,* domingo 17 a sábado 23 de marzo de 1985.

vestidores. Otra de las fuentes fundamentales para esta investigación ha sido el *Boletín de las Cofradías de Sevilla,* destacando las aportaciones de su director Rafael Jiménez Sampedro y de otros colaboradores como José Gámez Martín, importantísima la información sobre la historia de nuestra patrona, Juan Carlos Martínez Amores con su conocimiento del grabado antiguo, y al siempre recordado Juan Martínez Alcalde cuyo estudio de la historia de las corporaciones de gloria ha sido decisivo para esta investigación.

Fuera del ámbito sevillano, el Museo de San Juan de Dios de Murcia organizó durante algunos años un seminario sobre imágenes de vestir y moda al que fui invitado en el 2001 a impartir una conferencia sobre el tema, que es la génesis de este texto[4]. De época reciente no podemos olvidar el interesantísimo libro del madrileño Eduardo Fernández Merino, *La Virgen de Luto,* publicado en 2012, y que ha abierto un debate que ha fructificado en un par de artículos del historiador zamorano Javier Prieto, que con su perspicacia ha sido de gran ayuda para completar este texto.

Las imágenes de la Virgen constituyen uno de los más importantes capítulos del Arte Cristiano, provocando una rica iconografía que parte de dos tipos fundamentales de representación: la Virgen orante y la Virgen entronizada. En los evangelios no está muy bien descrito el personaje de la Virgen[5]. Tenemos que esperar al siglo II, cuando surgen los Evangelios apócrifos, que nos otorgan más datos, pero estos hablan más de sus cualidades morales que de su físico, a pesar del mito de que existen retratos pintados por San Lucas Evangelista, creencia que en la Edad Media estaba tan asumida, que incluso se le representaba pintando a María[6].

---

4 SÁNCHEZ RICO, J. Ignacio: Evolución de los modos, modas, atuendos y costumbres en el arte sevillano de vestir Dolorosas de candelero. En *II Seminario imágenes de vestir y moda, la tristeza.* Museo San Juan de Dios, Murcia 30 noviembre–2 diciembre, 2001.

5 Episodio de la Encarnación (Lucas, 1, 26–28); Episodio de la Visitación (Lucas 1, 39–56); Cristo entre los Doctores (Lucas, 2, 41–52); y las Bodas de Caná (Juan, 2, 1–11).

6 TRENS, M.: *Iconografía de la Virgen en el arte Español.* Barcelona, 1946. Pp. 15–38.

La aparición de la Virgen en el arte plástico tiene lugar en las catacumbas romanas, como en las de Priscila en el siglo III. En éstas se desarrollaban las dos modalidades iconográficas fundamentales mencionadas. En la historia de la Iconografía Mariana es muy importante mencionar el Concilio de Éfeso, celebrado en el año 431, convocado por el emperador Teodorico II, para poner fin a las controversias acerca de la persona de Cristo y de la dignidad de María. En lo que a la Virgen se refiere, el Concilio definió que es la verdadera Madre de Dios. A partir de este momento el auge de la devoción mariana llevará a los artistas a hacer infinitas representaciones de María, que entre los siglos V al XIII, se la representará mayoritariamente entronizada.

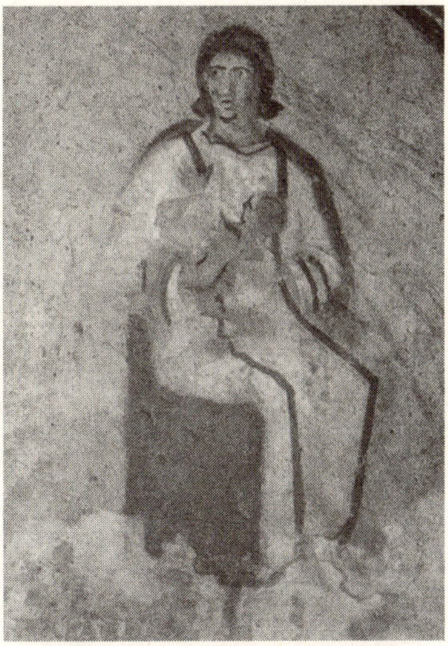

Virgen theotocos, catacumbas de Santa Priscila Roma siglo III.

En el Arte bizantino, aparte de los dos modelos primarios, sedente y orante, surgieron varias interpretaciones: como la *odegitría* o conductora del Niño, concebida de pie con la mano derecha en el pecho y Jesús en el brazo izquierdo. La *blanquernitissa, orante* con los brazos en alto. Un tercer tipo es la *theotocos,* sentada de frente con el niño centrado en su regazo en actitud de bendecir. Por último la *deesis* en la que está en el Calvario junto a San Juan, apareciendo por primera vez como dolorosa en el arte.

El tema iconográfico que ha dado más variantes es el de la Virgen *Theotocos.* Entre sus tipos cabe resaltar el de Virgen Majestad. En ella aparece en actitud hierática, representada bien de pie o sentada, con el niño en su regazo presentándolo con sus manos. Es el modelo que en Bizancio se denominaba *kyriotissa.* Entre los siglos XII y XIII el tema de la Virgen Majestad se hace casi único, iniciando en el Gótico un dialogo maternal entre Madre e Hijo.

Las representaciones de la Virgen se dividen en dos grupos: las de Gloria o letíficas y las Dolorosas. Las primeras representan milagros o escenas de la vida de la Virgen o su relación con determinados dogmas (Asunción, Purísima Concepción), tradiciones piadosas (Rosario, Tres Avemarías) o ciertas órdenes religiosas (Carmen, Merced, María Auxiliadora) y presentaban a María en actitud de exultante majestad, frecuentemente con el Niño Jesús en sus brazos irradiando luz y alegría. En cambio las Dolorosas sólo recogen los trances sufridos por María desde el prendimiento de Jesús, la madrugada del Jueves Santo, hasta su resurrección el Domingo de Pascua.

El vestir las imágenes religiosas es una costumbre que va más allá del nacimiento del Cristianismo. Ya en Grecia se ofrecía, cada cuatro años, una nueva túnica sagrada a la diosa Atenea. En los comienzos de la era Cristiana, al no existir casi imágenes escultóricas, parece imposible que existiera el hábito de vestirlas. Las primeras noticias de revestimiento de imágenes las hallamos en el mundo bizantino, a partir del siglo X, pero aplicado sólo al campo de la pintura, pues se recubrían con planchas de plata los iconos pintados[7]. Esta técnica se aplicará en España en época gótica a imágenes de bulto, como la Virgen de la Vega patrona de Salamanca, o la Virgen de la Sede de la Catedral de Sevilla. Lo que realmente hacían era recamarlas de planchas de oro y plata. Esta técnica ornamental no hacía sino disponer suntuosos ropajes sobre los modelados de la talla original. Esto lo podemos considerar como un paso previo al uso de prendas de vestir en las imágenes.

En la documentación existente de los siglos XIV y XV, fundamentalmente inventarios, se nos habla de los ofrecimientos de indumentarias y joyas a la Virgen, siendo el manto la prenda más donada. No será hasta finales del siglo XV cuando empiecen a aparecer en los inventarios las donaciones de túnicas para vestir por completo a las imágenes, pudiéndose hablar de tallas realmente sobrevestidas.

El origen de las imágenes hechas ex profeso para vestir, resulta todavía confuso pues son muchas las evidencias que cuestionan el nacimiento de este tipo de obras en el barroco[8],

7 TRENS, M.: *Iconografía de la Virgen en el arte Español.* Barcelona, 1946. Pp. 640–649.

8 PRIETO PRIETO, Javier: Las primeras vírgenes vestideras. En el *Boletín: Decima Estación,* marzo 2014.

como se había señalado durante mucho tiempo, adelantando su ejecución a la segunda mitad del siglo XVI, gracias en parte a la costumbre de sobrevestir tallas antiguas en un afán de modernizarlas, arraigando esta costumbre de tal forma que empezaron a realizarse imágenes de candelero hechas exclusivamente para ser sobrevestidas convirtiéndose en algo común en España en el último tercio del XVI.

Desde el momento que se adoptan los atuendos cortesanos para sobrevestir las imágenes se empieza a hacer una diferenciación entre las de gloria y las dolorosas, tomando estas últimas los atuendos enlutados de las viudas y las dueñas de los Austrias, reservándose los colores, los bordados y los tejidos más ricos y llamativos para las imágenes de gloria. Otra influencia que recibirán los colores y formas de los atuendos de ciertas imágenes será por las órdenes religiosas a cuyas patronas llámense Carmen, Merced, o en menor medida Rosario vestirán los hábitos de la orden.

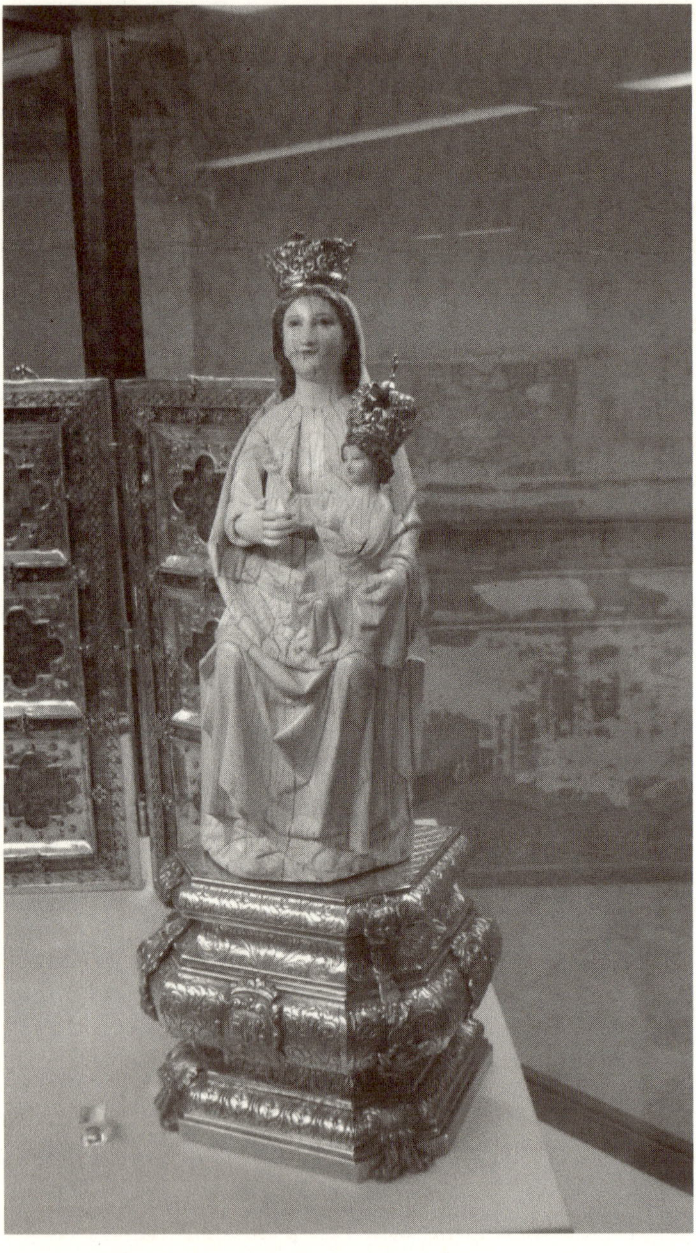

Virgen de las Batallas

2. LAS PRIMERAS IMÁGENES DE LA VIRGEN TRAS LA RECONQUISTA CRISTIANA DE SEVILLA

El origen a la devoción a la Virgen en España se remonta a los tiempos de la supuesta presencia del Apóstol Santiago en la península, en su vuelta a Roma le acompañan siete discípulos que son ordenados sacerdotes y posteriormente elevados al episcopado. Uno de ellos, San Geroncio, regresó a Itálica cerca de Sevilla, predicando el Evangelio y la devoción a María, dando origen a devociones que aunque la mayoría no perduraron si tenemos consciencia de su existencia.

En el segundo cuarto del siglo XIII tenemos el caso excepcional de la imagen de la Virgen de los Reyes, actual Patrona de Sevilla y su archidiócesis. Es una Virgen sedente *theotocos* en actitud de majestad, concebida desde su origen como un maniquí articulado para ser vestido, tanto ella, como el niño que sostiene en su regazo, posee una cabellera de hilos de oro y un mecanismo que le permitiría algún tipo de movimiento como la bendición de los fieles. Suponemos que fue un regalo de San Luis rey de Francia a su primo el rey Fernando III el Santo después de la conquista de Sevilla, de hecho autores como Hernández Díaz la relacionan con el grupo de Chartres[9]. Ella es el mejor testimonio de la existencia de imágenes de vestir en los últimos siglos de la Edad Media. Su existencia no debe interpretarse como un hecho aislado sino como la necesidad de replantearse el origen de este tipo de imágenes. La difícil conservación de los tejidos y el deterioro por el continuo cambio de sus vestimentas nos impiden

---

9 HERNÁNDEZ DÍAZ José: *La Virgen de los Reyes, Patrona de Sevilla y su archidiócesis.* Sevilla, 1947.

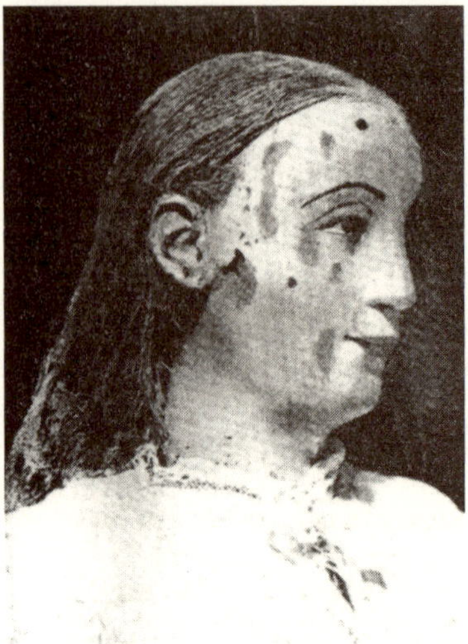

Virgen de los Reyes s. XIII
Catedral de Sevilla.

constatar otros testimonios medievales fuera de Sevilla. Su devoción está envuelta por toda una aureola de leyendas sobre su origen divino, relato muy anclado en las tradiciones españolas en torno a imágenes de importancia. De todas formas fue la imagen que suscito más devoción desde antiguo y así lo atestiguó Felipe II al denominarla como: *Reina de las imágenes de Nuestra Señora*[10].

Después de la conquista cristiana en 1248, se establecieron en Sevilla innumerables templos, capillas y altares, etc., dedicados a la Madre de Dios. En un primer momento no tenemos constancia de ningún escultor en la ciudad, esto nos lleva a considerar que al principio hubo un predominio de la pintura sobre todo mural[11], frente a la realización de imágenes escultóricas, sin embargo el paso del tiempo ha permitido la conservación de un mayor número de imágenes de talla frente a las primeras pintadas. De esta época son las imágenes pertenecientes al ciclo fernandino, como la de los Reyes del convento de San Clemente y la de la parroquia de San Ildefonso, así como la Virgen de las Aguas del Salvador. Todas ellas concebidas para ser vestidas, como maniquíes articulados que solamente tienen tallados y policromados el rostro, manos, y pies, por imitar el primigenio Icono fernandino[12], pero como ya hemos dicho suponen una excepcionalidad dentro del panorama artístico español y sevillano.

---

10 GÁMEZ MARTÍN, José: «la reina de las imágenes de Nuestra Señora de los Reyes y Felipe V, devoción mariana en el lustro real (1729-33). En *Boletín de las Cofradías de Sevilla*, nº595, agosto de 2008. Pp. 758-765.

11 MEDIANERO HERNÁNDEZ, J.M.: Las pinturas de la antigua mezquita-catedral hispalense. En *Archivo Hispalense*. Nº 201. Sevilla. 1983.

12 RODRÍGUEZ NAVARRO, Antonio: 1899–1999, C Aniversario de la salida procesional de María Santísima de los Dolores (I). *Boletín Informativo de la Hermandad de la Calle Real de Castilleja de la Cuesta*, nº 44, marzo, 1999. P. 34.

Una pregunta que nos hacemos es cómo estarían vestidas estas imágenes, y para ello debemos acudir a las representaciones pictóricas y de bulto coetáneas a la de los Reyes que existen en la ciudad. Buena prueba de ello son las ilustraciones de las Cantigas de Alfonso X el Sabio, que estuvieron muy relacionadas con la Capilla Real de la Catedral, ya que por expreso deseo de su autor, la obra reposó durante años a los pies de la Santísima Virgen de los Reyes hasta que el rey Felipe II tuvo a bien trasladarla al Escorial[13]. También son importantes las tallas de la Virgen de las Batallas y la de la Sede en la Catedral, imágenes que nos ejemplifican los modos en que estarían vestidas las imágenes del ciclo fernandino en su trasunto textil. Éstas vestían briales[14] o bien túnicas ceñidas y mantos de formas sinuosas y estaban tocadas por coronas como símbolo de realeza. Desde luego, su atuendo se identificaría con la moda de las damas de la nobleza castellana de la época, como se observa en antiguos retratos de la clase dirigente y es que, desde un primer momento, las imágenes marianas se van a identificar en su atuendo con el de la realeza, y la evolución de sus vestimentas está íntimamente ligada a la evolución de la moda cortesana[15].

En la documentación existente de los siglos XIV y XV, fundamentalmente inventarios, se nos habla de los ofrecimientos de indumentarias y joyas a la Virgen, siendo el manto la prenda más donada. Estos se le colocaban a las imágenes sobre sus espaldas quedando al descubierto la talla original al modo como hoy se pueden presentar la Virgen del Amparo y todos los Santos de Sevilla, o la de Valme en Dos Hermanas. No será hasta finales del siglo XV cuando empiecen a aparecer en los inventarios las donaciones de túnicas para vestir por completo a las imágenes, pudiéndose hablar de tallas realmente sobrevestidas. Uno de los primeros testimonios del uso de una prenda civil para vestir una imagen de la Virgen se recoge en una visita episcopal a la parroquia de

---

13 ORTIZ DE ZÚÑIGA, Diego: *Anales eclesiásticos y seculares de la ciudad de Sevilla*, Madrid, imprenta real, 1796, tomo III. Pp. 341–42.

14 Brial: Vestido de seda o tela rica que usaban las mujeres en el gótico.

15 BERNIS, Carmen: La moda y las imágenes góticas de la Virgen. En *Archivo español de arte*, nº170, tomo 43.

San Martín del Castañar, Salamanca, en 1499: *e falló que abya en la dcha*[iglesia] *ttres altares* [...] *yten visitó el altar de mano derecha en qual estaba una retablo viejo q tiene una Ymagen de nuestra senora de bulto con un brial de pano negro*[16]. En la diócesis de Sevilla cuando se restauró en 1965 la imagen gótica de la Virgen de Gracia, Patrona de Carmona, apareció una camisa mudéjar que envolvía a modo de ropa interior la talla original, mutilada para ser vestida probablemente a finales del siglo XV, época a la que corresponde el niño que porta entre sus manos.

16 APSmtn. Fábrica de 1499, Santa Visita, f.1. Recogido en CEA GUTIÉRREZ, Antonio. *Religiosidad Popular Imágenes Vestideras.* Zamora: Heraldo de Zamora, 1992, pp. 39.

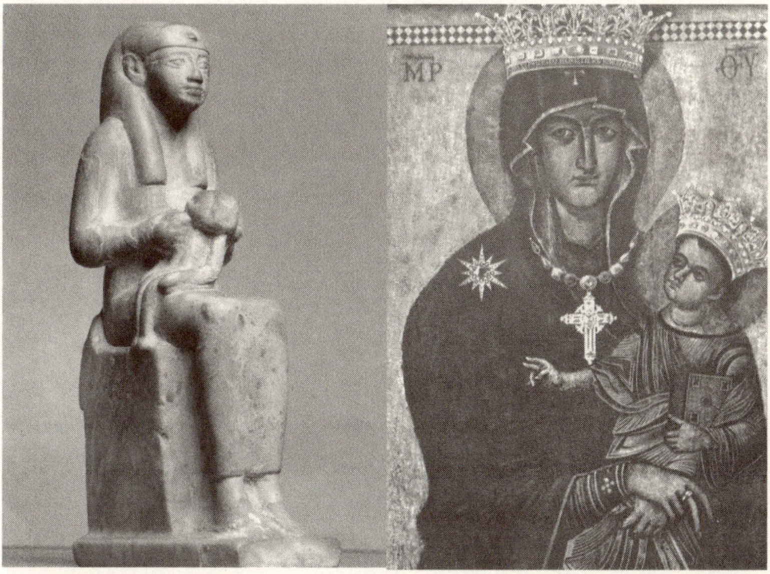

Isis y Horus antecedente egipcio de la iconografía de la Virgen con el niño y a su lado Salus Populis Romanis, pintura atribuida a San Lucas.

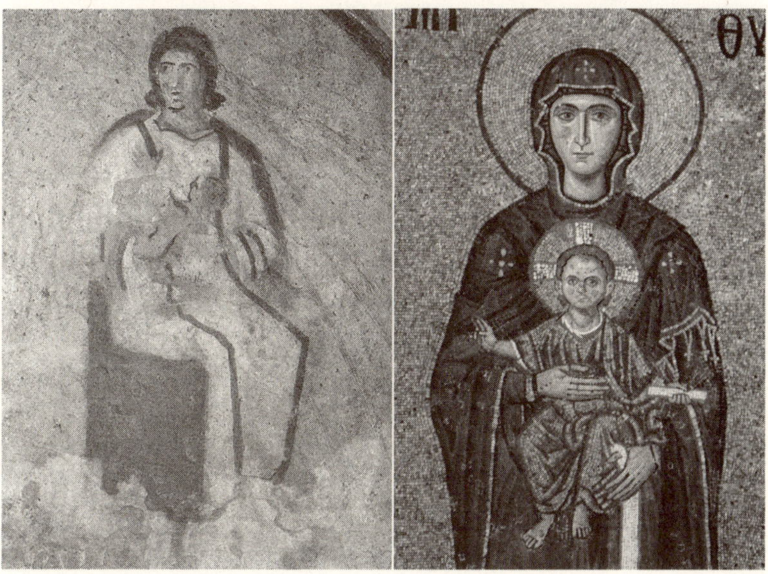

Virgen theotocos, catacumbas de Santa Priscila Roma siglo III y la Virgen Kyriotissa, mosaico bizantino de Santa Sofía en Constantinopla.

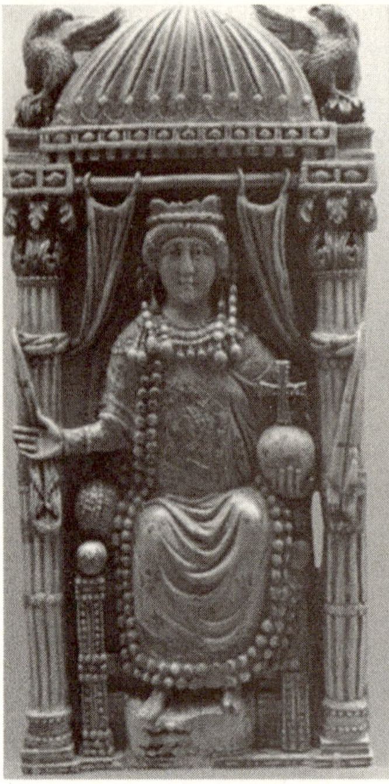
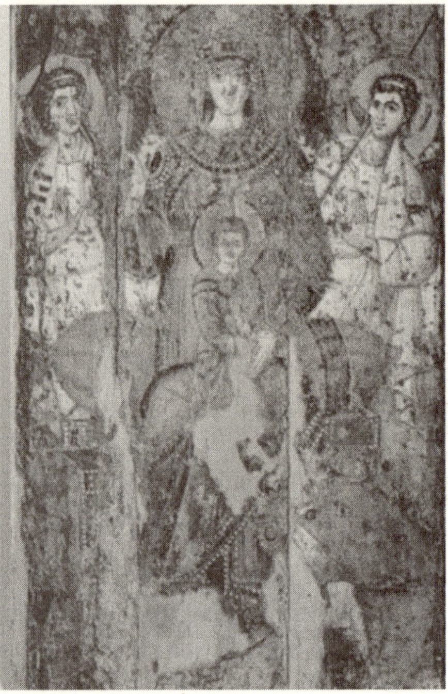
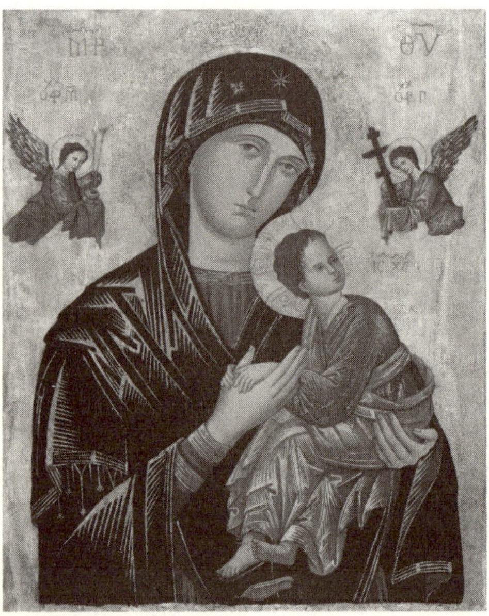

Virgen del Perpetuo Socorro donada a los Redentoristas
por el Beato Pío IX Mastai-Ferretti en 1866.

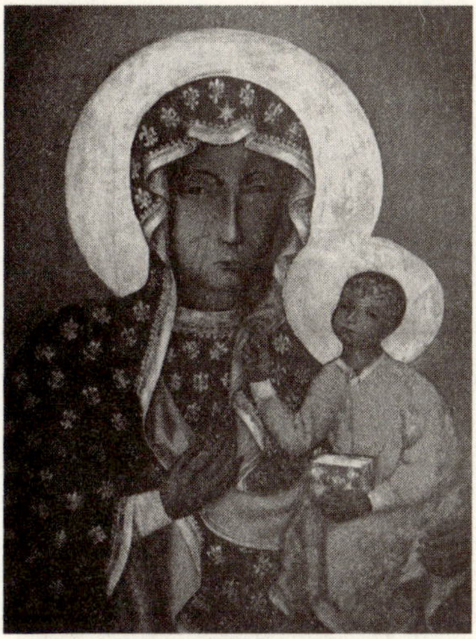

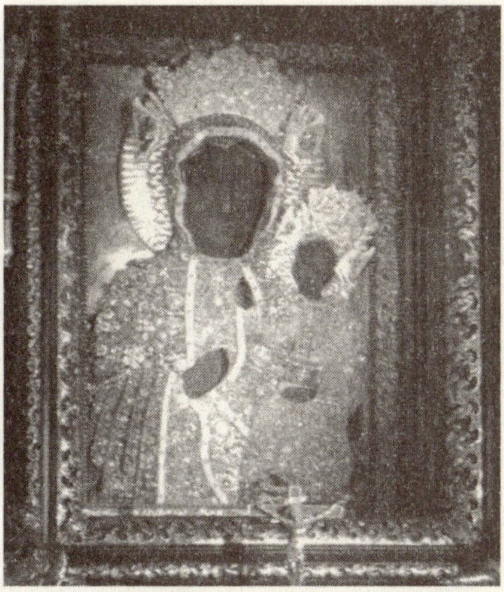

Icono de la Virgen de Czestochowa Polonia revestido y sin revestir.

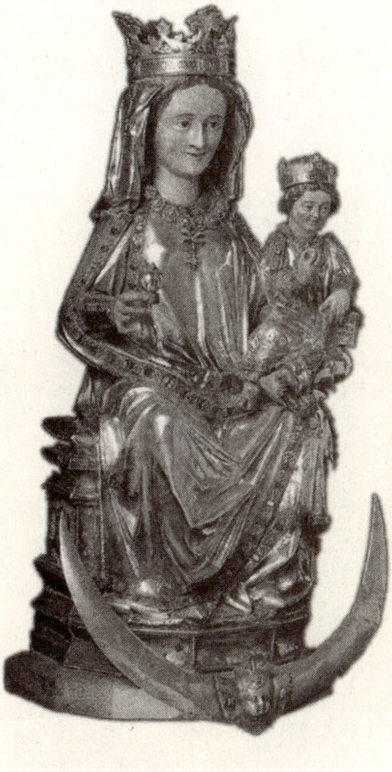

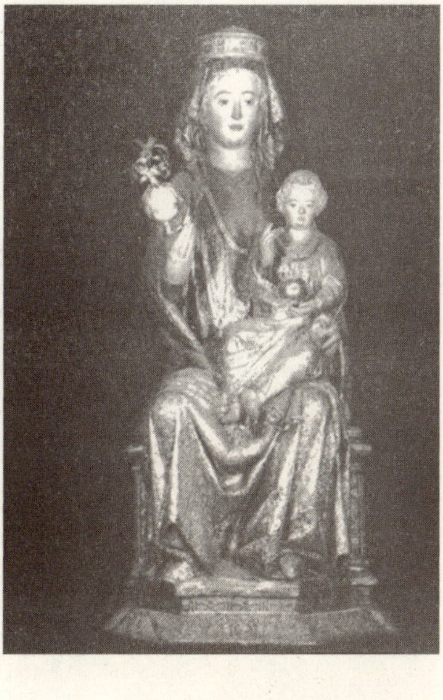

Virgen de Rocamador de Sangüesa revestida en plata. y Santa María de la Sede Catedral de Sevilla revestida de plata.

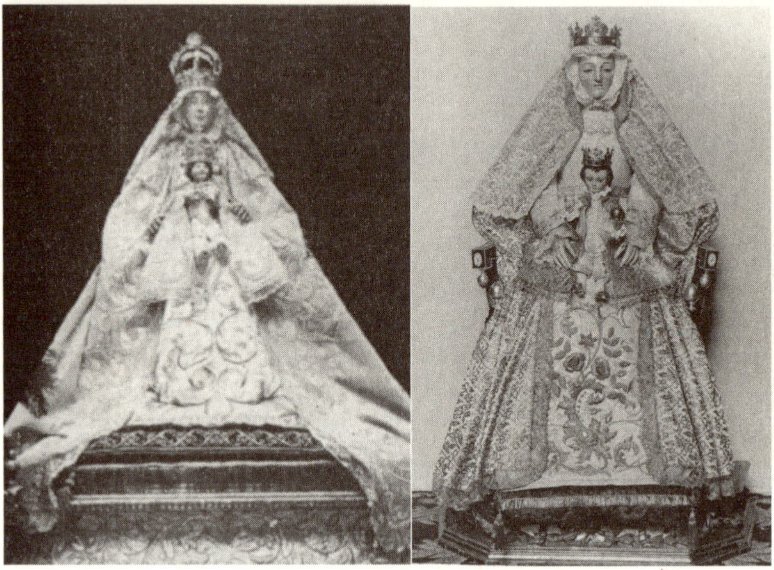

Virgen de los Reyes, siglo XIII catedral de Sevilla y Virgen de los Sastres, siglo XIII parroquia de San Ildefonso, Sevilla.

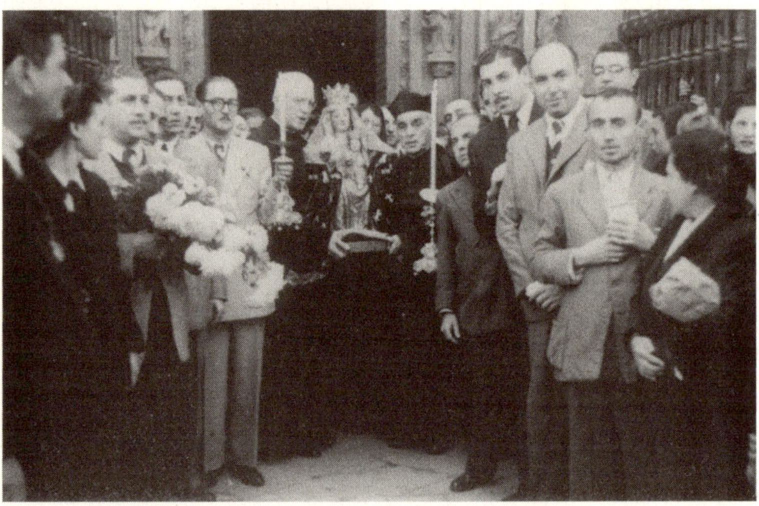

Virgen de Valme con manto, Dos Hermanas, Sevilla.

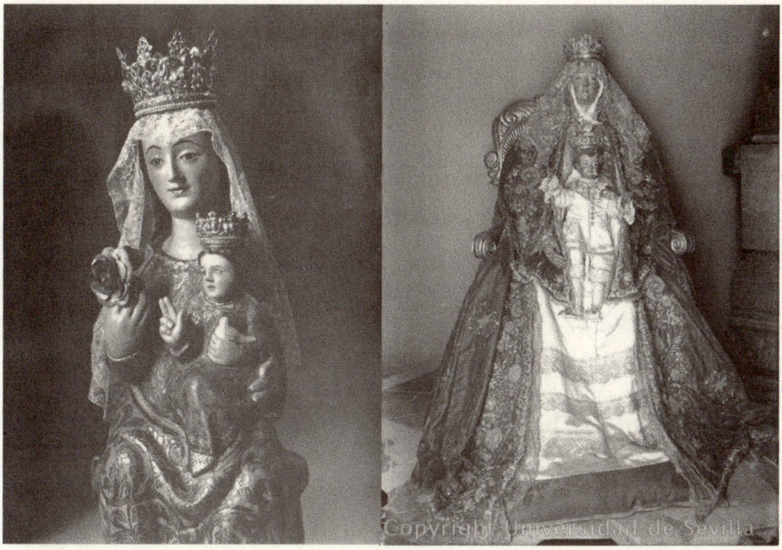

Virgen de Valme siglo XIII sin vestir y Virgen de las Aguas parroquia del Salvador, Sevilla.

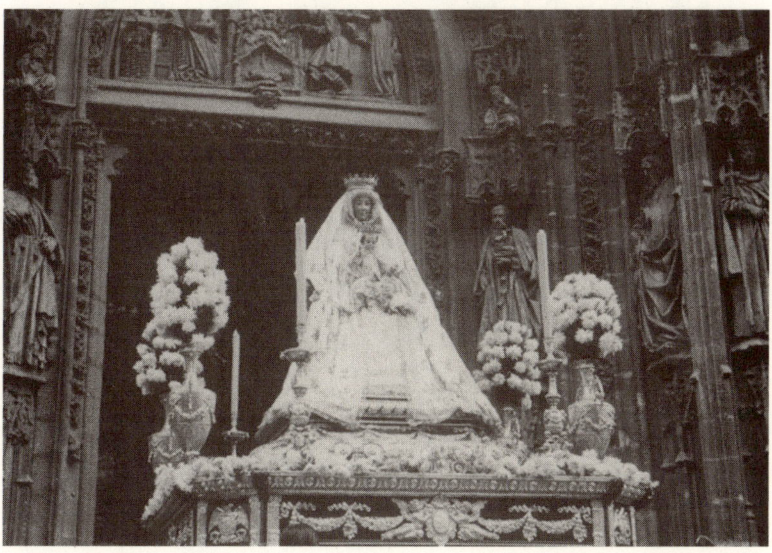

Virgen de los Reyes convento de San Clemente, Sevilla.

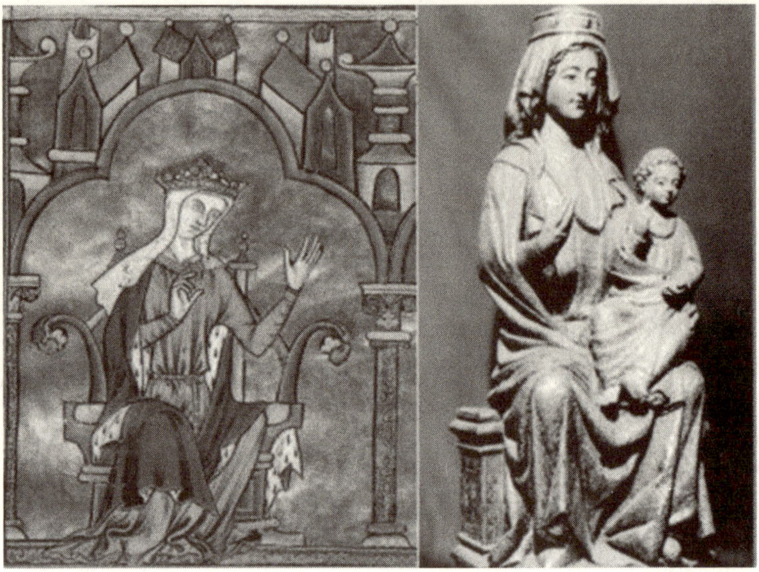

Códice ilustrado con la representación de una reina y la comparativa del atuendo de la Virgen de la Sede de Sevilla con el códice.

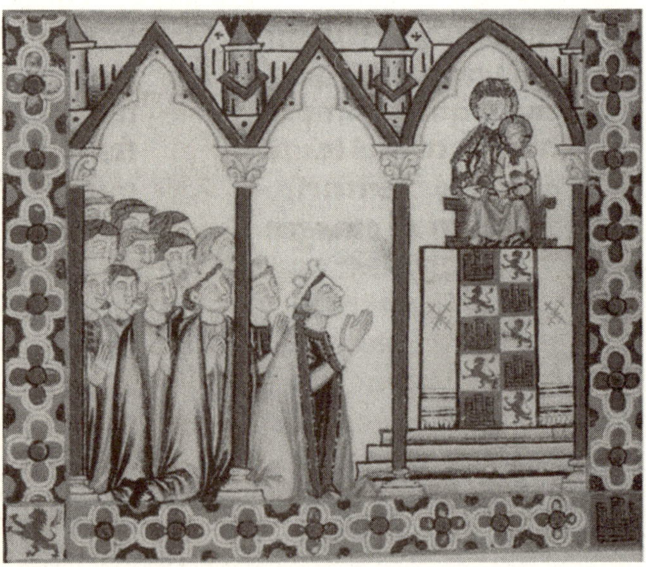

Representación mariana en las Cantigas de Alfonso X el Sabio, s. XIII.

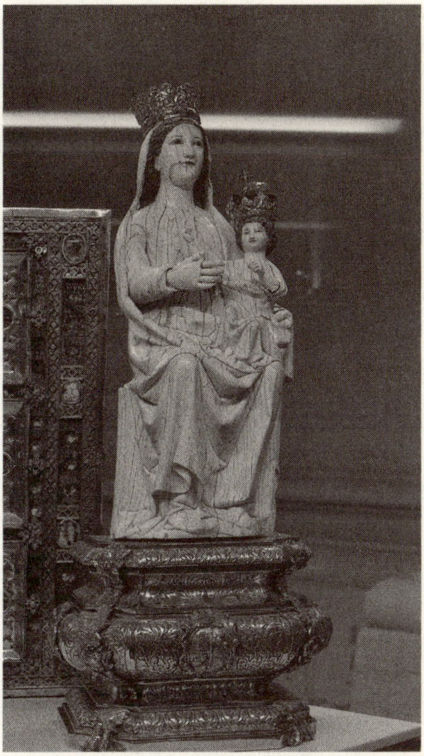

Virgen de las Batallas
Catedral de Sevilla siglo XIII.

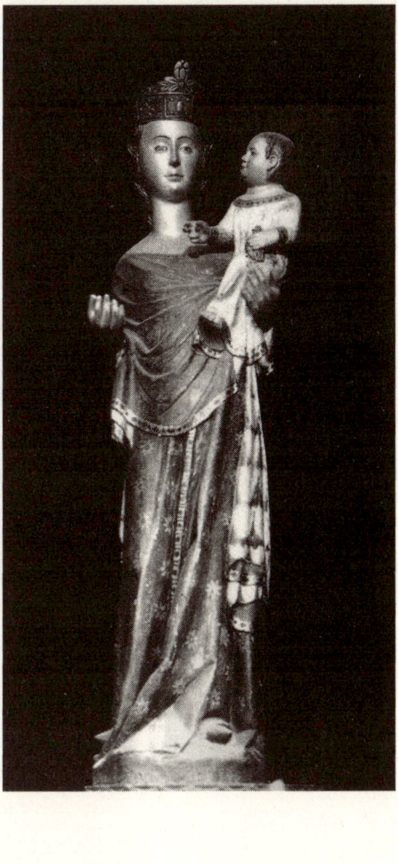

Antigua Virgen de la Hiniesta,
parroquia de San Julián Sevilla s. XIV.

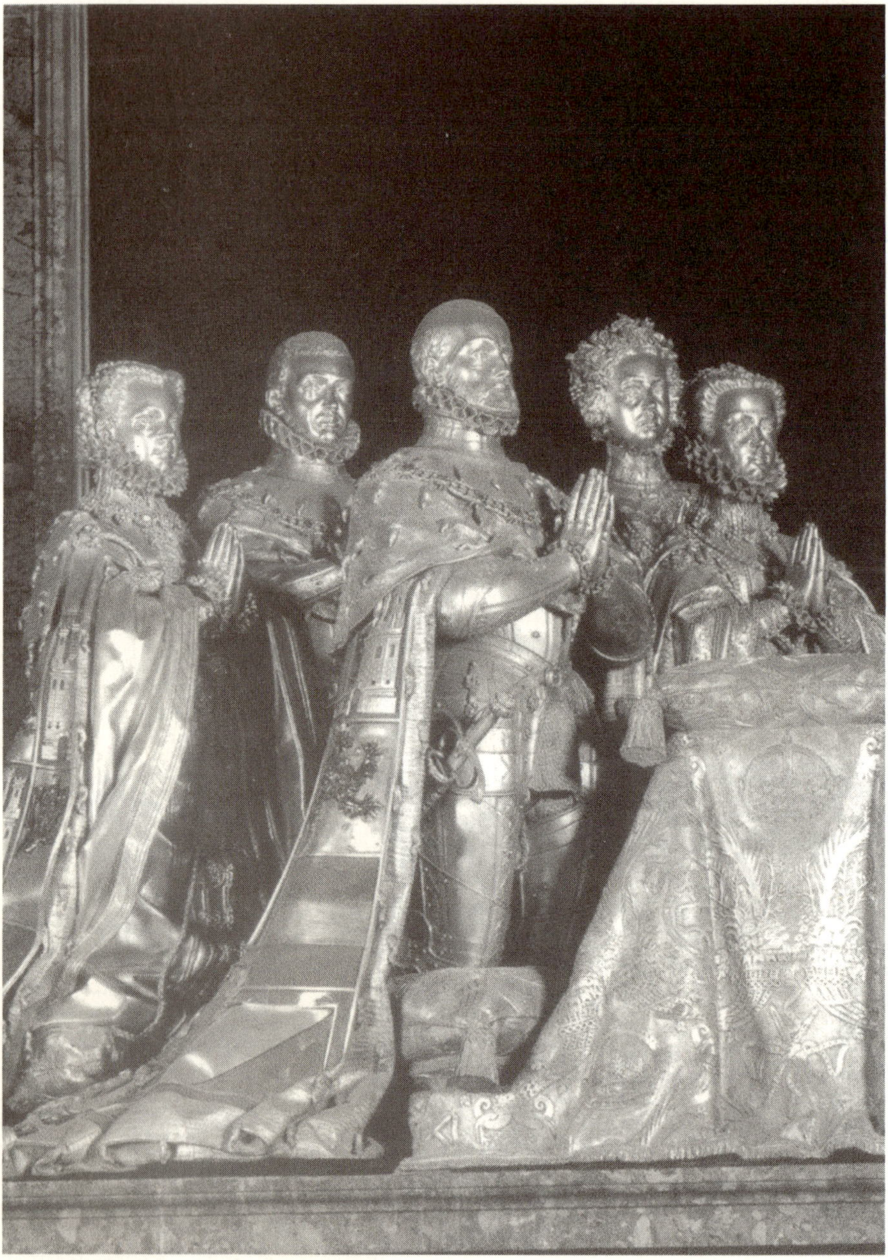

Grupo familiar de Felipe II, Pompeyo Leoni
Monasterio del Escorial s. XVI.

3. LA DINASTÍA HABSBURGO (1516-1700)

LAS IMÁGENES DE GLORIA DE LA VIRGEN EN LOS SIGLOS XVI-XVII

LA MODA DE ADAPTAR LAS IMÁGENES DE BULTO PARA VESTIRLAS EN EL SIGLO XVI

Como ya hemos comentado la identificación de los atuendos de las imágenes marianas con la moda de la realeza es una constante desde el momento en que se las empieza a representar sobre todo en el arte bizantino. Ciñéndonos al caso español, con la llegada de Carlos I de España en 1516 al suceder en el trono a su abuelo materno Fernando el Católico y la posterior herencia de la corona imperial que recibe de su abuelo paterno, le convierten a él y a su heredero Felipe II, en los monarcas más poderosos de occidente, convirtiendo a nuestro país en el líder del dominio territorial más extenso que monarca alguno hubiera alcanzado. La imagen de estos omnipotentes emperadores y de sus mujeres se convierten en un referente para la vestimenta Mariana reforzando y llegando a su mayor grado de identificación con estos atuendos con los poderosos Austrias.

Es, en este momento, cuando se adaptaron algunas imágenes medievales de talla para ser vestidas por completo, casos como el de la Virgen del Rocío, la Hiniesta, o la Virgen de Gracia de Carmona ejemplifican esta costumbre, adoptando los trajes de las damas de la realeza. La vestimenta sirvió como método de restauración sencillo y superficial, pero que aportaba a la par suntuosidad y brillantez. Por otro lado los gustos estéticos iban cambiando y las «viejas» esculturas medievales estaban

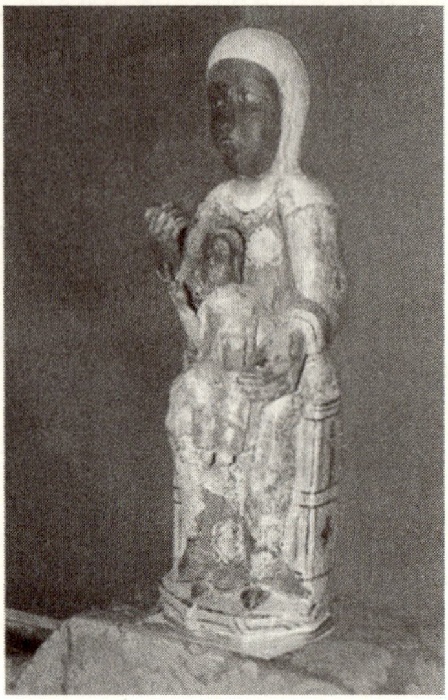

Virgen de Guadalupe
Cáceres, sin revestir s. XIV.

trasnochadas según el gusto de la época, entendiéndose que vestirlas suponía renovarlas y adaptarlas a los nuevos ideales estéticos. Se produce entonces de esta forma una clara contraposición entre las imágenes de bulto tardo-góticas y del primer renacimiento, que mantenían los modelos clásicos de siluetas esbeltas y ropas de delicada caída[17], y las imágenes vestidas con amplios volúmenes siguiendo la moda de la época.

Caso paradigmático es el de la Virgen de Guadalupe de Cáceres, imagen del siglo XIV cuyo monasterio gozaba de protección real. La talla se sobrevestía desde el primer tercio del XVI[18], teniendo constancia de que en 1588 el rey Felipe II envía media libra de perlas y otra media de aljófares para enriquecer un traje confeccionado por la comunidad en 1551 y que a día de hoy se conoce como el vestido rico de la comunidad[19]. De 1629 tiene otro rico vestido bordado por Isabel Clara Eugenia, soberana de los Países bajos e hija de Felipe II[20]. En la misma línea podemos considerar el traje de la Virgen de la Caridad de Illescas en Toledo, donado en 1602 por la reina Margarita de Austria que procede de un vestido suyo bordado sobre tafetán de plata.

En la diócesis de Sevilla uno de los primeros casos de adaptación de una imagen de talla para sobrevestirla será el de la Virgen de Gracia Patrona de Carmona. Es una escultura de

17 En Sevilla conservamos interesantes imágenes tanto del periodo gótico, como las vírgenes de Génova, de la Cinta y del Pilar en la Catedral, como del renacimiento siendo las más populares las de la Estrella en la catedral, la del Amparo de la Magdalena, la de Todos los Santos de la parroquia del mismo nombre y la Salud de San Isidoro.

18 Posee un vestido sin datar, calificado de antiquísimo que podemos considerar como de estilo mudéjar fechable a finales del XV o comienzos del XVI.

19 GARCÍA RODRÍGUEZ, Fray Sebastián: *Los bordados de Guadalupe, Estudio Histórico–artístico.* Sevilla 2006. Pp. 167.

20 IBÍDEM 19.

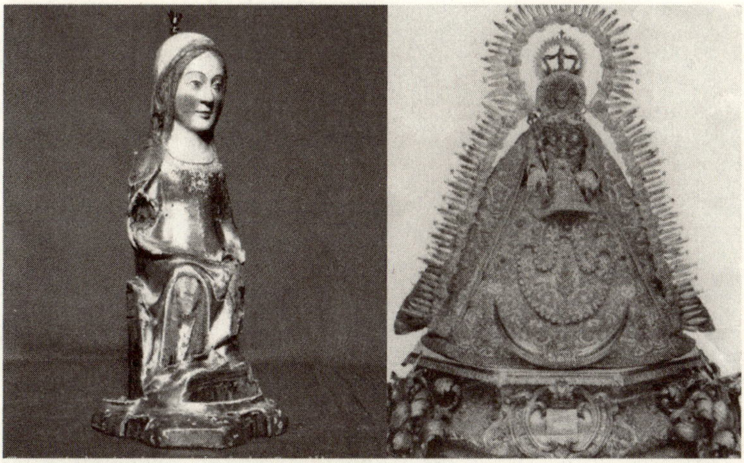

Virgen de Gracia patrona de Carmona (Sevilla), s. XIII,
sin vestir y revestida.

madera de cedro policromada y estofada de finales del siglo XIII o principios del XIV. Su estilo aunque gótico presenta algunos arcaísmos románicos. Está sentada sobre una banqueta y sus medidas reales son 55 cms., aunque vestida mida 134 cms. Responde al modelo de Virgen Majestad tipo *kyriotissa* que nos presenta con las dos manos a su Hijo. Al transformarla la única variante iconográfica que se introduce, es que si antes aparecía sentada, al vestirla se levanta, resultando una Virgen Majestad de pie, pero con la misma actitud hierática[21]. Esta adaptación debió realizarse a finales del XV, ya que el niño que actualmente porta está emparentado con la estética gótico-flamenca. La restauración fue simple pero traumática: se le colocan en la base cuatro palos de madera para darle altura, creando un rudimentario candelero. Además sufrió graves mutilaciones, seccionándole los brazos y el niño que apoyaba en su regazo. Se le hicieron unos brazos, en principio de tela, y nuevas manos, de factura más evolucionada que el niño, anunciando el renacimiento. De esta manera consiguieron modernizar una imagen en vías de una mayor humanización de lo sagrado que convierte lo sacro en humano y la divinidad en un bien propio del pueblo.

---

21 MEJÍAS ÁLVAREZ, Mª Jesús: Iconografía de la Virgen de Gracia de Carmona. En *la Virgen de Gracia de Carmona*, Sevilla 1990. Pp. 125–136.

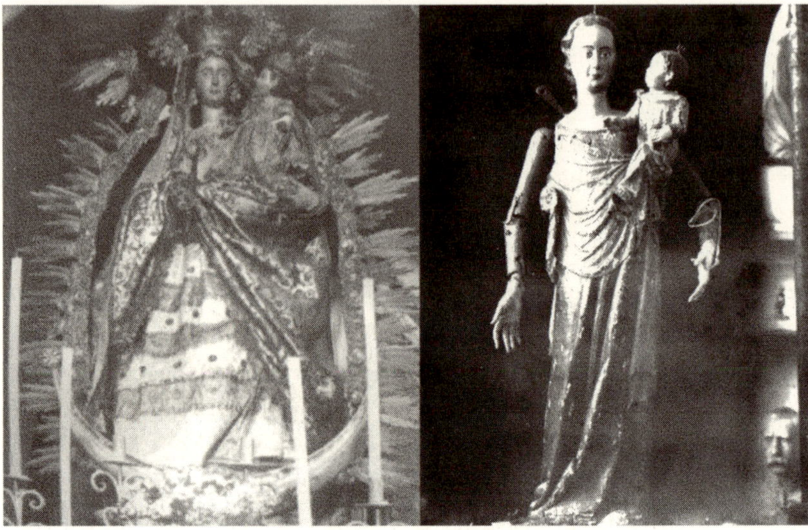

Virgen de la Hiniesta Sevilla s. XIV, adaptada
a finales del XVI para ser vestida.

A este caso le seguirán otros no tan documentados, como los de la Virgen de la Hiniesta de la parroquia de San Julián, que es la gran representación mariana sevillana del siglo XIV, desaparecida en 1931. Talla de madera policromada que sigue el canon de la *Panaguia Elusa*, iconografía de origen bizantino según la cual el niño se apoya en el regazo de la Madre[22]. Se le atribuye un origen legendario, en las lejanas tierras catalanas, en ella vemos paralelismos con la patrona de Barcelona, la Virgen de la Merced. Ya en el XVII las crónicas hablan de cómo *le ponen dos brazos y dos manos postizas para vestirla, como también al niño le ponen otro brazo y otra mano izquierda*... El mismo proceso siguen otras imágenes sevillanas, como La Virgen del Carmen del convento homónimo hoy en San Lorenzo, la de la Merced hoy en el convento de la Asunción, la del Subterráneo o Soterraño de San Nicolás, la de la Alegría de San Bartolomé, la de las Nieves de Santa María la Blanca[23], la de la Esperanza Divina Enfermera

22 ROLDÁN SALGUEIRO, M. Jesús: Imágenes de la Virgen en la Sevilla medieval. En *Boletín de las Cofradías de Sevilla*, nº 559, septiembre de 2005. Pp. 611.

23 Nos referimos al antiguo icono que aparece en el grabado del que da noticias MARTÍNEZ ALCALDE Juan: Anales Históricos de la Hermandad del Rosario de María Santísima Nuestra Señora de las Nieves: En *Boletín de las Cofradías de Sevilla*, nº 582, agosto de 2007. Pp. 680-686.

de San Martín, o la Virgen de la Victoria que actualmente se encuentra en la trianera parroquia de Santa Ana.

En la diócesis hay numerosos ejemplos de imágenes medievales trasformadas para vestir como la Virgen de Consolación de Utrera, que hacia 1560 ya debía estar vestida[24], la Virgen de Regla de Chipiona de la que tenemos noticias de que está sobrevestida desde 1570, y así otras muchas más como la Virgen del Rocío en Almonte, Setefilla en Lora del Rio, o Milagros del Puerto de Santa María. Lo curioso es que casi todas las de este grupo han fosilizado su atuendo a finales del XVIII, por lo que su vestimenta todavía responde al de las imágenes de la corte de los Austrias.

Lo que está claro es que a mediados del siglo XVI la existencia de imágenes vestidas era una realidad necesitada de regulación, de hecho conocemos la publicación de unas directrices muy tempranas de 1530 del Arzobispo de Santiago de Compostela y futuro Cardenal Primado de Toledo don Juan Pardo de Tavera, sobre la forma de vestir las imágenes, en las que advertía *que se preferían las talla de bulto a las vestideras y que en tal caso debían aparecer arregladas de forma decente y honesta.* El historiador Javier Prieto[25] ha estudiado este tema demostrando el interés de los obispados por el asunto, prueba de ello son los numerosos sínodos[26], que en aplicación del Concilio de Trento, legislan sobre el decoro y mesura en el atavío de imágenes. Sigue Prieto *El problema principal radicaba en la costumbre de usar ropas de escaso mérito y en ocasiones reaprovechadas tras el uso de sus dueños, provocando incluso la mofa de los fieles.* Así las Constituciones Sinodales de la Archidiócesis de Granada de 1573 promueven la sustitución de las populares imágenes

24 Según testimonios de Rodrigo Caro y de Fray Lucas de Montoya en su crónica general de la orden de los mínimos de San francisco de Paula, para acabar convirtiéndose en una imagen de candelero en una reforma sufrida a finales del XVII.

25 PRIETO PRIETO, Javier: Las primeras vírgenes vestideras. En el *Boletín: Decima Estación,* marzo 2014.

26 SUÁREZ QUEVEDO, Diego. «De imagen y reliquia sacras. Su regulación en las constituciones sinodales pos tridentinas del arzobispado de Toledo». *Anales de Historia del Arte.* Nº 8 (1998), pp. 257-290.

sobrevestidas por obras de talla, doradas y policromadas[27]. En la misma línea el sínodo de 1604 convocado por Cardenal Niño de Guevara, señalaría que en la Archidiócesis de Sevilla *no se adornen con camas ni vestidos que hayan servido a usos profanos, ni tampoco se adorne con los dichos vestidos Imágenes algunas,* sino que *se aderecen con sus propias vestiduras, hechas decentemente para aquel efecto*[28].

Esta adopción de la moda civil para vestir a la imagen sacra, ha sido a veces mal interpretada por la historia de la moda al pensar en una simple aplicación de los gustos de la época, pero fue la moda la que se puso al servicio de la iconografía mariana, como bien argumenta Javier Prieto: *el prisma de la religiosidad popular nos ofrece otras razones que justifican el uso del ajuar cortesano en las imágenes vestideras.* Prieto apunta dos criterios para seguir esta costumbre: *En primer lugar la piedad popular y la normativa eclesiástica imponían a la hora de vestir imágenes: decoro y calidad en las piezas que conformasen el ajuar de una imagen. Por tanto, no resulta descabellado pensar que se tomase como referencia las mejores prendas que se conocían en la época, las que vestían las reinas y nobles. En segundo lugar, también podemos hablar de un criterio iconográfico. A la hora de representar a la Virgen como la Madre de Dios, reina de cielos y tierra, la suntuosidad de las formas y tejidos con que se vestían colaboraban a resaltar la realeza de María en una sociedad, la de la Contrarreforma, en la que los antiguos modelos iconográficos de la Theotokos y la Hodegetria resultaban arcaicos.*

---

27 *En relación con el tema de las imágenes sacras, son puntos referenciales en el medio hispano posterior a Trento, los datos de las constituciones sinodales, de 1573, de la sede granadina, promulgadas por el arzobispo don Pedro Guerrero, asistente al propio concilio tridentino, que, a pesar de la popularidad en Andalucía de las imágenes de vestir, aconsejaba que las esculturas fueran de talla, doradas y policromadas, para así cumplir con lo ordenado por el citado concilio, en el sentido de no utilizar vestimentas con adornos provocativos en las representaciones escultóricas de Cristo, la Virgen y los santos.*SUÁREZ QUEVEDO, Diego: De imagen y reliquia sacras. Su regulación en las constituciones sinodales pos tridentinas del arzobispado de Toledo. *Anales de Historia del Arte.* nº 8, 1998. Pp. 257-290.

28 Constituciones del Arzobispado de Sevilla, hechas y ordenadas por el Ilustrísimo y Reverendísimo Sr. D. Fernando Niño de Guevara, Cardenal y Arzobispo de la Santa Iglesia de Sevilla, en la Sínodo que celebró en su Catedral año de 1604; y mandadas imprimir por el Deán y Cabildo, Canónigos in Sacris, Sede vacante, en Sevilla, año de 1609, Reimpresión, Sevilla, 1804, t. II, Libro Tercero, caps. 4 y 5.

DESCRIPCIÓN DEL ATUENDO FEMENINO DE LA CORTE DEL SIGLO XVI

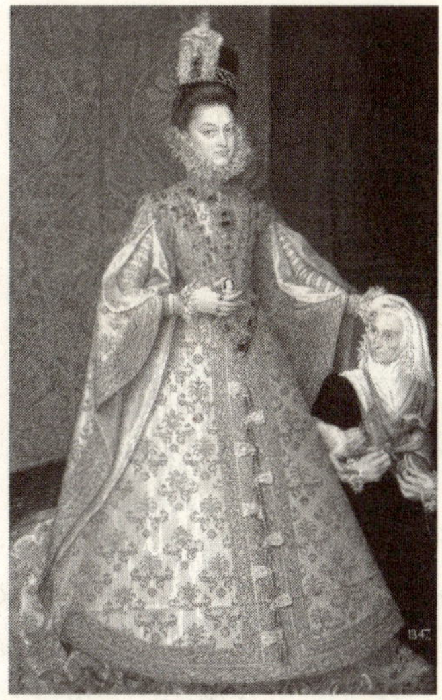

La infanta Isabel Clara Eugenia pintada por Sánchez Coello en 1585–88. Museo del Prado.

De nuevo volvemos a hacernos la pregunta, cómo estaban vestidas estas primeras imágenes medievales adaptadas para vestir. La respuesta es muy complicada y simple a la vez, al modo de las damas de la corte del siglo XVI, como podemos ver en los retratos de la época realizados por el pintor Alonso Sánchez Coello († 1588) y su continuador Juan Pantoja de la Cruz († 1608)». Lo que marca la pauta es la rigidez en su conjunto que nos trasmite sobriedad y majestuosidad a la vez. Este vestuario concedía gran importancia a lo textil y los adornos, esta suntuosidad llega a límites insospechados durante el reinado de Carlos I. En la segunda mitad del siglo, con Felipe II, rey austero y discreto, la indumentaria tiende hacia formas más sobrias pero aún así el gusto por la magnificencia no desaparece[29], de hecho lo que caracteriza el atuendo de las imágenes de gloria, frente a los lúgubres vestidos de las dolorosas, es el uso de los colores alegres que contribuían a acrecentar su vistosidad. Esta ilimitada riqueza que el pueblo va a volcar sobre sus imágenes sagradas, en aparente contradicción con el mensaje de pobreza que emana de los Evangelios, tuvo su momento culmen de defensa por parte de la Iglesia a partir del Concilio, celebrado en Trento en 1545, obligada por la necesidad de rechazar las tesis iconoclastas de Lutero.

El traje o saya femenino de la época Habsburgo, en lo que a su apariencia externa se refiere, se compone de una falda de configuración cónica o acampanada denominada «basquiña», llamada así por un famoso sastre de finales del XVI

29 MEJÍAS ÁLVAREZ, Mª Jesús: Iconografía de la Virgen de Gracia de Carmona. En *la Virgen de Gracia de Carmona*, Sevilla 1990. Pp. 125–136.

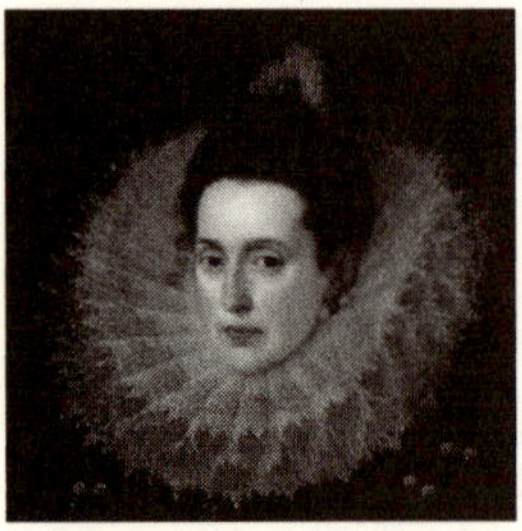

Catalina de la Cerda duquesa de Lerma. Retrato de Juan Pantoja de la Cruz 1602. Casa de Pilatos, Sevilla.

llamado Juan Alcega, normalmente ésta se dividía en dos en su parte central por un adorno conocido como el «orofrés». El cuerpo o «jubón» era muy ajustado a modo de corpiño y terminaba por delante en pico y solía tener doble manga, una interior ajustada que cubre el brazo y una exterior abierta, prendida en un solo punto a la altura del antebrazo, cuya función es meramente decorativa conocidas como «brazales» o mangas perdidas. Quizás sean éstas el elemento más característico, ya que caían desde los hombros hasta el bajo del vestido, tomando formas apuntadas de gran elegancia sustituyendo en importancia al tradicional manto. El talle es alto y apretadamente enfático, provocando inflexibilidad de movimientos y una sensación de severidad y austeridad falsa, pues los trajes se confeccionan con ricas telas y se aderezan con espléndidas joyas. Por arriba el jubón solía en ocasiones rematarse con la «gorguera» verdadero símbolo de lujo en el que descansa el rostro, que si bien ésta era una prenda que rodeaba el cuello, en las imágenes marianas que la usan se alza hasta enmarcar el rostro de la imagen[30], determinando así el «rostrillo», que si en un primer momento eran de encajes, con el tiempo empezaran a realizarse en orfebrería, cuyo uso hacía referencia a la simbología de la mujer vestida de Sol del Apocalipsis. El «manto» es un elemento que durante el siglo XVI no tendrá gran importancia en la moda de las imágenes de Gloria cediendo el protagonismo a las mangas perdidas o brazales, pero durante el XVII irá recuperando su preponderancia, pero siempre se usan cortos como símbolo de gozo y alegría y en el caso de procesionar nunca salían fuera de las andas, porque el manto largo era propio del luto y del dolor[31].

---

30 Estas gorgueras o cuellos de lechuguillas, las vemos aún en el atuendo de Santa María de la Mesa de Utrera y en la Virgen de Gracia de Carmona, se eliminaron del atuendo español en 1623, reinando Felipe IV que instituye la «golilla» que es un cuello más pequeño y practico.

31 GONZÁLEZ ISIDORO, José: De iconografía e Iconología Concepcionista. En Boletín Calle Real, Castilleja de la Cuesta, nº 56, diciembre 2012. Pp. 60–65.

Las imágenes de la Virgen combinaban elementos de distintos estilos y épocas, así era común la presencia de las «tocas», más propias de las viudas y por tanto de las dolorosas[32], que de las fastuosas damas, como símbolo de respeto y decoro. Las tocas que rodean el rostro y cubren totalmente el cuello eran de color blanco y estaban realizadas en tejidos finos como el lienzo o el lino. Fue muy popular entre las imágenes de Gloria de la Virgen, el uso de un determinado tipo de toca conocido como de «papos» y ésta proviene de un peinado femenino que aparece en España hacia 1530 y 1540 consistente en dos moños recogidos a ambos lados del rostro cubriendo las orejas, este peinado se conoce con el nombre de «bufos» o «papos»[33]. Tal moda hizo que las cofias que llevaban las viudas se trasformaran para crear espacio suficiente para alojar los moños o papos surgiendo la toca o cofia «de papos», convirtiéndose en el tocado más característico de finales del XVI y que tanta repercusión tendrá en las Vírgenes de Gloria[34] como vemos en la estampa grabada que realiza Lucas Valdés de la Virgen de la Hiniesta en 1681. En ésta aparece vestida con todas las características de la moda de la corte de los Austrias y la característica toca de papos.

Aparte de estas prendas, no menos importancia tenían las internas que irían cubiertas por la indumentaria externa. Consistían: en una camisa blanca de lino u algodón, que era la única prenda que estaba en contacto con la piel, ésta cubría desde los hombros hasta más debajo de las rodillas. Solían llevar decoraciones bordadas reservadas a los puños y al escote, por ser las únicas zonas que podían mostrarse bajo las que se colocaban encima, dando origen, las de las mangas a los puños o «vuelillos» y las del cuello a las «gorgueras» o «golas» que

---

32 El tema de las tocas se estudia ampliamente en el capitulo de la dolorosa en la época de los Austrias. Estas se adoptan en Europa en el siglo XIII por influencia mahometana y hebrea, haciéndose común el uso de las tocas en las viudas y las monjas en la segunda mitad del XIV.

33 FERNÁNDEZ MERINO, Eduardo. *La Virgen de Luto.* Madrid 2012.

34 No debemos olvidar que a pesar de que el uso de pelucas de pelo natural no se extienda hasta el siglo XVIII, la imagen de la Virgen de los Reyes poseía una cabellera de hilos de oro y muy probablemente durante los siglos XVI al XIX estuviera peinada de esta manera ya que en casi todas la representaciones antiguas aparece con la toca de papos.

tan de moda se ponen en el siglo XVI[35]. Justo encima de la camisa se colocaban tres o cuatro enaguas con volantes, realizadas con tejidos similares a los de la camisa, que sirven para dar vuelo y volumen a las faldas, conforme más exterior era la enagua más rica y ornamentada era[36]. A continuación se disponía el verdugado supuestamente introducido por Juana de Avis y Aragón, mujer del rey Enrique IV de Castilla apodado «el Impotente». Según las habladurías la reina no se resignaba a aceptar este contratiempo y quedó encinta varias veces, la segunda de ellas en 1468, y para disimular este embarazo, recurre a una invención en su vestuario que le facilitaba esconder el vientre y que perdurará varios siglos. Ésta consistía en una falda a la que se cosían aros rígidos denominados «verdugos», por estar hechos de brotes verdes flexibles de los árboles para poderlos curvar, que proporcionan al vestido una silueta en principio cónica, para más tarde ir acampanándose. Pronto tuvo expansión en la corte castellana del XV, y ya en el XVI Catalina de Aragón, al casarse con Enrique VIII, lo transporta a Inglaterra convirtiéndose en la moda de la Casa Tudor. Posteriormente avanzó la moda hasta convertirse el verdugado en una prenda interior diferente de la basquiña[37]. Sobre el verdugado se disponía una prenda interior a modo de falda denominada «manteo», que a pesar de estar oculta se confeccionaba en ricos tejidos y llevaba adornado el bajo para lucirlo al levantar el vestido[38].

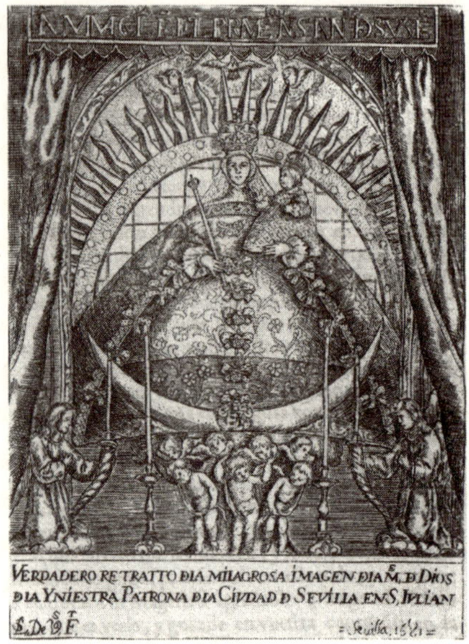

Grabado Virgen de la Hiniesta de Sevilla, 1681.

35 FERNÁNDEZ MERINO, Eduardo. *La Virgen de Luto.* Madrid 2012.

36 IBÍDEM 35.

37 IBÍDEM 35.

38 IBÍDEM 35.

Un aditamento importante será la corona. Aunque la definición dogmática de la realeza de la Virgen no se produce hasta 1954 cuando la instituye Pio XII, la costumbre de ceñirle coronas a las Vírgenes proviene desde muy antiguo. Desde el Concilio de Éfeso celebrado en el 431, es corriente la representación de la Virgen entronizada con corona real. Ya en pleno siglo XIII aparece el tema iconográfico de la coronación de la Virgen que se consolida en el XVI con la difusión del rosario, ya que este tema representa al quinto misterio. Por tanto no debe extrañarnos el uso de la corona desde las primeras imágenes medievales, lo único que cambiaran serán los estilos artísticos a la hora de confeccionarlas. La corona la proclama reina del Paraíso y debía llevar las doce estrellas de *Apocalipsis* (XII, 1). Éstas hablan de las doce tribus de Israel y de los Apóstoles, con objeto de mostrar la maternidad de María sobre la Iglesia, constituida en Pentecostés[39]. De la misma fuente proceden la luna creciente[40] y la ráfaga, aunque este último elemento no se defina plenamente hasta el siglo XVIII, añadiendo a veces un cetro que no hace más que reforzar el concepto de realeza.

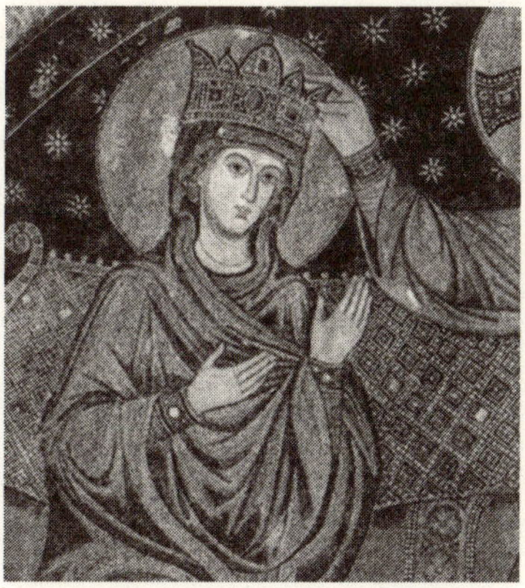

Coronación de la Virgen.
Jacopo Torriti 1296.

Esta moda promovida por los Habsburgo se impuso no sólo en España, sino en el resto de Europa y es la que adoptan las Vírgenes sentando las bases para los modelos de los siglos XVII y gran parte del XVIII. Un buen ejemplo de este atuendo, y que aún se conserva en uso, es el vestido blanco de raso labrado, bordado en oro y perlas de la Virgen de Gracia, Patrona de Carmona en la provincia de Sevilla, que aunque realizado con

39 GONZÁLEZ ISIDORO, José: Iconografía e Iconología concepcionista. En *Boletín Calle Real, Castilleja de la Cuesta,* nº 56, diciembre 2002. Pp. 60–65.

40 Tratadistas de arte como Pacheco y Alcázar prefieren el menguante, uno por que la luna no pierde la esfericidad, por tanto es materialmente imposible que la Virgen ocupe ese espacio cóncavo inexistente, y otro por que no se puede colocar la luz en un espacio al que corresponde la sombra.

toda probabilidad en la primera mitad del siglo XVII[41], responde por completo a la tipología de la moda de la corte de Felipe II. Se estima que tanto el trabajo como el diseño se enmarcan dentro de la producción de los talleres de la Orden de San Jerónimo, muy especialmente con los del monasterio de Guadalupe[42].

41 Debido a que la Virgen de Gracia se le reforma el candelero y los brazos en una intervención documentada en 1649, nos explicaría que la basquiña o delantal de esta prenda este configurada por tres piezas, algo extraño en una obra de tal calidad, ya que al artesano le debió sorprender en plena obra esta reforma, de ahí los dos laterales que hubo de añadir.

42 FERNANDEZ DE PAZ, Esther y ÁLVAREZ MORO, Concha: Indumentaria de la Virgen de Gracia. En la Virgen de Gracia de Carmona, Sevilla 1990. Pp. 172.

LA ECLOSIÓN DE LAS IMÁGENES DE CANDELERO A FINALES DEL XVI Y SU CONSOLIDACIÓN EN EL BARROCO DURANTE EL SIGLO XVII

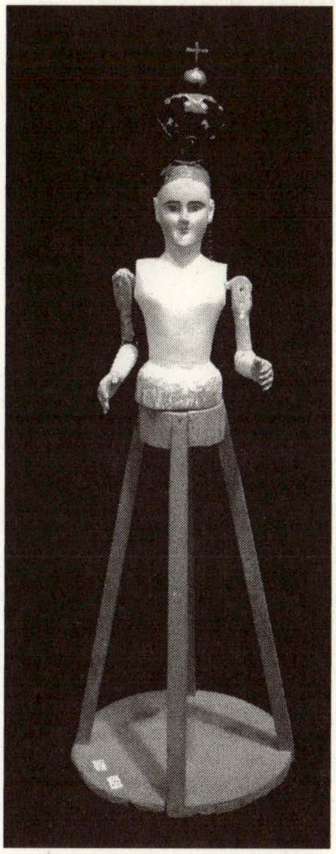

Imagen de candelero.

Las primeras representaciones de las imágenes de la Virgen realizadas ex profeso para vestir, no fueron algo común en España hasta el último tercio del XVI. El origen de las mismas resulta todavía confuso pues son muchas las evidencias que cuestionan el nacimiento de este tipo de obras en el barroco, como se había señalado durante mucho tiempo. La adaptación a principios del siglo XVI de las vírgenes medievales, para ser revestidas con la moda de la corte, disponiendo suntuosos ropajes sobre los modelados de la talla original, supuso un paso previo a la realización de imágenes de candelero. Este estilo resultó muy común entre las grandes devociones del país según se aprecia en diversas pinturas y representaciones[43], sentando las bases de lo que serán los modelos del XVII.

A raíz del Concilio de Trento 1545, los sínodos episcopales a la vez que imponen restricciones también fomentan la costumbre de añadir ropajes y adornos a las imágenes, que a la vez que las humanizan, dan una muestra palpable del rigor cultural que se les profesa convirtiéndolas en reliquias venerables. Íntimamente ligada a estas circunstancias, se va desarrollando la estética barroca, masivamente aceptada por el hecho de favorecer la recreación de la teatralidad a la que el pueblo siempre tendió en todas sus manifestaciones civiles y religiosas. De este modo, toda la imaginería religiosa va generalizando el empleo de una serie de adiciones para conseguir acercarlas a un plano más humano y realista: vestidos, adornos, extremidades articuladas, pestañas postizas etc., que se convierten en elementos esenciales, hasta el punto de decaer las hechu-

43 Podemos observar este modelo clásico en pinturas de la Virgen de los Reyes de Sevilla, la Almudena de Madrid, Sagrario de Toledo, Guadalupe de Cáceres, Nuestra Señora del Rocío en Huelva.

ras de bulto en pro de las de *candelero,* es decir, en las que el artista talla exclusivamente la cabeza y manos y el resto se reduce a un armazón para ser recubierto de vestiduras. Esta costumbre comienza a fines del XVI y se consolida en el XVII, disponiendo sobre ellas vestidos que en un principio se adaptaban de la ropa cortesana para más tarde hacérselas ex profeso, pero imitando siempre los de las damas, reforzando aún más el concepto de la realeza de María cuyo máximo símbolo era la corona y el cetro con los que se adornaban. Todo ello debe entenderse además en un contexto de búsqueda del realismo en las imágenes religiosas, que dará lugar a las grandes obras de imaginería de las escuelas del siglo XVII.

No tenemos demasiadas representaciones pictóricas o de estampas del siglo XVII, pero son las suficientes para exponer como era la moda que siguieron estas imágenes durante esta centuria. El cambio de siglo traerá el enriquecimiento, transformación y adaptación del modelo clásico dibujado en las líneas anteriores. Al ser éste un fenómeno inherentemente popular, resulta difícil periodizar o hablar de modelos concretos o de épocas determinadas produciéndose una disparidad de criterios en la forma de presentar a las imágenes de vestir.

En algunos casos se producirá un cierto inmovilismo, ya que durante gran parte del XVII muchas imágenes permanecerán vestidas a la usanza de la corte de Felipe II. Este hecho lo explica muy bien Javier Prieto al poner como ejemplo a la Virgen del Rosario[44] de Granada que ejecuta sus vestidos de orfebrería en 1628 que se componen de saya acampanada, jubón, mangales y toca, que por el material del que están hechos han permanecido inalterables al paso del tiempo. Reflexiona Prieto: *Esto contribuye a pensar que en el atavío de las imágenes la moda no era el criterio principal, sino que se buscaba ofrecer una apariencia de realeza y majestuosidad al servicio de la cual se ponían las prendas, sin importar que ya no fuesen comunes en la moda civil*[45].

44 Este modelo de vestuario realizado en plata lo sigue la patrona de Almuñécar, Granada. Modernizando su apariencia y adquiriendo un mayor tamaño.

45 PRIETO PRIETO, Javier: Las primeras vírgenes vestideras. En el *Boletín: Decima Estación,* marzo 2014.

En otros casos la tónica general fue el enriquecimiento y la trasformación de los modelos del siglo XVI. Por ejemplo en la recuperación de los mantos, que siempre habían estado presentes en las representaciones marianas y que su protagonismo se había perdido en parte por la presencia de las mangas perdidas o brazales. Estos amplios mantos que a partir de ahora se van a colocar, bien desde los hombros o desde la cabeza, al sobreponerse sobre el traje acampanado, gracias a la forma que le dan los verdugados, van a otorgarle una silueta piramidal a los iconos marianos. Como dice Prieto, *Se configura así un modelo que entrelaza la sobriedad de la moda del XVI y la suntuosidad del primer barroco.* Este modelo estético ha sobrevivido casi de forma inalterada en imágenes de la antigua diócesis como Setefilla de Lora del Rio, la Virgen del Rocío o la Virgen de Gracia de Carmona.

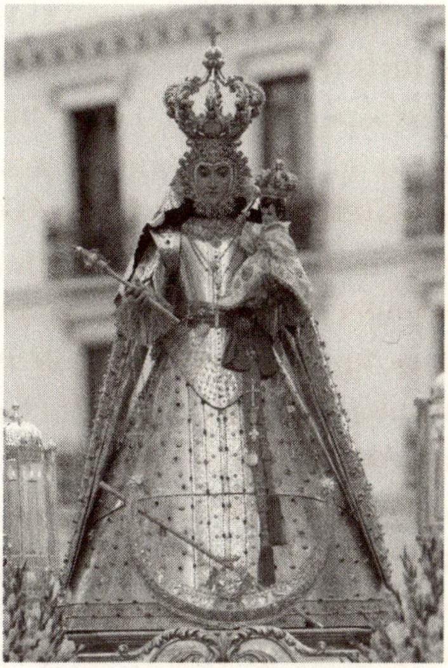

Virgen del Rosario. Iglesia de Santo Domingo, Granada 1628.

También a lo largo del siglo XVII con la eclosión del barroco van añadiendo nuevos aditamentos metálicos y textiles. Las imágenes se adornan con suntuosos lazos, joyas y aderezos que se disponen especialmente sobre las sayas, pero también sobre los mantos, tocas y sobre-tocas que aumentan de tamaño y empiezan a ser comunes en las imágenes. Estas nuevas piezas se rematan con amplias blondas de encaje, de oro o de plata, que se vuelven en ocasiones al exterior, sentando las líneas de lo que a partir de 1700 se materializará en forma de ráfaga de orfebrería. Este estilo cristalizará definitivamente en el siglo XVIII con la expansión de la costumbre de enjoyar y ornamentar con rostrillos, pectorales, e infinidad de joyas las imágenes de la Virgen.

Para ejemplificar este enriquecimiento podemos acudir al grabado de la Virgen de las Nieves de Santa María la Blanca realizado por Matías de Arteaga y Alfaro en 1665 que representa al antiguo icono a la usanza de las damas de la corte de los Austrias, con un aspecto de acusado hieratismo y un gran empaque de sus formas debido en gran parte al verdugado que le da a la basquiña del vestido un efecto muy acampanado, puesto que en esta época se llevaban de tal manera frente a la forma cónica anterior, de hecho tenemos referencias de reformas en el candelero de algunas imágenes para adoptar estas formas, como la de la Virgen de Gracia de Carmona en 1649[46]. La evolución la vemos en el protagonismo del manto que casi tapa las mangas perdidas o brazales, éste cae desde los hombros presentándose muy abierto y con los picos levantados, guarnecido por una concha de oro que por la forma en que está dispuesta parece anunciar la ráfaga de puntas[47] muy común a comienzos del XVIII y que es la que actualmente vemos en la Virgen del Rocío[48]. Los tejidos representados parecen bordados a base de motivos vegetales muy ricos, de hecho tenemos referencias de que en 1691 el mayordomo de las Nieves paga a un tal Juan de Pinto seiscientos cinco reales por *el resto del vestido de Nuestra Señora* y en 1707 cincuenta reales

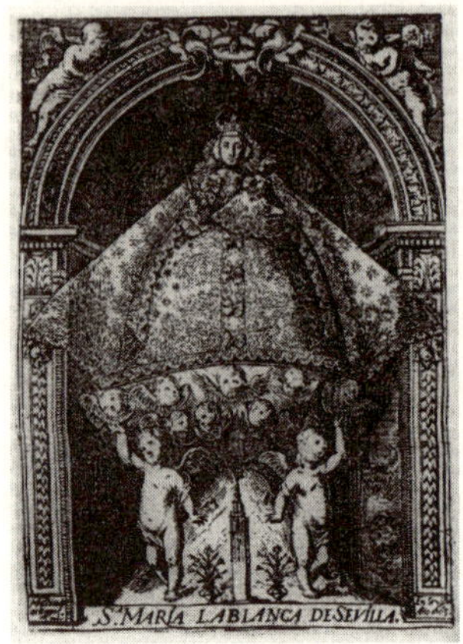

Estampa de la Virgen de las Nieves de Sevilla 1665.

46 MEJÍAS ÁLVAREZ, Mª Jesús: Iconografía de la Virgen de Gracia de Carmona. En la Virgen de Gracia de Carmona, Sevilla 1990. Pp. 125–136.

47 En el *Diccionario de Autoridades* de la R.A.E. *de 1737.* Define *puntas: «Se llama asimismo una especie de encaxes hilo, seda ú otra materia, que por el un lado van formando una porción de circulo»* Edic. facsímil: Madrid, Gredos, 1990, tomo 3, pp. 342. En el diccionario de la R.A.E., figura la acepción *puntas,* como «encaje que forma ondas o puntas en una de sus orillas». 14ª edic. Madrid, 1914, P 847.

48 GONZÁLEZ CRUZ, David: La iconografía de la Virgen del Rocío y su proceso de fijación, en, (Ed.), Ritos y ceremonias en el Mundo Hispano durante la Edad Moderna. *Actas del II Encuentro Iberoamericano de Religiosidad y Costumbres populares. Almonte* – El Rocío (España), del 23 al 25 de noviembre de 2001. Huelva, Servicio de Publicaciones de la Universidad de Huelva, 2002, págs. 353–372.

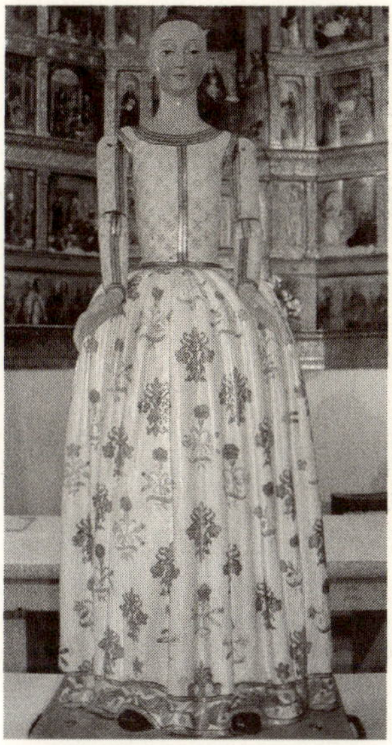

Imagen toledana realizada para vestir con cuerpo tallado de forma similar al de la Encarnación de los Terceros.

por un nuevo verdugado[49]. También está presente la característica toca de papos que le envuelve el rostro, cubriéndose con una corona de tipo imperial y sosteniendo un cetro en su mano derecha. En la misma línea podemos situar el grabado de la Virgen del Soterraño de la Iglesia de San Nicolás que presenta una silueta muy piramidal por el protagonismo del manto, que como novedad le cae desde la cabeza presentando el mismo adorno de conchas que atisban las ráfagas de hombros.

En Sevilla la proliferación de imágenes de candelero frente a las de bulto comienza muy pronto, casi antes de Trento, debido a la larga tradición iniciada en el siglo XIII con las imágenes del ciclo fernandino. Una de estas primeras esculturas de candelero, es la Virgen de la Encarnación del antiguo convento de los Terceros, atribuida a Juan de Mesa († 1627), probablemente realizada en 1617 al fundarse su hermandad. Destaca por su severa majestad, que queda resaltada por su marcado hieratismo y acusada frontalidad, pero lo que más nos llama la atención es que a pesar de estar realizada para vestir presenta la particularidad de tener esculpido el cuerpo a modo de sencillo vestido resuelto con suaves drapeados, mostrando el calzado por debajo del traje que presenta un escote de corte cuadrado por el que asoma parte del busto, vestimenta muy similar a la de la Virgen de las Angustias de Córdoba obra del mismo autor[50]. Por ser una de las primeras imágenes para vestir, parece que el autor tiene cierto

49 Archivo General del Arzobispado de Sevilla. Sección Justicia. Serie Hermandades. Leg. 09886 Libro de descargo de la Hermandad de Nuestra Señora de las Nieves y San Crispiniano, 1688–1713, fs. 3r. y 31r–v.

50 DELGADO ABOZA, F. Manuel: Análisis histórico–artístico de una singular imagen: Nuestra Señora de la Encarnación del antiguo convento de los Terceros. En *Boletín de las Cofradías de Sevilla*, octubre, 2006, nº 572. Pp. 689–692.

interés en no desligarse por completo de las formas escultóricas que caracterizaban la imaginería de siglos anteriores y por ello no realiza una Virgen de candelero. Pero como dato curioso tiene trabajada la cabeza para lucir pelo natural.

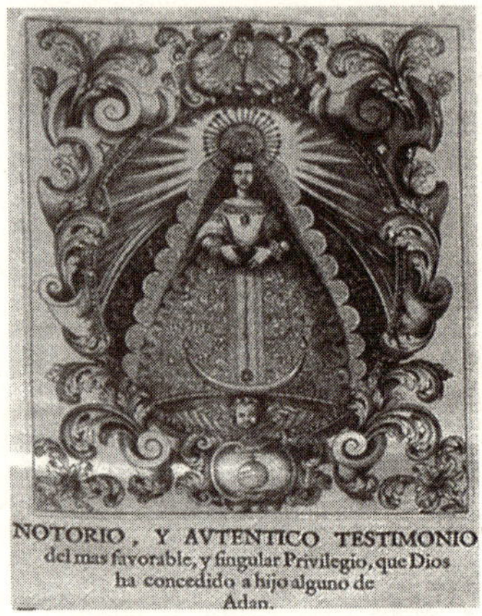

Virgen del Voto. Iglesia del Salvador, ilustración del libro de reglas de 1688.

Esta imagen de la Encarnación está muy relacionada en sus formas e iconografía con la Virgen del Voto de la Archicofradía Sacramental del Salvador obra de 1654, de la cual si conservamos algunas representaciones en sus libros de reglas de 1688 y 1727 en donde la vemos con el atuendo cortesano de los Austrias, pero con una variante, ya que esta imagen es una Inmaculada Concepción, y como tal, por su condición de doncella luce la cabellera suelta sin ningún tipo de toca que la cubra, lo que nos parece indicar que el uso de pelucas postizas aparece ya durante el siglo XVII. La imagen posee ricas vestiduras documentadas del siglo XVII, como son un vestido de lamé celeste bordado en oro compuesto de vistas de sobre-manto, corpiño, saya de escapulario y mangas de 1677 obra de Frutos García[51] y un manto completo de igual tejido y color de 1687-88, que contiene dos inscripciones, una en la parte superior con el nombre del autor Felipe de Morales y otra en la zona inferior donde cita al mayordomo Juan José de la Barrera que contrató la obra[52].

El traje de la Virgen del Voto, tanto en láminas como en la saya que conserva de 1677, presenta un característico

51 Del bordador Frutos García tenemos noticias de un lujoso vestido bordado en oro de 1647 de la titular de la esclavitud de Nuestra Señora de la Merced de la Casa Grande de la Orden en Sevilla, también 1664 contrata palio para la Virgen del Mayor dolor del Gran Poder, en 1665 tumbilla bordada para Ntra. Señora del Rosario del convento dominico de San Pablo el Real.

52 RODA PEÑA, José: La colección de bordados de la archicofradía sacramental del Salvador. En *XIV simposio sobre hermandades de Sevilla y su provincia*, Sevilla, 2013. Pp. 223-252.

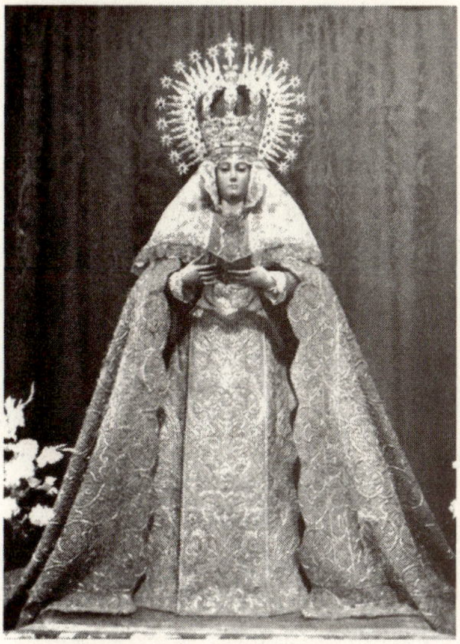

Virgen del Voto luciendo vestiduras bordadas de finales del siglo XVII.

escapulario que es un signo sagrado y es la parte más importante del hábito de muchas congregaciones religiosas y que son un signo de vinculación o agregación a la orden de la que son propios, o de la devoción a la que representan. El celeste de la Inmaculada tiene su origen en 1605 cuando la beata Úrsula Benincana, fundó la devoción al escapulario celeste de la Inmaculada[53], muy pronto imágenes concepcionistas sevillanas comienzan a usarlos, así en la crónica de la procesión organizada en 1616 por la hermandad de la Inmaculada del convento de Regina, se detalla como iba ataviada la imagen: *el vestido era una saya grande blanca de tela..., escapulario azul enriquecido de joyas..., manto azul de raso bordado y corona...*[54]

Con este tipo de vestimentas con escapulario existen numerosas representaciones, un ejemplo es la pintura de finales del XVII de la *Purificación de la Esperanza Divina Enfermera* de la iglesia de san Martín, donde la vemos con iconografía concepcionista vistiendo el escapulario celeste y adornada con joyas y lazos rojos con broches de plata y su melena suelta[55]. Este mismo modelo del cuadro presenta la desaparecida Virgen de la Estrella advocación de la Concepción[56] de la collación de San Lorenzo, de la que conservamos dos estampas del XVII en las que se encuentra vestida al modo de la corte Austria con su

53 DE LA CAMPA CARMONA, Ramón: El escapulario celeste de la Inmaculada. En *Boletín de las Cofradías de Sevilla*, septiembre, 2004, nº 547. Pp. 673-675.

54 SERRANO ORTEGA, Manuel: *Glorias Sevillanas*. Sevilla, 1893. Pp. 359.

55 Estos lazos y joyas aparecen en un inventario del Archivo de la hermandad de Ntra. Sra. De la Esperanza: *Libro de Actas de Cabildos* 1756-93. Inventario de 1767.

56 En los inventarios del XVII su iconografía figura como la Concepcionista.

escapulario sobre la acampanada saya, presenta a su alrededor una orla de rayos rectos y flamígeros en forma de arco que la envuelve como si de una mandorla mística se tratara, este tipo de adorno aparece en grabados del XVII como el de la Hiniesta y en otras pinturas de la época, y es muy común todavía en Castilla o Canarias, habiendo desaparecido en nuestra diócesis al adoptarse un nuevo tipo de ráfaga corpórea en forma de ocho a partir de la mitad del XVIII.

NOTICIAS SOBRE EL AJUAR DE LA VIRGEN DE LOS REYES DURANTE EL SIGLO XVI Y XVII

Gracias a las importantes aportaciones documentales de José Gámez Martín en las paginas del *Boletín de las Cofradías de Sevilla,* poseemos una cantidad ingente de datos sobre el ornato de la más antigua de las imágenes sevillanas de la Virgen, Nuestra Señora de los Reyes, que tiene no sólo el privilegio de ser el auténtico corazón devocional de la ciudad, sino el de tener también una estrecha vinculación con la corona de España desde su entronización en la Catedral en el siglo XIII.

No hace falta recordar el insólito mérito de ser la primera imagen de la Virgen realizada para ser vestida, esto provoca que desde muy antiguo se vaya estableciendo un ritual en torno al acto de ser revestida y que ha quedado reflejado en algunos documentos. De 1392 son las primeras reglamentaciones de los capellanes reales que estuvieron en vigor hasta que son promulgados nuevos estatutos en tiempos de Felipe II, concretamente en 1594[57]. El protocolo más antiguo publicado hasta ahora, respecto al ornato de la Señora, procede del archivo de la Catedral[58] y se puede fechar por su caligrafía y por los datos que aporta como de mediados del seiscientos, pues no consta fecha alguna en el mismo. Lo más importante de este texto es el interés por humanizar la imagen sagrada y el trato de los cape-

57 Extraemos de estos estatutos los datos referentes al cuido y limpieza de las joyas que estarán a cargo del sacristán mayor y menor.

58 ARCHIVO DE LA CATEDRAL DE SEVILLA, Sección IX, Archivos Depositados, Capilla Real, Secretaría: Libro de Personal nº 29, fol. 33.

llanes con ella considerándolos *la familia que atiende la Virgen*[59]. Entre otros muchos temas el documento aborda el protocolo a seguir en la vestimenta de la Señora, privilegio que poseían por derecho propio los capellanes reales que, sin embargo, podían estar auxiliados por una mujer a la que se nombra ya con el título de camarera, hecho curioso ya que los estatutos de la Capilla Real, refrendados por la autoridad de Felipe II en 1594 se prohibía, incluso que una mujer pisase la sacristía de la capilla[60]. De estos datos podemos sacar una primera conclusión y es que desde tiempo ancestral, por lo menos en el caso sevillano, las imágenes serán vestidas por hombres, rasgo que se mantiene a día de hoy.

El documento centra también su interés en las visitas reales de Carlos V en 1526 y de Felipe II en 1570 y el interés de los monarcas por las obras de la nueva capilla real y el traslado de los cuerpos reales a la misma. El 14 de Junio de 1579, tuvo lugar el traslado en Solemne Procesión, de la imagen de Nuestra Señora de los Reyes y del cuerpo incorrupto del Rey San Fernando a su nuevo emplazamiento en la Capilla Real de la Catedral[61]. De esta época data el uso del palio para cubrir a la Santísima Virgen María, siendo posible que esta solemne procesión Extraordinaria lo motivara[62]. Realmente se desconoce a ciencia cierta el hecho que permitió que comenzará a cubrirse a las imágenes marianas a finales del XVI, en ello pudo influir el traslado bajo palio de Santa María la Mayor

---

59 Como dice Gámez parafraseando al antropólogo Isidoro Moreno: *Este protocolo sobre la forma de vestir a la Virgen da cierto grado de oficialidad a esta humanización de las imágenes, que son servidas como si de miembros de una corte se tratara, superando ya las diatribas teológicas que condenaban tal tradición y que fueron comenzadas por el gran san Juan de la Cruz en el siglo XVI al criticar constantemente la proliferación de exornos a las imágenes en los oratorios privados.*

60 GÁMEZ MARTÍN, José: La devoción de una ciudad y de la corona de España en un documento capitular del siglo XVII. En Boletín de las Cofradías de Sevilla, abril 2013, nº 650. Pp. 333–338.

61 CARRERO RDEZ, Juan: *Anales de las cofradías de Sevilla*, Sevilla 1984.

62 RODRÍGUEZ NAVARRO, Antonio: 1899-1999, C Aniversario de la salida procesional de María Santísima de los Dolores (II). Boletín Informativo de la Hermandad de la Calle Real de Castilleja de la Cuesta, nº 45, Septiembre, 1999. Pp.41.

de Roma en época de Paulo IV (1555-1559)[63], pero desde luego dio pie a la costumbre de cobijar a los simulacros marianos bajo estos palios para sus procesiones y que tan celebres han hecho las Dolorosas sevillanas.

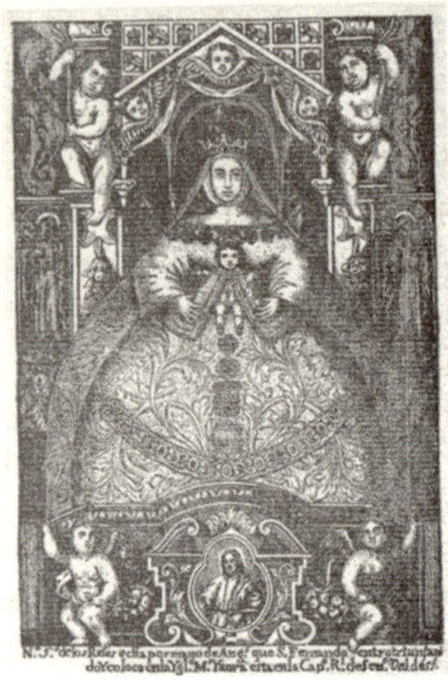

Virgen de los Reyes estampa grabada por Lucas Valdés a finales del XVII.

Desde las primeras representaciones pictóricas y en los primeros grabados del XVII, observamos que el atuendo de la Virgen ha adoptado la moda de los Habsburgo del siglo XVI que hemos descrito anteriormente. Esta forma de representarla elimina el trono y parece dar la sensación de que la imagen, que en realidad esta sentada, parezca que está de pie. También hemos de señalar que en la mayoría de ellas se la representa con toca y sobre todo con un tipo concreto, la de «papos», y es que como hemos comentado la imagen poseía una cabellera de hilos de oro y por influencia de la moda se peinará con raya en medio y dos moños laterales adoptando esta toca. El manto en estas primeras representaciones no tiene gran importancia, al no mostrarse las vistas delanteras y partir desde los hombros, a veces en algunas representaciones la cabeza parece que esta cubierta de una incipiente toca de sobre–manto lisa.

En el siglo XVII vamos a conocer otros documentos que nos hablan de donaciones, no sólo de monarcas, sino de ilustres personajes como don Lorenzo de Cárdenas, conde de Puebla del Maestre, que fue alcalde de la ciudad desde 1626 a 1629. Éste en junio de 1628 contrata un manto y un palio con los bordadores Cristóbal Ortiz de Rivadeneira y Marcos Maestre[64], que debía estar terminado al menos seis días antes del 15 de Agosto para

63 GARCÍA DE LA CONCHA, Federico: La devoción a la dolorosa en Sevilla. ABC de Sevilla, 22 de Marzo de 1988.

64 Maestre es considerado como la figura más destacada entre los bordadores del siglo XVII.

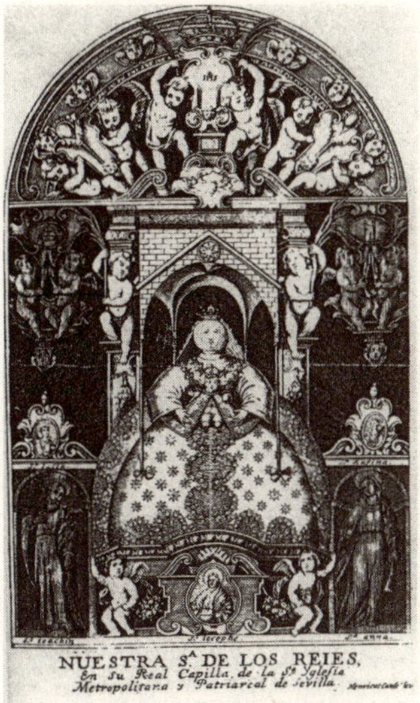

que la Virgen los estrenase en su procesión anual. La escritura entra en todos los detalles de su confección insistiendo en la calidad de los materiales y del oro, mostrando mucho interés en que el palio llevase las armas reales de Castilla y León, muestra palpable de la vinculación de la Virgen como Madre y Reina de la Corona Hispana[65].

De 1643 tenemos noticias de donaciones a la Capilla Real del conocido Arcediano Mateo Vázquez de Leca gran defensor de la causa inmaculista. En este hecho no debemos olvidar la profunda relación de la Virgen de los Reyes con la causa concepcionista, presidiendo la misma suntuosas ceremonias de acción de gracias por las conquistas de la citada causa a lo largo de todo el siglo XVII, manteniéndose esta relación hasta nuestros días, de hecho fue coronada en el cincuentenario de este dogma el 4 de Diciembre de 1904[66]. Así conocemos por el padre Aranda, autor de una biografía de Vázquez de Leca en 1692, que en 1645 donó *un manto real no solo de brocado pero realzado todo de relieves de oro, tan ricamente bordado de oro quanto alcanza la industria humana.* Aranda equivocó la fecha, ya que se estrenó realmente en 1637, pero de lo que no cabe duda es que era el manto más rico de cuantos poseía la Señora y así era considerado cincuenta años después de su donación[67].

Una nota determinante del seiscientos es el proceso de la canonización de Fernando III el Santo que desembocará en los festejos de el lunes 25 de mayo de 1671, día en el que se celebra una procesión por su elevación a los altares. En la crónica de

65 GÁMEZ MARTÍN, José: Nuestra señora de los Reyes y la beatificación de San Fernando. *En boletín de las Cofradías de Sevilla,* agosto, 2012, nº 642. Pp. 626–634.

66 IBÍDEM 65.

67 ARANDA, Gabriel de: Vida del Siervo del Dios, Exemplar de Sacerdotes el Venerable Padre Fernando de Contreras, Natural de esta ciudad de Sevilla del, ábito clerical de N.P.S. Pedro; Sevilla, 1692.

la misma se describe el vestido que luce la Virgen de los Reyes, que también protagonizó el desfile: *su traje majestuoso (que contaba con manto real y saya entera) ni pudo dar a conocer ni el color ni la tela (siendo uno y otro de gran primor y costo) porque todo se escondió en altas bordaduras de oro forrado de guarniciosas piezas de diamantes, con perfiles de perlas, gala, de la que también se vistió el soberano infante que esta Inmensa Majestad tiene en sus brazo»*[68]. En ese mismo año de 1671 se reciben varias donaciones entre las que destaca un vestido, para Nuestra Señora, de brocado azul y flores blancas dado por la marquesa de Villamanrique para que lo luciera la Virgen el día de la Purísima[69]. Otras donaciones a finales de la centuria serán una joya de filigrana con pintura de la Concepción guarnecida de perlas de un devoto anónimo, o un vestido blanco y oro donado por un capitular catedralicio ambas en 1673[70].

68 TORRES FARFÁN, Fernando: Fiesta .

69 GÁMEZ MARTÍN, José: Nuestra señora de los Reyes y la beatificación de San Fernando. *En boletín de las Cofradías de Sevilla,* agosto, 2012, nº 642. Pp. 626–634.

70 IBÍDEM 69

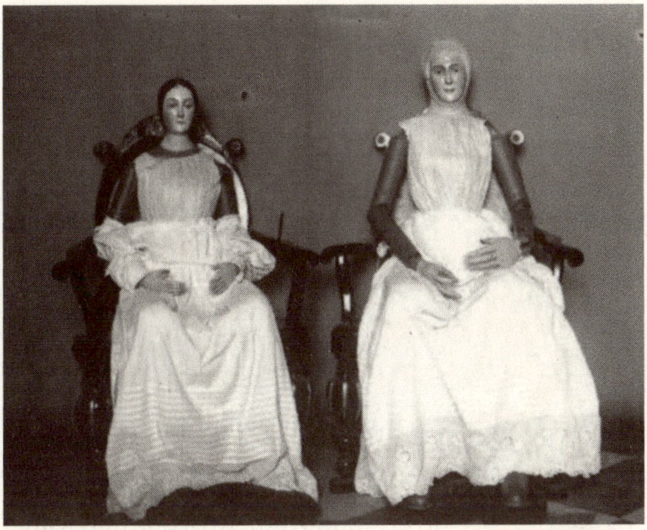

Grupo medieval de Santa Ana con la Virgen y el niño de bulto redondo adaptado en el XVI–XVII para ser vestido, parroquia de Santa Ana de Sevilla.

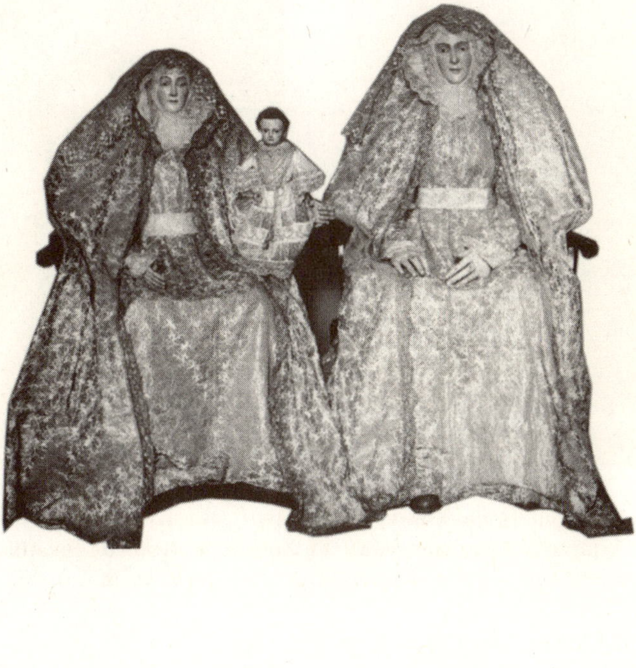

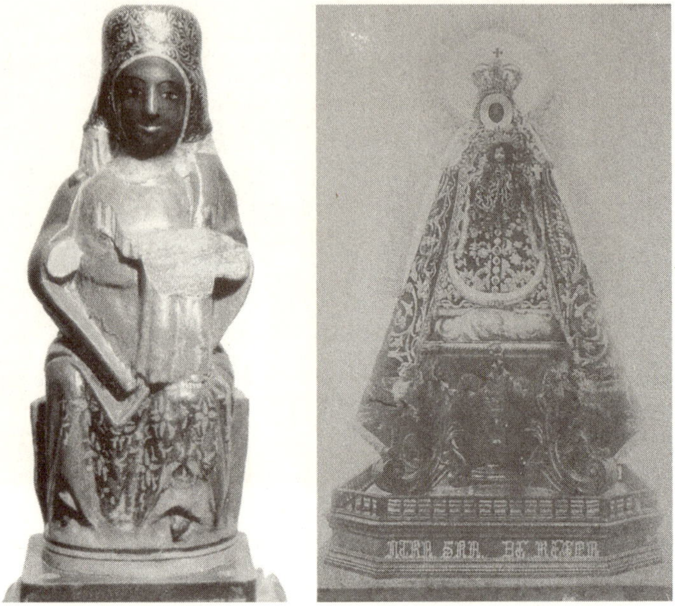

Virgen de Regla Chipiona (Cádiz), anterior a 1365
adaptada para ser vestida desde 1570.

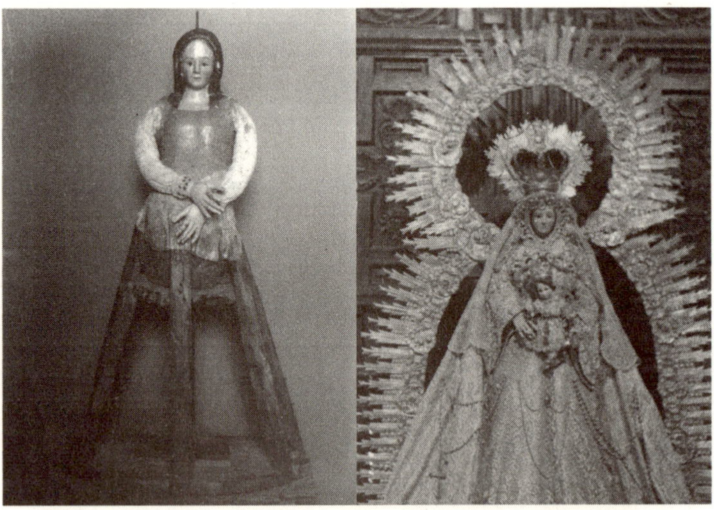

Virgen de Palomares Trebujena (Cádiz), imagen medieval
adaptada para ser vestida adoptando la moda de los Austrias.

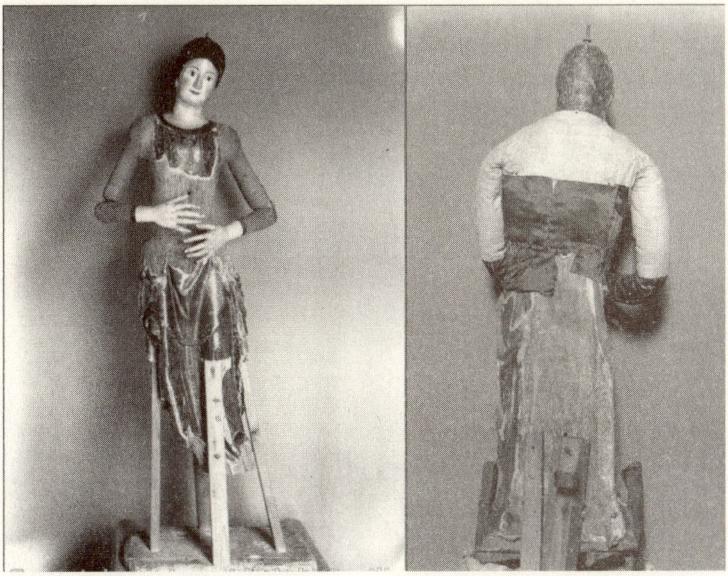

Imagen medieval de la Virgen del Castillo de Lebrija (Sevilla), adaptada para vestir y a la derecha la Virgen del Valle patrona de Écija (Sevilla), s. XIII desmochada para vestirla desde el s. XVI.

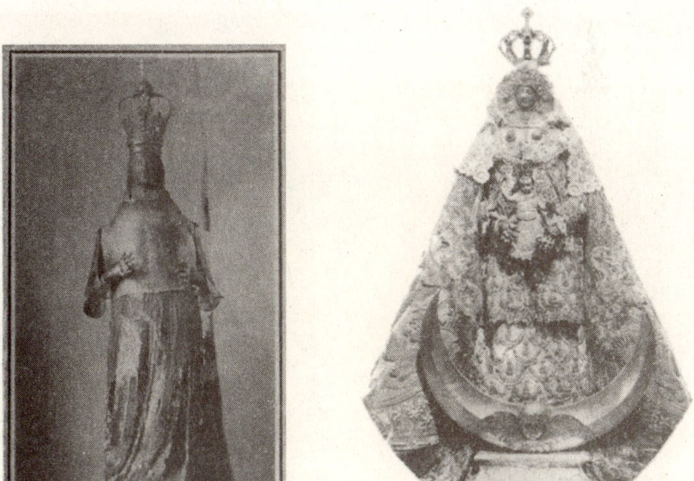

Virgen de los Milagros patrona del Puerto de Santa María (Cádiz), s. XIII adaptada para vestir en el XVI.

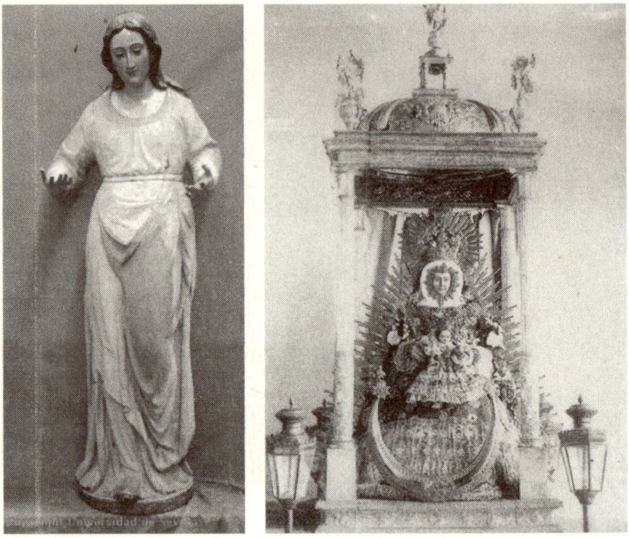

Virgen de la Esperanza de la parroquia de Santiago de Sevilla,
atribuida a Roque Balduque, desmochada par ser vestida
en el XVIII y a la derecha la Virgen de Setefilla patrona de
Lora del Rio (Sevilla), imagen adaptada para vestir que sigue
conservando el atuendo de la corte de los Asturias.

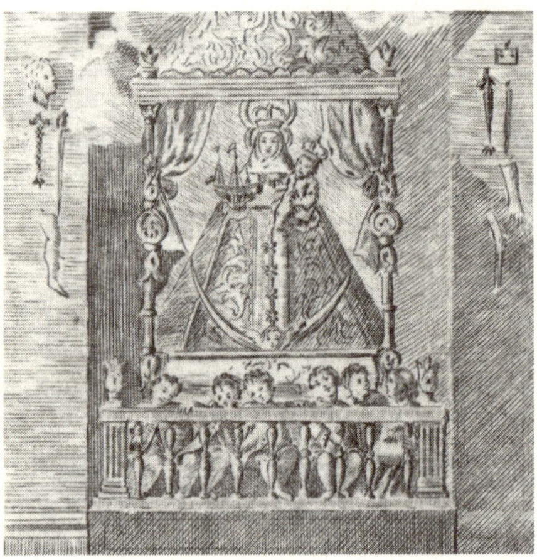

Estampa del siglo XVII de la Virgen de Consolación de Utrera, imagen
medieval convertida en candelero para ser revestida desde 1560.

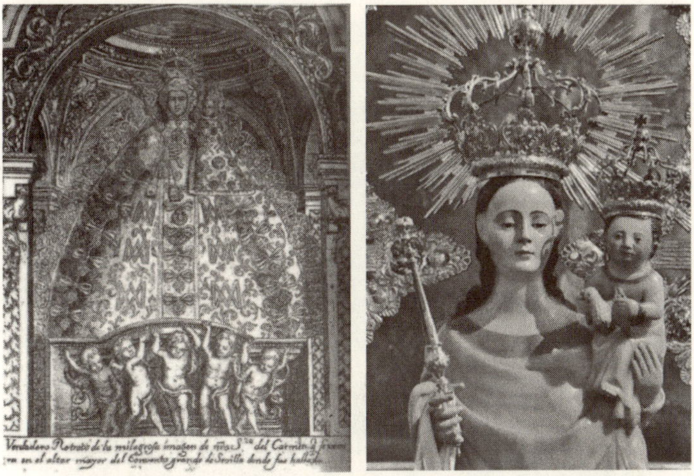

Grabado de finales del XVII de la Virgen del Carmen, del convento casa grande del Carmen (Sevilla), sobrevestida con la moda de los Habsburgo, y a la derecha la misma imagen medieval de alabastro de la Virgen del Carmen sin revestir, en la actualidad en la parroquia de San Lorenzo de Sevilla.

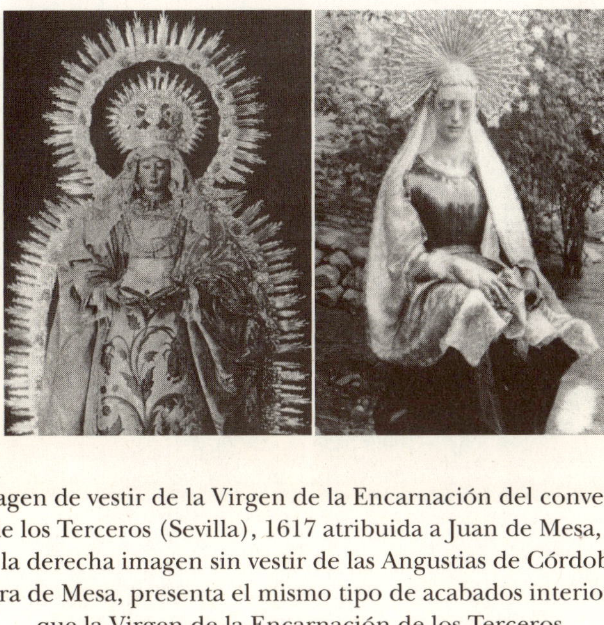

Imagen de vestir de la Virgen de la Encarnación del convento de los Terceros (Sevilla), 1617 atribuida a Juan de Mesa, y a la derecha imagen sin vestir de las Angustias de Córdoba obra de Mesa, presenta el mismo tipo de acabados interiores que la Virgen de la Encarnación de los Terceros.

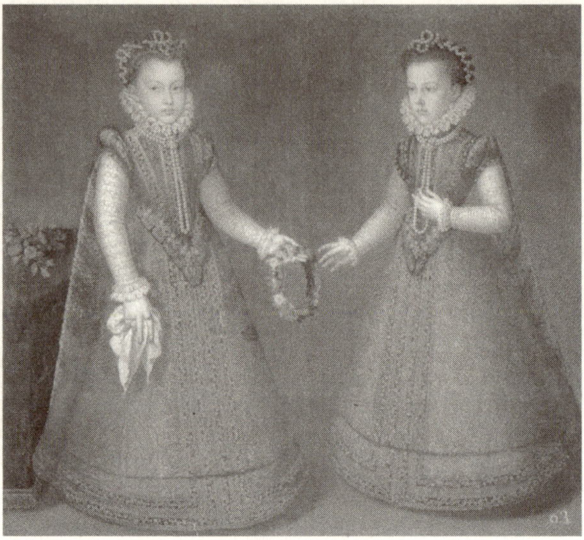

Las infantas Isabel y Catalina
de Alonso Sánchez–Coello 1575, Museo del Prado.

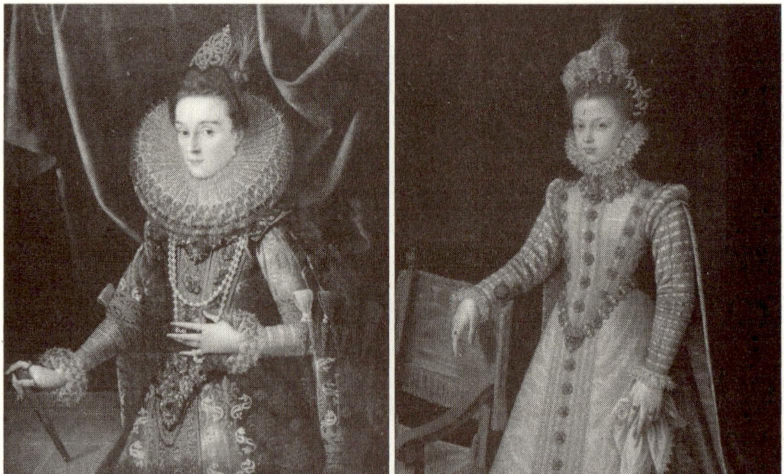

Isabel Clara Eugenia de Pantoja de la Cruz 1599,
Pinacoteca de Múnich y a la derecha reproducida por
Alonso Sánchez Coello 1579, Museo del Prado.

La Reina Margarita de Austria, esposa de Felipe III, ataviada de modo similar al de la Virgen de Gracia en un retrato de Juan Pantoja de la Cruz de 1606, Museo del Prado.

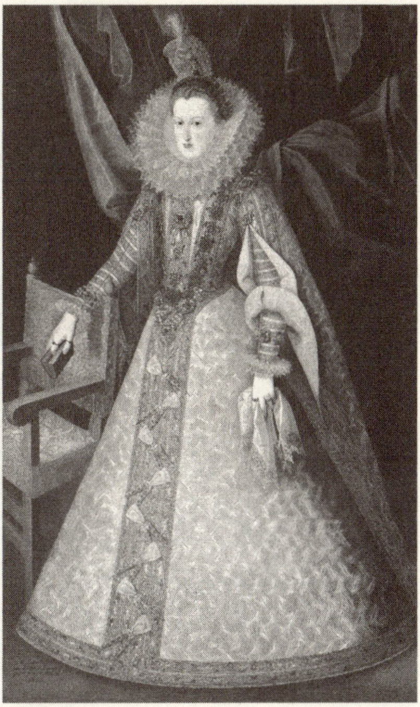

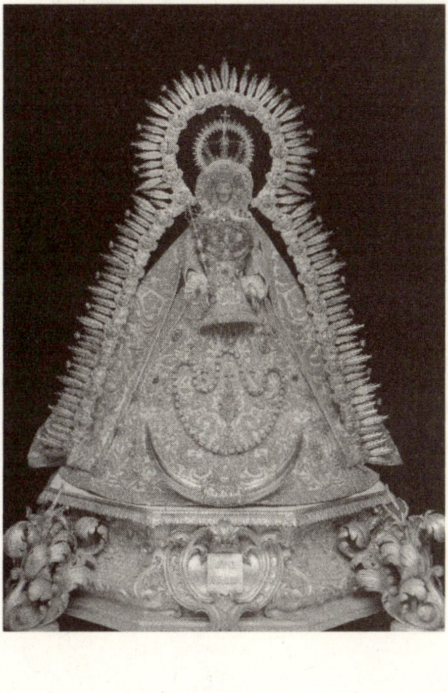

Virgen de Gracia, patrona de Carmona, revestida con el traje bordado en oro y perlas de 1649, se corresponde en su tipología a la vestimenta de la corte de Felipe II.

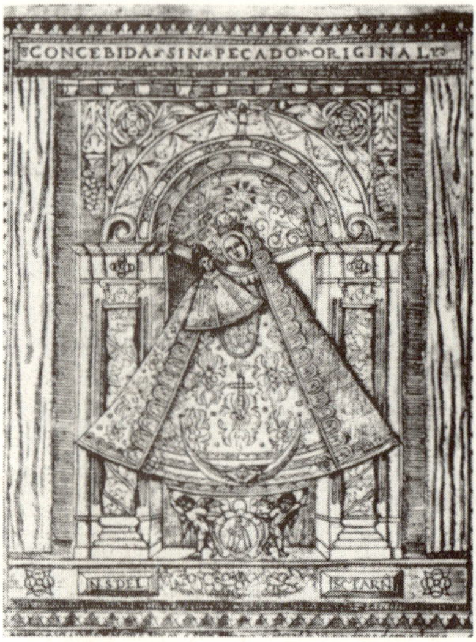

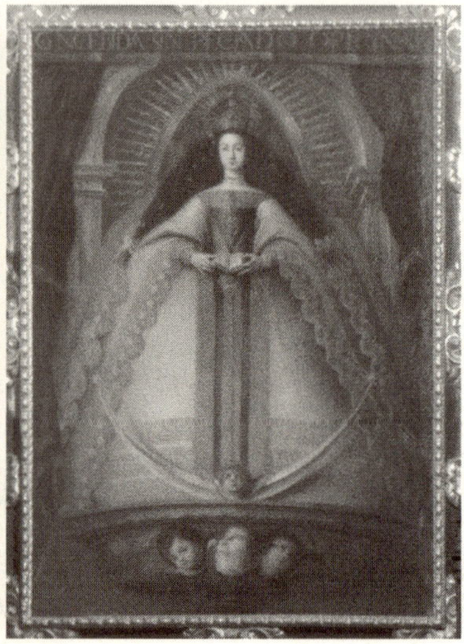

Grabado de fines del XVII de Nuestra Señora del Soterraño, parroquia de San Nicolás (Sevilla) y a la derecha pintura de fines del XVII de la Purificación de la Esperanza Divina Enfermera de la Iglesia de San Martín (Sevilla) luciendo el escapulario concepcionista y un atuendo similar al de la reina María Luisa de Orleans.

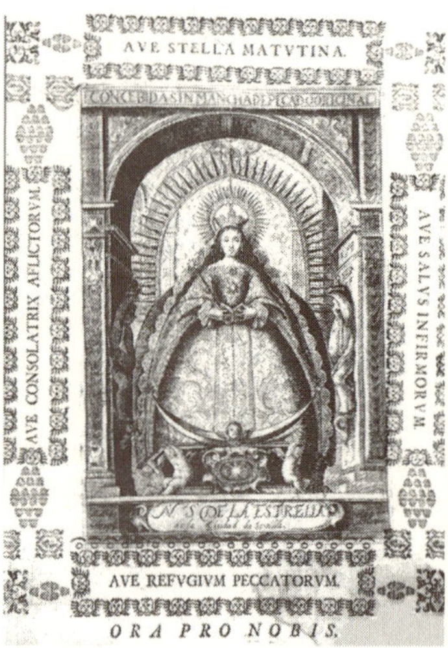

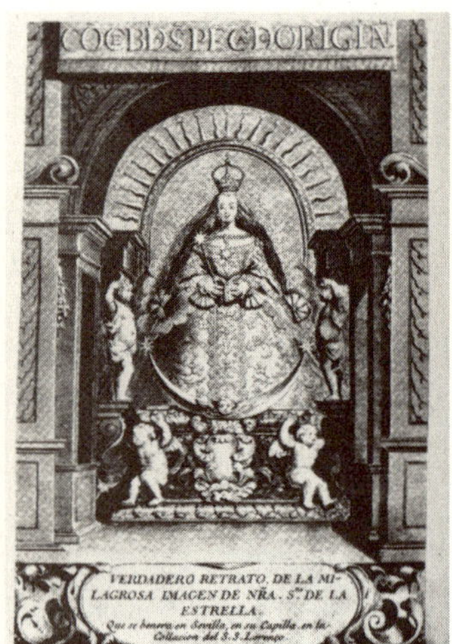

Estampas del siglo XVII de la Virgen de la Estrella en su advocación de la Concepción de la collación de San Lorenzo de Sevilla.

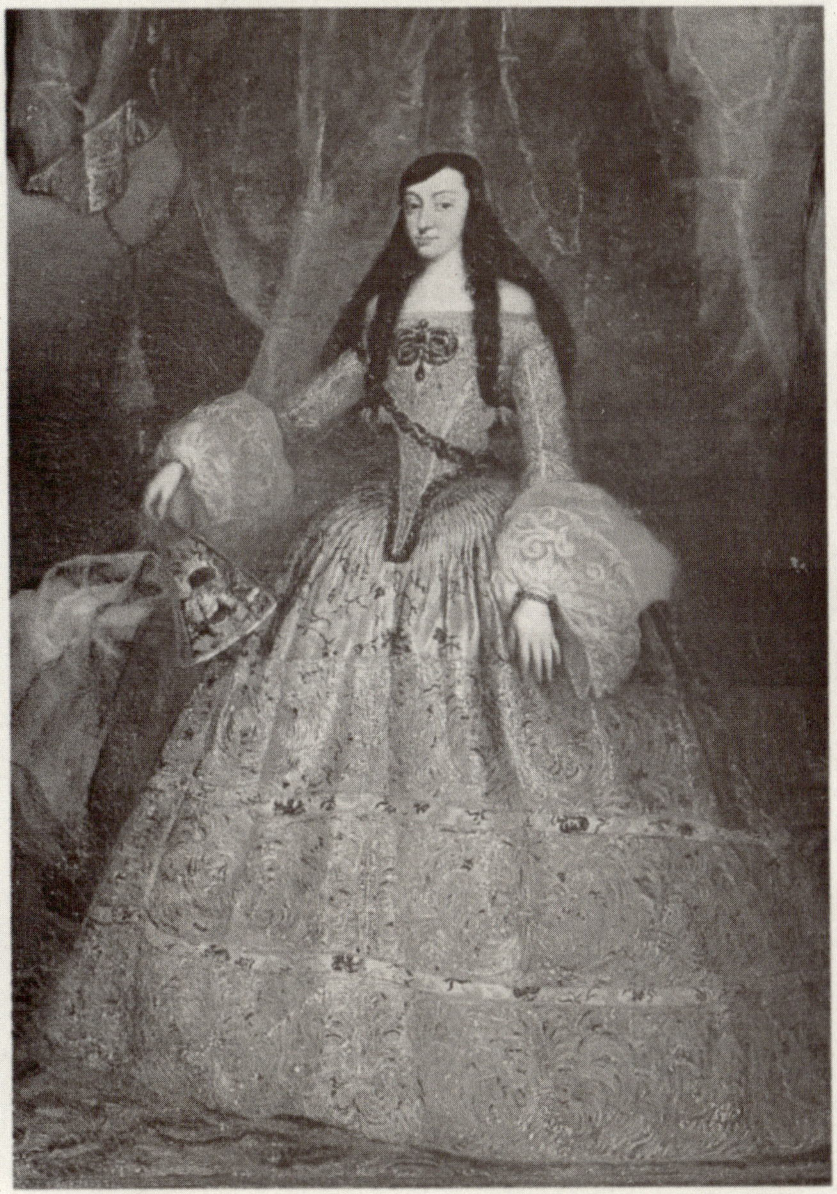

La reina María Luisa de Orleans esposa de Carlos II, pintura de Juan Carreño de Miranda 1683, Monasterio de Guadalupe (Cáceres).

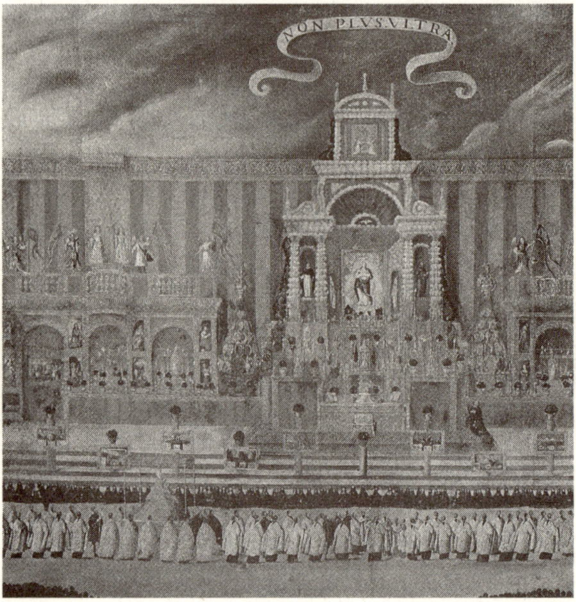

Anónimo procesión de la Virgen de los Reyes con motivo de la festividad de la Inmaculada de 1662, Catedral de Sevilla.

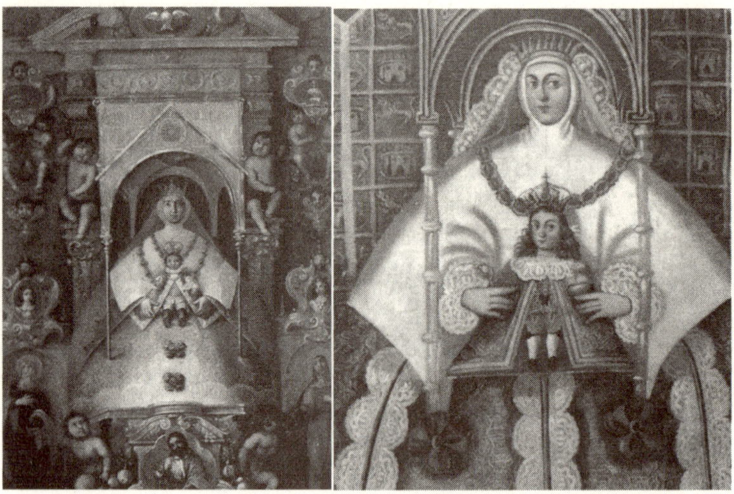

A la izquierda la Virgen de los Reyes, lienzo de Bernabé de Ayala siglo XVII, Lima (Perú), a la derecha la Virgen de los Reyes, Monasterio de St. Mª del Valle de Zafra (Badajoz).

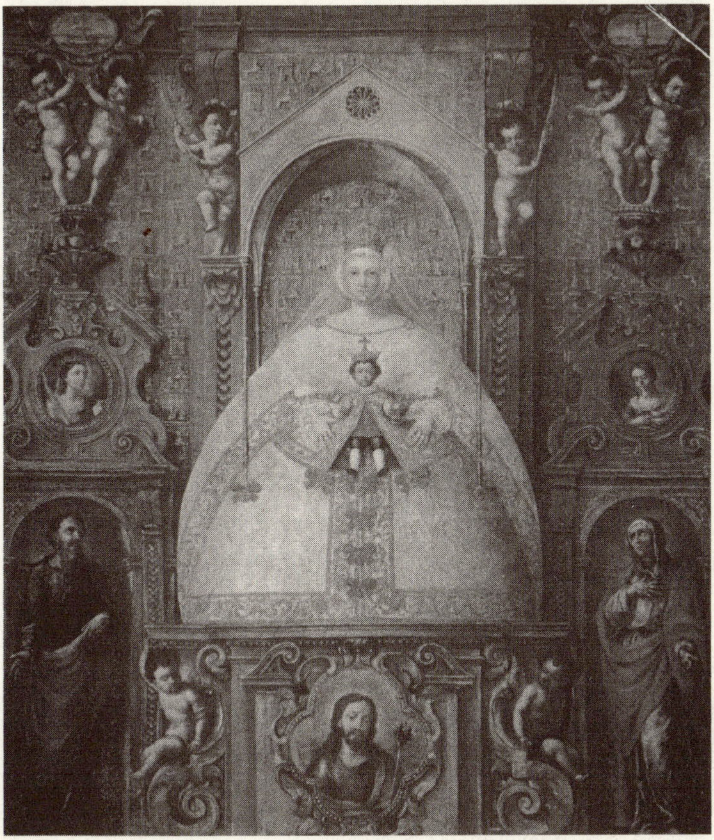

La Virgen de los Reyes pintura de Lucas Valdés (h.1700), iglesia de San Sebastián de Marchena.

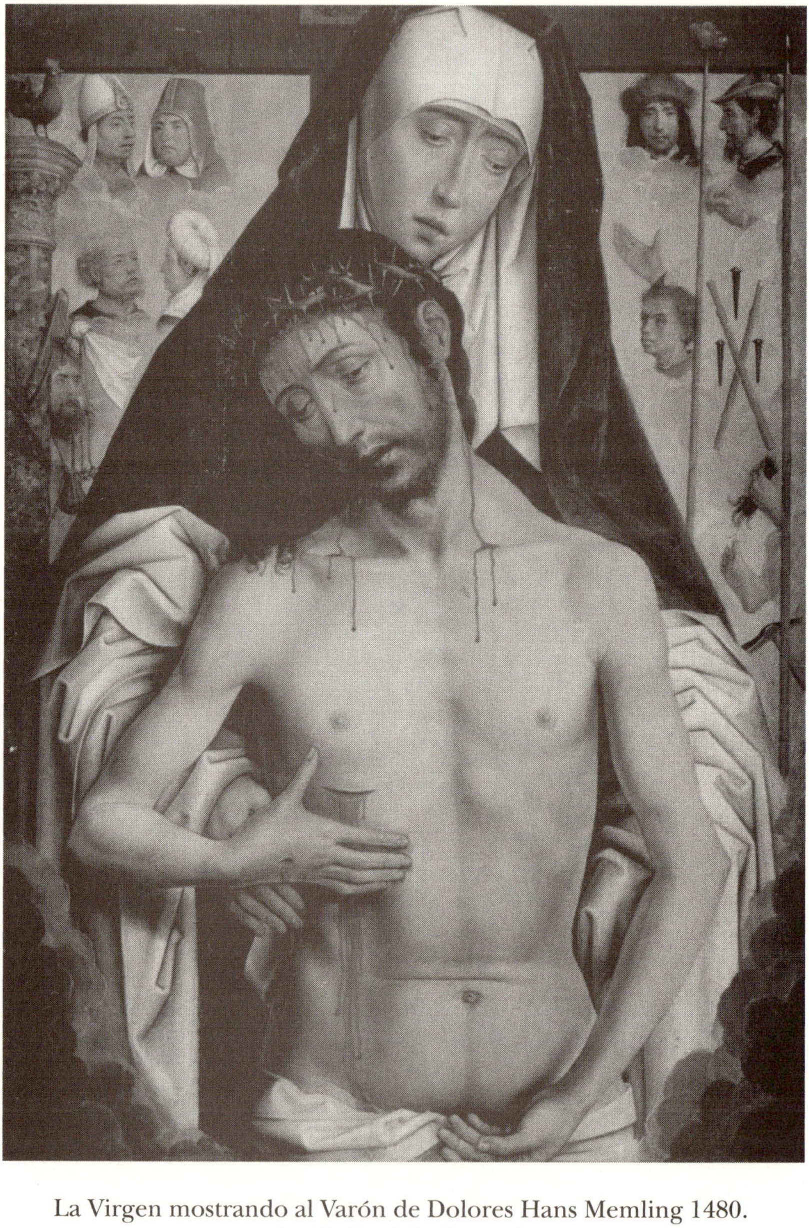

La Virgen mostrando al Varón de Dolores Hans Memling 1480.
Capilla Real de Granada

4. LA DOLOROSA DURANTE EL SIGLO XVI Y EL XVII

INTRODUCCIÓN A LA ICONOGRAFÍA DE LA DOLOROSA

Eduardo Fernández Merino en su interesante libro *la Virgen de Luto,* nos habla de que la imagen de la mujer celestial que llora vestida de luto, junto con las que conmemoran la maternidad divina, están grabadas en el subconsciente colectivo desde hace milenios y son las que más humanizan la deidad y las que más cercana y accesible la hacen a sus fieles. Éstas se corresponden a ciertos arquetipos universales que se repiten constantemente en las tradiciones religiosas de multitud de culturas antiguas y contemporáneas. Desde los orígenes de la historia, el hombre percibe la presencia de lo sobrenatural ante los dos hechos que delimitan su estancia en este mundo: su nacimiento y su muerte. La principal fiesta mistérica que se celebraba a la llegada de la primavera, consistía en la recreación del duelo de la diosa madre por su amado esposo muerto por algún espíritu vengativo en el invierno, suponiendo una concepción simbólica del ciclo de la semilla. A tal efecto, la estatua de la diosa llorona se sacaba en procesión por los campos con vestidos lúgubres, acompañada por el canto doloroso de sus fieles. La celebración se recoge en las *Lamentaciones de Isis y Nepthys.* Esta diosa egipcia pasó a los fenicios con el nombre de Astarté y de aquí pasó al cristianismo primitivo que, como muy bien sabemos, bebe de las fuentes simbólicas y artísticas de los pueblos conquistados, y aúna de forma sincrética las celebraciones locales, con los ritos nuevos para hacer más sugerente y progresiva su asimilación. Por tanto igualmente conmemora las fechas clave del calendario agrícola bajo advocaciones cristianas, o sacraliza los antiguos

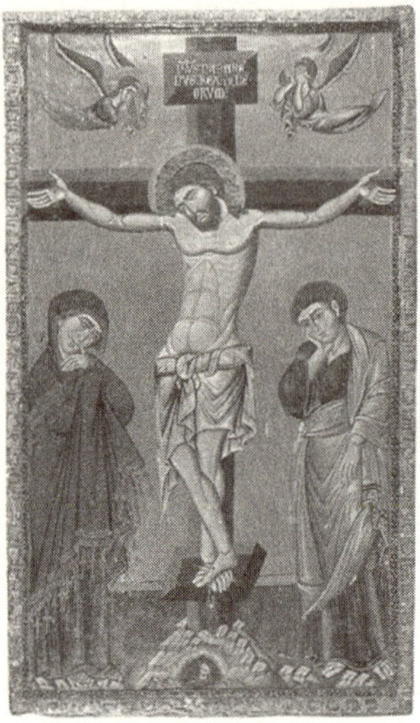

Calvario 1302, ermita de San Miguel de Foces (Huesca).

templos de veneración, instituyendo romerías y peregrinaciones como expresión de la nueva fe[71].

En la introducción de este capítulo habíamos comentado que será en el Arte bizantino (siglos V al XIV), cuando aparezcan modelos de representación de la Virgen diferentes a los dos más primitivos, que la presentaban sedente, o bien orante, ya que en la plástica del primer milenio, el sentimiento trágico mariano estaba ausente de dramatismo externo, sólo se insinuaba bajo el signo de la Cruz. Entre estos modelos citábamos la *deesis,* que no es otra cosa que el Calvario en el que aparece María acompañada de San Juan, iconografía que tradicionalmente ha sido considerada como la primera donde se representa a la Dolorosa en el arte cristiano.

No será hasta el siglo XII cuando el tema de la Dolorosa aparezca representado en el arte como tema independiente. En realidad es una abstracción del calvario, y por tanto alusión directa al stábat Mater[72]. Según Manuel Trens: *la Virgen como figura aislada no aparece en el arte hasta después de la crucifixión, cuando desaparecen los personajes históricos y la Virgen se queda sola sumergida en su dolor, entregada a la piadosa contemplación de sus devotos.* En este sentido apuntar que la dolorosa procede de los calvarios y de la piedad medieval, aislando la efigie mariana y añadiéndole unas espadas o puñales. Tanto San Ambrosio, San Efrén y San Agustín en el siglo IV, como San Anselmo en el XI o San Bernardo de Claraval en el XIII, dedican elaboradas reflexiones al tema de los Dolores de María en el Calvario. Otros como San Bernardo, San Jerónimo, San Buenaventura, o San Vicente Ferrer, se ocuparon también del asunto, siendo

71 FERNÁNDEZ MERINO, Eduardo: *La Virgen de Luto.* Madrid 2012.

72 GONZÁLEZ ISIDORO, José: De iconología, la dolorosa como reina y madre de Cristo en la Semana Santa de antaño. *Tabor y Calvario,* 22. Sevilla, 1994. P.p. 52-55..

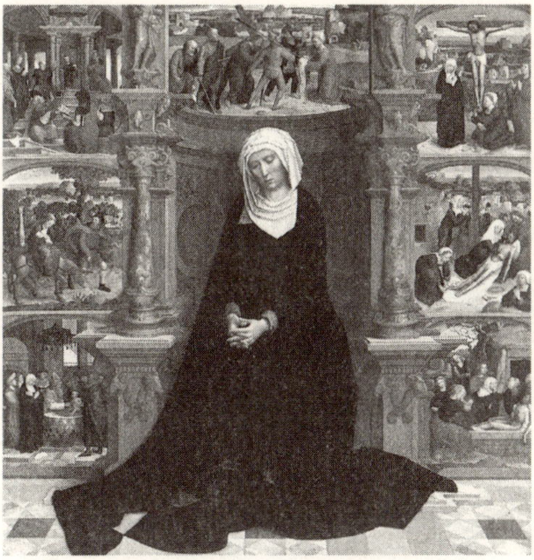

Ntra. Sra. de los Dolores
1518, Adrian Isembrandt.

los sermones de este último fundamentales para su difusión en nuestro país[73].

Durante la baja Edad Media en España la devoción a los dolores de la Virgen está vinculada al arzobispo San Ildefonso de Toledo (siglo VII)[74]. Posteriormente en el siglo XI, sabemos que la iglesia de Montflorite (Burgos) estaba dedicada a la Virgen Dolorosa[75], y, ya en el siglo XIII, en las Cántigas del rey Alfonso X el Sabio, encontramos una dedicada a *Os sete pesares que viu Santa María de seu Fille,* que recoge la profecía de Simeón en la presentación de Jesús en el templo: *Y una espada atravesará tu alma para que se descubran los pensamientos de muchos corazones* (Lc. 2,35).

Quien definitivamente da el espaldarazo a la difusión del culto a la Virgen de los Dolores será la Orden mendicante de los Siervos de María, llamados también Servitas, fundada en 1233 por siete nobles florentinos, que extendieron la devoción por toda Europa, aunque su máxima expansión no tendrá lugar hasta 1750[76]. También en el siglo XIII asistimos a la invención del poema del *Stábat Mater,* escrito en latín medieval, atribuido a Inocencio III y al franciscano Jacopone da Todi, y que habla del amargo padecimiento de María al pie de la Cruz[77].

Gracias a esta difusión, el pueblo comprendió de forma especial el papel de María como corredentora, y desde la Edad media

73 FERNÁNDEZ MERINO, Eduardo: *La Virgen de Luto.* Madrid 2012.

74 GONZÁLEZ GÓMEZ, J. Miguel: La Dolorosa, Iconografía de la Virgen en Sevilla. *El Poder de las Imágenes,* Sevilla, 2000. Pp. 91.

75 IBÍDEM 74.

76 GARCÍA DE LA CONCHA, Federico: La devoción a la dolorosa en Sevilla. *ABC de Sevilla,* 18 de Marzo de 1988.

77 IBÍDEM 73.

se asiste a la institución de la fiesta de los Dolores de la Virgen. Dicha festividad quedó establecida en 1423 en Colonia, por el arzobispo Teodorico de Meurs, para reparar las injurias que los Husitas inferían a las representaciones de la Virgen Dolorosa. De aquí se propagó por el resto de Europa, estableciéndose, por lo general el Viernes de Dolores como el día de su celebración[78]. Esto eclosiona en Flandes en el siglo XV cuando Juan de Coudenberghe, cura de San Salvador de Brujas, fundó la primera cofradía de la Virgen de los Siete Dolores en 1492, iniciativa que refrenda el papa Alejandro VI Borgia en 1495 por bula pontificia que confirma su festividad. A ésta se debe la consolidación de los Siete Dolores de la Virgen que son: La profecía de Simeón (Lc 2, 25-35), La huida a Egipto (Mt 2, 13-15), Jesús perdido y hallado en el templo, la crucifixión y muerte de Jesucristo (Jn 19, 17-30), María recibe en sus brazos a Jesucristo bajado de la cruz (Mc 15, 42-46) y la sepultura de Jesús y soledad de María (Jn 19, 38-42).

La Orden Servita será quien difunda con posterioridad el rezo meditado de estos sucesos, lo que se conoce como *Corona Servita* o de los *Siete Dolores,* y ya en 1668 la misma Orden recibe autorización para celebrar la misa de los Siete Dolores el tercer domingo de septiembre que en el siglo XIX será ratificada por el papa Pío VII en 1814 y que con posterior reforma de Pío X quedaría establecida el 15 de Septiembre. En 1714 se le concede también a los Servitas el permiso para otra misa de los Dolores ubicada el Viernes de Pasión, que Benedicto XIII extiende a toda la Iglesia en 1725, promulgando un breve ratificando la festividad del *Viernes de Dolores,* que se celebra el viernes anterior al Domingo de Ramos.

LA DEVOCIÓN A LA DOLOROSA EN SEVILLA

Entre toda una serie de teóricos que contribuyeron a difundir y fomentar entre el pueblo sevillano la devoción a la Dolorosa, cabe destacar la figura de un eminente franciscano, el padre Bernardino de Laredo. Este sevillano nació en 1482, se licenció

---

78 GARCÍA DE LA CONCHA, Federico: La devoción a la dolorosa en Sevilla. *ABC de Sevilla,* 18 de Marzo de 1988.

en medicina en 1495, Tomando los hábitos años más tarde en el convento de San Francisco del Monte, de Villaverde del Rio, donde fue nombrado enfermero de la Orden franciscana en Andalucía[79]. Este deambular de convento en convento, por las obligaciones de su cargo, le permitió difundir su obra *subida a Monte-Sión*, publicada en 1535 y que influirá en la religiosidad sevillana del momento. Junto a Bernardino de Laredo, hallamos otros grandes oradores y predicadores en el primer tercio del siglo XVI, que difundieron esta devoción; entre ellos sobresalen el maestro Juan de Ávila, Fernando de Contreras o Domingo Valtanás. A estos hay que sumarles las disposiciones sinodales impuestas por la autoridad eclesiástica local desde la baja Edad Media que son las que modelaron el perfil espiritual, la vida de las cofradías y las prácticas y costumbres religiosas sevillanas a partir de la segunda mitad de XVI[80].

La devoción a la Dolorosa está unida a la práctica del Vía-Crucis. Su origen se encuentra en Jerusalén, donde los primeros cristianos comenzaron a recordar la Pasión del Señor, mediante pasos o estaciones de la llamada «Vía Sacra» o «Vía Dolorosa», incluso existe la tradición que la santísima Virgen fue la iniciadora de esta devoción, al recorrer con frecuencia el Camino del Calvario seguido por su Hijo[81]. Los Franciscanos fomentan y dan gran impulso en Europa al Vía Crucis, difundido en Andalucía por el Beato Álvaro de Córdoba, al volver de tierra Santa en 1420[82].

Con respecto a Sevilla, tuvo su principal promotor en la figura del primer marqués de Tarifa, D. Fadrique Enríquez de Rivera, que después de un viaje a Jerusalén en 1520, obtiene las licencias para dar devoción en esta ciudad al Santo Vía Crucis. Éste hacía estación al humilladero de la Cruz del Campo, desde la puerta de su Palacio, que a partir de entonces será conocido popularmente como «Casa de Pilatos», ya que había sido en el

79 RODRÍGUEZ NAVARRO, Antonio: 1899–1999, C Aniversario de la salida procesional de María Santísima de los Dolores (I). *Boletín Informativo de la Hermandad de la Calle Real de Castilleja de la Cuesta*, nº 44, marzo, 1999. P. 34.

80 IBÍDEM 79.

81 MARTÍN DE LA TORRE, Antonio: Vía Crucis a la Cruz del Campo. *Archivo Hispalense*, nº 52, 1959.

82 GONZÁLEZ GÓMEZ, J. Miguel: La Dolorosa, Iconografía de la Virgen en Sevilla. *El Poder de las Imágenes*, Sevilla, 2000. P.p. 91

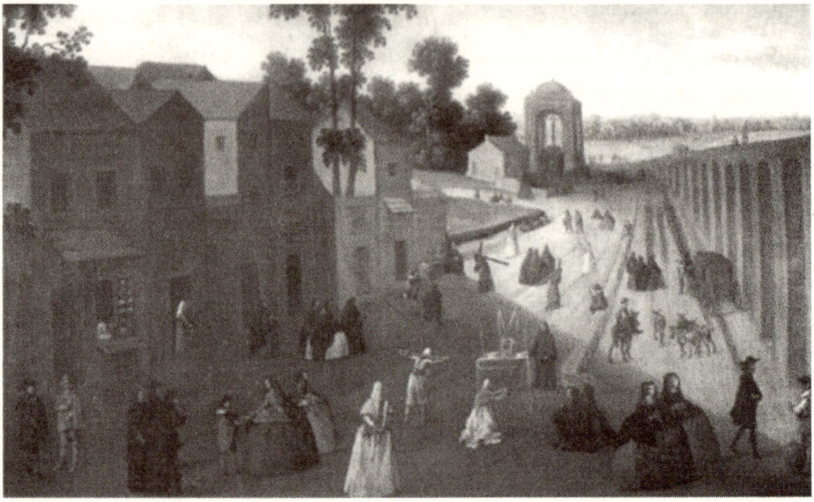

Vía Crucis a la Cruz del Campo. (Anónimo).

Pretorio donde se inició el «Camino de la Amargura»[83]. Desde este mismo momento comienzan a generalizarse la práctica de estos piadosos Vía Crucis por la ciudad y en todos ellos será frecuente el acompañamiento de la Virgen Dolorosa tras la imagen de Cristo.

En este ambiente surgen las primeras hermandades en España que dan culto a la Dolorosa. Primero adscritas a las de la Vera Cruz, como cofradías más antiguas, pero luego, como bien argumenta Javier Prieto[84], en la primera mitad del siglo XVI, con el título de Soledad. En aquella época se conocen en España dos cofradías con este título: la Cofradía de Nuestra Señora de la Quinta Angustia y Angustias y Soledad de Nuestra Señora de los Desamparados, de Valladolid (Cofradía de las Angustias) y la Cofradía del Traspaso y Soledad de Nuestra Señora de la ciudad de Sevilla (Hermandad de la Soledad de San Lorenzo). De estas primeras cofradías perviven algunos ritos: como la ceremonia del descendimiento, o el acompañamiento de la dolorosa en el entierro de Cristo, con todo el ritual de

83 MARTÍN DE LA TORRE, Antonio: Vía Crucis a la Cruz del Campo. *Archivo Hispalense*, nº 52, 195.

84 PRIETO PRIETO, Javier: *El traje de la condesa viuda de Ureña. Realidad y mito en el origen de la imagen de la Soledad de la Victoria.* Madrid. Septiembre 2013.

los antiguos funerales como si de una viuda se tratara, o las procesiones de alegría del domingo de Resurrección.

En la década de los sesenta del siglo XVI, aumenta la propagación de las cofradías de la Soledad muy especialmente en el entorno de Sevilla, donde las reglas y la estética de la hermandad hispalense marcan un auténtico modelo para las cofradías soleanas. Resulta probado que en 1555, fecha de la aprobación de sus primeras reglas, ya existía una imagen de la Soledad en Sevilla que participaba en la procesión del Viernes Santo de su cofradía, aunque toda apunta a su hechura en la década anterior. Por las mismas fechas se encontraba al culto otra imagen de la Soledad en la localidad de Alcalá del Río, pues en las mandas testamentarias del sacerdote Bartolomé Xímenes del año 1556, se dispone que los viernes de cada mes le digan una misa *a la efigie de Ntra. Sra. de la Soledad.*

LAS PRIMERAS TALLAS Y ATUENDOS DE LAS DOLOROSAS

Según las disposiciones del Concilio de Trento celebrado en 1545, las imágenes debían contenerse dentro de los límites precisos entre la afectividad y las distancias derivadas de su rango, ya que la Virgen en tanto que Hija del Padre, Esposa del Espíritu y Madre del Verbo Encarnado, participa de la realeza del Hijo, tal y como se indica en el *Libro de los Jueces* (VIII, 22). Y es que si Cristo es Rey su Madre es Reina, por eso no extraña que la liturgia desde antiguo, se haga eco de tales ideas al invocarla en la *Salve Regina,* o en los «Regina» de la *Letanía Lauretana*[85]. Por tanto no parece extraño que la Sevilla del siglo XVI y XVII represente a nuestra Señora en tan amargo trance como Reina contricta, enlutada, aderezada al gusto de cada época. La realeza de la Virgen no sólo debía reducirse al signo del vestido y de la corona que ciñe sus sienes, sino que se debía manifestar en el aire grave y solemne del cuerpo, en la majestad de su aplomo, el reposo de sus movimientos y en el porte aristocrático. Lo vulgar, lo plebeyo, no cabía en ellas,

85 GONZÁLEZ ISIDORO, José: De iconología, la Dolorosa como Reina y Madre de Cristo en la Semana Santa de antaño. *Tabor y Calvario,* 22. Sevilla, 1994. P.p. 52–55.

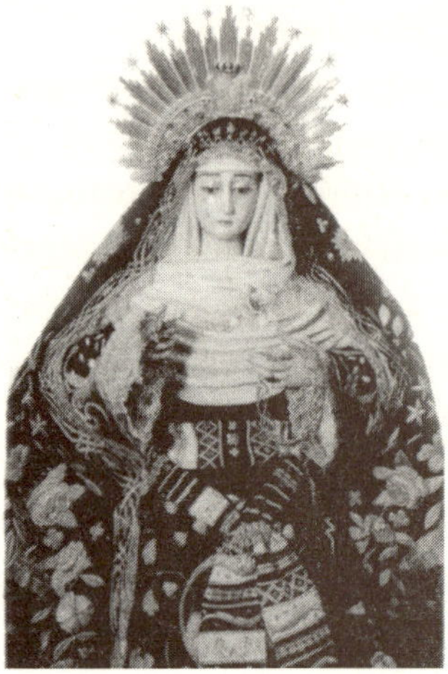

Soledad de San Lorenzo de Sevilla, mediados siglo XVI.

tampoco el desbordamiento expresivo. Y si estos rasgos debían ser inherentes a toda representación sagrada, resultaban más necesarios cuando se trataba de la Madre de Dios[86]. Este equilibrio siempre triunfó en Sevilla sintonizando perfectamente con el gusto por la medida y la proporción tan característico de la escuela sevillana desde las centurias precedentes.

A esto hay que añadir otro aspecto no menos interesante, el relativo al sentido estricto del pudor para exteriorizar los sentimientos del que hicieron gala las clases altas, en especial la corona. Eso explica que nuestras Vírgenes del XVI y XVII, plasmen un llanto mudo, sin aspavientos, ni muecas deformantes, y el dolor se exprese sólo con los efectos del llanto, con la humedad de los ojos, el enrojecimiento de los párpados, las livideces del rostro, los frunces de ceños. En consecuencia, las lagrimas y las toallas se convierten en toques expresionistas que nos comunican la aflicción, el desconsuelo y un tremendo vacio interior más sugerido que explícito, siempre diametralmente opuesto al dramatismo de otras escuelas como la flamenca, con sus actitudes declamatorias y sus gestos grandilocuentes[87].

El nombre común de «Dolorosa» se aplica a cualquier imagen de la Virgen que recoja los trances sufridos por María desde el prendimiento de Jesús hasta su resurrección. Por motivos iconográficos y con el fin de facilitar a los fieles la comprensión del momento representado, las tallas recibieron determinados nombres o advocaciones: Así «Amargura», es la que representa a la Virgen acompañada por San Juan y la Magdalena en su camino al encuentro con Cristo, después

86 GONZÁLEZ ISIDORO, José: De iconología, la Dolorosa como Reina y Madre de Cristo en la Semana Santa de antaño. *Tabor y Calvario*, 22. Sevilla, 1994. P.p. 52–55.

87 IBÍDEM 86.

de conocer que su hijo ha sido condenado a muerte. Cuando nos referimos a la «Dolorosa» nos remite a la Virgen en el Calvario, al pie de la cruz, sintiendo y compartiendo los dolores y agonía de Jesús, esta tipología también puede conocerse como «Mayor Dolor», «Dolores», «Siete Dolores» o «Traspaso». Cuando presencia el descendimiento de Cristo por los santos varones, acompañada de san Juan y las tres Santas Mujeres, se la conoce como la de la «Quinta Angustia». Una vez bajado Cristo de la cruz y depositado en su regazo, pasa a llamarse «Piedad» o «Angustias». Por último llevando el cuerpo de su hijo al sepulcro, o tras volver del mismo y arrodillarse ante la cruz en un primer acto de adoración, recibe el nombre de «Virgen Afligida» o el más popular de «Soledad».

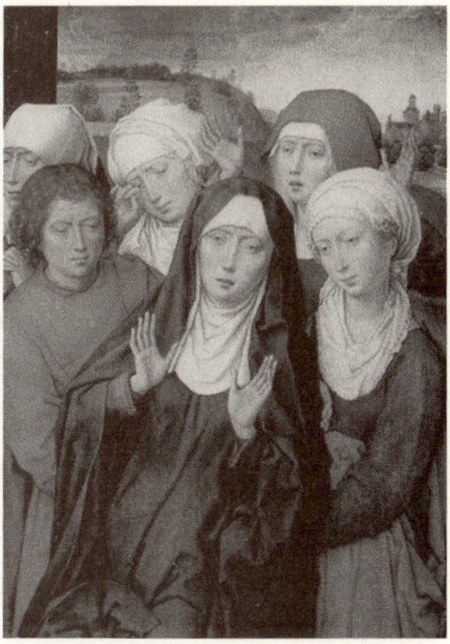

Llanto de las Santas Mujeres, anterior a 1529, Hans Memling.

Como ya hemos comentado, la devoción a la Dolorosa eclosionó definitivamente en Colonia y Brujas en el siglo XV con la creación de la festividad de los Dolores y con la fundación de la primera cofradía de los Siete Dolores respectivamente. Precisamente por ello será la pintura flamenca del siglo XV quien ofrezca los primeros ejemplos de la iconografía de los dolores de la Virgen, representando en ellos a la Madre de Dios con ropas negras, quizás por influencia del hábito de la orden Servita, que desde sus inicios había tomado como propio el color negro, por habérselo ordenado la Virgen dolorosa cuando se les apareció, anticipándose a las posiciones trentinas que buscaban el realismo de las imágenes como vía para mover el animo de los fieles a la compasión y la piedad. Aunque esta simbología no nace en el siglo XV, pues el medievalista francés, especialista en estudios sobre el color, Michel Pastoureau sostiene que la representación de la Virgen con ropas negras por la muerte de Cristo era común ya en el arte paleocristiano[88].

Esta forma de representarla convivió con las que la muestran con túnica roja viva, manto azul y tocado blanco que proviene del icono atribuido a San Lucas[89] que se venera en la Iglesia de Araceli de Roma y que siguieron los iconos ortodoxos bizantinos en el modelo conocido en occidente como Perpetuo Socorro[90] y que también reflejan algunas tablas flamencas del XV, siguiendo un simbolismo milenario de los colores donde el púrpura representa la realeza de la estirpe de David y el azul la pureza de los cielos y que mantuvieron en el barroco algunos artistas como Pedro de Mena, o Salzillo para representar a la Dolorosa.

Fray Antonio de Ares en 1640[91] fue uno de los muchos que opinaban que había que relegar el manto azul y el vestido rojo en la representación de los dolores, explicando que las mujeres hebreas cuando enviudaban tornaban esas ropas de colores alegres por otras, que según se colige de la sagrada escritura eran lúgubres. De hecho no le faltaba razón, ya que María aparte de Reina, de madre sufriente por la muerte del redentor, era a nivel histórico y temporal, la viuda de San José, pero también de Dios que ha muerto en el Hijo y María es la esposa Mística de Dios[92]. Y en un lenguaje tan estereotipado, a base de destellos expresivos, como resulta el del arte sagrado, esta condición debía quedar reflejada, de una parte por el uso color oscuro como símbolo de luto, y por otro por el empleo de un tipo de prendas concreto: la túnica o *simlah* en hebreo, tocado o *schebisim* y un manto o *ma'ataphah,* inspirados en el modelo de San Lucas ya comentado, en que María viste al modo de las casadas Sirias, con el

88 PRIETO PRIETO, Javier: *El traje de la condesa viuda de Ureña. Realidad y mito en el origen de la imagen de la Soledad de la Victoria.* Madrid. Septiembre 2013.

89 Se trata de un icono sobre tabla que las pruebas del carbono 14 le otorgan 2000 años de antigüedad.

90 Para los Ortodoxos Virgen de la Pasión.

91 ARES, Antonio F.: *Discurso del ilustre origen y grandes excelencias de la misteriosa imagen de Nuestra Señora de la Soledad del Convento de la Victoria de Madrid.* Madrid, 1640.

92 GONZÁLEZ ISIDORO, José: De iconología, la Dolorosa como Reina y Madre de Cristo en la Semana Santa de antaño. *Tabor y Calvario,* 22. Sevilla, 1994. P.p. 52–55.

manto propio de las matronas de Palestina[93]. El uso de las tocas alrededor de la cara al igual que las viudas del pasado tenia un evidente paralelismo con las tocas blancas que bajaban por debajo de la cintura con que cubrían su cabeza las viudas judías para indicar su estado, de ahí que resulte imprescindible en las dolorosas para indicar su posición de casada y viuda a la vez. Además debía ir bajo el manto que cae por su peso verticalmente para subrayar el sentido de pesadumbre y de dolor por su doble condición de viuda.

Las pinturas flamencas con la Virgen vestida de luto llegaron pronto a los reinos españoles de la mano de reyes y nobles. El postulado de estas pinturas marcó el panorama de las representaciones de esta iconografía a partir del siglo XVI, siendo cada vez más común la representación de la Virgen con ropas de luto. Algunos de los ejemplos más destacados son: *La Piedad* de Roger van der Weyden pintado entre 1435–38, el *Tríptico de la Pasión* de Dirk Bouts y *La Virgen mostrando al Varón de Dolores* de Hans Hemling de 1480, todos ellos en la Capilla Real de Granada, a los que hay que añadir *Nuestra Señora de los Dolores* de Adriaen Isenbrandt (interesante representación de los siete dolores de la Virgen), *El llanto sobre Cristo Muerto* de Durero o el *Descendimiento* de Juan Correa de Vivar, estos tres del siglo XVI[94].

EL MITO DE LA SOLEDAD DEL CONVENTO DE LA VICTORIA DE MADRID EN LA SEGUNDA MITAD DEL SIGLO XVI

Las primeras imágenes para vestir de la Virgen Dolorosa surgen a partir del movimiento de la Contrarreforma que tiene en el Concilio de Trento 1545 su máxima expresión. Convencionalmente se ha admitido que el primer simulacro de imagen dolorosa para vestir fue la Soledad del convento de la Victoria de Madrid, tallada por Gaspar de Becerra en 1565, cuya génesis mezcla la historia con el mito. Hoy día hay numerosos estudios y documentos que cuestionan esta realidad, entre ellos

93 FERNÁNDEZ MERINO, Eduardo: *La Virgen de Luto.* Madrid 2012.

94 PRIETO PRIETO, Javier: *El traje de la condesa viuda de Ureña. Realidad y mito en el origen de la imagen de la Soledad de la Victoria.* Madrid. Septiembre 2013.

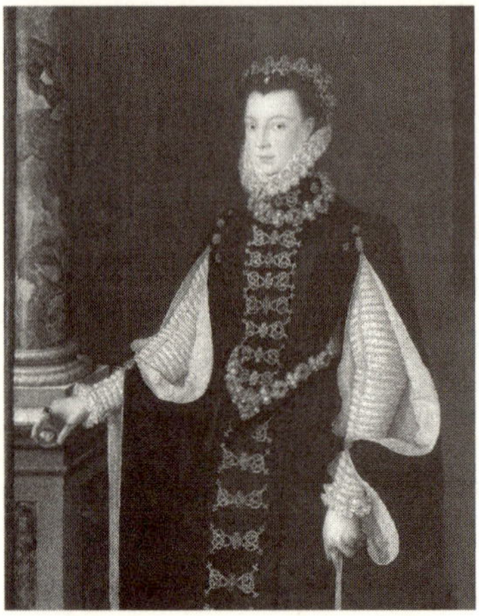

La reina Isabel de Valois (1561–65), atribuido a Sofonisba Anguissola. Museo del Prado.

destacan los artículos del zamorano Javier Prieto[95] al que citaremos en numerosas ocasiones.

La historia nos sitúa en 1565, pocos años antes llega a Madrid la tercera esposa de Felipe II, Isabel de Valois, siendo nombrada su camarera mayor Doña María de la Cueva, condesa viuda de Ureña (Cuéllar¿?–Madrid, 1566). Mujer piadosa, tuvo como confesor al fraile mínimo Diego de Valbuena, que llegó a serlo también de la reina. En una de sus regulares confesiones le acompañó Fray Simón Ruiz, que tenía intención de pedirle a la soberana alguna imagen para su convento de la Victoria. Nada más entrar en el oratorio privado les llamó la atención un gran cuadro que representaba las Angustias y Soledad de la Virgen al pie de la cruz; pensaron en solicitarlo, pero primero hablaron con doña María de la Cueva que les aconsejó que, ya que el lienzo había acompañado a la monarca desde Francia y lo tenía en alta estima, por qué no copiarlo, sugiriendo Fray Simón que se hiciese una talla de bulto y no una pintura. La reina accedió, encargándosela al escultor baezano Gaspar de Becerra (1520– 1568), artista de gran fama, discípulo de Miguel Ángel, que se encontraba en Madrid ocupado en el retablo de las Descalzas Franciscas.

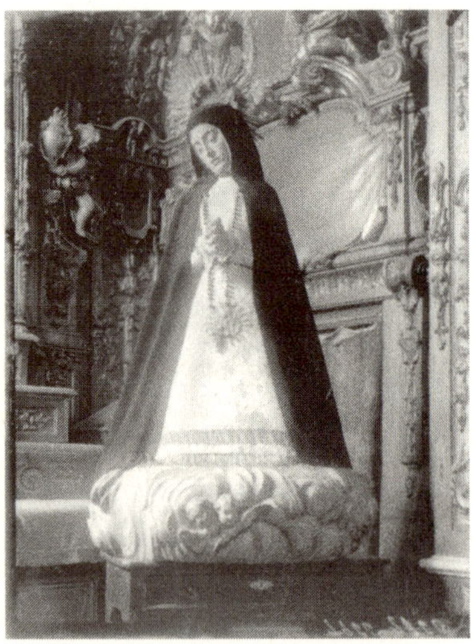

Fotografía de la antigua Soledad del Convento de la Victoria de Madrid.

El proceso de elaboración se alargó. Becerra, tras dos intentos

95 PRIETO PRIETO, Javier: *El traje de la condesa viuda de Ureña. Realidad y mito en el origen de la imagen de la Soledad de la Victoria.* Madrid. Septiembre 2013.

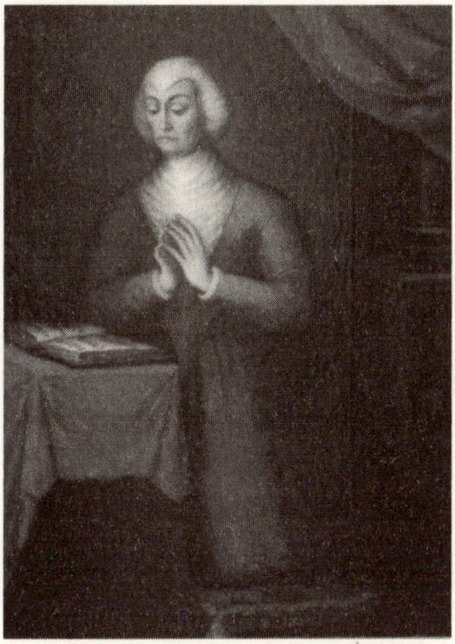

La Condesa de Ureña
anónimo s. XVI, Universidad
de Osuna (Sevilla). Convento
de la Victoria de Madrid.

fallidos que no consiguieron la aprobación de la reina volvió a intentarlo, y tras un sueño de carácter taumatúrgico en el que una voz le ordenó que probase a hacerla con un tronco que ardía en su chimenea, consiguió el tan ansiado simulacro: la Virgen en posición genuflexa sobre un almohadón, las manos entrelazadas a la altura del pecho y la cabeza ligeramente inclinada demostrando el dolor y la soledad tras la muerte de su Hijo. La reina quedó satisfecha y perdonó la tardanza, encomendando la elección del vestuario de la Virgen a su camarera mayor, la condesa de Ureña, donándole sus mejores galas de viuda.

En los últimos años ha aumentado el interés por la condesa de Ureña y su ajuar de viuda noble, por ser la supuesta promotora del uso de las prendas de luto en el atavío de las imágenes de las Dolorosas, gracias a la recuperación del relato de Fray Antonio Ares dentro de la obra *La Virgen de luto* de Eduardo Fernández Merino. El testimonio novela el momento en que acabada la imagen es necesario vestirla, señalando entonces la condesa *este Misterio de la Soledad de la Virgen parece que quiere decir cosa de viudez, que si se pudiese vestir como viuda, de la manera en que yo ando, que me holgaría porque tuviese yo también parte en esto, y pudiese servir a Nuestra Señora con un vestido y tocas como estas mías.*

El extracto forma parte del *Discurso*, escrito por Fray Antonio Ares en 1640[96], cuya veracidad histórica cuestiona Prieto: *Este texto se publica en plena expansión de la devoción a la imagen y de su propio título se infiere que su finalidad era la promoción y difusión del culto a una de las devociones más pujantes del Madrid de mitad*

96 ARES, Antonio F.: *Discurso del ilustre origen y grandes excelencias de la misteriosa imagen de Nuestra Señora de la Soledad del Convento de la Victoria de Madrid.* Madrid, 1640.

del XVII. Es este casi un subgénero literario en nuestro país, pues son múltiples los textos escritos por clérigos para la propagación de la devoción a una imagen... A todos ellos es común el tono exaltado y la falta de exactitud en el rigor histórico a favor de la exaltación de las virtudes y milagros de la talla[97]. De esta manera las referencias históricas suelen contar con recreaciones y figuraciones de los episodios que ponen sobre aviso de las licencias tomadas en la redacción de los mismos, por lo que se debe discernir sobre la realidad de la recreación en los datos proporcionados en el texto de Ares, subrayando Prieto: *La difusión de este pasaje en pleno siglo XXI se ha realizado en un marco de veracidad y rigor histórico completamente ajeno a la naturaleza del texto original y que al ponerse en cuestión hace tambalear las rígidas teorías sobre el origen de las dolorosas de vestir y la devoción a la Soledad en España*[98].

Citando de nuevo a Prieto, bajo estas premisas debe entenderse la participación de la Condesa en la elección de las ropas de la nueva imagen, más aún cuando distintas investigaciones ponen en cuestión varios de los datos recogidos en el libro de Fray Antonio Ares. Los estudios de Manuel Arias Martínez sobre la Soledad de la Victoria[99] ponen de manifiesto cómo será ya en pleno siglo XVII cuando se construye el mito sobre el origen legendario de la imagen, en el contexto de un largo litigio con la cofradía de la Soledad que reclama la propiedad de la misma. La disputa legal se dirime a favor de los frailes amparados por el encargo de la reina Isabel de Valois y la autoría de Becerra, cuestionados ambos por la cofradía. A pesar de los muchos testimonios que se cotejan sobre la hechura y encargo de la Virgen ninguno cita a doña María de la Cueva, un hecho cuanto menos llamativo dado que todo detalle sobre la participación de la reina y su camarera favorecería la posición de los frailes mínimos sobre la propiedad de la imagen. Por si fuera poco las fechas del encargo y entronización tampoco casan con las crónicas de la época, ya que la reina Isabel y

97 PRIETO PRIETO, Javier: *El traje de la condesa viuda de Ureña. Realidad y mito en el origen de la imagen de la Soledad de la Victoria.* Madrid. Septiembre 2013.

98 IBÍDEM 97.

99 ARIAS MARTÍNEZ, Manuel: *«La copia más sagrada» la escultura vestidera de la Virgen de la Soledad de Gaspar Becerra y la presencia del artista en el convento de Mínimos de la Victoria de Madrid.* Boletín. Real Academia de Bellas Artes de la Purísima Concepción, ISSN 1132-0788, Nº. 46, 2011, págs. 33-56.

su camarera se hallaban en Bayona de viaje diplomático en septiembre de 1565 cuando se señala que fue entronizada la Virgen con la presencia de ambas señoras[100].

La interpretación del relato de Ares como una reconstrucción posterior no supone devaluar por completo la historia, ni los datos aportados, pero si pone en cuestión que la reina Isabel de Valois introdujera la devoción a la soledad de María y que la Soledad de la Victoria inaugurase la costumbre de representar a la Virgen con ropas de luto. Según Prieto: *Sin descartar que la imagen de Becerra fuese la primera dolorosa de vestir, si cabe señalar que existen datos coetáneos de otras imágenes de la misma tipología que obligan a replantearse la primacía de la Soledad madrileña. Así por ejemplo en 1568 el escultor Gaspar del Águila talla una Virgen de la Soledad vestidera para la cofradía homónima de Marchena*[101]*, vinculada a la Soledad de Sevilla y no a la del Convento de Frailes Mínimos de Madrid.* Esto pone de manifiesto que, al igual que las imágenes de gloria, las imágenes de vestir de la Virgen María en sus misterios dolorosos eran un iconografía común en la religiosidad popular de mediados del XVI, y desde luego con anterioridad a 1565 existen una quincena de hermandades en el antiguo reino de Sevilla[102] que tienen un culto asentado a la advocación de la Soledad y que siguen el modelo de la de la capital hispalense. Lo que sí está claro es que será el favor real y la promoción de su devoción lo que propiciará su conversión en el ejemplo y referencia de la iconografía de esta advocación mariana, aunque todo ello ocurrirá ya bien entrado el siglo XVII. Por tanto concluye Prieto: *El recurso del luto en el atavío de la imagen del convento de la Victoria no respondería por tanto al postulado teológico de la condesa sobre la viudedad mística de María sino que se limitaron a recurrir al modelo flamenco de representar la mater dolorosa.*

---

100 ROMERO TORRES, José Luis: La condesa de Ureña y la iconografía de la Virgen de la Soledad de los frailes mínimos (I). *Cuadernos de los Amigos de los Museos de Osuna,* ISSN 16971019, Nº. 14, 2012, págs. 55–62.

101 JAPÓN CAÑIZARES, Ramón. «Nueva luz en el origen de la Hermandad de la Soledad». *Boletín de las Cofradías de Sevilla.* Nº 653, julio 2013, pp.546–555.

102 JAPÓN CAÑIZARES, Ramón. «Las hermandades de la Soledad en el antiguo reino de Sevilla (I)». *Boletín de las Cofradías de Sevilla.* Nº 609, Noviembre 2009, pp.546–555.

Nosotros podemos aportar pruebas documentales de la diócesis Hispalense más antiguas que las de la Soledad de la Victoria, como las que aparecen reflejadas en las reglas de 1549 de la cofradía sevillana de la Concepción de Regina, en éstas en el capítulo 27, al informar sobre el cortejo penitencial dice así: *de este modo prosigue la procesión hasta lo último donde vaya la imagen de Nuestra Señora, vestida de negro... y cubierta con un manto azul y con un lienzo blanco en las manos...* Por dicha descripción las dolorosas sevillanas desde mitad del siglo XVI, visten con un atuendo negro y severo, de luto o dolor, donde aparece María con el sudario entre las manos o bien con una mano sobre el pecho y la otra con la corona de espinas[103], vestimenta que desde el siglo XV tenía enorme difusión, como lo demuestran el gran número de tablillas pintadas, más o menos fieles al original, casi todas procedentes de Flandes y que alcanzaron gran difusión en España.

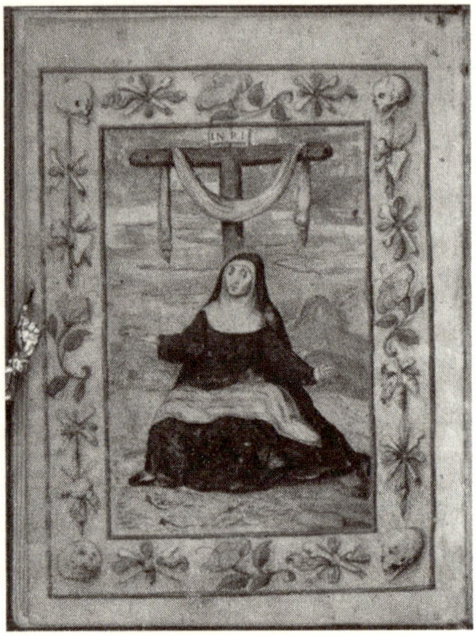

Vitela del libro de reglas de la Soledad de San Lorenzo 1555-57.

Otro prueba importante la otorga el hallazgo de las antiguas reglas de la Soledad de San Lorenzo aprobadas entre 1555 y 1557 en los fondos de la Villanova University de Filadelfia[104], y cuyo modelo siguen fielmente las de Utrera de 1560, y las de Marchena de 1567[105]. Éstas son muy interesantes a la hora de poner en cuestión la primacía de la Soledad Madrileña, ya que las paginas iluminadas de la regla sevillana y de la de Marchena

103 GARCÍA DE LA CONCHA, Federico: La devoción a la dolorosa en Sevilla. *ABC de Sevilla*, 22 de Marzo de 1988

104 http://digital.library.villanova.edu/item/vudl:64020: Regula de la cofradía del traspaso y soldad de Nxa senore de esta cid. De Sevilla. Manuale de Ceremonia.

105 JAPÓN CAÑIZARES, Ramón. «Nueva luz en el origen de la Hermandad de la Soledad». *Boletín de las Cofradías de Sevilla.* Nº 653, julio 2013, pp.546–555.

representan a la Virgen sentada sola al pie de la Cruz con sudario e Inri y los clavos a sus pies, con el sudario ensangrentado en su regazo, sosteniendo la corona de espinas con la mano derecha, pero lo más interesante es su indumentaria vestida de negro con toca blanca en el rostro y cubierta por un manto negro, es decir, la moda impuesta por las pinturas flamencas y que más tarde adoptarán los Austrias para la vestimentas de las viudas de la corte.

Es a partir de este momento cuando todas las dolorosas que procesionan en la Semana Santa sevillana se convierten en imágenes de candelero para vestir, salvo casos excepcionales. Por consiguiente presentan exclusivamente talladas en madera la mascarilla y las manos, presentando un busto levemente esbozado que puede llegar hasta la cintura o lo que es más corriente hasta las caderas, desde la que arrancan una serie de listones de madera, que sustituyen a las piernas, que se rematan en su parte inferior en una superficie plana ovalada, esto es lo que se conoce como candelero, que asienta en la peana. Sus pequeños distingos se centran en la policromía, en los giros e inclinaciones de la cabeza, en la dirección de la mirada, en las posturas de las manos, y poco más. Eso explica sustancialmente, la dificultad de su catalogación.

EL LUTO DE CORTE DE LOS AUSTRIAS: BREVE DESCRIPCIÓN DEL ATUENDO

Una vez demostrado que la adopción de la vestimenta de luto de las damas de la corte en el atuendo de la Soledad de la Victoria, es más fruto de la costumbre de ataviar las imágenes de la Virgen con los mejores aderezos, que solían coincidir con los usados por los cortesanos, que de la vehemencia de la condesa de Ureña por que vistiera a su modo y manera. El problema surge al definir en qué consistían esas prendas, y es de nuevo Fray Antonio Ares quien genera la confusión al identificar las prendas primitivas con las que lucía la imagen en 1640, casi un siglo después de su ejecución[106], algo lógico si tenemos en cuenta que sobre el propio traje del que habla sus coetáneos no guardaban recuerdo alguno.

El estilo de la indumentaria del XVI, hunde sus raíces en el protocolo de la corte borgoñona y cuenta con innumerables representaciones en la pintura y escultura del siglo XV y XVI, y se caracterizaba por la toca de papos blanca[107] y una fina toca blanca que se disponía hasta los hombros, cubriéndose la figura con un amplio manto negro. De nuevo volvemos a citar a Prieto: *Las prendas de luto al igual que el resto de ropas estaban sujetas a las modas y así se observa al analizar la pintura civil de la época. Según avanza el siglo XVI y más aún en el XVII los retratos de las viudas nobles o dueñas presentan variaciones en la prenda más característica de su ajuar: las tocas… Su aspecto cambió con el tiempo, así en los retratos de mediados del siglo XVI la toca cubre el cuello y el inicio del busto, mientras que ya a partir de 1600 la toca se alarga hasta pasada la cintura. Será en la regencia de Mariana de Austria cuando las grandes tocas blancas alcancen su máximo apogeo llegando a cubrir casi la totalidad del cuerpo, aliviándose la sobriedad del traje con la costumbre de ceñirlas sobre el cuerpo tal y como reflejan los retratos de la reina viuda.*

Si analizamos los retratos coetáneos a la realización de la Soledad es improbable que ésta vistiese las largas tocas con las que la describe el padre Ares, ya que tardarían más de treinta años en usarse, por ello es posible aventurar que las primeras tocas de estos primeros años se acercarían más a los modelos de la pintura flamenca o a las láminas miniadas de la regla de la Soledad de San Lorenzo. Por tanto, y teniendo en cuenta que los primeros testimonios pictóricos y documentales hacen referencia al siglo XVII hay que incluir este estilo en el primer

---

106 PRIETO PRIETO, Javier. *El traje de la condesa viuda de Ureña. Realidad y mito en el origen de la imagen de la Soledad de la Victoria.* Madrid. Septiembre 2013.

107 Entre 1530 y 1540 aparece en España un peinado femenino consistente en dos moños recogidos a ambos lados del rostro cubriendo las orejas, este peinado se conoce con el nombre de «bufos» o «papos», Tal moda hizo que las cofias que llevaban las viudas se trasformaran para crear espacio suficiente para alojar los moños o papos surgiendo la toca o cofia «de papos», convirtiéndose en el tocado más característico de finales del XVI.

barroco, cuando el ajuar de la imagen de la Soledad de la Victoria se adaptase a los nuevos gustos coincidiendo con el período de mayor crecimiento de su devoción debido a la difusión de su estampa que se propagará gracias a las comunidades de frailes mínimos y la vinculación de la familia real. Este modelo se estabiliza en el siglo XVII y el estilo de vestir de la Soledad de la Victoria pronto se entrelazará con la iconografía de la Soledad y la Dolorosa, configurando una imagen y modelo que se mantendrá en gran parte de España casi inalterado hasta avanzado el siglo XVIII. Un período en el que las grandes damas hicieron gala del ya afamado traje de dueñas, basten dos ejemplos la emperatriz María de Austria, profesa en las Descalzas Reales tras enviudar, y Mariana de Austria, quien vistió el luto de las viudas nobles durante toda su regencia.

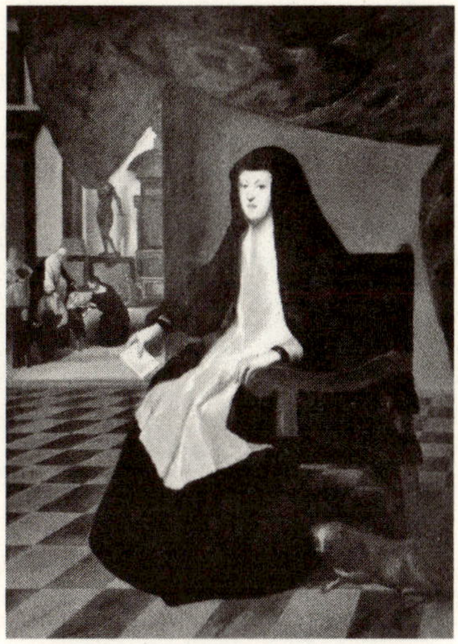

La Reina Mariana de Austria retrato de Juan Bautista Martínez del Mazo (1611-67), Museo del Greco.

Para una mejor comprensión del luto de corte vamos a pasar a describir en que consistía esta vestimenta siguiendo las pautas que encontramos en el libro *la Virgen de luto.* Si observamos grabados y pinturas de la época el traje de viudas nobles parece muy sencillo. Un largo manto y un vestido negro este último parcialmente cubierto con tocas blancas que descienden de la cabeza. Sin embargo este traje, estaba compuesto por casi una decena de prendas, muchas de ellas quedaban cubiertas, y que a continuación pasamos a describir.

El atuendo se componía de una serie de prendas interiores que son las mismas que ya hemos estudiado en el apartado de las vírgenes de gloria de la época de los Habsburgo. Estas consistían: en una «camisa» blanca de lino u algodón, sobre la misma se colocaban tres o cuatro «enaguas» con volantes, realizadas con tejidos similares a los de la camisa, a continuación se disponía el «verdugado», este consistía en una falda a la que se cosían aros rígidos denominados «verdugos» que proporcionan al vestido una silueta cónica, y por último sobre este se disponía una prenda interior a modo de falda denominada «manteo»[108].

Las prendas externas eran las siguientes: el «monjil» o vestido propiamente dicho realizado en sarga o en tela de paño, que no está relacionado a pesar de su nombre con las prendas de las monjas, ni es copia del hábito de las religiosas, como afirman algunas fuentes. Este error se produjo a raíz de la supresión del luto de corte por los Borbones en 1700, dando lugar a la confusión posterior que al ver los retratos de las reinas y damas viudas lo asociaban con la supuesta costumbre generalizada entre las viudas de tomar los hábitos al morir sus maridos, aparte de que el hábito oscuro entre las religiosas es algo relativamente actual[109]. El monjil aparece en el siglo XV como prenda sencilla y recatada utilizado tanto por doncellas viudas y casadas en todo tipo de colores. Era un vestido amplio de mucho vuelo que podía presentar diferentes tipos de mangas, ya fueran ajustadas, largas, cortas o perdidas. La prenda fue convirtiéndose hacia 1450 en distintivo de las viudas de buena reputación que lo usaban en negro, avanzando el tiempo el monjil se va complicando, definiendo en el siglo XVI sus dos tipologías más características: el *redondo* y el *tranzado*. El *redondo* llega casi hasta el suelo y lleva mangas amplias redondeadas ceñidas en el puño adquiriendo en el XVI su forma acampanada por la acción de las prendas interiores ya descritas. El *tranzado* debía su nombre al estar cortado en dos piezas, cuerpo y falda, o más propiamente «jubón» y «basquiña». El cuerpo o jubón era muy ajustado y terminaba por delante en pico y solía tener doble manga, una interior ajustada que cubre el brazo y una exterior perdida con una función más bien decorativa. La falda o basquiña solía llevar una larga cola que en las viudas tenia señal de duelo y tristeza y se consideraba más lujoso que el redondeado. Fue muy usado por Mariana de Austria[110].

El uso de las tocas para cubrir la cabeza femenina ya fuese por pudor o respeto, está presente en todas las culturas antiguas

108 FERNÁNDEZ MERINO, Eduardo. *La Virgen de Luto.* Madrid 2012.

109 IBÍDEM 108.

110 IBÍDEM 108.

del Mediterráneo. Ya en Grecia y Roma las casadas se cubrían con mantos sin esconder la cabellera, en Bizancio las damas de corte cubren por completo su pelo con cofias redondeadas pero con el cuello descubierto[111]. Las tocas que rodean el rostro y cubren totalmente cuello se adoptan en Europa por influencia mahometana y hebrea. En el siglo XIII, la convivencia de judíos, cristianos y musulmanes, propicia un intercambio cultural de los atuendos haciéndose común en la segunda mitad del XIV el uso de la tocas en las viudas y las monjas[112]. Estas tocas de color blanco habitualmente se hacían de tejidos finos como el algodón, el lienzo, el lino... Lo común era usar dos tocas, la primera corta y ajustada a la cabeza o sobre los hombros, envolviendo los brazos hasta los puños que se ajustaban con lazadas negras. La segunda toca más amplia rodeaba la cabeza se prendía bajo la barbilla y desde allí caía sobre el vestido, en un principio no llegaba a cubrir la cintura pero el largo fue aumentándose a finales del XVI hasta llegar a las tocas largas que populariza la soledad de la Victoria en el XVII, llegando incluso a mediados de este siglo a recogerse en la cintura[113], la longitud de la toca variaba cuanto mayor fuera la dignidad de la dama.

La última prenda que lucían las viudas encima de las anteriores era el manto, relacionado también en su origen con las tradiciones musulmanas y hebreas, y adoptado por las cristianas en el siglo XVI, como signo de buenas costumbres que las damas salieran a la calle cubiertas por el manto. Las viudas usaban gruesos mantos sin ornamentar acordes con el resto de sus ropas y los había con larga cola destinados a los ampulosos lutos y otros más cortos semicirculares, utilizados con prendas más sencillas como el mojil redondo. Era corriente que las señoras los llevaran prendidos en las espaldas, a la altura de los hombros, formando un característico pliegue. Esta sujeción permitía que disminuyese el largo del manto evitando que arrastrase por el suelo y que la dama se destocara dejando reposar el manto sobre los hombros. Este vestigio se conserva en las imágenes de la Virgen de Antequera conocido como el

111 FERNÁNDEZ MERINO, Eduardo. *La Virgen de Luto.* Madrid 2012.

112 IBÍDEM 111.

113 IBÍDEM 111.

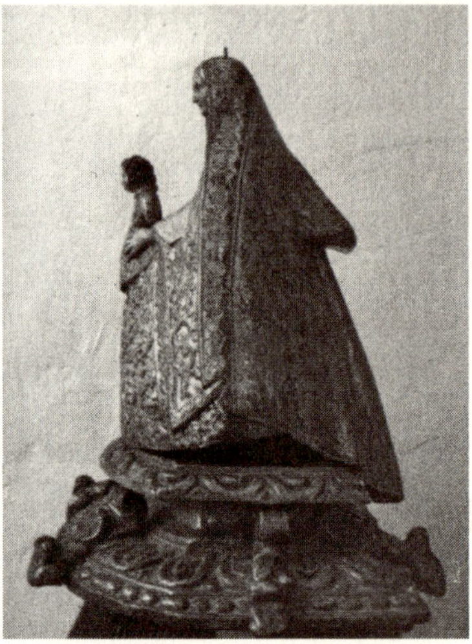

Imagen de bulto de la Virgen de los Reyes del siglo XVII en la que apreciamos el recogido del manto en la espalda.

pliegue antequerano pero también lo hemos visto en representaciones de la Virgen de los Reyes de Sevilla del XVII.

Como aditamento estas imágenes solían lucir una diadema que provienen del nimbo, la aureola, o el resplandor, presente ya en las catacumbas paleocristianas como símbolo de su poder espiritual y su dignidad. Sin este aditamento la imagen luciendo el luto castellano podía pasar por un simple retrato de una dama viuda de la época. En su origen era un disco colocado en la nuca compuesto por rayos flamígeros y rectos rematados estos últimos por doce estrellas como símbolo de la visión profética del Apocalipsis[114]. En Sevilla desde un primer momento estas diademas serán sustituidas por coronas de tipo imperial que normalmente incorporan una ráfaga y suelen llevar la media luna a sus pies apartándose del modelo inicial castellano.

LA DOLOROSA SEVILLANA EN EL SIGLO XVII

Existen muy pocas representaciones pictóricas de la Virgen Dolorosa en la diócesis de Sevilla que podamos afirmar que pertenecen con toda seguridad al siglo XVII. La mayoría van a estar asociadas a su representación bajo palio tal y como aparecen en algunos dibujos y grabados de la época, existiendo muy pocas pinturas que reflejen el tema, quizás porque la devoción a la Dolorosa era todavía un término genérico que no se aplicaba a devoción concreta alguna, más si cabe cuando todas ellas presentaban una uniformidad con muy pocos distingos iconográficos gracias a la gran difusión del luto de viudas por

114 FERNÁNDEZ MERINO, Eduardo. *La Virgen de Luto*. Madrid 2012.

las pinturas, estampas y grabados de la Soledad del convento de la Victoria de Madrid.

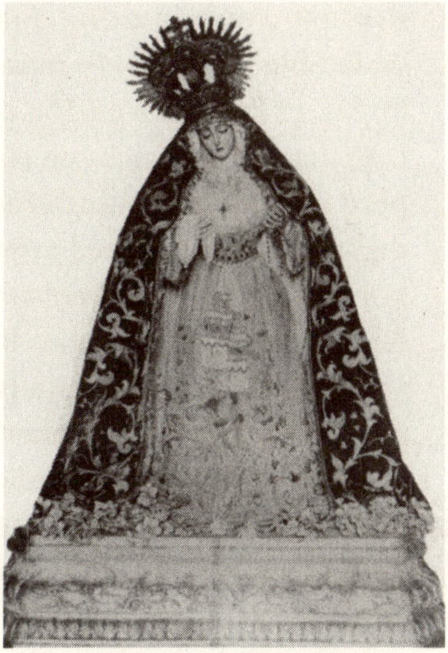

Virgen del Rosario de Montesión (Sevilla), antes de 1592, atribuida a Roque Balduque.

Convencionalmente se venia admitiendo que la primera dolorosa que procesiona bajo palio era la Soledad de San Lorenzo en 1606, pero desde hace unos años han sido publicados nuevos documentos relativos a la hermandad de Montesión que nos dan noticias acerca de la posible hechura de la Virgen, así como de su atuendo[115], que nos desmontan esta teoría. Así el 15 de marzo de 1592, Juan torres dona a la hermandad una imagen mariana de su propiedad, y se compromete a hacer todo el ajuar que necesite de manera gratuita, ya que él mismo es sastre[116]. Ésta podría ser la actual imagen de la Virgen del Rosario, que algunos datan de mediados del XVI, por que el documento indica que ya existía y que era imagen de vestir, como también lo eran las soledades de San Lorenzo, de Alcalá del Río, de Marchena o de Niebla, las dos ultimas obra de Gaspar del Águila en la década de los sesenta del siglo XVI.

Coincidiendo con la llegada de esta imagen, la hermandad de Montesión comienza a realizar para su adorno el paso así como sus vestimentas: entre los años 1592 y 1595 se realizan *unas andas de plata con treinta y seis cañones, varas y chapiteles y todo lo demás de ellas plateado*[117]. Así mismo se concierta la realización de *un manto muy bueno*[118]. Este dato nos confirma la realización del primer palio documentado de la ciudad que

---

115 LÓPEZ ALFONSO Jesús. «La evolución del atuendo de Nuestra Señora del Rosario en sus Misterios Dolorosos». *Boletín de las Cofradías de Sevilla.* N° 669, pp.789–794.

116 Archivo general del Arzobispado de Sevilla (en adelante A.G.A.S.), Sección III (Justicia)–Serie Hermandades legajo 13. «*Libro de Actas, Cuentas e Inventarios de la Hermandad de Montesión*» Folio 25 vuelto.

117 Ibídem, Folio 36 recto.

118 Ibídem, folio 37 recto.

sirve para cubrir a una dolorosa desbancado en antigüedad al de la Soledad. Pero lo más importante que extraemos de estas líneas, es la preocupación por el atuendo de la imagen, que por la fecha a la que nos referimos debía seguir el luto de la corte, pero cuyo mayor interés radica en que había de ser realizado y dispuesto por el sastre Juan torres, recogiendo en un documento por primera vez el nombre de un varón,que inicia la tradición secular de que estos sean los que vistan las imágenes marianas en Sevilla. Es curiosa esta preocupación por hacer un vestuario propio para la Virgen que se adelanta a las leyes sinodales que en 1604 promulga el Cardenal Niño de Guevara[119].

Posteriormente, un escueto dibujo a tinta y aguada de un paso de palio liso de cuatro varales de la Hermandad del Silencio, datado entre 1611 y 1619, fecha en que se contrata un palio bordado con Juan de Arentas[120], nos muestra por primera vez de manera fidedigna como se vestían las imágenes sevillanas a comienzos del siglo XVII, y ésta se corresponde totalmente con el modelo del luto de dueñas de tocas largas lisas sin ningún tipo de ornamentación, tanto en el vestido como en el manto, tan en boga en la corte de la época, que difunde la orden de los Mínimos a través de las estampas de la Soledad del convento de la Victoria de Madrid a comienzos del siglo XVII. El caso que nos ocupa presenta algunas innovaciones con respecto al modelo madrileño al presentar la imagen un acusado frontalismo portando la Virgen corona en la cabeza en vez de diadema, sudario con la corona de espinas sujeta entre las manos que son oferentes[121] en vez de orantes y la media luna a los pies, diferencias que se mantienen en la mayoría de las representaciones sevillanas de la Dolorosa en el siglo XVII.

Existe un óleo de la misma Dolorosa que podemos situar cronológicamente entre 1619, en que estrena el bordado del palio,

119 *Otrosí mandamos que las imágenes de Nuestra Señora o de otras santas que se hubieran de sacar en procesiones o tener en los altares de las iglesias, se aderecen con sus propias vestiduras, hechas decentemente para aquel efecto; y cuando no las tuvieren propias, los sacristanes las vistan con toda honestidad; en ningún caso las toquen con copetes, ni rizos ni arandeles, ni con hábito indecente.*

120 TURMO, Isabel: *Contrato del bordado de un palio con la Hermandad del Silencio por Juan de Arentas*, 1619. Sevilla, 1955.

121 Es decir con las manos separadas y abiertas tan propias de las imágenes de vestir sevillanas salvo excepciones.

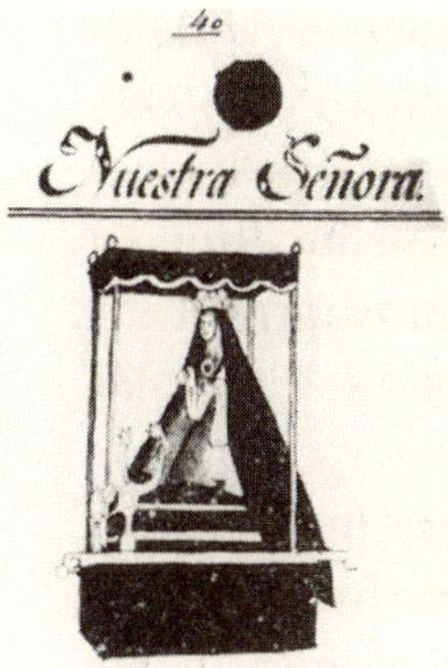

Dibujo a plumilla del palio de la Virgen de la Concepción del Silencio (1611-17).

y 1632 por el hecho de que no aparezca aún la Virgen acompañada de San Juan[122]. Presenta algunas variaciones con respecto al dibujo anterior al añadir una pareja de varales, además del bordado de las caídas del palio, la Virgen luce el mismo atuendo de luto de tocas largas, que aquí podemos admirar con más detalle. Observamos una innovación que algunos erróneamente han interpretado como una estola sacerdotal[123], que son dos estrechas cintas negras a modo de estola que discurren paralelas sobre las tocas blancas, pero que como ha estudiado Eduardo Fernández Merino en su libro *la Virgen de Luto,* consiste en una sencilla banda de tela negra que realmente es una pieza que ciñe y sujeta el tocado a la frente, se anuda en la nuca y luego se deja caer por delante como elemento decorativo. Grabados de la emperatriz María de Hungría, como el *Auto de fe* de Martínez del Mazo, retratan a las damas viudas llevando esta cinta negra[124].

Dato curioso es el hecho del contrato en 1623 de un manto bordado por la hermandad de la Esperanza de Triana a Gaspar Gómez, realizado en labor de trepas o lo que hoy se conoce como recorte. Si esto es así, sería la excepción que confirma la regla, por que los adornos de encajes de oro o plata, aplicaciones de estrellas metálicas, y las grecas bordadas, no aparecen en las dolorosas hasta el siglo XVIII con el cambio de dinastía que trae otros usos y costumbres en lo referente al atavío. Por lo que me aventuro a especular que quizás este manto fuera para alguna imagen de Gloria de la hermandad que acababa de fusionarse con la del Cristo de las Tres Caídas en 1616.

Siguiendo fielmente la iconografía de la Soledad del convento de la Victoria, es decir postrada de hinojos, con las manos entrelazadas y vestida con el luto de la corte, tenemos referencias de que Juan de Castañeda concertó en 1573 con Juan Bautista

122 El abad Gordillo dice que se incorpora a las andas de la Virgen en 1632.

123 JÍMENEZ SAMPEDRO, Rafael: Los orígenes de la fiesta: miradas. en *El poder de las Imágenes,* Sevilla, 2000, p. 310.

124 FERNÁNDEZ MERINO, Eduardo: *La Virgen de Luto.* Madrid 2012.

Vázquez el Viejo la hechura de una Dolorosa «*con las manos puestas y de rodillas*»[125] y un poco posterior tenemos la imagen de bulto de la Antigua y Siete Dolores, obra de Pedro Roldán en 1650–51[126]. Esta escultura, aunque más expresionista que la de Madrid por elevar su mirada al cielo, se encuentra ricamente estofada cubierta con manto negro y de su cabeza parten blancas tocas que llegan a la cintura pudiendo corroborar como se vestían las Dolorosas en el seiscientos.

Nos confirma este atuendo un dibujo en sepia del primitivo paso de palio de la Soledad de San Lorenzo firmado por Lucas Valdés de 1686, que es una descripción técnica de las andas acompañada de una serie de medidas, con un fin que desconocemos. La Virgen aparece bajo el palio que puede ser el que tiene documentado desde 1606[127], que era de terciopelo negro bordado en oro, plata y sedas, sostenido por ocho varales de madera pintados y dorados. La novedad que presenta el atuendo es que podemos ver el largo manto que aun no sobresale de la parihuela, las manos que sostienen la corona de espinas directamente sin acompañarla del manipulo, ni de las toallas, y que las tocas son tan largas que parecen más bien una saya blanca a que estas estuvieran sobrepuestas sobre el negro vestido o monjil.

Con posterioridad a 1685, fecha en que Roldán realiza la imagen de Jesús Nazareno de la Hermandad de la O[128], se le añaden al libro de Reglas de la citada cofradía, datado en 1566, dos valiosas vitelas coloreadas, una con el referido Nazareno y otra con la Dolorosa bajo palio[129]. El interés de esta ilustración es que nos muestra como se ha fosilizado el modelo de vestimenta de los primeros Austrias con sus largas tocas que ya

---

125 GONZÁLEZ GÓMEZ, J. Miguel: la Dolorosa. En el Poder de las Imágenes, Sevilla, 2000, pp. 118.

126 BERNALES BALLESTEROS, Jorge: *Pedro Roldán.* Sevilla, 1992, 2ª edición.

127 CAÑIZARES JAPÓN, Ramón y PASTOR TORRES, Álvaro: *Transcripción del libro de cuentas, acuerdos e inventarios, 1596–1644 de la Hermandad de la Soledad.* Sevilla, 1997.

128 IBÍDEM 126.

129 GONZÁLES GARCÍA, F. Javier: El paso de palio de María Santísima de la O: Historia y evolución desde su fundación hasta nuestros días. En *Boletín de las Cofradías de Sevilla*, nº 580, junio 2007. Pp. 495–500.

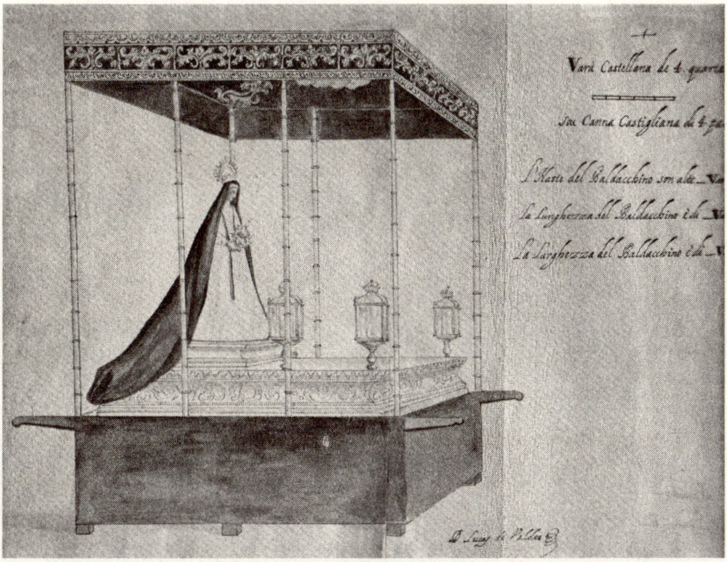

Dibujo de Lucas Valdés del palio de la Soledad de San Lorenzo, 1686.

casi llegan a los pies y las comentadas cintas que luego trocarían en estolas en el XVIII. Pero hay tres elementos novedosos que son: la presencia de la toca de papos característica del siglo XVI y que pervive en numerosas imágenes de Gloria pero no tan frecuentemente en las dolorosas; segundo el plisado del sudario o toallas que sujeta con las manos y que en otros lugares como Antequera pervivieron hasta finales del XIX, recogidos de forma abullonada con lazos y que a día de hoy conserva la Virgen del Socorro[130]; por último otro elemento nuevo que nos enlaza con la posterior estética dieciochesca, es la Aureola que envuelve la cabeza de la Dolorosa partiendo de sus hombros, que es el primer atisbo de lo que luego serán las prototípicas ráfagas corpóreas sevillanas que veremos en las imágenes marianas del siglo XVIII, el uso tan temprano de este aditamento quizás se deba a que la Dolorosa use los adornos de la O Gloriosa que presidía el templo y de la cual era vicaria en el tiempo cuaresmal.

130 Estos recogidos de las toallas con lazos que vemos en antiguas representaciones de la antequerana Virgen del Socorro se recuperan en 1987 por don Luis Becerra en la exposición: *Gloria Nazarenorum,* celebrada en la caja de ahorros San Fernando, cuando se mostraron enseres de esta hermandad.

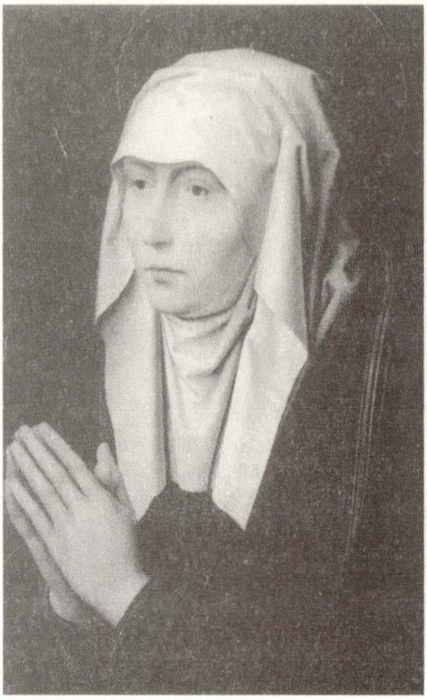

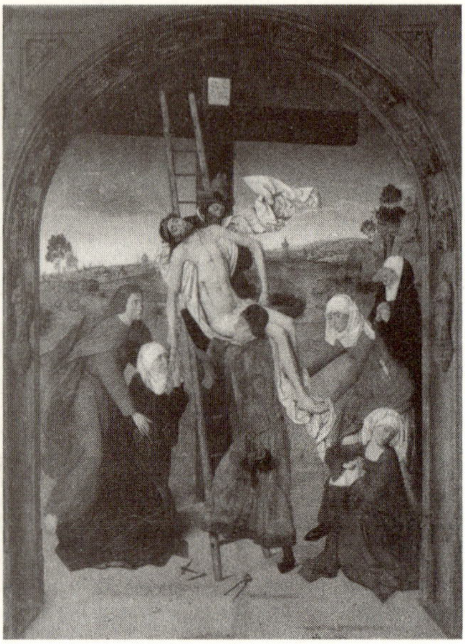

Dolorosa 1480 galería de los Ufizzi (Florencia), atribuida a Menling, Durero y Van Cleeve. A la derecha, Descendimiento, Dirk Bouts (1435-94), Capilla Real de Granada.

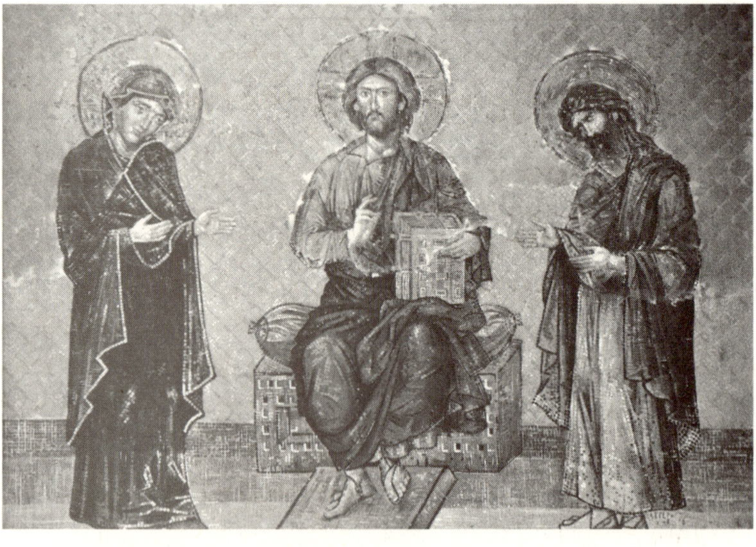

Deesis Iglesia de Santa Sofía. Estambul, 1204.

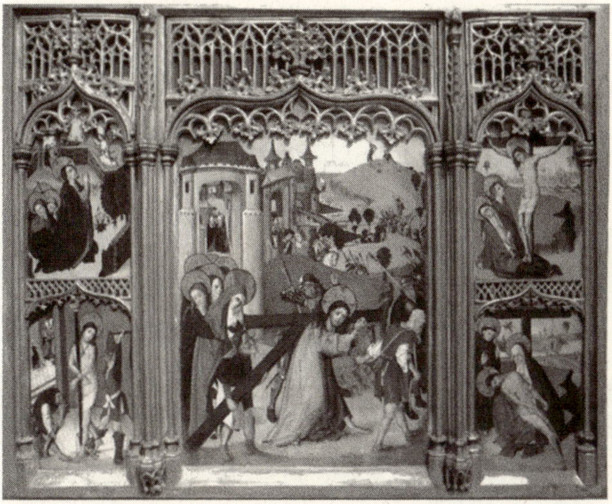

Retablo de la Pasión de Cristo anónimo (h. 1415) Museo de BB AA de Sevilla

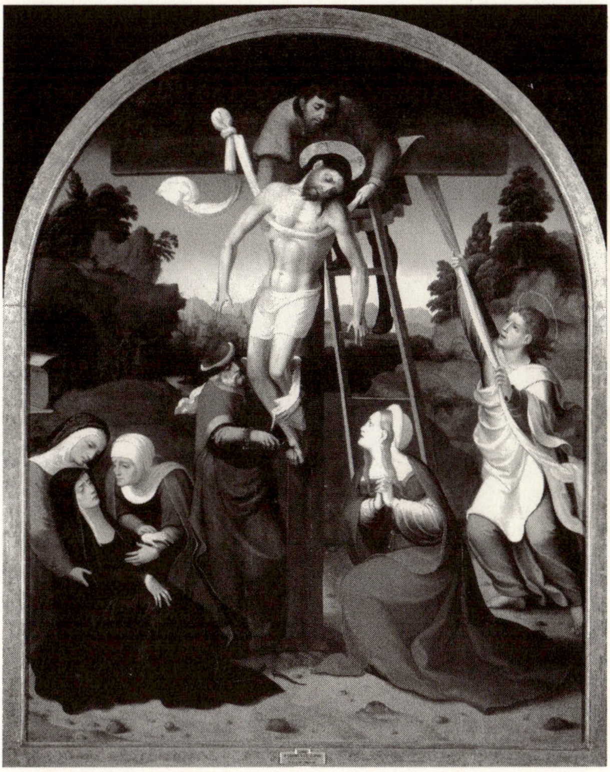

Descendimiento 1545 Juan Correa de Vivar, Museo del Prado

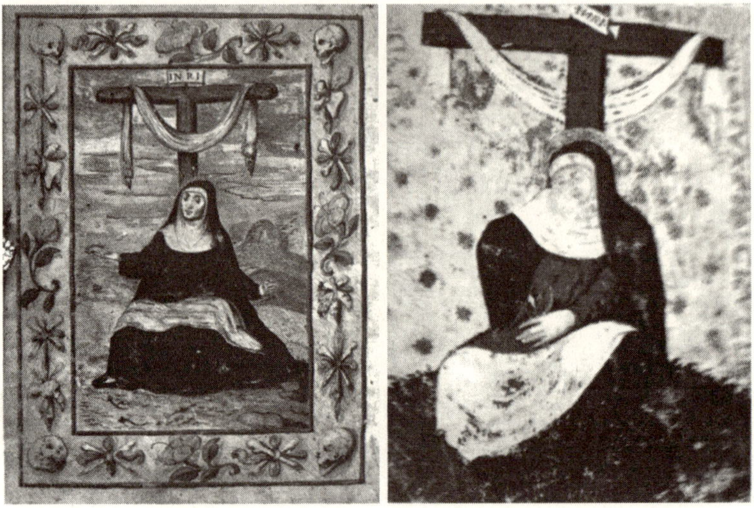

Ilustración del libro de reglas de la Soledad de San Lorenzo 1555-57. A la derecha, Vitela del libro de reglas de la Soledad de Marchena 1567.

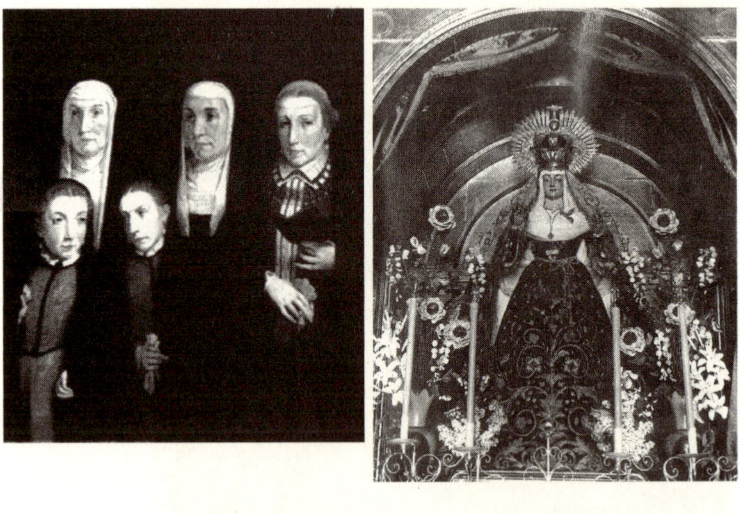

Féminas de la familia Caballero del retablo de la Purificación de la Capilla del Mariscal de la catedral de Sevilla obra de Pedro de Campaña 1555-56. A la derecha, la Virgen de la Soledad de Alcalá del Rio (Sevilla) mediados del XVI.

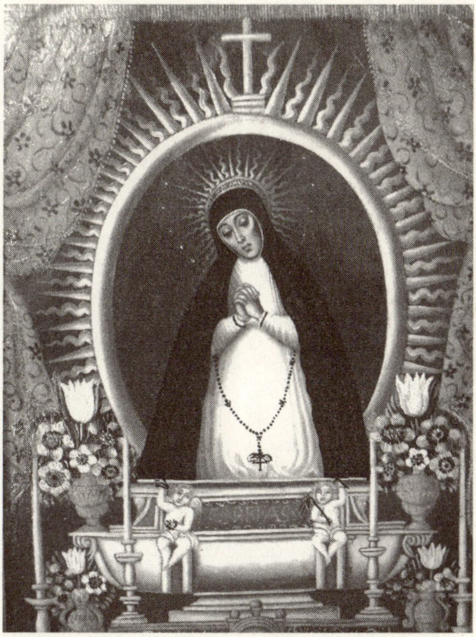

Representación pictórica del XVII de la Soledad
del convento de la Victoria de Madrid.

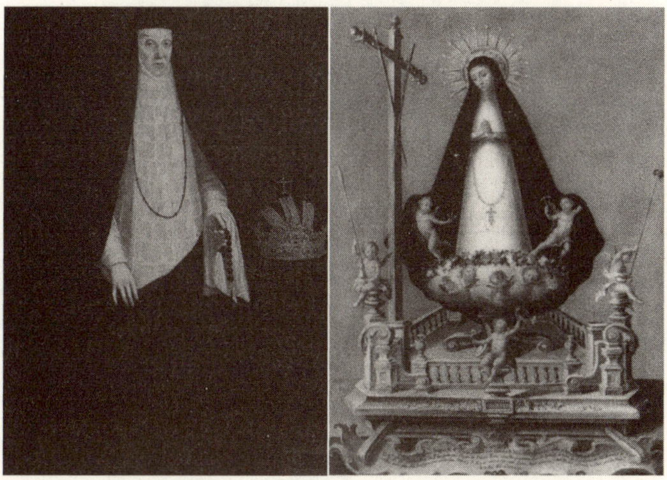

Emperatriz María de Austria Juan Pantoja de la Cruz 1600. Las tocas aun no llegan a las rodillas. A la derecha, lienzo de José Campeche entre 1782-89 representando las andas de a Soledad del convento de la Victoria.

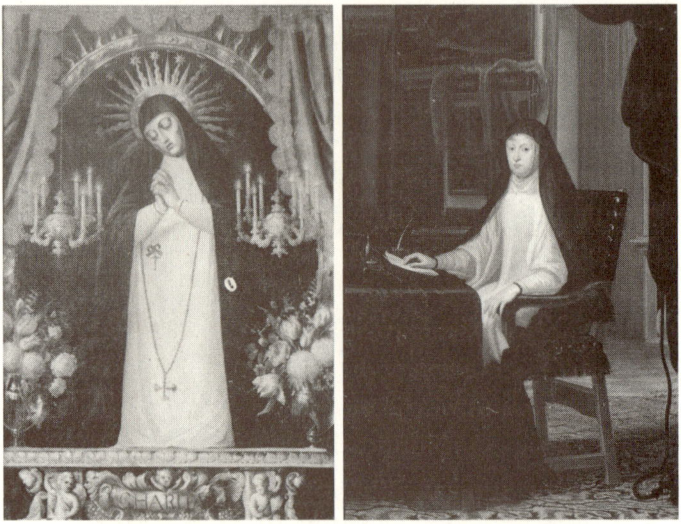

Representación pictórica del XVII de la Soledad del convento de la Victoria de Madrid. A la derecha, la regente Mariana de Austria lienzo de Juan Carreño de Miranda 1675, Museo del Prado.

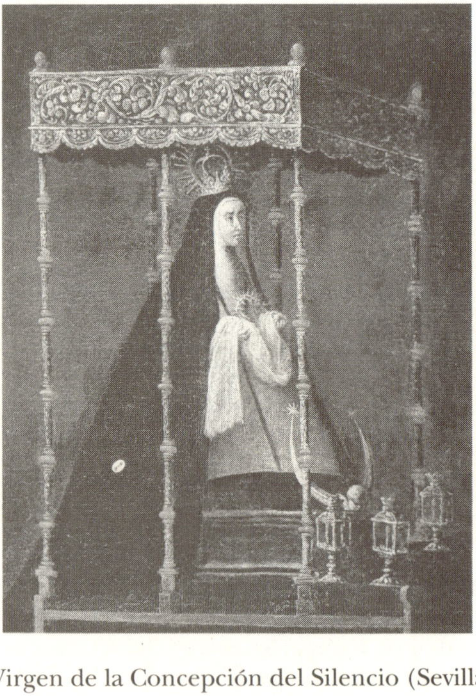

La Virgen de la Concepción del Silencio (Sevilla) pintura anónima entre 1619 y 1632.

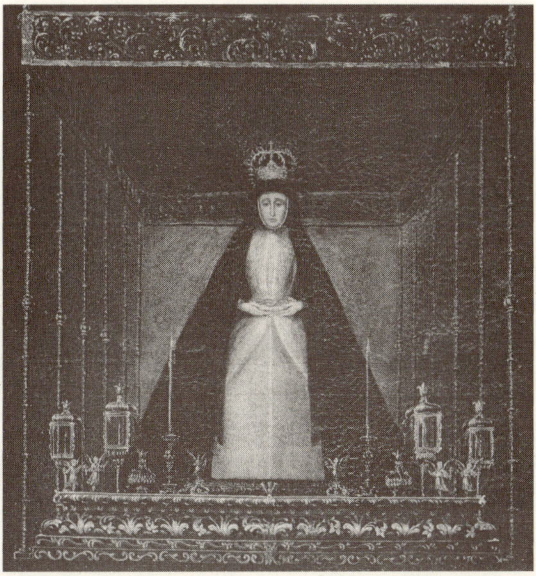

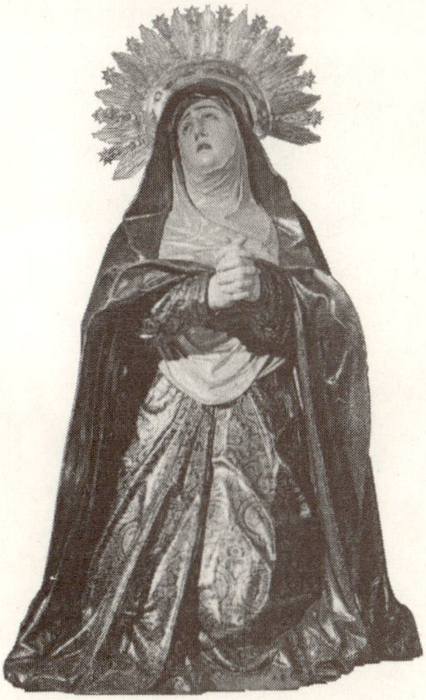

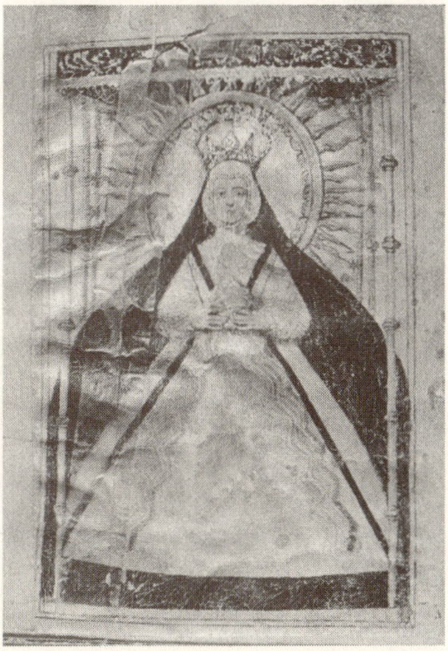

Arriba, Dolorosa sevillana bajo palio s. XVII. Col. Hermandad del Silencio. Abajo, Antigua y Siete Dolores Iglesia de la Magdalena (Sevilla) atribuida a Pedro Roldán 1650–51, y a la derecha ,Vitela del libro de reglas de la Hermandad de la O, posterior a 1685.

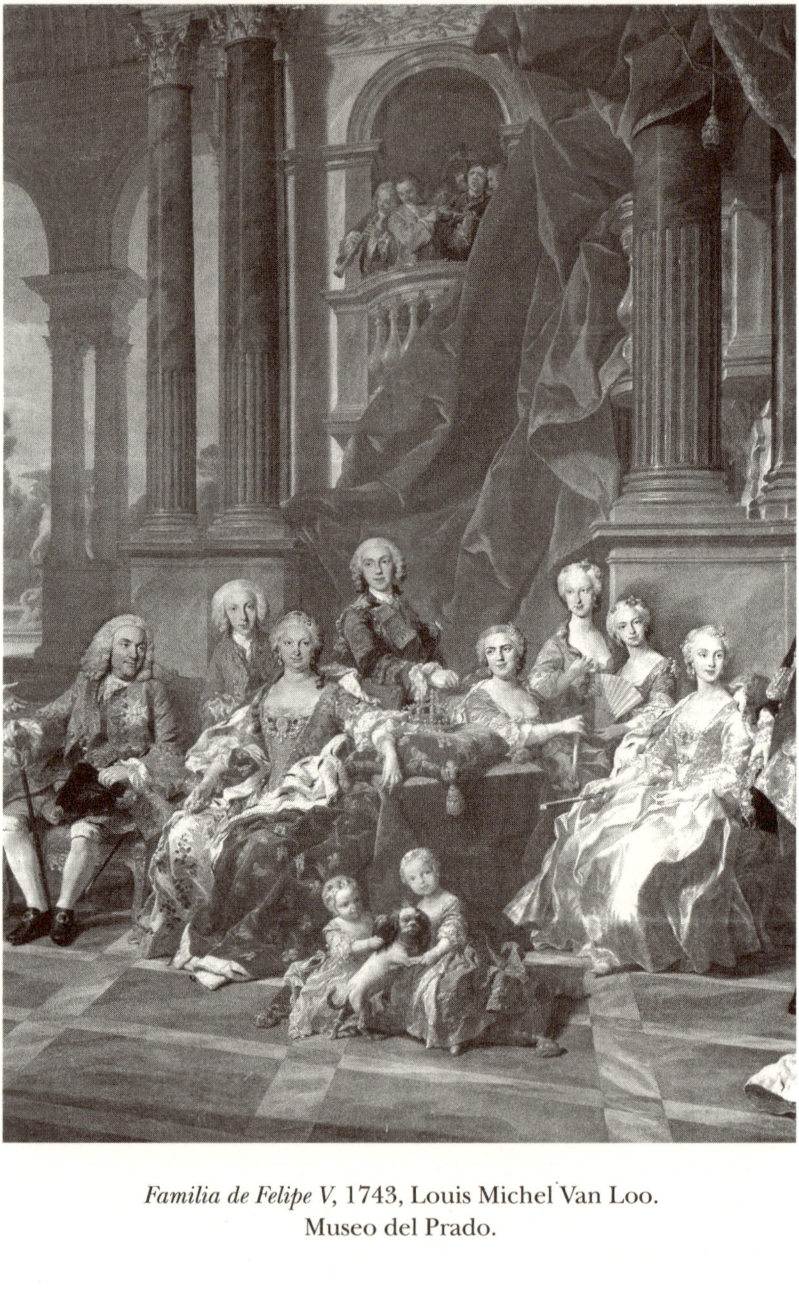

Familia de Felipe V, 1743, Louis Michel Van Loo.
Museo del Prado.

5. El SIGLO XVIII: LA LLEGADA DE UNA NUEVA DINÁSTÍA, LOS BORBONES

El día de Todos los Santos, del año 1700, fallecía sin descendencia el último rey Habsburgo, Carlos II de España. Este hecho provoca un cambio dinástico, llegando al trono los Borbones representados en la persona de Felipe de Anjou, que habrá de reinar con el nombre de Felipe V, nacido en Versalles (Francia) en 1683. Es hijo del Delfín don Luis (hijo de Luis XIV de Francia) y de doña Mariana de Baviera. La llegada de una nueva estirpe dinástica va a estar envuelta en sus primeros años en un periodo muy convulso debido a la larga Guerra de Sucesión (1702–1713) que provocó este cambio de dinastía. Este conflicto tiene una importante vertiente de propaganda ideológica, desplegada por ambos bandos durante la contienda; por una parte los anglo–holandeses defendiendo las tesis protestantes y por el otro los Borbones haciendo defensa del catolicismo promocionando el culto a la Inmaculada y el Santísimo Sacramento. En este clima de cruzada religiosa, la piedad popular se verá reforzada, y por tanto el periodo que abarcan los reinados de Felipe V y Fernando VI, que ocupan casi dos tercios del siglo XVIII, se van a caracterizar por el inmovilismo en cuanto a lo político y lo religioso con respecto a la anterior dinastía, produciéndose un enorme cambio con la llegada desde Nápoles del rey Carlos III en 1759. Carlos, hijo de Felipe V e Isabel de Farnesio, posee un talante mucho más moderno e ilustrado, promulgando medidas anticlericales a partir de 1762 —restricciones de los derechos temporales del clero, decretos de reducción de hermandades, limitación de la explotación directa de propiedades monacales, perdida de poder de los tribunales de la inquisición— decretando en 1767 la expulsión de los Jesuitas de España, medidas que afectaron directa e indirectamente la forma de sentir la religiosidad popular.

LAS IMÁGENES LETÍFICAS DURANTE EL SIGLO XVIII

Primera etapa: fosilización de las modas del XVII durante la primera mitad del XVIII

Durante la primera mitad del siglo XVIII se va a fosilizar la moda de la corte de los Austrias en la forma de vestir a las imágenes. Las mayores innovaciones serán en lo ornamental debido en gran parte a la influencia de la sofisticada moda francesa, importada por los Borbones, que incorpora tejidos, joyas y bordados cada vez más elaborados y suntuosos como corresponde a este periodo final del barroco. La tónica general de enriquecimiento y trasformación que siguen los atuendos de las imágenes en el XVII se mantiene, consolidándose la importancia del manto en la configuración del atavío, apareciendo cada vez más los que se colocan desde la cabeza reforzando la silueta piramidal que subraya la majestuosidad de las imágenes. El verdugado sobrevive[131] presentando las imágenes siluetas muy acampanadas que a medida que se acerca el último tercio de siglo serán eliminados para adoptar formas más naturales, despojándose también de los brazales o mangas perdidas, elevándose los talles de las sayas hasta la altura del pecho como reflejo de la moda imperio, tal como podemos ver en los retratos femeninos de la familia del rey Carlos IV que accede al trono en 1788. La toca, tanto la sencilla, como la de papos, es otro elemento que permanece inalterable en el comienzo de siglo, a no ser que la imagen sea una Inmaculada o una Pastora[132], que por su carácter de doncella ejemplifican otro tipo de iconografía, para poco a poco ir eliminándose a mediados de siglo, permitiendo ver el cuello y parte del cabello de las Vírgenes, despejando los laterales del rostro que se cubren tan solo con el manto o las llamadas tocas de sobremanto, proliferando entonces el uso de la misma, que aumenta

131 Tenemos referencias de encargos de nuevos verdugados hasta la tardía fecha de 1776 en que se le hacen dos nuevos a la Virgen de la Encarnación de los Terceros. *Archivo Hermandad Sacramental de la Cena*, fondo de la Esclavitud de Ntra. Sra. de la Encarnación. Caja 5. Carpeta 12. Cuentas de la Hermandad, 1771–1783.

132 Iconografía inventada en 1703 por el capuchino Fray Isidoro de Sevilla.

de tamaño y está cada vez más ornamentada con encajes y finos bordados.

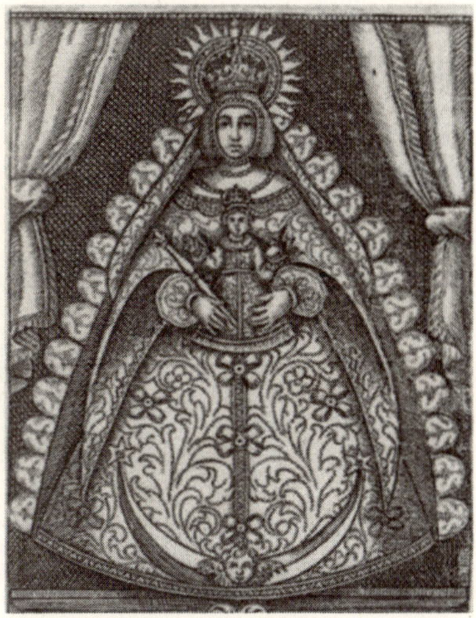

Grabado dieciochesco de la Virgen del Rocío con la ráfaga de puntas.

Empieza a popularizarse el uso de los bordados en el atavío de las imágenes, que aunque fueron utilizados excepcionalmente en siglos anteriores en los ajuares de los simulacros marianos de las ciudades y monasterios más importantes, no era tan común en otras imágenes que normalmente usaban ricos tejidos brocados que se confeccionaban en Toledo y Sevilla. Será ahora cuando proliferen estas piezas bordadas de manera habitual en los atuendos de las Vírgenes, sobre todo a raíz de la recuperación de estas artesanías bajo el auspicio de la monarquía, junto con la creación de las Reales Fabricas en época de Carlos III que surten a la realeza, que en muchos de los casos será la promotora de la donación de estos vestidos. Con la creación en 1771 de la Real Orden de Carlos III, que premiaba el mérito de los servidores reales, se hace común entre los miembros de esta selecta orden regalar el manto de color celeste distintivo de su uniforme a las imágenes marianas, contando la Virgen de los Reyes de Sevilla, la Virgen del Valle del convento sevillano del mismo nombre, o la Virgen de Regla de Chipiona con un manto de este tipo en sus ajuares.

A lo largo del XVII, como ya habíamos comentado, los mantos se rematan con amplias blondas de encaje de oro y plata, las conocidas como puntas de España realizadas con técnica de bolillo[133], que por la forma en la que se disponen, vueltas hacia el exterior, dan origen a comienzos del XVIII a la ráfaga de hombros, que tan célebre ha hecho la Virgen del Rocío desde que se la dona el canónigo hispalense José Carlos Tello y su

---

133 FERNANDEZ DE PAZ, Esther y ÁLVAREZ MORO, Concha: Indumentaria de la Virgen de Gracia. En *la Virgen de Gracia de Carmona*, Sevilla 1990. Pp. 172.

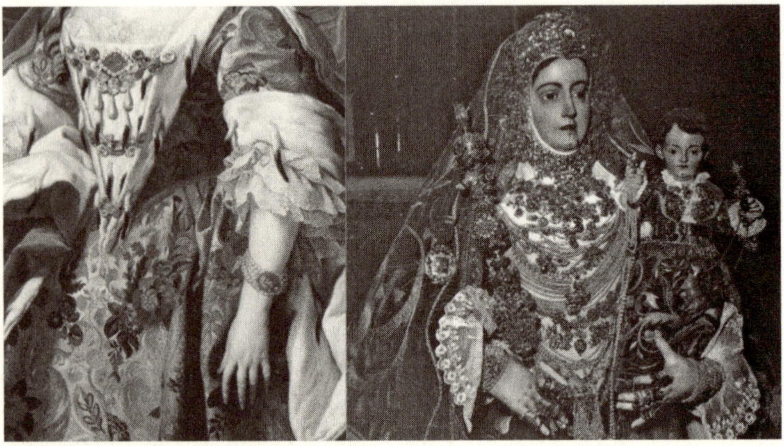

Comparativa del típico aderezo del atuendo cortesano dieciochesco con una antigua fotografía de la Virgen de Araceli, patrona de Lucena.

hermana Isabel en torno a 1722, y que recibe diversas denominaciones siendo la más común la de puntas[134], aunque hemos recopilado otras acepciones: de discos, de soles, o de placas. A mediados de siglo se adoptará la ráfaga corpórea en forma de ocho, que será a partir de este momento la más popular entre los iconos marianos sevillanos, como podemos ver en grabados de la Virgen del Amparo, o de la Salud, cuya procedencia se justifica en el *Apocalipsis* (XII, 1) al igual que otros aditamentos como la corona y la luna a los pies con las puntas hacia arriba[135].

También a lo largo del siglo XVIII se van añadiendo nuevos aditamentos metálicos. Las imágenes durante todo el XVII se adornan con suntuosos lazos, joyas y aderezos que se disponen especialmente sobre las sayas, intensificándose esta costumbre a finales de la centuria cristalizando definitivamente en el siglo XVIII con la expansión de la costumbre de enjoyar y ornamentar con rostrillos, pectorales, manillas, e infinidad de joyas las imágenes de la Virgen, extendiendo también el adorno a los

134 En el *Diccionario de Autoridades* de la R.A.E. *de 1737*. Define *puntas: «Se llama asimismo una especie de encaxes hilo, seda ú otra materia, que por el un lado van formando una porción de circulo»* Edic. facsímil: Madrid, Gredos, 1990, tomo 3, pp. 342. En el diccionario de la R.A.E., figura la acepción *puntas*, como «encaje que forma ondas o puntas en una de sus orillas». 14ª edic. Madrid, 1914, P 847.

135 GONZÁLEZ ISIDORO, José: Iconografía e Iconología concepcionista. En *Boletín Calle Real, Castilleja de la Cuesta*, nº 56, diciembre 2002. Pp. 60–65.

mantos y las tocas, poseyendo la Virgen de Gracia de Carmona el joyero más importante de piezas barrocas de los conservados en la diócesis hispalense[136].

Entre los aderezos el «peto» o «brocamantón» es la joya por antonomasia del XVIII, alcanzando grandes proporciones, si bien su origen se fragua en el siglo XVII como variante de la joya de pecho. Con el cambio de la moda cortesana en época borbónica, los escotes descienden dejando el pecho al descubierto, mientras que el busto se aprisiona en una forma triangular, de talle estrecho, que finaliza en una cintura baja de pico. Este triángulo precisa de una joya importante que lo remate, por lo que empieza a generalizarse a partir de la década de los veinte el uso de una joya grande muy compleja compuesta por varias estructuras con lazos, de mayor a menor, formando una uve que se adapta a la pechera del vestido. Paralelamente se elaboran joyas de un sólo cuerpo, en forma de triángulo o acorazonadas, son piezas macizas y pesadas que suelen rematarse en su parte superior por una corona o bien con tembladeras de flores esmaltadas que podemos apreciar en los ajuares de las Vírgenes de Gracia de Carmona, Setefilla de Lora o la Asunción de Estepa[137]. Alrededor de la cara son cada vez más frecuentes los rostrillos de joyería que se vieron tímidamente a finales del XVII y que ahora alcanzan su máxima expresión y cuyo uso hacía referencia a la simbología de la mujer vestida de Sol del Apocalipsis. En la diócesis tenemos ejemplos muy ricos de esta época en los ajuares de la Virgen del Valle de Écija, la de Consolación de Utrera, Setefilla en Lora del Río y la Virgen de Gracia de Carmona.

Coincidiendo con el cambio dinástico a comienzos del siglo XVIII se imponen algunos elementos novedosos en la imaginería. Las efigies se enriquecen, por afanes naturalistas, con ciertos postizos: ojos y lágrimas de cristal, las pestañas y pelucas de pelo natural dejan de ser algo excepcional, para convertirse en habitual. También se restauran algunas imágenes antiguas para

---

136 SANZ SERRANO, Mª Jesús: El tesoro de la Virgen de Gracia de Carmona. En *la Virgen de Gracia de Carmona*, Sevilla 1990. Pp.

137 ARBETETA MIRA, Letizia: Joyas barrocas en los tesoros marianos de Andalucía. En *El fulgor de la plata*, catalogo de la exposición Andalucía Barroca; Córdoba, 2007. Pp. 124-140.

acoplar estas novedades, incluso imágenes de talla que no se habían sobrevestido lo hacen ahora, de hecho existe el precedente en los grandes fastos catedralicios cuando es proclamada la Inmaculada Patrona de las Españas, incluyendo una procesión en 1661 de la imagen de bulto de la Inmaculada de Martínez Montañés conocida como la cieguecita[138] que es sobrevestida con rica saya de tisú de plata y manto celeste, colocándole una ráfaga corpórea de ocho y adornada con profusión de joyas, entre ellas un brocamantón, gustando tanto el ingenio que permanecerá así vestida hasta 1779[139], por lo que se demuestra que la moda por revestir imágenes siguió su implacable avance.

Este primer periodo de fosilización de las formas del XVII lo podemos ilustrar con varias estampas: entre ellas destacamos el grabado de la Virgen de la Esperanza de la iglesia de San Martín fechado en 1743 y atribuido a Diego de San Román y Codina[140]; en el mismo podemos destacar el ampuloso «guardainfante» o «verdugado», las características ráfagas de hombros de la primera mitad del XVIII similares a las actuales de la Virgen del Rocío, la media luna, el cetro rematado con un ancla símbolo de su advocación y una gran aureola que le envuelve la cabeza y la corona solucionada con rayos rectos y flamígeros, que por su disposición parece anunciar la ráfaga de ocho de la segunda mitad del siglo. Destaca la profusión de broches y lazos con los que ornamenta la saya y el manto, así como el mantenimiento de la antiquísima toca de papos y quizás un pequeño rostrillo metálico que circunda el rostro. Muy parecido en composición tenemos otra estampa de la Virgen del Rosario del convento de Regina Angelorum Patrona de la Real Maestranza, tan sólo difiere un poco del anterior en la ráfaga de placas o soles, que ahora llega hasta la cabeza y no hasta los hombros prescindiendo también de la aureola de rayos,

138 AGUILAR DÍAZ, Jesús: Obras maestras: Imaginería. En *Inmaculada, 150 años de la proclamación del Dogma*; Sevilla, 2004. Pp. 328.

139 GÁMEZ MARTÍN, José: «Con el mismo aparato que se acostumbra...» la Archicofradía Sacramental del Sagrario de la catedral de Sevilla y las fiestas por el patronato de la Purísima Concepción sobre las tierras de España. En Boletín de las cofradías de Sevilla nº 634; diciembre, 2011. Pp. 920–927.

140 MARTINEZ AMORES, J. Carlos: La divina enfermera y su representación en el grabado. En Boletín de las Cofradías de Sevilla, nº 490. Sevilla, 1990. Pp. 69–72.

la corona es muy típica de la orfebrería de comienzos del XVII, por lo demás destacar los ampulosos bordados de la basquiña y la profusión de adornos y lazos por la zona central de la saya y los brazales.

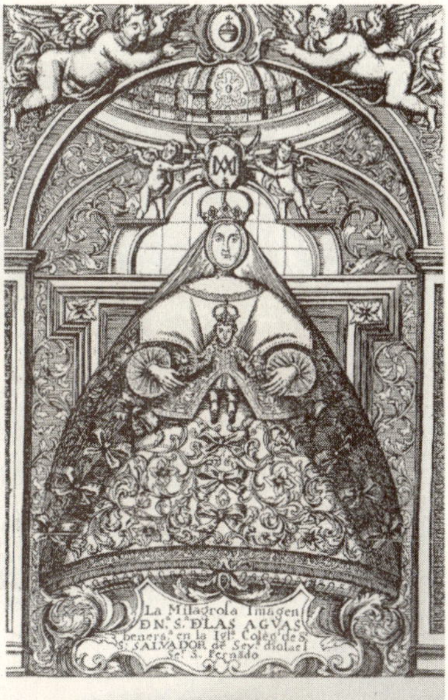

Grabado de la Virgen de las Aguas del Salvador retocado en 1763 por Juan de Dios Gonzales.

Por último destacamos una estampa de la Virgen de las Aguas del Salvador de difícil atribución y cronología al haber sido retocada la plancha en 1763 por Juan de Dios Gonzales[141], en ella vemos todas las características que definen el comienzo del siglo XVIII. Presenta la característica falda acampanada con ampulosa decoración barroca y adornos en forma de lazos. La cabeza, que todavía presenta el verduguillo, se cubre con una toca de sobre–manto lisa y pero el manto sigue dispuesto desde los hombros. El elemento diferenciador con las anteriores será en los aditamentos, ya que la corona es del tipo imperial y no presenta ni ráfaga, ni media luna, ni cetro. Existe una variante de este grabado fechado años después, concretamente en 1780, obra de Diego San Román y Codina, cuya única diferencia en el atuendo es la presencia de una aureola que parte de sus hombros en forma de sol irradiado. De la misma imagen disponemos de una pintura inserta en el Simpecado bordado por Julián López de Pasadena en 1761. En ella se representa a la Virgen de las Aguas con terno azul bordado en oro y sedas. La principal diferencia con las estampas son los aditamentos de plata que lleva sobrepuestos y que son la ráfaga de hombros de rayos rectos y flamígeros, la corona imperial, la media luna y el cetro.

141 MARTINEZ AMORES, J. Carlos: Un grabado de la Virgen de las Aguas del Salvador. En *Boletín de las Cofradías de Sevilla,* nº 568; febrero, 2008. Pp. 129–131.

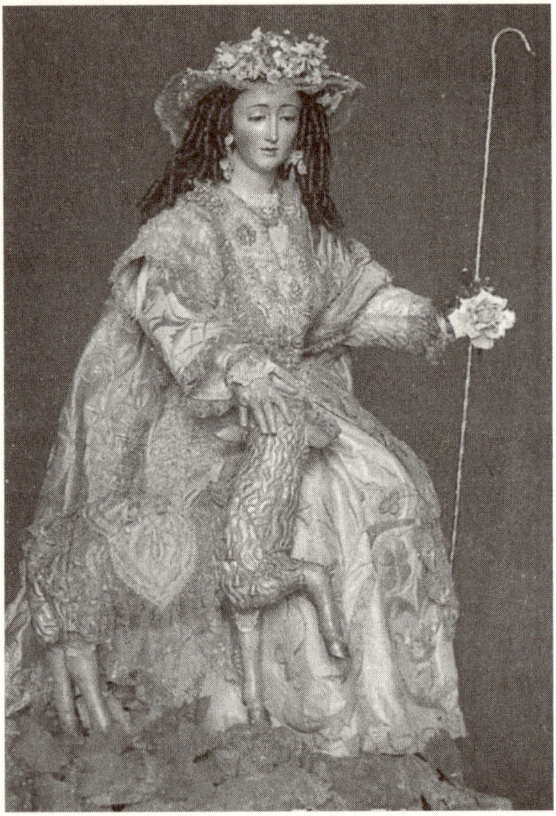

Antigua fotografía de la Pastora de Santa Marina.

6. SEGUNDA ETAPA: EL CASO DE LA DIVINA PASTORA Y EL DE LA VIRGEN DEL AMPARO

LA INVENCIÓN DE LA ICONOGRAFÍA DE LA DIVINA PASTORA EN 1703

Hay un punto de inflexión que es coetáneo con la llegada de los Borbones, éste no es otro que la invención de una nueva iconografía en la ciudad de Sevilla, cuando el 24 de Junio de 1703, festividad de San Juan Bautista, el venerable Capuchino Fray Isidoro de Sevilla idea la nueva advocación de la Divina Pastora mientras oraba en el coro bajo de la Iglesia conventual de su Orden. Después de aquella visión acudió al pintor Alonso Miguel de Tovar para que le ejecutase un cuadro con la hasta entonces inédita figuración. Los pormenores o elementos compositivos eran estos: *en el centro y bajo la sombra de un árbol, la Virgen Santísima sedente en una peña, irradiando de su rostro divino amor y ternura. La túnica roja, pero cubierto el busto, hasta las rodillas, de blanco pellico, ceñido a la cintura. Un manto azul, terciado al hombro izquierdo, envolverá el contorno de su cuerpo, y hacia el derecho, en las espaldas, llevará el sombrero pastoril, y junto a la diestra aparecerá el báculo de su poderío. En la mano izquierda sostendrá unas rosas y posará la mano derecha sobre un cordero que se acoge hacia su regazo. Algunas ovejas rodearán la Virgen, formando su rebaño, y todas en sus boquitas llevarán sendas rosas, simbólicas del Ave María con que la veneran. En lontananza se verá una oveja extraviada y perseguida por el lobo emergente de una cueva con afán de devorarla, pero pronuncia el Ave María, expresado por un rotulo en su boca, demandando auxilio;*

y aparecerá el arcángel San Miguel, bajando del cielo con el escudo protector y la flecha, que ha de hundir en la testuz del lobo maldito[142].

Ateniéndose a tales pormenores, Tovar inició su pintura creando un lienzo que debemos considerar como el icono primigenio donde se plasma la nueva iconografía. El 8 de septiembre, fiesta de la Natividad de Nuestra Señora, con el lienzo fijado sobre un estandarte, fray Isidoro lo llevó en rosario público desde San Gil hasta la Alameda de Hércules, dando a conocer al pueblo sevillano la nueva advocación mariana. El pueblo quedó tan conmovido, que apenas quince días después se hallaba establecida la Primera y Primitiva Hermandad en el templo de San Gil, con regla escrita por el propio fraile, mandando hacer una talla de vestir, semejante a la de la pintura que fue entregada a la hermandad por su autor Francisco Antonio Ruiz Gijón en 1705.

Pronto se consolida la nueva devoción promoviendo el padre Isidoro peregrinaciones para darla a conocer fuera de la ciudad, fundándose numerosas hermandades en las primeras décadas del siglo XVIII. Resulta paradójico que la rápida proyección de la iconografía en España, Italia[143], América y Francia[144], contraste con la oposición mantenida por los Provinciales y Definidores de los Capuchinos andaluces, que tardaron casi cien años en autorizar su presencia en las casas de la jurisdicción Bética[145]. En parte porque no estaban dispuestos a admitir que la Inmaculada, tan afecta a los franciscanos y a toda Sevilla quedase relegada como principal devoción de las Iglesias Capuchinas. Por eso las nuevas hermandades pastoreñas que van fundándose lo hacen en templos fuera de la jurisdicción de la orden[146].

Desde 1729 a 1733 discurre el periodo conocido como el «Lustro de la Corte en Sevilla». En 1730 gracias a la ascendencia aristocrática del padre Isidoro y a su mediación, la real fami-

142 MARTINEZ ALCALDE, Juan: *Apuntes históricos y artísticos de la primitiva hermandad de la Divina Pastora y Santa Marina.* Sevilla, 2006. P p.15.

143 Implantada en Nápoles por Carlos III de la que es devoto a través de su madre Isabel de Farnesio.

144 Existen grabados en Francia desde 1715.

145 PALOMERO PÁRAMO, Jesús Miguel: Entre el claustro y el compás, catalogo de la exposición *Magna Hispalensis,* Sevilla, 1992.

146 MARTÍNEZ ALCALDE, Juan: *Apuntes históricos y artísticos de la Primitiva Hermandad de la Divina Pastora y Santa Marina.* Sevilla, 2006. Pp. 20–21.

lia y lo más selecto de sus servidores ingresan en la hermandad de la Pastora de Santa Marina, aceptando Felipe V el cargo de Hermano Mayor. A partir de este momento son frecuentes los donativos de los reyes y de la clase aristocrática como lo demuestra el Simpecado de gala que costea el duque de Osuna en 1732. La Reina Isabel de Farnesio probablemente donara algunas joyas, en agradecimiento por las gracias concedidas a su hijo primogénito Carlos al acceder al trono de Nápoles. Según cuenta el Padre Ardales, la reina le pidió al padre Isidoro que intercediera ante la divina Pastora para conseguir las ambiciones que había depositado en su hijo Carlos, a lo que el padre respondió: *aunque era cosa muy difícil, lo pediría al Señor, si esa era su voluntad, y le añadió: Vuestra majestad y su hijo deben hacer méritos para que se les conceda esa gracia, y será uno de los de mayor valía hacerse devotos de la Divina Pastora y propagar su devoción por todos los medios posibles.*[147]

La reina prometió cumplir el consejo y la gracia no tardó en serle concedida, porque no sólo don Carlos accedió al trono de Nápoles en 1734, sino que además terminó consiguiendo contra todo pronóstico la corona española, al fallecer sin sucesión su hermanastro Fernando VI, primer hijo varón de Felipe V. Si todo esto ocurrió de verdad es una mera conjetura, pero lo que sí es un hecho cierto es el florecimiento del culto a la Pastora en Nápoles tras la llegada de don Carlos y que la reina antes de partir de Sevilla en 1733 se hiciera con muchos objetos piadosos de la devoción pastoreña para su propaganda, encargando a Bernardo Lorente Germán[148], un hermoso cuadro que la reina llevo consigo a la Granja. También fomentó la devoción en la Corte por medio de los padres Alcantarinos de Madrid[149].

Este éxito y el naturalismo[150] con el que se presentaba la imagen de la Divina Pastora debió influir en el progresivo abandono de ciertas formas ancladas en la estética de los primeros Austrias,

---

147 ARDALES, P. Juan Bautista de: *la Divina Pastora y el Bto. Diego José de Cádiz. Estudio histórico.* 1949.

148 Otros la adjudican a Tovar.

149 MARTÍNEZ ALCALDE, Juan: *Apuntes históricos y artísticos de la Primitiva Hermandad de la Divina Pastora y Santa Marina.* Sevilla, 2006. Pp.36–38.

150 Este naturalismo se concreta en la ausencia de verdugado, la disposición del manto terciado, el pecho cubierto de alhajas, la peluca de tirabuzones que influirá en la moda mariana de finales del XVIII.

solventando así las criticas iniciales que suscito este atavío en parte de la comunidad capuchina sevillana, que la tildó de indecorosa indecente e impura[151], de tal forma que a mediados de la centuria se han sentado las bases para un cambio estético en las indumentarias de las Vírgenes de Gloria.

EL MODELO DE LA VIRGEN DEL AMPARO COMO PRECURSORA DE UN NUEVO ESTILO INDUMENTARIA LETÍFICA A PARTIR DE 1755

Una imagen de capital importancia devocional para la ciudad de Sevilla será la Virgen del Amparo de la parroquia de la Magdalena. Ésta es un icono de bulto redondo de estilo renacentista que algunos quieren relacionar con la plástica del escultor Roque Balduque, probablemente realizada en 1545 para ser Patrona de una institución benéfica conocida como Amparo de María Santísima y San José, que recogía y criaba niños expósitos. Gran devoto de la Virgen del Amparo es el arzobispo don Jaime Palafox y Cardona que ocupa la sede hispalense desde 1684-1701, se dice de él *iba con gran consuelo de su alma a orar ante ella y después permanecía largo tiempo en su presencia, contemplando la hermosura de sus perfecciones,* por la interpretación de este testimonio sacamos la conclusión de que a fines del XVII esta imagen aún no había sido sobrevestida[152], por el contrario una imagen de similares características escultóricas como la Virgen de Todos los Santos ya estaba sobrevestida en 1742[153].

Con motivo de salir indemnes los hermanos y fieles de la parroquia de la Magdalena a causa del terremoto de Lisboa de 1755, la hermandad celebra un voto de acción de gracias en noviembre. Desde entonces, y de ese mismo año encontramos referencias del estreno en una función el 18 de diciembre de un rico vestido de glasé de plata bordada en oro y sedas con

151 MARTÍNEZ ALCALDE, Juan: *Apuntes históricos y artísticos de la Primitiva Hermandad de la Divina Pastora y Santa Marina.* Sevilla, 2006. Pp.20.

152 MARTÍNEZ ALCALDE, Juan: Anales Históricos de la Real, Venerable e Ilustre hermandad de Nuestra Señora del Amparo. En *Boletín de las Cofradías de Sevilla,* nº 561, noviembre de 2005. Pp. 804-809.

153 DÍAZ JIMÉNEZ, Isidro: Una fiesta en la Iglesia de Ómnium Sanctorum. En *boletín de las Cofradías de Sevilla,* nº 575, Enero, 2007. Pp. 56–58.

«vaquerito[154]» para el niño donados por los marqueses de Premio Real[155], demostrando que la Virgen ya está completamente sobrevestida. Aún no posee su característica ráfaga de ocho radiado, pero ésta no tarda en aparecer fechándose su ejecución por Tomas de Pedrajas entre 1756 y 1767[156]. A partir de este momento ya está configurada la puesta en escena de la vestimenta del Amparo con el manto terciado y la saya sin verdugado.

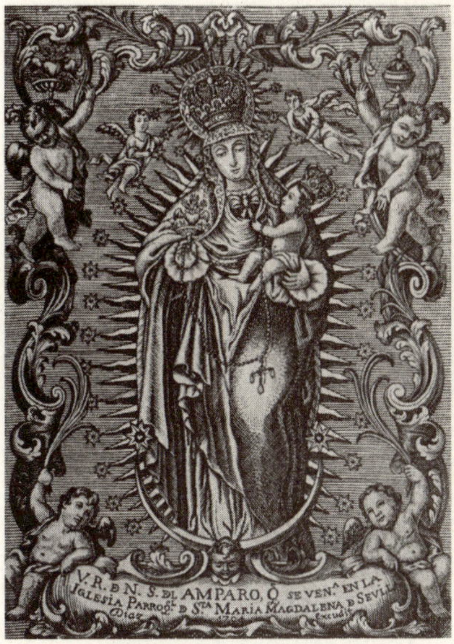

Grabado de 1754 de Gabriel J. de Jesús Díaz.

No debemos olvidar el extraordinario interés que suscitó a mitad del XVIII el mundo romano gracias al descubrimiento de las ruinas de Pompeya y Herculano en Nápoles. Este interés se trasvasa a España con la llegada de Carlos III en 1759 que introduce un modo de gobernar conocido como el despotismo ilustrado que romperá definitivamente con muchas de las costumbres del antiguo régimen. Esto se refleja en un cambio en los gustos artísticos con la adopción del clasicismo, que influenciará en la evolución de los atuendos femeninos que rompen con la moda anterior liberándose del corpiño, los verdugos, y de los artificios barrocos, imitando la moda de las esculturas romanas, viéndose ahora colores más claros y tejidos vaporosos. Este cambio afectó directamente a la vestimenta de

---

154 A partir de 1708 tenemos noticias de que el niño, que estaba desnudo en el regazo de su madre, comienza a sobrevestirse, VÁZQUEZ SOTO, J: María: *La Virgen del Amparo en el manuscrito autógrafo de Antonio González Cantero.* Sevilla 1987.

155 MARTÍNEZ ALCALDE, Juan: Anales Históricos de la Real, Venerable e Ilustre hermandad de Nuestra Señora del Amparo. En Boletín de las Cofradías de Sevilla, nº 561, noviembre de 2005. Pp. 804–809.

156 YUSTE ÁLVAREZ, J. Manuel: la ráfaga de Ntra. Sra. del Amparo. Una obra maestra de la orfebrería sevillana del s. XVIII. En Boletín del Amparo nº 11. Sevilla, Noviembre de 1995. Pp. 9.

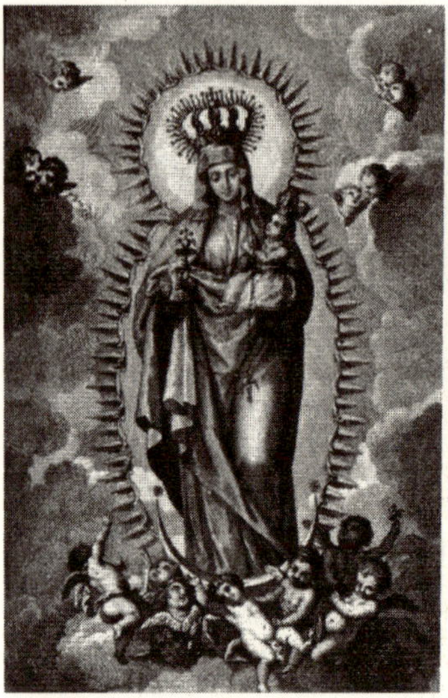

Grabado por José Suarez
ultimo cuarto del s. XVIII.

las imágenes, en concreto a la de la Virgen del Amparo y su forma de disponer la saya y el manto, coincidiendo en esto con la indumentaria de las vírgenes romanas que llevaban la clámide terciada[157], sin poder obviar que ésta era también la forma en la que se colocaba el manto a las imágenes de la Pastora desde 1703 y que la propia concepción del modelado de la talla del Amparo participa de esta corriente de inspiración clasicista por su hechura en el siglo XVI [158].

El primer grabado donde podemos constatar esta evolución es en uno de 1754 realizado por Gabriel J. de Jesús Díaz, donde aparece aún sin vestir pero luce por primera vez una ráfaga corpórea de rayos rectos y flamígeros rematados por estrellas, común a otras imágenes de la época. Del último cuarto del siglo XVIII es el grabado de José Suarez, muy diferente del anterior, donde por primera vez aparece con la ráfaga de ocho documentada entre 1756-67. Presenta ésta un aspecto algo idealizado no así la corona de principios del XVIII que está reflejada fielmente. Como dato curioso es la primera lámina donde vemos vestido al niño, que lo hacía regularmente desde 1708. Por último vemos el grabado de 1790 realizado por Agustín Sellent: presenta a la Virgen vestida por primera vez, algo común desde mediados del XVIII, el manto lo lleva terciado y recogido sobre el brazo derecho con una caída muy natural envolviéndole el cuerpo, esto será un hallazgo de esta imagen al igual que la forma de disponer la saya plisada sin verdugado, también se cubre la cabeza con una toca de sobre-manto tan característica de las Glorias por representar

157 GONZÁLEZ ISIDORO, José: De iconología, la Dolorosa como Reina y Madre de Cristo en la Semana Santa de antaño. *Tabor y Calvario*, 22. Sevilla, 1994. P.p. 52–55.

158 Como casi todas las imágenes de talla del XVI y XVII.

que María es esposa terrenal de San José y Madre de Jesús[159].

Curiosamente una imagen que nunca había sido sobrevestida va a ser la precursora del cambio en el atavío del resto de imágenes de la ciudad poniendo las bases del estilo sevillano en la forma de exornar las imágenes letíficas y que sigue vigente a día de hoy. Por testimonios indirectos conocemos que algunas imágenes sevillanas de la Virgen van a ir despojándose de sus verdugados por imitar el novedoso atuendo del Amparo. Así la Virgen de la Encarnación del convento de los Terceros, en un cabildo de 1786, acuerda suprimir el verdugado y que se le pusiese un *traje a modo que está la señora del Amparo y otras muchas imágenes que en el día se están vistiendo traje sin verdugado y están mejor vistas y más natural de vestimenta*[160], de ese mismo año tenemos la noticia de que el cuerpo de talla de la virgen de la Esperanza Divina Enfermera va a ser suprimido para convertirla en imagen de candelero con el objeto de *vestirla con el estilo que puso de moda la Virgen del Amparo,* según consta textualmente en el acta de cabildos donde se tomo tal decisión[161].

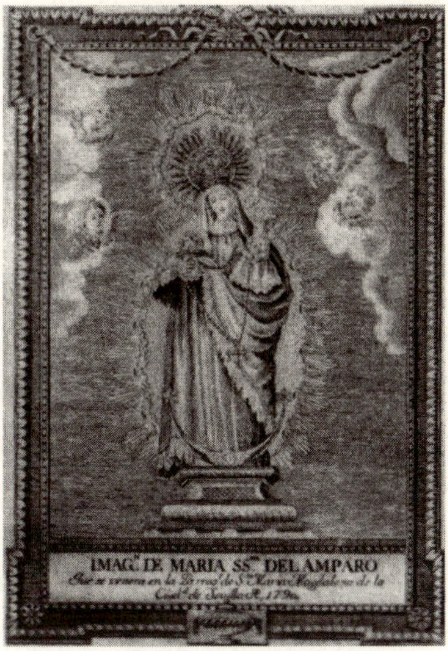

Estampa grabada en 1790
por Agustín Sellent.

También en el mismo año en el Archivo de la Sacramental de la Iglesia de la Magdalena en las actas de 1786 encontramos la propuesta del Prior del Convento de reformar las andas que

---

159 GONZÁLEZ ISIDORO, José: Iconografía e Iconología concepcionista. En *Boletín Calle Real, Castilleja de la Cuesta*, nº 56, diciembre 2002. Pp. 60–65.

160 ARCHIVO HERMANDAD SACRAMENTAL DE LA SAGRADA CENA. Fondo de la Esclavitud de Nuestra Señora de la Encarnación. Caja 2. Libro 6. *Libro de Actas de Cabildo 1754–1806,* s.f.; Caja 4. Carpeta 10. *Cuentas de la Hermandad,* 1722–1769 y Caja 5. Carpeta 12. *Cuentas de la Hermandad. 1771-1783.*

161 ARCHIVO DE LA HERMANDAD DE NUESTRA SEÑORA DE LA ESPERANZA: Libro de Actas 1756–93. Folio 238a.

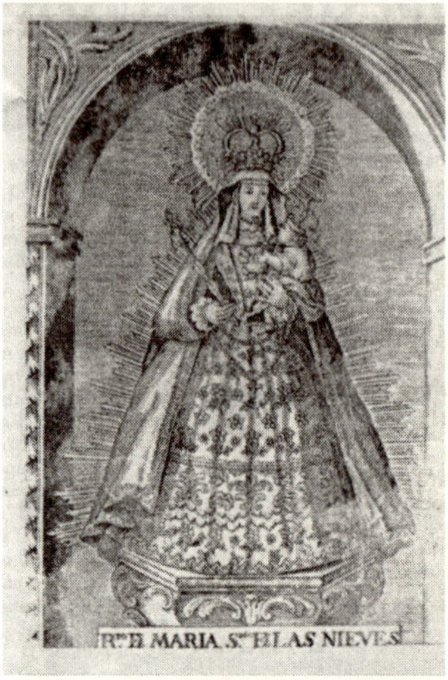

Estampa grabada por José Braulio Amat h. 1779.

eran de tumbilla sostenida por cuatro varales de plata y el atuendo de la Virgen del Rosario que era vestida como dama del XVI y que contaba en su ajuar con un rostrillo de brillantes y que ahora se quería vestir como el resto de las Vírgenes de Gloria de la ciudad. Así suprimen las prendas antiguas y el rostrillo que se enajenó, eliminando la tumbilla del paso comprando una peana alta, y con la plata de los varales ejecutaron unas ráfagas corpóreas[162]. De esta manera, la estética procesional de la cofradía se adaptaba a la época y a los usos de las demás imágenes marianas para una mejor captación de la devoción popular.

Para demostrar este cambio disponemos de algunos grabados como el de la Virgen de las Nieves de Sta. María la Blanca fechable en el último tercio del XVIII grabado por José Braulio Amat probablemente hacia 1779, el cambio con respecto a la anterior estampa de Arteaga de 1665 ya comentada, resulta radical. Ha desaparecido la antigua ráfaga de puntas o soles, para adoptar la forma de ocho radiado que pone de moda la del Amparo y el atuendo es más natural al despejar el rostro y suprimir la toca mostrando el cuello. En la saya observamos que ha prescindido del verdugado llevando una especie de falda tableada con ornamentación bordada a base de florecillas interrumpida por una blonda horizontal de encaje que anuncia las típicas sayas de registro tan características del siglo XIX. El manto se nos presenta colocado de forma muy natural colocado sobre la cabeza y recogido graciosamente bajo el brazo derecho insinuando el terciado del manto que puso de moda la Virgen del Amparo.

Otro de la Virgen de la Salud de San Isidoro de 1780 de José Braulio Amat donde el manto si aparece completamente terciado y donde ha perdido su disposición triangular para apa-

162 Actas de la Hermandad Sacramental de la Magdalena.

recer envolviendo el cuerpo de la imagen, el verdugado ha desaparecido y la Virgen va orlada con la característica ráfaga de ocho. Por último el de la Virgen del Rosario de Santa Catalina de 1785 vestida sin verdugado, con el manto ligeramente terciado y con larga toca de sobre-manto, aunque la ráfaga aun no ha adquirido la peculiar silueta de ocho y le llega a los hombros.

De lo que no cabe duda es que al terminar el siglo la gran mayoría de las imágenes letíficas se habían despojado de sus verdugados y vestían a la manera de la Virgen del Amparo, como vemos en la estampa anónima de 1788 de la Virgen del Rosario de San Gil donde ha prescindido del verdugado y va envuelta con el manto terciado que parte de los hombros y cubierta con toca de sobre-manto y orlada por ráfaga de ocho.

LA VIRGEN DE LOS REYES DURANTE EL SIGLO XVIII

Con respecto a la Patrona tal y como hemos explicado en el epígrafe anterior con la llegada de los Borbones hay una primera etapa de fosilización del atuendo cortesano de los Austrias, sin que aparezca el menor atisbo de cambio en su apariencia ni siquiera para adoptar la característica ráfaga de hombros que fue usada por gran parte de las imágenes marianas de la época. Tan sólo durante el reinado de Carlos III la forma acampanada que había ido adquiriendo el verdugado de la Señora irá suavizando sus formas haciéndose algo más cónico, detalles que podemos apreciar en la evolución de los grabados del siglo XVIII[163]. En resumen la Virgen sigue las mismas pautas de evolución en el vestir que la mayoría de las imágenes gloriosas a excepción de la toca que se mantendrá en la imagen de la Patrona hasta bien avanzado el XIX.

La estancia de la corte de Felipe V en Sevilla desde principios de 1729 a 1733, conocida como el lustro real, va a propiciar un auge de la religiosidad popular hispalense, destacando la importancia de las procesiones de Semana Santa y del Corpus, así como la consolidación de nuevas advocaciones como la de la Divina

163 MARTÍNEZ AMORES, J. Carlos: El atuendo de la Virgen delos Reyes, su evolución a través de la estampa. Siglos XVII–XIX. En *Boletín de las Cofradías de Sevilla,* nº 498; Sevilla, 2000. Pp. 48–51.

Pastora, y por supuesto el incremento de las dotaciones a la Capilla Real por su tradicional vinculación con la monarquía hispánica, destacando el hecho del traslado del cuerpo del Rey San Fernando a su nueva urna de plata, obra de Juan Laureano de Pina, el 13 de marzo de 1729. Coetáneo a este traslado es la entrega por parte de la princesa de Asturias, Bárbara de Braganza, de su vestido de novia para el atavío de la Virgen de los Reyes. Estrenado el 15 de Agosto del mismo año de 1729, fue recompuesto por el sastre de la real capilla, José Lora, que cobro 150 reales por este trabajo[164]. No debemos dudar de la suntuosidad de este vestido máxime cuando ya imperaba el gusto por el vestido a la francesa, buscando las telas más lujosas, los bordados y los encajes más preciosos, trabajando para la casa real los sastres y modistas más celebres.[165]

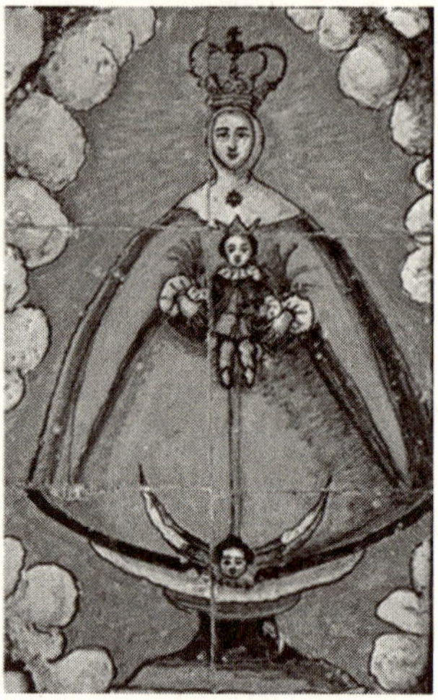

Azulejo de la Virgen de los Reyes s. XVIII, convento de San Leandro de Sevilla.

Un hecho premonitorio se produce el 11 de agosto de 1733 cuando el cabildo encarga un inventario a los sacristanes y al secretario de la capilla, pues los que había eran incompletos, ya que no reflejaban las alhajas de la Señora. Esta preocupación se corrobora días más tarde al desaparecer algunas joyas de la corona en la procesión del 15 de agosto, pidiéndose cuentas a partir de entonces de las pérdidas y sustracciones a los sacristanes[166].

En época de Carlos III, siendo todavía princesa de Asturias María Luisa de Parma, esposa del futuro Carlos IV, dona un vestido a la Virgen de los Reyes en agradecimiento

164 GÁMEZ MARTÍN, José: «La Reina de las imágenes» Ntra. Sra. de los Reyes y Felipe V, devoción mariana en el Lustro Real (1729-1733). En *Boletín de las Cofradías*, nº 594, agosto, 2008. Pp. 758-765.

165 DESCALZO LORENZO, Amalia: El arte de vestir en el ceremonial cortesano. Felipe V. En *España Festejante. El siglo XVIII*; Málaga, 2000. Pp. 104–197.

166 IBÍDEM 164.

por la restitución de la salud del infante recién nacido[167]. La donación de este traje dará pie al cabildo para la reforma de la presentación iconográfica de la Señora, suprimiendo el verdugado cuya eliminación es justificada con la siguiente afirmación, *pues la Virgen parece que está metida en una tinaja,* expresión que denota el carácter neoclásico que comenzaba a imperar en España denostando todo lo barroco. El presente parece que sirvió de acicate para dar solución a lo expuesto en una reunión capitular de 1780 en la que ya tenían intención de eliminar el verdugado, pues *parece una vista más graciosa sentada en la silla con la naturalidad que le permite su particular estructura,* suprimiendo también la cadena de oro en forma de media luna que se le colocaba por no quedar bien sobre la falda del vestido[168].

Con la llegada al trono de Carlos IV en 1788, que se prolongará hasta la invasión napoleónica en 1808, se van a reforzar los vínculos de la monarquía con la ciudad y más en concreto con la Capilla Real. El 25 de febrero de 1796 realizan sus majestades una visita a la misma, la Virgen luce el vestido que ella misma donó diez años antes, manifestando la reina su deseo de regalar otro *de terciopelo encarnado bordado de lentejuelas de plata... y saya de raso blanco bordado de la misma manera.* En 1807 se repite la historia y la reina lega otro conjunto de tisú de plata[169].

Aparte de las donaciones reales durante el siglo XVIII serán constantes las donaciones de devotos anónimos, así se reciben vestidos en 1781, 1783, y 1802; y otros de los que conocemos a los donantes, como los de la marquesa viuda de Sastre en 1787 y el de la marquesa de la Candía en 1789, aparte de joyas, como un aderezo de la marquesa de Camposanto en 1801.

---

167 Es descrito en el libro de *Autos capitulares* de 1786–1792; fol. 5 vto. Como interesante bordado a la moderna sobre color verde manzana. El coste ha sido de 46.322 reales, por su elevado precio no parece que sea la prenda que hoy día se identifica como manto de María luisa de Parma.

168 GÁMEZ MARTÍN, José: Ntra. Sra. de los Reyes y la familia de Carlos IV. En *Boletín de las Cofradías de Sevilla,* nº 606, agosto, 2009. Pp. 644–651.

169 GÁMEZ MARTÍN, José: Ntra. Sra. de los Reyes y la familia de Carlos IV. En *Boletín de las Cofradías de Sevilla,* nº 606, agosto, 2009. Pp. 644–651.

Un fenómeno paralelo al de las imágenes de gloria es el que vamos a apreciar en la evolución de los atuendos de las Dolorosas durante el siglo XVIII. Existe una primera etapa de estancamiento que coincide con los reinados de Felipe V y Fernando VI, en la que los atuendos permanecen inalterables, es decir, mantos negros y largas tocas blancas que cubren por completo el lúgubre vestido Monjil, que aun conserva su silueta cónica por el uso del verdugado, y que en algunos casos se van a denominar guardainfantes por estar completamente realizados en Madera[170]. Las únicas innovaciones se reducen al campo ornamental debido en gran parte a la influencia de la sofisticada moda francesa, importada por los Borbones, que hace que se incorporen tejidos cada vez más ricos, y gran cantidad de adornos[171]. Así, los bajos de las tocas y las cofias aparecerán guarnecidas con delicadas puntillas de Flandes, a los mantos se les añaden puntas de encaje de oro y plata, flecos y agremanes, e incluso elementos metálicos aplicados a los tejidos como estrellas de plata o símbolos pasionistas[172], para más tarde incorporar delicados bordados a modo de grecas en el contorno de los mismos y en los bajos de los vestidos en clara correspondencia con el enriquecimiento ornamental del periodo final del barroco. Estos adornos sería impensable encontrarlos en los atavíos de las viudas durante el reinado de los Austrias, pero con el cambio dinástico, que abole esta costumbre en la vestimenta de las viudas, se produce un gradual olvido de su significado, y las ropas de luto adaptadas a las imágenes alcanzan un carácter propio, respetando tan sólo el uso de los colores blanco y negro al que incorporan la plata y el oro de los adornos.

Así perdida la tradición de la vestimenta de luto, el vestido monjil comienza a llamarse «saya», que en realidad era el

---

170 En un inventario de 1641 de la Hermandad de los Negritos se cita como «un guardainfante de palo».

171 FERNÁNDEZ MERINO, Eduardo: *La Virgen de Luto.* Madrid 2012. Pp.165.

172 En 1731 la hermandad de Valle tenía un manto decorado con estrellas de plata, MAÑES MANAUTE, Antonio: El bordado, una brillante exposición ornamental y simbólica. En la Hermandad del Valle de Sevilla patrimonio cultural y devocional, Sevilla 2003. Pp. 177.

rico vestido formado por jubón puntiagudo y la basquiña que vestían las imágenes de Gloria. Siguiendo con esta confusión los gruesos tejidos de paño del luto primitivo dan paso a otros más ornamentales como el terciopelo, muy apto para el bordado. Los bajos de las negras sayas que en principio solían verse bajo las tocas es lo primero que empieza a decorarse con pasamanería o encajes y más tarde con bordados. Sucede igualmente que olvidado el uso del monjil y la colocación correcta de cada prenda, se opta por economizar en el tejido y empiece a elaborarse una especie de delantal trapezoidal que cubre desde el cuello hasta los pies acompañado de unas mangas estrechas independientes lo que facilita la colocación y abarata su coste[173].

También ocurre que las tocas blancas a veces son tan largas que dan la impresión de ser en realidad sayas blancas y de ahí que empiecen a decorarse. En un primer momento se introducen en su confección telas plisadas en zigzag, para posteriormente decorarse con puntillas, entredoses de fino encaje, bordados de hilo e incluso de oro. Para facilitar su colocación su forma evoluciona igual que la de la saya, convirtiéndose en una versión acortada de las mismas, añadiéndole incluso manguitos[174]. Esta nueva configuración de la prenda, cuyo origen y función se ignora al perderse la memoria del antiguo habito de viuda, llegan a identificarse con el «roquete» el «alba» o el «sobrepelliz», aunque se trata de una mera confusión formal, que se ve reforzada por estar realizadas las tocas con los mismos materiales que los de los ornamentos litúrgicos, provocando el extendido error de que la Dolorosa viste ropas sacerdotales[175]. Hay incluso quien da un paso más asegurando que las dos cintas negras que discurren en paralelo sobre el pecho y la falda, que de hecho son meras sujeciones del manto y el tocado[176], pasan a ser consideradas como una estola litúrgica, configurando una iconografía de la «Virgen Sacerdotisa» que se

173 FERNÁNDEZ MERINO, E.: *La Virgen de Luto.* Madrid 2012. Pp. 173–76.

174 IBÍDEM 173. Pp. 176–77.

175 IBÍDEM 173. Pp. 178.

176 Estas piezas pasan a complementar el traje en la época de la reina María de Hungría tal y como aparece en el «Auto de fe» de Martínez del Mazo, es más, incluso la estola sacerdotal, que en la liturgia Bizantina se conoce como «omoforion», proviene de una prenda utilizada por la nobleza romana.

populariza en el XVIII y que generó cierta controversia entre los partidarios y detractores de esta costumbre[177], llegando incluso en algunas representaciones a aparecer con el cáliz entre sus manos identificada con el acto de la consagración tal y como aparecen la pintura del Simpecado de los Negritos de 1782.

Estas estolas que en los archivos de la época se nombran como cintas que hemos visto en algunas representaciones del XVII, con el tiempo se irán ensanchando y cubriéndose con ornamentación, tanto bordada, como con aplicaciones de plata con los símbolos de la Pasión[178], de hecho todavía se conserva en el ajuar de la Soledad de Cantillana una prenda de este estilo que hoy día se utiliza como fajín y también conocemos que la Virgen de los Dolores de la hermandad de la Soledad de Olivares, tanto en su altar como en las procesiones, era ataviada con una cinta de terciopelo negro que tenía sobrepuestas seis «insignias» o símbolos de la Pasión realizados en plata de ley. Esta interesante pieza se cita en el inventario de la Colegial de 1743 y se conservó hasta bien entrado el siglo XIX. Parece lógico que los capitulares, todos presbíteros, que pretendían controlar la imagen por estar en la Colegial, quisieran recalcar no tanto el carácter sacerdotal de la Virgen como la vinculación de la misma a los sacerdotes[179]. Si posteriormente se le quiso, y aún se le quiere, dar un sentido puramente místico, entendiéndolo como «sacerdocio espiritual de María», obviamente la piedad es libre, y puede dar un resultado enriquecedor en lo alegórico, pero desde el punto de vista histórico, no fueron más que prendas de luto, tal como las describe Eduardo Fernández Merino en su libro, *la Virgen de luto.*

Como ya hemos comentado las imágenes de gloria a lo largo del XVII, remataban sus mantos con amplias blondas de encaje de oro y plata que por la forma en que se disponían, vueltas hacia el

177 Aunque en el XIX ya no se usa la estola en Sevilla, en Córdoba se cita en una disposición del obispo Juan Alfonso Alburquerque de 1866 donde se prohíbe su uso por que «*es ornamento sacerdotal, del que nunca uso la Virgen, y cuyo adorno puede inducir a creencias equivocadas en las personas sencillas*».

178 En el *Archivo de la Hermandad del Valle*, en la carpeta de legajos de cuentas de 1735 a 1754, se constata que la virgen poseía una cinta de pasión con tarjetas, en cuyo interior se representaban atributos pasionarios labrados en plata.

179 SÁNCHEZ RICO José Ignacio: La indumentaria de viuda castellana de la Virgen de los Dolores de la Villa Condal de Olivares. En *Boletín Hermandad de la Soledad de Olivares* nº 17, Sevilla 2013. Pp. 13–18.

exterior, dan origen a comienzos del XVIII a la ráfaga de hombros, y por asimilación de estos aditamentos por la clase popular van a ser incorporados a las Dolorosas. En la primera mitad de siglo sólo usan las de hombros, pero a partir de la segunda mitad del XVIII se adoptará la ráfaga corpórea en forma de ocho que será a partir de este momento la más popular entre los iconos marianos sevillanos. Éstas aún las podemos ver en la Soledad de Marchena y la de Écija que incorporó a su atuendo unas ráfagas entre los años 1759-68 realizadas por el platero Damián de Castro[180]. Si a esto le añadimos el uso de la media luna y las doce estrellas de la corona, cuya procedencia se justifica en el *Apocalipsis* (XII, 1), estos aditamentos iconográficos la identifican y vinculan con la visión de los siete Santos Servitas, quienes la vieron glorificada como —Inmaculada Asunta— por los méritos de sus Dolores[181], de hecho es en este momento cuando se expande la devoción a los Dolores gracias al espectacular desarrollo de la orden Servita durante el siglo XVIII, que ya había fundado cofradía en Sevilla en 1720 en la iglesia de San Marcos.

A partir de ahora también se van incorporando elementos como corazones, puñales, y aderezos, que para algunos traicionaban la simplicidad original del atuendo de viuda pero que aportaban gran riqueza iconográfica y añadían ciertos toques expresionistas a las imágenes, de hecho en el inventario de 1794 de la hermandad de la Soledad de Olivares se citan dos corazones con los siete puñales: uno en plata que ya existía en 1746 y el otro en oro de Veragua realizado a finales del XVIII y que identificaban la iconografía de los Dolores de la Virgen[182].

Las Dolorosas hasta finales del siglo XVII se habían mantenido fieles al espíritu trentino que la representaban grave y majestuosa y con un acusado frontalismo, pero a finales del XVII y sobre todo durante el XVIII este aspecto cambiará apareciendo expresiones más afligidas, acusados escorzos y actitu-

---

180 VV.AA: *El fulgor de la plata.* catálogo de la exposición Andalucía Barroca; Córdoba, 2007.

181 GONZÁLEZ ISIDORO, José: De iconología, la Dolorosa como Reina y Madre de Cristo en la Semana Santa de antaño. *Tabor y Calvario,* 22. Sevilla, 1994. P.p. 52–55.

182 GONZÁLES POLVILLO, Antonio: *Orígenes de la hermandad de nuestro Padre Jesús Nazareno y Nuestra Señora de la Soledad de la Villa Condal de Olivares (1712–1757).*Olivares, 2012.

des declamatorias, que podemos comprobar en la postura de sus manos muy diferente de las actitudes orantes del siglo anterior, en una línea más barroca que se alejaba del primitivo concepto que imperó desde finales del XVI y la mayor parte del XVII. Es curioso como la influencia iconográfica de la Soledad de Gaspar de Becerra de Madrid se hace notar hasta fines del siglo XVIII, de hecho son numerosas las imágenes realizadas en este siglo postradas de hinojos con las manos entrelazadas y vestidas de viudas, como algunas tallas de bulto repartidas por parroquias sevillanas como la en San Andrés, o Santa Cruz, o algunas de vestir como la Virgen de las Aguas del Museo obra de Cristóbal Ramos al final del siglo. Incluso en la provincia hay cofradías soleanas fundadas a imagen y semejanza de la madrileña, como es el caso de la de Olivares por influencia del cuarto Abad, Francisco Rico Villaroel, que provenía de Madrid y era hermano de la Soledad del convento de la Victoria, incluso la propia imagen respondía en un principio a la misma iconografía, es decir genuflexa con las manos entrelazadas sobre un cojín en señal de respeto y consideración a la persona de la Virgen[183], ya que esta última prenda aparece en el inventario efectuado el 28 de Agosto de 1746: *vna Almoada de terzio pelo negro y nueva con su galón de una vara de largo y dos dedos de ancho de oro*[184].

Coincidiendo con la llegada al trono de Carlos III, pero sobre todo con su sucesor Carlos IV en 1788, llega un cambio de mentalidad y otra forma de gobernar más ilustrada que provoca una ruptura con el antiguo régimen que acelerara la evolución de los atuendos de las Dolorosas, sobre todo por emulación de las de Gloria. Como hemos estudiado anteriormente este cambio vino a través de las innovaciones en el atuendo de la Virgen del Amparo, a partir de 1755, que desencadenará la supresión del verdugado que daba forma acampanada a las faldas de las imágenes letíficas. Este mismo modelo es el que

---

183 SÁNCHEZ RICO José Ignacio: La indumentaria de viuda castellana de la Virgen de los Dolores de la Villa Condal de Olivares. En *Boletín Hermandad de la Soledad de Olivares* nº 17, Sevilla 2013. Pp. 13-18.

184 GONZÁLES POLVILLO, Antonio: *Orígenes de la hermandad de nuestro Padre Jesús Nazareno y Nuestra Señora de la Soledad de la Villa Condal de Olivares (1712-1757).*Olivares, 2012.

toman como ejemplo las Dolorosas que también eliminan el verdugado y por tanto el vestido monjil, presentando ahora siluetas más naturales en sus sayas. Pero donde mayor evolución podemos apreciar es en la supresión de las tocas mostrando por primera vez el color lúgubre de las mangas a juego con el vestido y apareciendo primitivos y rudimentarios «tocados» que muestran por primera vez el cuello en lugar de la cofia que envolvía y enmarcaba el rostro.

Si nos atenemos a los grabados, laminas iluminadas, y estampas podemos corroborar lo anteriormente expuesto. Una de las más antiguas es una lámina del Libro de Reglas de la Amargura. En ella vemos como la apariencia de la Dolorosa no ha cambiado nada con respecto a la anterior centuria respondiendo al modelo más clásico de la Virgen vestida con el luto de las viudas castellanas de la corte, todavía no lleva ráfaga ni media luna y quizás la única evolución que presenta es en el largo de las tocas que ya llegan hasta el suelo, pareciendo que viste una saya blanca en vez del vestido monjil negro, la estola todavía no está ornamentada y responde más al carácter de las cintas que anudan el manto o las tocas que al de la propia estola.

Más evolucionada es la vitela del proyecto de reglas de 1720 de la hermandad de la Macarena, en la que la Virgen aparece vestida como en la anterior con largas tocas que casi tapan la basquiña negra, presentando una silueta muy cónica debido al uso del verdugado y sujetando con ambas manos las toallas. Hasta aquí no hay nada novedoso con respecto a la centuria anterior, las diferencias estriban en que se le han añadido unas ráfagas de hombros con decoración de rayos rectos y flamígeros, características del comienzo del XVIII, pero la gran diferencia es que nos encontramos con las primeras cintas ornamentada con los símbolos de la pasión en plata que por su configuración y tamaño la asimilamos a la estola definida tal como la conocemos en su uso litúrgico, y no como las cintas que anudaban las tocas y los mantos en el siglo XVII dando origen a la confusión de la iconografía sacerdotal. Muy en la línea de esta lámina tenemos otra en el Libro de Reglas de la Hermandad de la Exaltación donde la única diferencia es que no lleva ráfaga y las tocas llegan hasta el suelo dando la

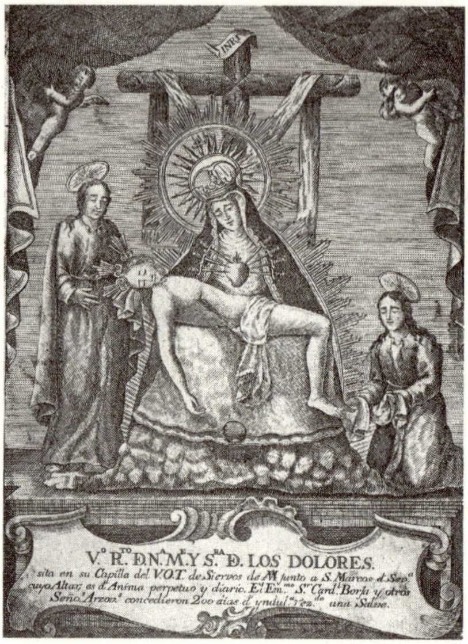

Grabado de 1773 del misterio de los Servitas realizado por Francisco Gordillo.

impresión de que viste una saya blanca como la del libro de la Amargura.

A continuación pasamos a comentar brevemente una serie de grabados del XVIII que reafirman la evolución que van sufriendo los atuendos a lo largo del siglo XVIII: El más antiguo de ellos es probablemente de 1751 obra de Diego de San Román y Codina y representa a la Virgen de los Dolores de la V.O.T. Servita en un retablo, el grabado no aporta muchas diferencias con respecto a los anteriores pero si constata el uso de la ráfaga de hombros y la novedad del corazón traspasado por los siete puñales propio de la orden Servita. Del mismo año y del mismo grabador parece ser el que representa al misterio de la piedad de la Hermandad de la Mortaja donde lo más novedoso, para lo temprano de la fecha, es el uso de la ráfaga corpórea en forma de ocho y los adornos de estrellas que presenta el manto, anunciando como se empieza a diluir el estilo del luto de la corte Austria, triunfando el gusto por la ornamentación borbónica; curiosa es la postura oferente de las manos que algunos relacionan con el carácter sacerdotal[185] pero que también puede ser un recurso expresivo para conectar con el Cristo que está en su regazo. Parecido a éste es uno de 1773 del misterio de los Servitas obra de Francisco Gordillo, la mayor diferencia con respecto al primero es la presencia de la ráfaga de ocho y la ornamentación del manto guarnecido por una puntilla o un agremán que resalta lo avanzado que está el siglo.

185 MARTÍNEZ AMORES J. Carlos: Evolución en el vestir de la dolorosa sevillana a través del grabado (ultimo tercio del XVII–finales s. XIX). En *Boletín de las Cofradías de Sevilla* nº 533, marzo, 2005. Pp. 183–188.

Un grabado importante es el de la Virgen del mayor Dolor y Traspaso acompañada por San Juan en su paso de palio, grabado por Diego San Román y Codina en el último tercio del XVIII, la principal novedad es la greca bordada del manto y la perdida de volumen del verdugado con respecto a las tres primeras laminas comentadas, vemos como se consolida la ráfaga de ocho como pieza esencial del atavío mariano en la segunda mitad de la centuria. Un detalle que no habíamos visto antes es la desaparición de las toallas, sosteniendo con una mano el pañuelo e interconectando con la otra con la figura de San Juan, otorgando a la escena algo de naturalidad frente a las graves posturas de las décadas anteriores perdiendo con esta postura algo del carácter sacerdotal[186], la cinta o estola, que está bordada con motivos vegetales, aparece anudada en la cintura, simbolizando la inmortalidad perdida por el pecado original y recobrada por la Redención[187]. De la misma Dolorosa tenemos un grabado de 1784 grabado por Braulio Amat en el que aparece en un altar de cultos junto al Señor del Gran Poder, que lo preside, y San Juan Evangelista, aquí si que hay un salto radical con respecto al anterior ya que se ha suprimido la ráfaga y el verdugado, presentando la saya fruncida en la cintura con un cíngulo, y el manto una caída muy natural perdiendo la característica silueta piramidal de los Austrias, también se ha perdido todo el carácter sacerdotal al suprimir la estola y las tocas que tapaban la saya, presentando una muy escueta que tan sólo cubre la cabeza y el cuello, la postura de las manos es muy expresiva señalando con una el corazón traspasado, símbolo de su advocación, y con la otra haciendo un gesto declamatorio más dinámico.

Por último traemos un grabado de 1807 obra de José Molina, que representa a la Virgen de la Esperanza Macarena, en él se resume toda la evolución que hemos comentado del siglo XVIII, el único atavismo del pasado es la ráfaga de hombros y la media luna, por lo demás vemos un manto y una saya bordados que podemos fechar en este momento porque en su

186 IBÍDEM 185.

187 GONZÁLEZ ISIDORO, José: De iconología, la Dolorosa como Reina y Madre de Cristo en la Semana Santa de antaño. *Tabor y Calvario*, 22. Sevilla, 1994. P.p. 52–55.

dibujo se recogen las tendencias decorativas y los símbolos iconográficos dieciochescos pero adecuados a una nueva estética neoclásica, la saya está fruncida en la cintura y como principal novedad vemos la primera representación de un incipiente tocado que deja ver el cuello de la imagen sentando con ello las bases de lo que hoy día se considera el estilo de la Dolorosa Sevillana.

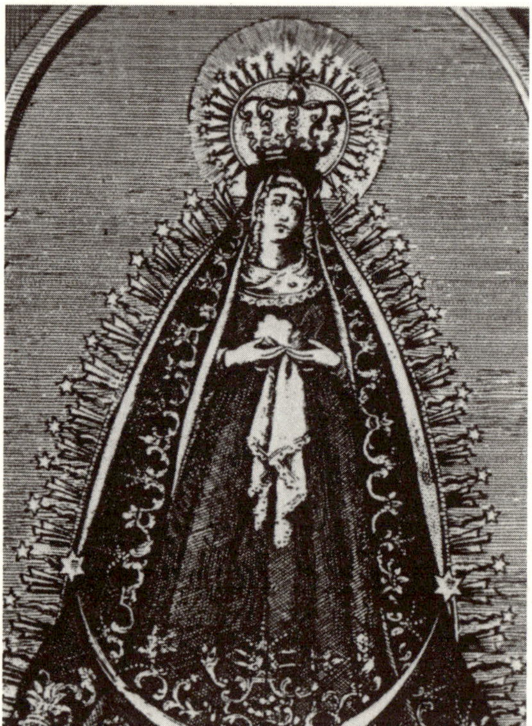

Estampa de la Macarena de 1807 obra de José Molina.

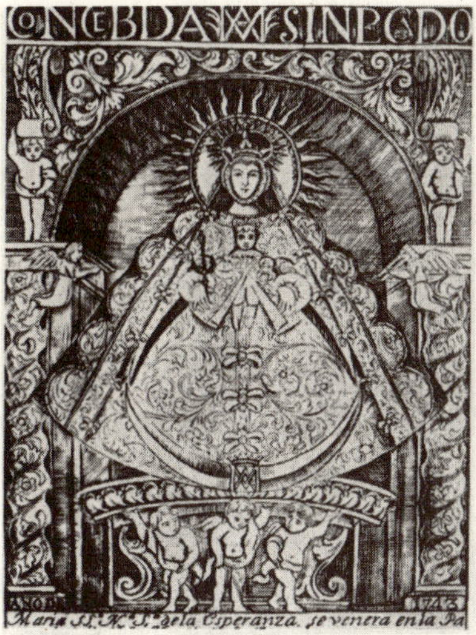

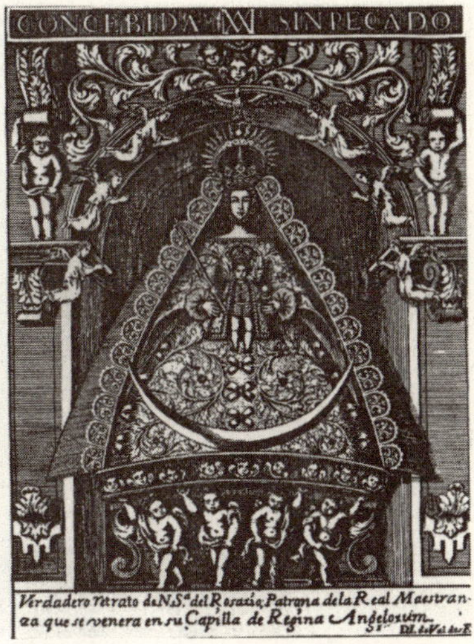

Grabado de la Esperanza Divina Enfermera de 1743 atribuido a Diego San Román y Codina con ráfaga de puntas. A su lado, estampa de la Virgen del Rosario del convento de Regina similar al anterior.

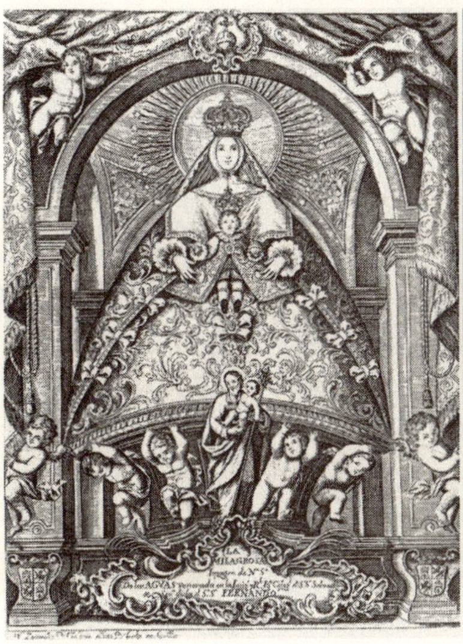

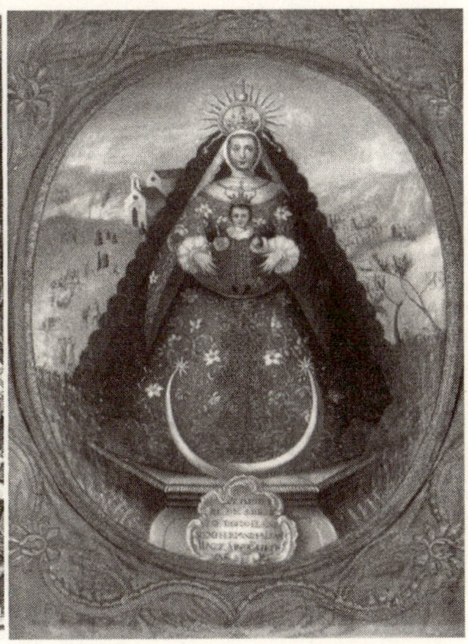

Grabado de la Virgen de las Aguas del Salvador de Diego San Román y Codina en 1780 y a su lado, representación pictórica del s. XVIII de la Virgen del Rocío en uno de los simpecados de la hermandad de Villamanrique de la Condesa.

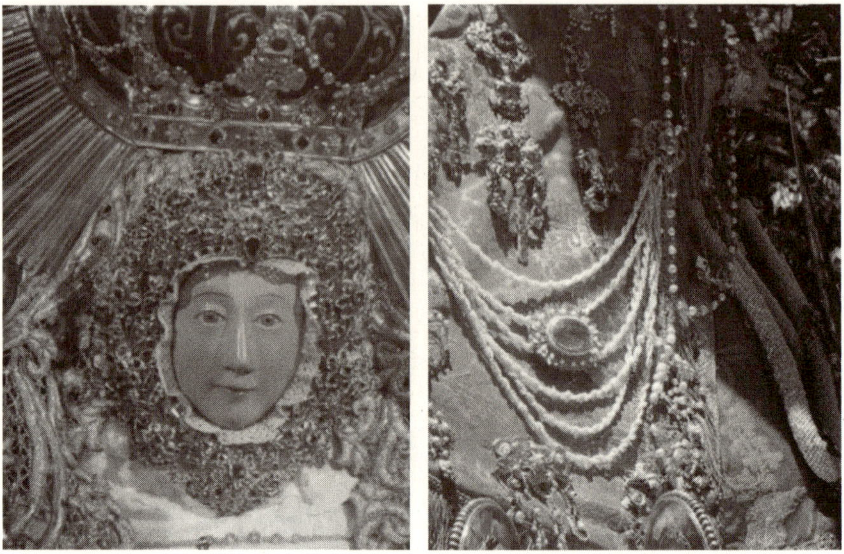

Rostrillo s. XVIII Virgen del Valle patrona de Écija.
A la derecha, aderezo de Joyas dispuestas sobre el
manto de la Virgen de las Nieves de la Palma.

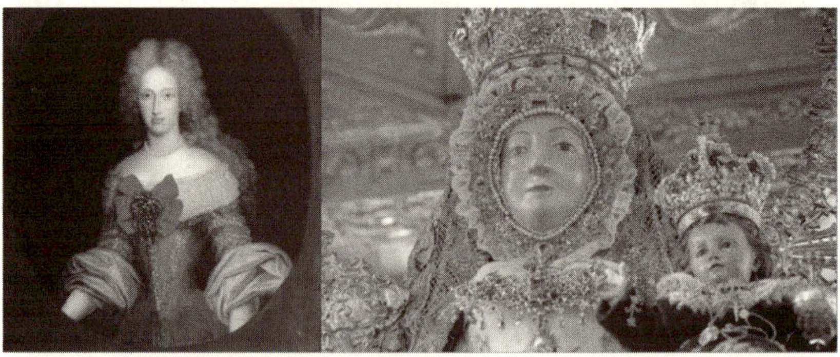

Comparativa de una dama del s. XVIII con broche de
pecho y la Virgen de Consolación de Utrera luciendo
este tipo de broche y su rostrillo dieciochesco.

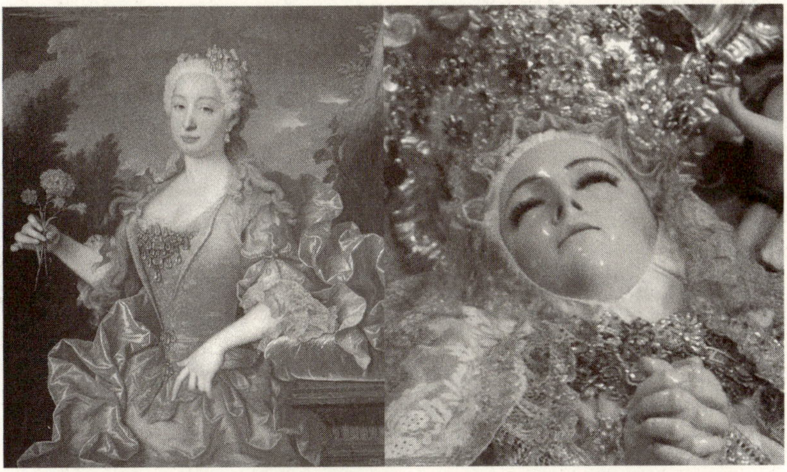

La reina Bárbara de Braganza adorna su escote con un imponente brocamantón y el mismo aderezo dispuesto sobre la Virgen del transito del hospital del Pozo Santo.

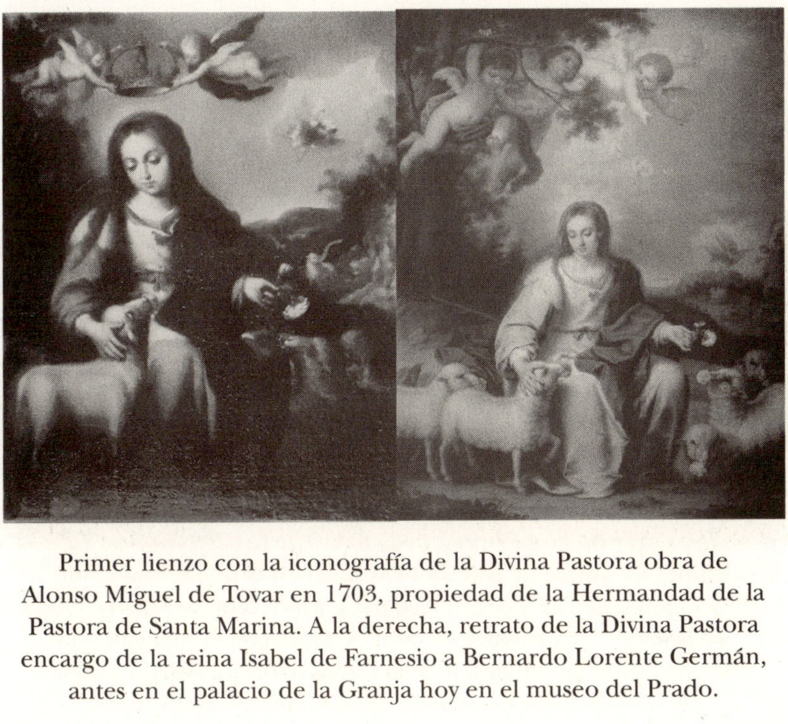

Primer lienzo con la iconografía de la Divina Pastora obra de Alonso Miguel de Tovar en 1703, propiedad de la Hermandad de la Pastora de Santa Marina. A la derecha, retrato de la Divina Pastora encargo de la reina Isabel de Farnesio a Bernardo Lorente Germán, antes en el palacio de la Granja hoy en el museo del Prado.

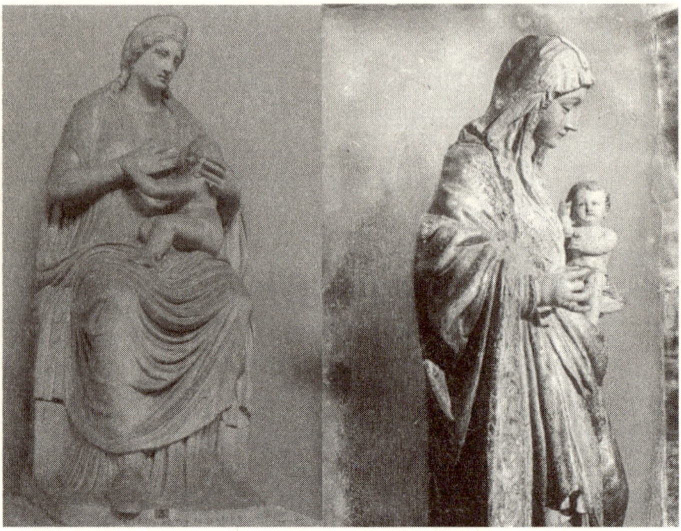

Escultura de Isis lactante museo Pio Clementíno en Roma y la Virgen del Amparo s. XVI parroquia de la Magdalena de Sevilla.

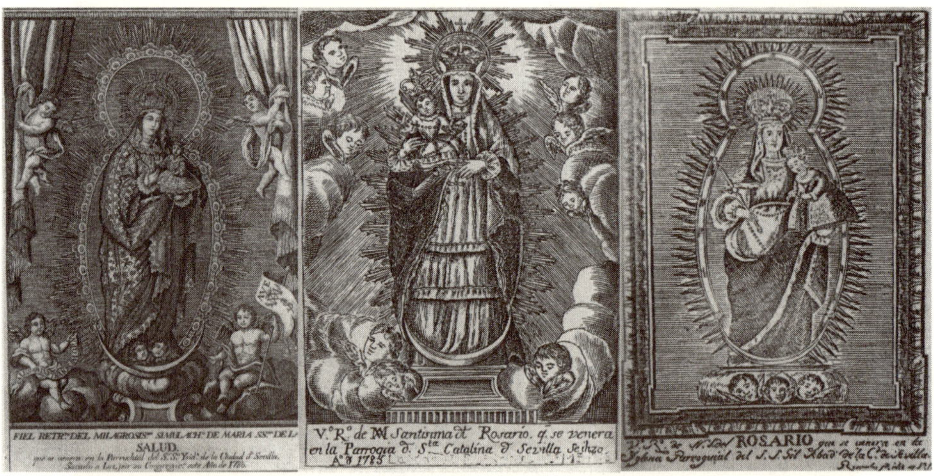

1780 Grabado de la Virgen de la Salud de la parroquia de San Isidoro de Sevilla de José Braulio Amat en la que vemos como imita el estilo de la Virgen del Amparo. En el centro, 1785 Estampa de la Virgen del Rosario de Santa Catalina de Sevilla con una novedosa saya de registro. A la derecha, 1788 Grabado anónimo de la Virgen del Rosario de San Gil con ráfaga de ocho.

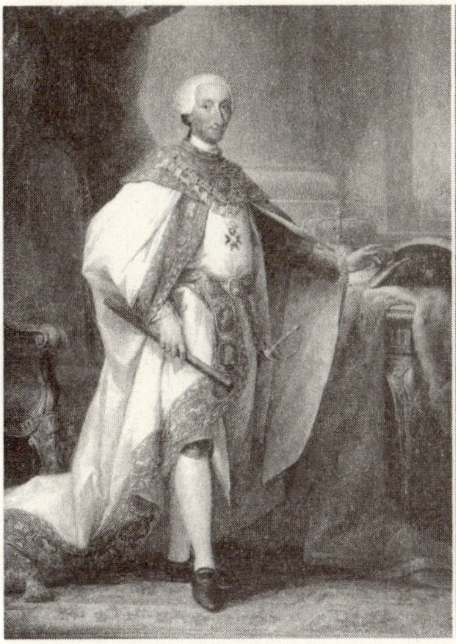
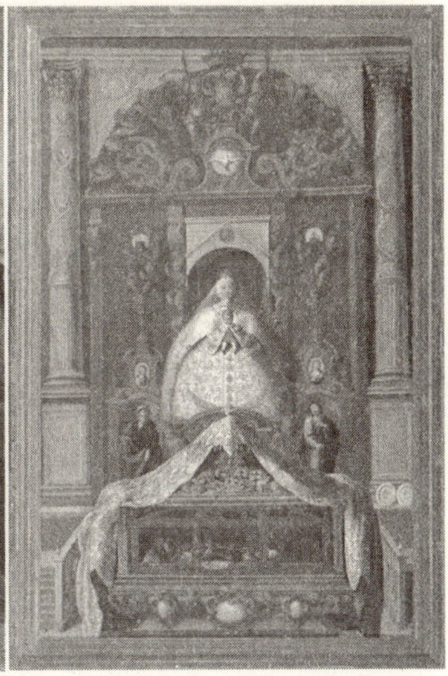

Retrato de Carlos III vistiendo el hábito de su orden, A. Rafael Mengs 1771-79 palacio de Aranjuez, nuestra patrona posee un manto confeccionado con este atuendo. A la derecha, Virgen de los Reyes de Sevilla obra de Domingo Martínez primera mitad del s. XVIII.

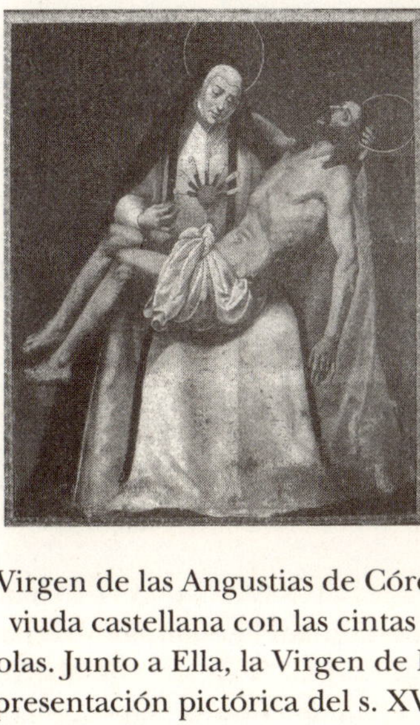
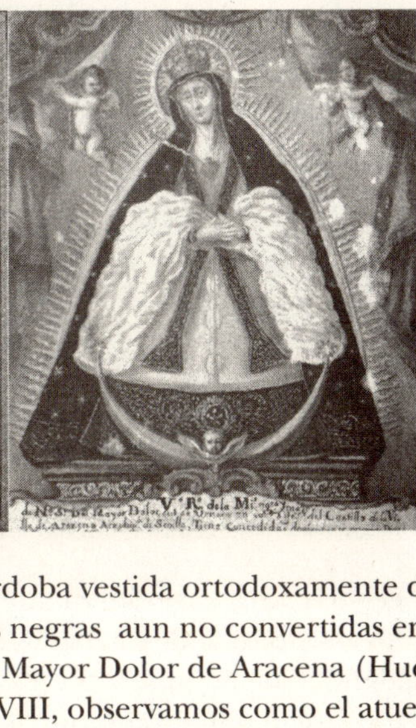

Virgen de las Angustias de Córdoba vestida ortodoxamente de viuda castellana con las cintas negras aun no convertidas en estolas. Junto a Ella, la Virgen de Mayor Dolor de Aracena (Huelva) representación pictórica del s. XVIII, observamos como el atuendo de viuda se ha enriquecido con bordados y adornos, convirtiendo las cintas originales del atuendo en autenticas estolas sacerdotales.

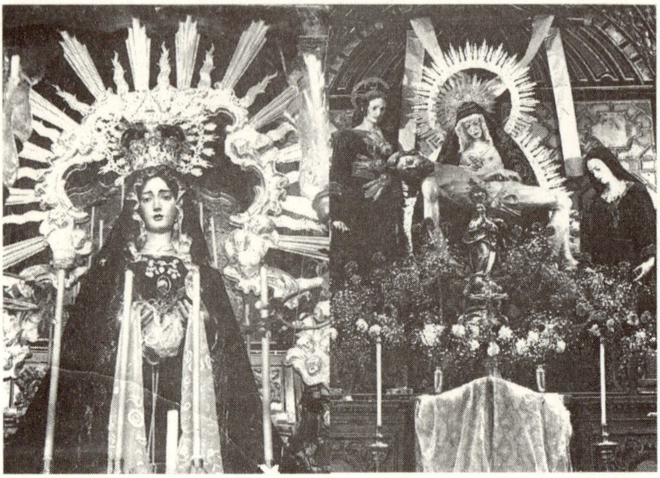

Virgen de la Soledad de Écija con su ráfaga de 1759-68
obra de Damián de Castro, y la Virgen de los Dolores
hermandad de los Servitas de Sevilla con ráfaga.

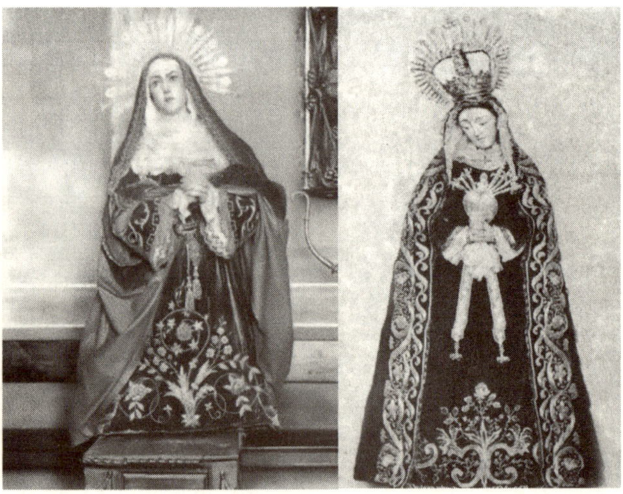

Virgen de las Aguas del Museo obra de finales del XVIII en su concepción original postrada de hinojos con las manos entrelazadas siguiendo la iconografía de la Soledad de la Victoria de Madrid y Virgen de los Dolores en su Soledad de Olivares, que seguía la Iconografía de la Soledad de la Victoria, adorna su pecho con un corazón con los siete puñales de oro de factura dieciochesca.

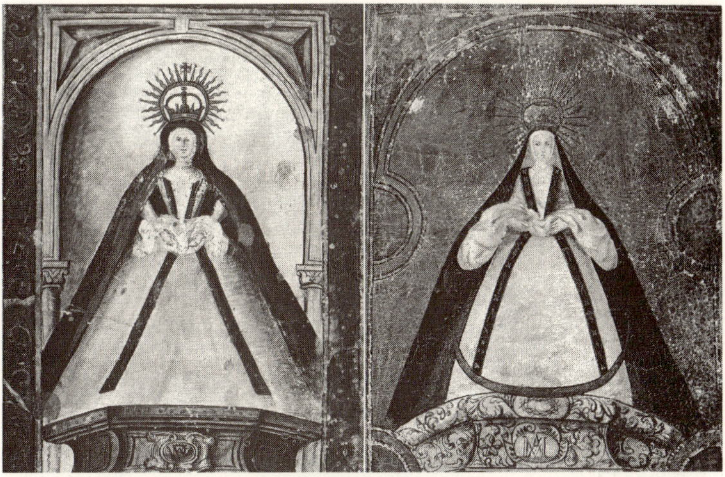

Virgen de la Amargura vitela de Libro de reglas, vestida de viuda castellana, presenta las cintas originales del atuendo sin ningún tipo de ornamentación. A su lado, el libro de reglas de Santa Catalina representación de la Dolorosa a la usanza castellana, las cintas se decoran con símbolos de la pasión pero aún no tienen forma de estola.

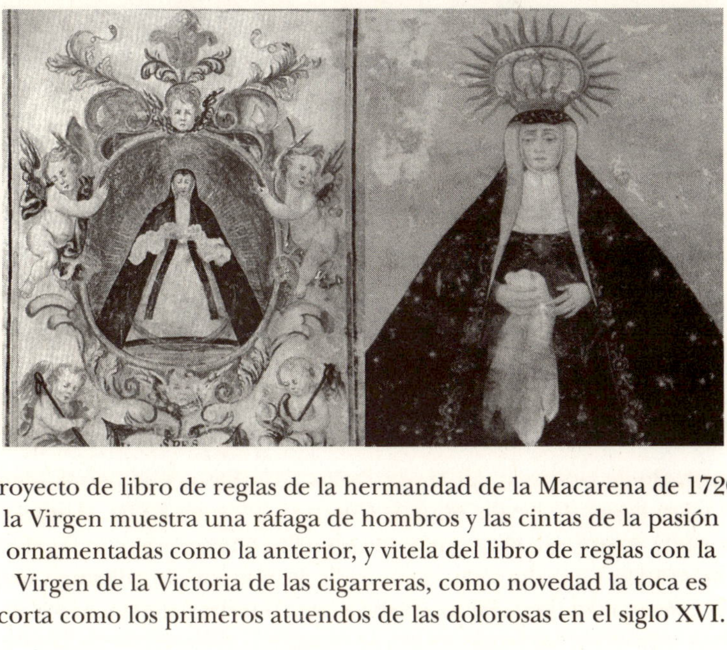

Proyecto de libro de reglas de la hermandad de la Macarena de 1720 la Virgen muestra una ráfaga de hombros y las cintas de la pasión ornamentadas como la anterior, y vitela del libro de reglas con la Virgen de la Victoria de las cigarreras, como novedad la toca es corta como los primeros atuendos de las dolorosas en el siglo XVI.

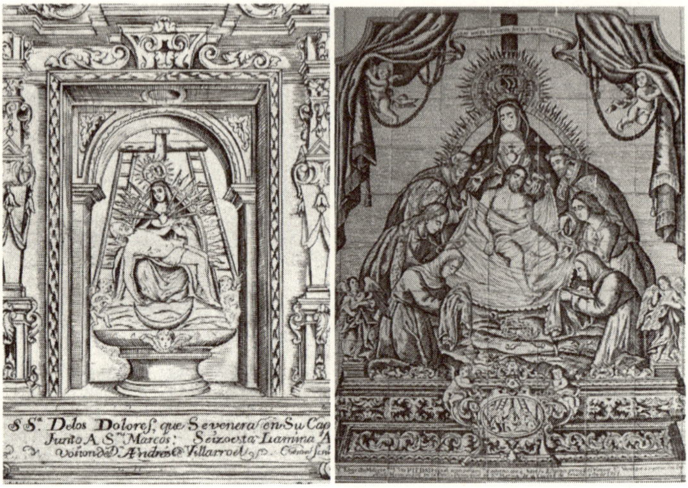

Grabado del grupo de los Servitas de 1751 obra de Diego San Román y Codina, y a su lado, de 1751 Diego San Román y Codina misterio de la Mortaja presenta la novedad de la ráfaga de ocho y adornos de estrellas en el manto.

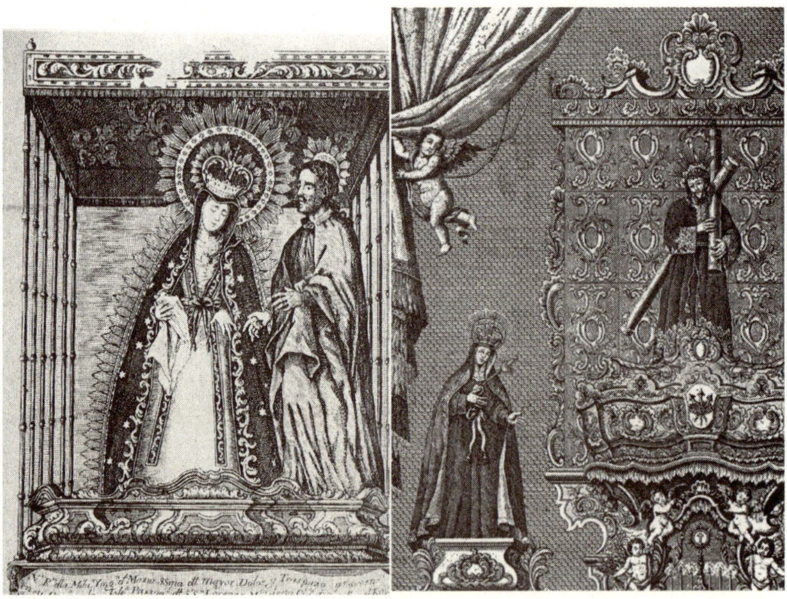

Grabado de la Virgen del Mayor Dolor y Traspaso de la hermandad del Gran Poder de Sevilla obra de Codina a fines del XVIII, el atuendo de viuda aparece ya muy ornamentado complementado con la ráfaga y las estolas, y a la derecha, estampa de la misma Dolorosa en el altar de novena del Gran Poder, grabado por Braulio Amat en 1784, se han suprimido las largas tocas y la ráfaga y la disposición de la saya y las manos anuncian una novedosa y personal estética sevillana.

7. El CONVULSO SIGLO XIX

El siglo XIX probablemente sea el periodo más convulso de nuestra historia y el que más ha afectado a nuestra particular forma de sentir y expresar la religiosidad. El proceso iniciado en la segunda mitad del XVIII —extinción de hermandades gremiales, cédulas reales de incautación de propiedades y decretos que sometían a las hermandades al poder civil— y el expolio patrimonial que supuso la invasión napoleónica, la disolución de las órdenes religiosas, la desamortización de bienes eclesiásticos de 1837 y la obra secularizadora de la junta Revolucionaria de 1868, casi terminan con la religiosidad popular sevillana.

Los primeros años de este periodo están marcados por la Guerra de la Independencia contra el invasor napoleónico y la restitución de Fernando VII en el trono, que suponen una vuelta a la religiosidad del antiguo régimen y al absolutismo, pero con fuerte oposición de los constitucionalistas cuyas bases provenían de aquellas míticas Cortes de Cádiz de 1812. A esto le sumamos el problema dinástico que supone la llegada al trono de una mujer que desencadena la primera guerra Carlista (1832–39) y el complicado reinado de Isabel II que se interrumpirá con el advenimiento de la Primera República en 1868.

LAS IMÁGENES LETÍFICAS EN LA PRIMERA MITAD DEL SIGLO XIX

Este primer periodo del siglo XIX en cuanto al atuendo de las imágenes está marcado por un estancamiento de las formas que se generaron al final del reinado de Carlos III y que se consolidan en la época de Carlos IV, tanto para las imágenes letíficas como para las dolorosas. Desde luego el final del siglo XVIII fija el patrón en la forma de vestir a las glorias en la ciudad de Sevilla y que se mantiene hoy día salvo contadas excepciones en la totalidad de las Vírgenes. Liberados por completo de todos los atavismos de la moda de la corte de los Austrias, van a triunfar las formas neoclásicas que impone el atuendo de la Virgen del Amparo de la parroquia de la Magdalena durante el reinado de Carlos IV (1788–1808) y que siguen el resto de simulacros marianos hispalenses.

Estas formas consisten en la consolidación de la ráfaga corpórea en forma de ocho, como indica el Apocalipsis, y que a partir de este momento se considera como la más característica para las imágenes letificas sevillanas y de aquí irradiarán sus formas a casi toda la diócesis y las zonas limítrofes. Los mantos normalmente son cortos y no sobresalen de las andas indicando gozo y alegría, porque los largos son propios del luto y el dolor de las dolorosas, se van a colocar terciados sobre la cintura y recogidos normalmente en el brazo izquierdo señalando la virginidad y normalmente parten desde la cabeza que también se cubre con una toca de sobre–manto que denota la condición de casada de la Virgen María[188]. En esta primera etapa se consolida la saya sin verdugado fruncida por un cíngulo en la cintura, que por influencia del corte imperio se coloca muy alto, casi por debajo del pecho y con una caída muy natural. También se impone un tipo de ornamentación en los vestidos que consiste en bandas horizontales decoradas divididas por encajes de oro o de plata, que se conocen como «registros», para luego a partir de la segunda mitad del siglo, con la eclosión de los talleres sevillanos de bordado, hacerse más común el uso de los que están completamente ornamentados. En cuanto al uso de las joyas, desaparece su colocación en las sayas, ya que, su nueva disposición tableada se lo impide, al igual que las grandes joyas de pecho del XVIII, sustituyéndola por joyas más discretas y por algunos atributos como el rosario o alguna alegoría de la advocación, ya en la segunda mitad de siglo comienzan a proliferar los petos de alhajas, de

188 GONZÁLEZ ISIDORO, José: Iconografía e Iconología concepcionista. En *Boletín Calle Real, Castilleja de la Cuesta*, nº 56, diciembre 2002. Pp. 60–65.

hecho tenemos referencias de la donación de un pecherín de corales a la Virgen de los Reyes en 1751, agrupando de esta forma los aderezos que en la época anterior se solían distribuir en las acampanadas basquiñas.

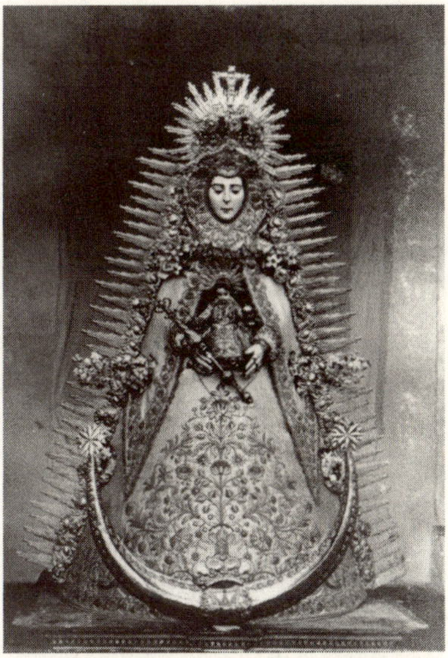

Virgen del Rocío con la ráfaga de rayos que uso durante gran parte del siglo XIX.

Por el contrario imágenes muy devocionales de la antigua diócesis hispalense, como la Virgen de Gracia de Carmona, la del Valle de Écija, Setefilla en Lora, Consolación de Utrera o la del Rocío, se anquilosan en los postulados de la moda de los Augsburgo, manteniendo las formas del traje de corte, si acaso algunas suprimen las mangas perdidas o brazales como Valle, o Consolación; o bien otras incorporan la ráfaga corpórea de ocho como en Consolación, o Gracia, esta última debido a la sustracción de las antiguas en la invasión napoleónica. Mientras que la Virgen del Rocío aunque incorpora la de rayos en el siglo XIX, a principios del XX vuelve a la de puntas de principios del XVIII.

Tenemos numerosas estampas y grabados en los que podemos ver esta evolución. Uno de los más antiguos es el grabado de 1815 de la Virgen de la Hiniesta, donde consignamos todo lo anteriormente expuesto, así la vemos con ráfaga de ocho, manto cubriendo la cabeza graciosamente terciado sobre la cintura y saya de registros fruncida por el cíngulo con poco vuelo.

A continuación comentamos cuatro muy parecidos. El primero de ellos de 1820 grabado por J. M. Amat[189] de la Virgen del Rosario de san Gil con ráfaga de ocho, manto cruzado en la cintura y saya tableada de registro. El segundo representa a la Virgen de la Alegría y es del mismo grabador pero fechado

189 MARTÍNEZ AMORES, J. Carlos: la Virgen del rosario de San Gil en la estampa. En Boletín de las Cofradías de Sevilla nº 555; mayo, 2005. Pp. 343–345.

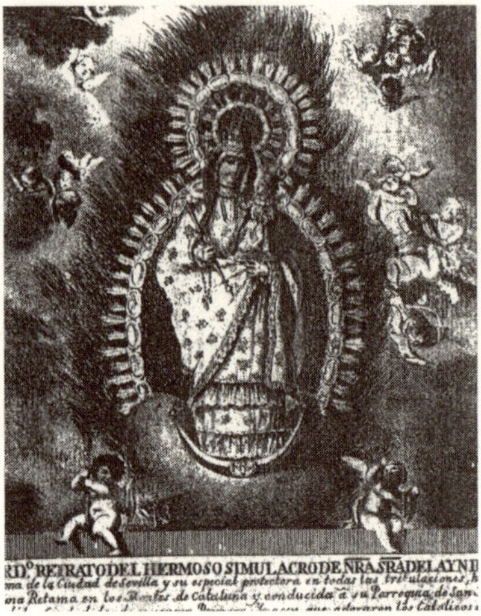
Estampa de la Virgen de la Hiniesta grabada en 1815.

en 1828[190] la imagen aparece representada con iguales características que la lámina anterior. El tercero grabado por José María Martín en 1849[191] representa a la Virgen del Amparo pionera en crear las actuales formas de vestir a las imágenes gloriosas, quizás los elementos diferenciadores son la larga toca de sobre–manto, que quizás sea la primera estampa donde la vemos, con el manto cruzado sobre el brazo izquierdo y no sobre el derecho como marcan los pliegues de su propia talla. Por último presentamos otro realizado por el mismo grabador del anterior, en el que vemos a la Divina Enfermera que responde a las características de los anteriores, quizás el elemento más destacable sea la altura del cíngulo por debajo del pecho influenciado por la moda imperio.

En un segundo grupo de estampas de la primera mitad del siglo podemos situar a las imágenes sedentes de la Virgen de las Aguas y del grupo de Santa Ana y la Virgen de la parroquia trianera. En el primer caso vemos que la influencia de la Virgen de los Reyes se mantiene ya que a pesar de lo avanzado de la fecha la imagen conserva la toca de los Austrias y mantiene la colocación del manto desde los hombros aunque ya ha eliminado el verdugado por lo que el sillón adquiere gran protagonismo. En la segunda del grupo familiar de la Santa lo más destacable es el corte imperio de las sayas y que la Virgen y la Santa han prescindido de la toca y muestran sus cuellos.

190 MARTÍNEZ AMORES, J. Carlos: la Virgen del rosario de San Gil en la estampa. En Boletín de las Cofradías de Sevilla nº 555; mayo, 2005. Pp. 343–345.

191 MARTÍNEZ AMORES, J. Carlos: la Virgen del Amparo en la Estampa. En Boletín de las Cofradías de Sevilla nº 561; noviembre, 2005. Pp. 783–792.

A finales del XVIII las Dolorosas eliminan los verdugados presentando siluetas más naturales y suprimen las largas tocas mostrando por primera vez completas las lúgubres sayas, pero la mayor revolución en el comienzo del XIX es la aparición de los primitivos y rudimentarios «tocados», que muestran por primera vez el cuello en lugar de envolverlos con la cofia que enmarcaba el rostro en el luto castellano. Con este cambio se comienza a construir un tipo iconográfico nuevo que es la «Dolorosa Sevillana» en contraposición al modelo castellano del siglo XVI y que hoy día sigue en vigor en muchas partes de la península. Esta nueva forma de presentar a la imagen es tan importante como la que supuso la difusión por toda España del modelo de la Soledad de la Victoria durante el XVII y gran parte del XVIII, ya que, a partir de este momento, pero sobre todo desde el segundo tercio del siglo XX, será el modelo de vestimenta más imitado y difundido por todo el país[192]. Lo que va a caracterizar el estilo es que se aleja de la rigidez imperante hasta el momento creando composiciones mucho más personales en los tocados, donde la tradicional repetición del modelo castellano da paso a la creatividad propia del vestidor que los dispone.

También tímidamente aparecen otros colores en las prendas que lucen las dolorosas como el morado, el azul oscuro y el jacinto, pasando a destacar más la realeza de María que la condición de viuda[193], reservándose el uso del color negro tan sólo para iconografías muy concretas como la de la Soledad. Conocemos por un inventario de 1809 de la hermandad de la Soledad de Olivares, que la Virgen vestía un manto y una saya azul bordados, el manto no se ha conservado, pero la saya puede corresponderse con una morada que aún posee que se atribuye a Antonia Bazo, abandonando desde este momento los colores y la iconografía primitiva de la Soledad vestida de luto al estilo del s. XVI[194].

---

192 FERNÁNDEZ MERINO, Eduardo: *La Virgen de Luto.* Madrid 2012. Pp.168.

193 IBÍDEM 192

194 SÁNCHEZ RICO José Ignacio: La indumentaria de viuda castellana de la Virgen de los Dolores de la Villa Condal de Olivares. En *Boletín Hermandad de la Soledad de Olivares* nº 17, Sevilla 2013. Pp. 13–18.

Vamos a ser muy breves en este capitulo porque como ya hemos comentado las dolorosas apenas evolucionan en esta primera mitad de siglo con respecto a la estética que adquieren a finales del siglo XVIII. El cambio más significativo es la completa eliminación de las ráfagas y las lunas en su iconografía, de hecho es complicado encontrar una estampa de esta época donde se nos muestren estos elementos, salvo en el caso de imágenes vinculadas a órdenes que fosilizaron su indumentaria, como las de los Dolores de los Servitas y la de San Alberto, de hecho esta última todavía la usa a veces en su camarín.

Otro cambio apreciable es que las toallas desaparecen por completo sustituyéndolas por grandes pañuelos que portan en su mano derecha mientras que la izquierda presenta actitudes declamatorias o porta algún objeto alusivo a la pasión. Las sayas y los mantos cada vez son más ornamentados, invadiendo los bordados el contorno de los mantos y los bajos de las sayas, ya que éstas al presentarse ceñidas y fruncidas por un cíngulo no permiten que los adornos ocupen la parte superior quedando marcada la cintura muy alta por influencia del corte imperio. En el diseño de estos bordados se adecuan las tendencias decorativas y los símbolos iconográficos de las ornamentaciones dieciochescas pero adaptadas a una nueva mentalidad y estética que los relaciona con el neoclasicismo[195]. En cuanto a las coronas también podemos apreciar el cambio de estilo pasando de unos repertorios decorativos rococó a unas tendencias clasicistas más sencillas. La silueta que marcan los mantos deja de ser triangular para marcar las formas de las imágenes de una manera más natural.

El elemento diferenciador serán los tocados que en un primer momento tienen muy poco desarrollo y lo que los caracteriza es la naturalidad con la que se disponen alrededor del rostro presentando habitualmente asimetrías y un plegado de paños muy escultórico, que quizás se deba a la imaginación del grabador, que normalmente tenían formación académica y por tanto se dejen influenciar por el tratamiento de los paños de las esculturas de bulto redondo. De lo que no cabe duda es que

---

195 MAÑES MANAUTE, Antonio: El bordado, una brillante exposición ornamental y simbólica. En la *Hermandad del Valle de Sevilla patrimonio cultural y devocional*, Sevilla 2003. Pp. 177.

éste va a ser el elemento diferenciador en la presentación de las mismas y el que va a configurar el nuevo modelo iconográfico que se conocerá como la «Dolorosa Sevillana». Desde luego se inspiraron en los recogidos de las mantillas de las damas, que solían usarlos para cubrir sus cabezas en las ceremonias religiosas, y de ahí pasan a resaltar el rostro de nuestras Dolorosas, realizados con una gran variedad de tejidos como el raso, los tules, las gasas, las blondas etc.

Para no ser muy reiterativo vamos a comentar cuatro imágenes para ejemplificar lo anteriormente expuesto. En primer lugar vemos dos imágenes que forman un solo bloque y que se realizaron en 1803[196], una es el dibujo preparatorio a color pintado por Pedro Madroño que se tomó como referencia para realizar la plancha para un grabado que realizó en Madrid, Manuel Albuerne, la principal diferencia entre ellos estriba en el tocado, ya que en el primero aparece la Virgen ataviada con la tradicional toca de viuda, pero con un tamaño muy reducido, mientras que en el grabado la Virgen aparece con un primitivo tocado en el que ya vemos el cuello de la dolorosa. El resto no presenta mayores diferencias vistiendo la Virgen saya azul fruncida por un cíngulo y manto azul más oscuro ambos bordados al estilo neoclásico probablemente los que realiza Antonia Bazo en 1800[197], que constatan el cambio de colores con el antiguo régimen al usar una tonalidad diferente al negro. La Virgen porta largo pañuelo en su mano derecha y una corona de espinas en la izquierda y se adorna con un escueto puñal y una corona de sabor clásico.

Las otras dos estampas también guardan una estrecha relación. La primera representa a la Virgen del Buen Fin en un grabado realizado por J. Mª Martín en 1829[198], en el que el atuendo responde a las mismas características de los anteriores, quizás la única diferencia estriba en el tocado más evolucionado con un marcado carácter escultórico, presentando un cruce en el pecho que muestra una rotunda asimetría, también

---

196 IBÍDEM 195

197 IBÍDEM 195

198 ESCUDERO MARCHANTE, J. María: Apuntes sociológicos sobre la Hermandad de la Lanzada entre 1754 y 1855. En Boletín de las Cofradías de Sevilla, nº 578; abril, 2007. Pp. 337–344.

cambia la actitud declamatoria del brazo y la mano izquierda. Otro grabado muy similar a éste por el modo de presentar a la Señora, ya que incluso el rostro y el tocado son muy parecidos, es el realizado por el mismo grabador quince años después, concretamente en 1844 de la Virgen del Loreto, tan sólo varían algunos elementos decorativos de sus bordados y en la rosa de pasión que sostiene la mano izquierda, apareciendo también como en el anterior un corazón con una espada en el pecho.

EL AJUAR DE LA VIRGEN DE LOS REYES DURANTE EL SIGLO XIX

La forma en la que se va a vestir la imagen de la Virgen de los Reyes durante gran parte del siglo XIX no varía con respecto a las reformas emprendidas por los capellanes en 1786 cuando suprimen el arcaico verdugado y dejan a la vista el sillón donde se sienta la imagen, aunque en otros aspectos siguió anclada en la tradición de los Augsburgo. Tenemos una estampa de 1844 grabada por José María Martín donde el manto todavía parte de los hombros y cubre su cabeza con la toca que oculta su cuello y envuelve el rostro, elementos propios de la moda del XVII, y que no desaparecen hasta casi el final del siglo XIX configurándose entonces la actual forma de vestir de la patrona. Por lo que podemos considerar su vestimenta como mixta entre las nuevas tendencias neoclásicas y el antiguo régimen, de hecho el niño sigue vistiendo casaca y calzón corto como los antiguos infantes sin que haya evolucionado su indumentaria.

Lo que no cesan son las donaciones reales, aunque durante el reinado de Fernando VII no tenemos noticias de regalos por parte de su majestad, todo lo contrario va a suceder con sus hijas la reina Isabel II (1830–1904) y la infanta María Luisa Fernanda (1832– 1897), de todos es conocida la rivalidad que van a mantener ambas hermanas a partir de la boda de la segunda en 1846 con Antonio María de Orleans, Duque de Montpensier e hijo del rey francés Luis Felipe. Desde que los duques fijan su residencia en Sevilla en 1848, se crea en la ciudad una corte paralela a la madrileña en la que los duques actuaban como auténticos monarcas, lo que dará lugar a esta animadversión entre las hermanas, debido en gran parte a la participación del duque en casi todas las conspiraciones contra su cuñada con el fin de sentarse como rey consorte en el trono hispano[199].

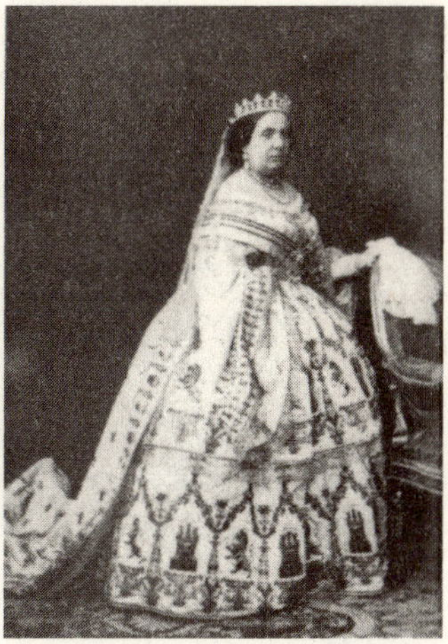
La reina Isabel II luciendo el traje de corte de castillos y leones que dono a la Patrona en 1884.

A los pocos meses de asentarse en la ciudad contemplan desde el palacio arzobispal, su residencia en aquel momento, la procesión de la Virgen de los Reyes convirtiéndose en fieles devotos; de hecho en agradecimiento por el nacimiento de su primer hijo, la infanta le dona un vestido blanco bordado que ella tenía en alta estima por haber sido regalo de su suegro el rey de Francia y que lució la Virgen en la procesión de 1849. Con el segundo alumbramiento, que según las crónicas fue complicado, los duques en agradecimiento van a ofrecer dos valiosos regalos. El primero un pecherín de corales engarzados en oro y como segundo un vestido en glasé de plata con manto a juego de terciopelo rojo bordado en oro que aún conservamos para las salidas[200]. A estos regalos responde la reina Isabel con la donación de un manto en 1853, aunque la primera visita de Isabel II a la Capilla Real no será hasta 1862, cuando por invitación de su hermana venga a la ciudad pernoctando en el palacio de San Telmo.

Es de sobra conocido el auge del bordado durante el siglo XIX gracias a los talleres sevillanos, madrileños y valencianos. A este esplendor contribuye de manera esencial la figura de la reina Isabel II, que había accedido al trono muy pronto por el fallecimiento de su padre en 1833, y que en muy poco tiempo de reinado (1843–1868), regala innumerables trabajos de bordados a patronas e imágenes de gran devoción. Esta tradición se inicia en 1852 cuando tras sufrir un apuñalamiento, a manos de un clérigo apellidado

199 GÁMEZ MARTÍN, José: Ntra. Sra. de los Reyes y los duques de Monpensier. Devoción, historia y arte en la Sevilla romántica. En *Boletín de las Cofradías de Sevilla* nº 550; diciembre, 2004. Pp. 909–911.

200 IBÍDEM 199

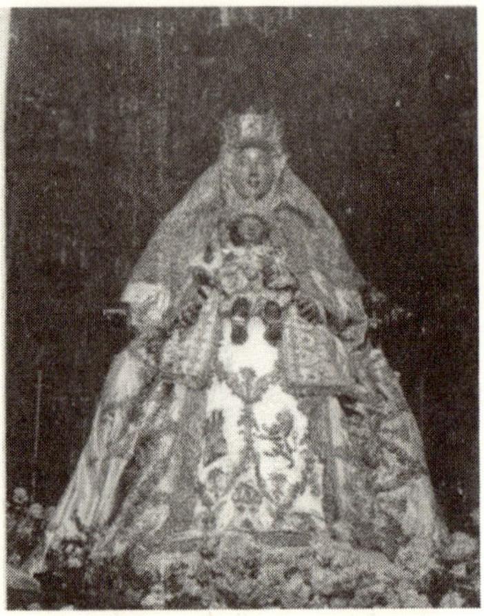

La Virgen de los Reyes con el traje de raso blanco de castillos y leones de 1884.

Merino a las puertas de la Basílica de Atocha, en agradecimiento por librarse de la muerte le dona a la citada Virgen el vestido encarnado bordado con castillos y leones que llevaba puesto ese día, este traje lo habían confeccionado las hermanas Gilart bordadoras de cámara de la reina[201]. Las mismas autoras del manto de la Virgen de Atocha, son las manos que van a realizar el manto regalado por Isabel II en 1853 a la Virgen de los Reyes. Está realizado en terciopelo verde y bordado en oro en estilo renacimiento, considerado desde su ejecución como la mejor pieza del ajuar de nuestra Patrona, consta de once piezas destacando el manto, la saya y los ropajes del niño. Este presente fue entregado por el duque de Montpensier en nombre de la reina en la mañana del 11 de agosto del citado año en el trascurso de una solemne ceremonia celebrada en la Capilla Real[202].

Casi treinta años más tarde, concretamente en 1884, Isabel II en una de sus visitas a Sevilla desde su exilio de París para ver a su hijo el rey Alfonso XII, informa al Capellán Real de la donación de un vestido de corte[203] de raso blanco bordado con castillos y leones que le gustaría que la Virgen luciera cuando fuera visitarla el 19 de Abril del citado año. Así se hizo, asistiendo la reina a una misa que fue oficiada por el capellán que agradeció infinitamente la donación, teniendo en cuenta la precaria situación económica de la reina madre, que desde su exilio, había tenido que vender la mayoría de sus alhajas para solventar sus

201 ESPINOSA DE LOS MONTEROS SÁNCHEZ, Francisco: las hermanas Gilart y la Virgen de los Reyes. En *Boletín de las Cofradías de Sevilla* nº 606; agosto, 2009. Pp. 632–635.

202 GÁMEZ MARTÍN, José: La devoción de una reina: donaciones artísticas de Isabel II a Ntra. Sra. de los Reyes. En *Boletín de las Cofradías de Sevilla* nº 534; agosto, 2003. Pp. 574–579.

203 Existe un lienzo de Benito Soriano Murillo, en el que Isabel II es representada con dicha prenda.

problemas financieros[204]. Este manto bordado con castillos y leones posee un fuerte contenido simbólico por lo enraizado de su heráldica con la historia de España, además estos símbolos adquirieron un matiz mariano de simbología concepcionista al estar presente en el manto de la Real y Distinguida Orden de Carlos III, instituida por el monarca en 1771 bajo el patronazgo de la Inmaculada Concepción[205].

La hermana de la reina, la infanta María Luisa Fernanda, no quiso quedarse atrás y en 1892, regala nueve paños bordados en oro y sedas, para que el cabildo los destine para el culto de la Virgen de los Reyes, realizándose un traje completo de color grana y con el sobrante un mantel para el altar[206].

LA SEGUNDA MITAD DEL SIGLO XIX. 1848 LOS DUQUES DE MONTPENSIER EN SEVILLA Y LA LLEGADA DEL ROMANTICISMO

Las políticas desamortizadoras y liberales que se imponen durante el siglo XIX, suponen para las hermandades un expolio patrimonial que casi termina con la tradición procesional sevillana, época en la cual numerosas cofradías dejan de hacer estación de penitencia muchos años. No obstante el resurgir del tradicionalismo católico, bajo los auspicios de una clase social ultraconservadora y la llegada a Sevilla de los Duques de Montpensier en 1848[207], propiciaron determinadas iniciativas, que favorecieron la vida económica de la ciudad y el resurgir de las cofradías gracias al mecenazgo de los duques y de la clase dirigente, debido al interés que mostraron los comerciantes

204 IBÍDEM 202

205 GÁMEZ MARTÍN, José: *La defensa de la Inmaculada Concepción en las órdenes militares y nobiliarias.* Sevilla, Ortiz de Zúñiga, 1993. Pp. 80.

206 GÁMEZ MARTÍN, José: Ntra. Sra. de los Reyes y los duques de Monpensier. Devoción, historia y arte en la Sevilla romántica. En *Boletín de las Cofradías de Sevilla* nº 550; diciembre, 2004. Pp. 909–911.

207 La historiografía señala que durante los años de los Montpensier en Sevilla (1848–1897), coincidentes con la etapa del romanticismo, la ciudad paso del Antiguo al Nuevo Régimen, asentándose el principio de una urbe abierta a la modernidad y al encanto turístico foráneo, destacando el impulso de los artistas locales y la restauración de monumentos así como un rescate de las tradiciones locales.

en los desfiles procesionales por su potencial atractivo para el naciente turismo.

La primera de estas medidas la toma el asistente Arjona que reorganiza en 1829 el Santo Entierro, pero le da un carácter diferente, intentando elaborar un modelo procesional ajeno a las cofradías de penitentes y más acorde con el modelo de desfile cívico-institucional que cívico-religioso[208]. A ésta le sigue la instalación de los palcos a principios de la década de 1870 por iniciativa del alcalde José María Ybarra. Son gestos que nos hablan de un proceso de conversión de un fenómeno de religiosidad popular en un espectáculo ciudadano que generó la nueva proyección turística de la Semana Santa. La presencia en los palcos de la aristocracia y la burguesía local, influyó en la trasformación del escenario histórico de los rituales religiosos y cívicos en un teatro abierto, a donde se iba a ver y a ser visto, y hacer vida social[209], de hecho estos palcos fueron visitados por Alfonso XII y el resto de la familia real en su visita a Sevilla en la Semana Santa de 1877[210].

A esto se le une el proceso de enriquecimiento patrimonial de las cofradías una vez superadas las perdidas de la invasión napoleónica, unido a una mayor proliferación del uso de las prendas bordadas de las imágenes marianas, que provocan una desaforada carrera hacia el lujo y la ostentación pública. Esto favoreció la aparición de numerosos talleres de bordados, recuperándose y adquiriendo un auge inusitado de esta artesanía paralela a la irrupción del romanticismo, que se vio favorecido por el patrocinio de los Duques de Montpensier que realizaron numerosas donaciones a las hermandades, y por la influencia por los gustos cortesanos[211].

Desde la perspectiva estilística, puede interpretarse el fenómeno como el reflejo en la Semana Santa de Sevilla del movimiento de los Arts and Crafts (artes y oficios), cuyos creadores

208 GÓMEZ LARA, M. J. y JÍMENEZ BARIENTOS: Imágenes y discursos de la Semana Mayor. En *Sevilla y su Semana Santa memoria de un siglo.* Sevilla 1993.

209 IBÍDEM 208

210 GÁMEZ MARTÍN, José: Alfonso XII y la Semana Santa de 1877, aspectos histórico–artísticos en la visita del rey romántico. En *Boletín de las Cofradías de Sevilla* nº 578; abril, 2007. Pp. 345–351.

211 MAÑES MANAUTE, Antonio: Esplendor y simbolismo en los bordados. En *Sevilla Penitente,* Vol. III, Sevilla, 1995. Pp. 243–337.

Ruskin y Morris, protagonizaron una reacción contra el avance avasallador de la Industria, reivindicando la naturaleza y la artesanía como portadoras de valores espirituales frente al materialismo anti–naturalista de la maquinización. La recuperación de los talleres de bordados se verá favorecida por este pensamiento y seguirá, más o menos directamente, los diseños creados por Morris, difundidos ampliamente por toda Europa. Pero la retórica formal de tales diseños respondía también a una interpretación profundamente espiritual, enraizada en la estética tardo–romántica cristiana[212].

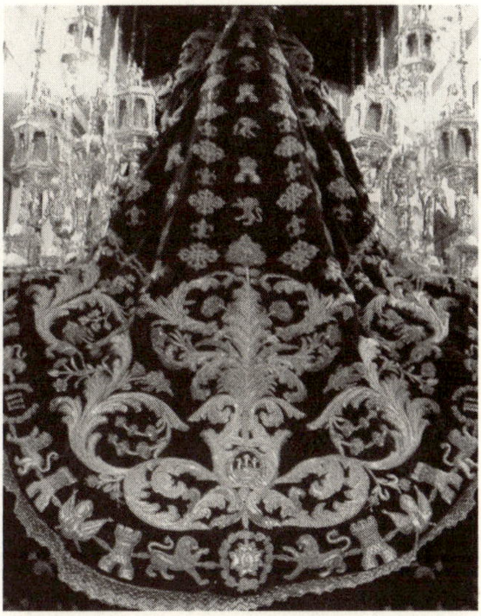

Manto de la Virgen de Montserrat bordado por Patrocinio López en 1865 y donado por los duques de Montpensier.

El primer bordador romántico sevillano fue Manuel Ariza, autor de la túnica de los cardos del Nazareno de Pasión en 1845–47, al que le siguen las bordadoras Patrocinio López y Teresa del Castillo con su marido el pintor Antonio del Canto Torralbo, que quizás sean las que lleguen a cotas más altas en cuanto a calidad y cantidad de obras; aunque no debemos olvidar a Eloísa Rivera, Consolación Sánchez y por supuesto a las hermanas Antúnez, que con la colaboración de dos diseñadores de estilos opuestos, Manuel Beltrán y Guillermo Muñiz, fueron, en principio, la primera alternativa a Antonio del Canto y Teresa del Castillo[213]; la segunda, la constituyó Juan Manuel Rodríguez Ojeda que da el paso al nuevo estilo regionalista del primer tercio del siglo XX gracias a los diseños del escultor restaurador del Ayuntamiento don Pedro Domínguez para el paso de la Virgen de la Victoria.

212 VV.AA.: Palio de la Hermandad de la Carretería. En *el Poder de las Imágenes. Iconografía de la Semana Santa de Sevilla*, Sevilla, 2000. Pp. 514–515.

213 LUQUE TERUEL, Andrés: *Juan Manuel Rodríguez Ojeda diseños y bordados para la Hermandad de la Macarena 1879–1900.* Sevilla, 2009. Pp. 89–118.

Esta revolución en lo ornamental influirá en la forma de ataviar a las imágenes marianas. Con respecto a las glorias, las formas de la primera mitad del XIX permanecen inalterables durante la segunda mitad del siglo y el primer tercio del siguiente, a excepción del desarrollo ornamental por la eclosión de los talleres de bordados sevillanos románticos a partir de la segunda mitad del siglo XIX. La primera en apuntarse a estas novedades es la Virgen del Amparo que estrena un manto y una saya bordados por Manuel Ariza en 1851[214]. Quizás un pequeño cambio podemos advertir en la colocación de las sayas, que adquieren un poco de más volumen debido en parte a la moda romántica de faldas de amplio vuelo con cinturas muy estrechas por el empleo del corsé y el propio acartonamiento de las prendas bordadas. En cuanto al uso de las joyas en la segunda mitad de siglo comienzan a proliferar los petos de alhajas, quizás por asimilación de los que posee la Virgen de los Reyes, agrupando de esta forma los aderezos que en la época anterior se solían distribuir en las acampanadas basquiñas. En cuanto a nuestra patrona a finales de del XIX se consolida y se fosiliza la forma en la que se va a vestir, suprimiendo las tocas que le envuelven el cuello y el rostro, para adoptar una pequeña cofia de encajes fruncidos que le enmarcan la frente y caen hasta la altura de los hombros, el hecho de que su vestimenta parezca inalterable, quizás se deba a que desde 1907 las personas que se encargan de su atuendo son las monjas de las Hermanas de la Cruz[215], que han perpetuado este modelo sin ninguna variación.

De la segunda mitad del XIX es una lámina de la Virgen de la Alegría en su paso, la principal diferencia con las anteriores es su saya bordada dispuesta con mucho volumen en las caderas y la cintura muy marcada por influencia de la moda

214 RODA PEÑA, José: El manto y la saya procesional de la Virgen del Amparo, obras del bordador Manuel María Ariza en 1851. En *Boletín de las Cofradías de Sevilla* nº 573, noviembre, 2005. Pp.764–765.

215 MARTÍNEZ ALCALDE, Juan: *La Virgen de los Reyes Patrona de Sevilla y de su Archidiócesis, historia, arte y devoción.* Sevilla, 1989. Pp. 139.

isabelina. El manto aquí no va terciado sino recogido en el brazo derecho quizás para dejar ver la ornamentación de la saya que parece ser la que actualmente conserva para sus cultos principales. Estas mismas características son las que vamos a ver en las fotografías de finales del XIX y de los comienzos del siglo XX, demostrando que la evolución en cuanto al atavío de las glorias se detuvo a mitad del siglo XIX.

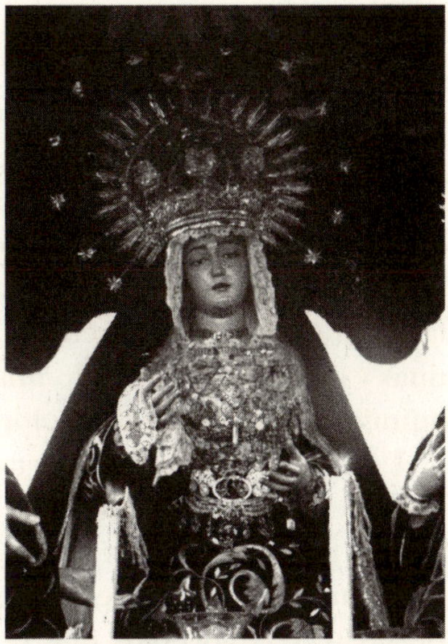

La Esperanza de Triana en una foto anterior al incendio de 1898 luciendo el típico atuendo decimonónico con su pecho adornado con profusión de alhajas.

No ocurre lo mismo con las Dolorosas, que a partir de este momento comienzan una rápida evolución llevando a cabo una labor de mestizaje en sus atuendos, tomando prestados elementos que hasta ahora se consideraban propios de las Glorias, como por ejemplo el uso de las joyas, hasta ahora privativo de éstas, y que a partir de ahora las van a lucir con profusión, muchas veces colocadas en pecherines o petos repletos de alhajas que sólo veíamos en las imágenes letíficas. Las tocas de sobre–manto características de las Glorias comienzan a usarse a finales de siglo, de hecho la primera documentada que se conoce la estrenó la Virgen del Valle en 1877[216], servían para manifestar la virginidad y debían ir siempre por encima del manto, a diferencia de la tupida toca de las viudas, tenían que ser muy finas casi trasparentes, ya que desde los inicios del Cristianismo tuvo una significación

216 JIMÉNEZ SAMPEDRO, Rafael: Los pasos de palio altares sevillanos para la Virgen. En *el Poder de las Imágenes. Iconografía de la Semana Santa de Sevilla*, Sevilla, 2000. Pp. 222.

sagrada, porque se imponía a las jóvenes consagradas a Dios[217]. Esta apropiación de elementos foráneos quizás se deba a la llegada de vestidores ajenos al mundo de la liturgia, ya que, anteriormente esta función la desempeñaban sacristanes, ermitaños, o santeros muy familiarizados con los ritos y las normas de la iglesia, al introducirse otro tipo de personas como sastres, bordadores, o artistas, olvidada la memoria de estos ritos y de la significación de las prendas, comienzan a mezclar estilos de unas y otras, componiendo una nueva iconografía que todo el mundo conoce como la «Dolorosa Sevillana».

Una de las grandes aportaciones del bordado romántico como señala Antonio Mañes es la consolidación del uso de una amplia gama de colores en los enseres frente a los lúgubres de las centurias precedentes. Así gracias a las noticias que nos da Bermejo[218], conocemos que la Esperanza de Triana lucía un manto azul claro en sus procesiones y que la Macarena adopta el color blanco en la saya y el verde en el manto en 1865[219] o que la Virgen de Montesión gracias a la iniciativa de su camarera, Inés Sánchez Silva, estrene una saya blanca en 1868: *si no se opusiesen a ello las costumbres admitidas por la Iglesia*[220]. Los tocados, no evolucionan mucho limitándose a pequeñas blondas que rodean el rostro que apenas sobresalen del manto y a un babero plisado que parte desde el cuello para abrirse cubriendo el pecho sin llegar nunca a la cintura, inspirándose en los grandes cuellos de la moda femenina del momento. A veces se llega a ver el pelo, algo inconcebible en las imágenes antiguas, ya que la Virgen en su condición de viuda no podía permitirse estas licencias, pero como ya hemos explicado las Dolorosas cada vez se separaban más del rigor litúrgico y simbólico, buscando la belleza formal antes que el decoro. El manto se ajusta

217 GONZÁLEZ ISIDORO, José: De iconología, la Dolorosa como Reina y Madre de Cristo en la Semana Santa de antaño. *Tabor y Calvario*, 22. Sevilla, 1994. P.p. 52–55.

218 BERMEJO Y CARBALLO José*: Glorias religiosas de Sevilla.* Sevilla 1882 (edición de 1994) Pp. 533.

219 JIMÉNEZ SAMPEDRO, Rafael: El primer manto verde de la Esperanza. En *Boletín de las Cofradías de Sevilla* nº 670; diciembre, 2014.Pp. 843–844.

220 LÓPEZ–ALFONSO, Jesús Romanov: La Evolución del atuendo de Ntra. Sra. del Rosario en sus Misterios Dolorosos. En *Boletín de las Cofradías de Sevilla* nº 669; noviembre, 2014. Pp. 789–794.

a la silueta natural de la imagen marcando los hombros y los brazos permitiendo que estos, libres de presión, se dispongan con posturas muy expresivas que complementan las facciones dolorosas del rostro. También se comienzan a desarrollar los polleros, que ya existían, pero que ahora debido al peso de los bordados de los mantos y al volumen que se les da, requieren de estructuras más complejas.

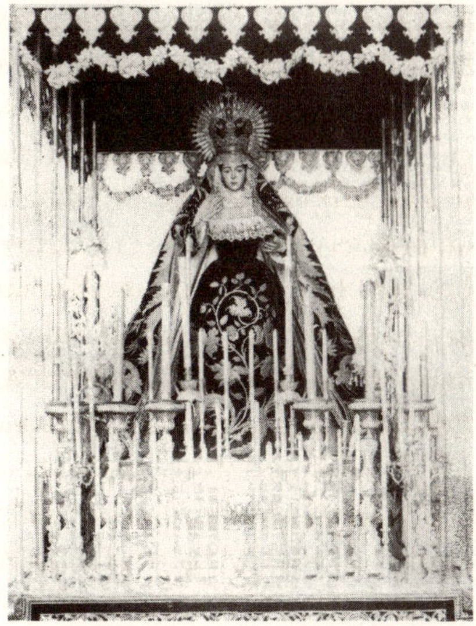

La Macarena en su palio de metal plateado vestida por Ojeda, la saya oscura muy acampanada remarcando la cintura, efecto que se refuerza por el forro banco del manto.

La disposición de las sayas cambia debido a que el bordado ocupa la practica totalidad del espacio visible de la misma, de tal forma que es imposible que ésta quede graciosamente tableada por el fruncido del cíngulo, por lo que vamos a volver a las siluetas acampanadas, no tan exageradas como las del comienzo del siglo XVIII, pero que marcan las caderas provocando visualmente un efecto de estrechamiento de la cintura que ahora vuelven a encajar en su lugar en contraposición del corte imperio que vimos en la primera mitad de la centuria. Todo esto está muy relacionado también con la moda usada por la corte durante el reinado de Isabel II, como podemos ver en las estampas del litógrafo M. Grima de 1860 y 1870, este estrechamiento se intensifica por el uso de forros claros en el interior de los mantos que resaltan la silueta de las sayas oscuras.

La consideración artística de las imágenes es un elemento que no puede pasar inadvertido. La crítica artística decimonónica, continuando con la tradición ilustrada de finales del siglo anterior, condenaba las imágenes de vestir, sólo las imágenes talladas merecían algún elogio. Para el historiador y académico José Gestoso, las imágenes de candelero habían sido manipuladas y carecían de mérito calificando imágenes como las Vírgenes del Valle y de la Estrella como de «regular mérito». Para este erudito uno de los valores esenciales de la obra de arte es su conservación. Este posicionamiento contrasta con lo que fue la practica habitual de las hermandades desde su recuperación a mediados del XIX. Las imágenes, de objetos solamente devocionales se convirtieron en objetos de exhibición, y una de las preocupaciones fundamentales fue hermosearlas, es decir, ajustarlas a las modas del momento, acercándolas de esta manera al espectador[221]. Pero esta crítica no cae en saco roto y a finales de la centuria algunas antiguas imágenes de talla que se habían sobrevestido durante siglos se restauran y reintegran para ser expuestas sin ropajes, ganando una escultura pero en la mayoría de las ocasiones perdiendo un «icono». Ejemplo de esto es la restauración de la Virgen de la Hiniesta, la de la Victoria de la parroquia de Santa Ana, o la Virgen de Valme de Dos Hermanas.

221 GÓMEZ LARA, M. J. y JÍMENEZ BARIENTOS: Imágenes y discursos de la Semana Mayor. En *Sevilla y su Semana Santa memoria de un siglo.* Sevilla 1993.

8. EL PRIMER TERCIO DEL SIGLO XX Y LA INTERRUPCIÓN DE LA MONARQUÍA

La llegada del nuevo siglo coincide con la regencia de la Reina María Cristina que se había iniciado en 1885 a causa del fallecimiento del rey Alfonso XII, son años trágicos para España. Una época de gran pesimismo, debido en gran parte a la pérdida de las últimas colonias. Con el reinado de Alfonso XIII (1902–1931) parece que se inicia una tímida recuperación, que en Sevilla va a estar asociada al nuevo y poderoso desarrollo económico que le va a otorgar la celebración de la Exposición Iberoamericana de 1929, que comienza a gestarse en 1910 cuando se crea el primer comité organizador. Aníbal González, el arquitecto encargado de llevar a buen término el proyecto de la exposición, y Jean Claude Forestier, el arquitecto paisajista francés encargado del proyecto de los jardines del parque de María Luisa, se ajustan al llamado «Historicismo regionalista»[222]. En estos años tiene lugar una revolución sin precedentes en el campo artístico, económico y social de la ciudad, comparable a la del Siglo de Oro (XVII); de hecho hay quien denomina a esta época como la edad de plata de las artes sevillanas. Ésta afectó sin lugar a dudas al mundo de las cofradías, que fueron cambiando la apariencia decimonónica de corte romántico, por una más «*moderna*», que se asimiló a través de la arquitectura historicista en la que florecieron las artes aplicadas (cerámica, forja, carpintería) y que hizo un *revival* de los estilos más importantes de la ciudad: el Mudéjar, el Renacimiento y el Barroco. Así comenzó una desaforada carrera hacia la espectacularización de la puesta en escena de las procesiones, que ya se había iniciado en la era Montpensier, muy relacionada

222 SÁNCHEZ RICO, J. Ignacio: José Recio de Rivero un sueño de forja y cerámica para la Virgen de la Esperanza. En *Anuario Esperanza de Triana*; Sevilla, 2014. Pp. 116–133.

también con la consolidación del turismo romántico en una industria de primer orden en la ciudad[223].

La irrupción del siglo XX va a ser la época dorada de las Dolorosas, que van a sustituir en estos momentos en importancia devocional a las Glorias, debido al auge y la fama que adquiere el paso de palio como rasgo diferencial de la Semana Santa sevillana, desapareciendo la casi totalidad de los calvarios y los stábat mater en pro de la creación de este tipo de pasos. Esta evolución va a poner en el disparadero a los vestidores, ya que vamos a conocer sus nombres e incluso tener detalles de sus biografías como su actividad profesional, en las que van a abundar bordadores, orfebres, tallistas, sastres, joyeros o sacristanes, es decir casi siempre personas relacionadas con ambientes artísticos. No debemos olvidar, como ya propuso el profesor Palomero Páramo, que la confección de los tocados que se van a realizar a partir de ahora, no están exentos de ser considerados autenticas creaciones artísticas que complementan y ayudan a definir iconográficamente a las imágenes de vestir, siendo la labor de los vestidores complementaria de la de los imagineros, consiguiendo a veces que tallas mediocres ganen en expresividad por su buen hacer. También gracias a la popularización de la fotografía, que está plenamente consolidada a finales del XIX, vamos a poder conocer y situar cronológicamente todos los avances y estilos que se empiezan a crear en estas tres primeras décadas del siglo.

Otra característica de este periodo son las influencias cada vez más mestizas y diversas a la hora de vestir las imágenes, tomando los vestidores referentes que pueden venir de la pintura de los siglos de oro, de la moda, del cine o de los modos de vestir a las imágenes de Gloria como el recogido bajo los brazos de los mantos o la disposición terciada de los mismos que no es algo privativo de las mismas ya que indica la virginidad preservada de María, y de hecho esta disposición de los mantos la veamos en dolorosas murcianas y levantinas desde el XVIII. También aparece en los albores del siglo XX la vestimenta de hebrea, existen referencias documentales en el siglo

---

223 GÓMEZ LARA, M. J. y JÍMENEZ BARIENTOS: Imágenes y discursos de la Semana Mayor. En *Sevilla y su Semana Santa memoria de un siglo.* Sevilla 1993.

XVIII que hablan de la «vestimenta a lo hebreo» pero realmente desconocemos a que se referían, lo que si es cierto es que parece inspirada en algunas pinturas y tallas[224] barrocas que las representan con el manto azul y la saya jacinto con tocado blanco y sin corona de realeza. Realmente desconocemos quien fue su recuperador, algunos apuntan hacia la imagen de la Hiniesta y su vestidor Rodríguez Ojeda, otros a la Soledad de San Lorenzo[225], e incluso algunos barajan la posibilidad de que fuese la Virgen del Valle inspirada por el sacerdote Juan Francisco Muñoz y Pabón[226].

Este mestizaje puede estar provocado por la falta de referencias que ofrece en esta época la realeza. Gracias a la fotografía conocemos la vestimenta de calle de las féminas de la casa real, que cada vez se parece más a la de la mujer de a pie, provocando que se produzca un cierto distanciamiento en la forma en que se visten las Vírgenes que siempre se entendió que debían ataviarse como miembros de la realeza y si la realeza es ya difícil de distinguir del pueblo, los referentes a tomar deben ser otros. Este distanciamiento no quita que se imitaran algunos aspectos concretos de los retratos de la reina Victoria Eugenia, como su predilección por las joyas que ahora se usan con profusión en las dolorosas, o la forma en que dispone su manto en los retratos de corte, desplazado hacia un lado y mostrando la cola en posición avanzada con respecto al cuerpo, que hemos visto en fotos de los primeros besamanos de la Esperanza de Triana y de la Macarena de la década de los treinta.

Lo que queda claro es que con el advenimiento de la II Republica y la posterior Dictadura, el modelo que podía ofrecer la corte desapareció, al igual que el referente de la moda femenina, ya que, a partir de los años cuarenta las tendencias en el vestir de las señoras están tan distanciadas de los que se podía entender como decoroso para ser adaptado para el atuendo de

---

224 Lo podemos apreciar en pinturas de Guido Reni, el Sassoferrato, Velázquez y Murillo y en esculturas como las de Salzillo o las de Pedro de Mena.

225 JIMÉNEZ SAMPEDRO, Rafael: Dolorosas de Hebrea. En *Boletín de las Cofradías de Sevilla* nº 553; marzo, 2005. Pp. 140–146.

226 GUEVARA PÉREZ, Enrique: Una apreciación sobre la antigua y vetusta usanza de hebrea que lucieron nuestras dolorosas. En *Boletín de las Cofradías de Sevilla* nº 557; julio, 2005. Pp. 484–487.

las imágenes, que se produce una ruptura con la moda como paso previo a la contemporaneidad. Quizás la última incorporación de importancia que pueda tener algún referente en el atuendo femenino de su época y que supone la transición del estilo clásico al contemporáneo sea el «refregador» de la Esperanza de Triana, creado a mediados de los cuarenta por el joyero Fernando Morillo Lasso (1913–2002), inspirado en el célebre drapeado tan común en la moda femenina de los treinta y cuarenta, que popularizaron las estrellas de las películas de cine negro americanas que junto con las folclóricas habían sustituido en el imaginario colectivo a las reinas de la corte Española.

JUAN MANUEL RODRÍGUEZ OJEDA (1853-1930)

Este artista comienza su particular existencia en las postrimerías del romanticismo formándose como diseñador en el taller de bordado de las hermanas Antúnez siguiendo las enseñanzas de los dibujantes Manuel Beltrán y Guillermo Muñiz[227]. Cofrade de numerosas hermandades va a destacar su celo y devoción por la Macarena y la Hiniesta. Le cabe el honor de ser el primer vestidor reconocido y reconocible de la historia de este difícil arte de vestir a la Virgen, tanto por su éxito en el atavío de la Macarena, como por su faceta profesional de bordador y diseñador de enseres para las hermandades, que le han convertido en el artista cofrade más aclamado del primer tercio del siglo XX.

Juan Manuel va a servir de puente para realizar la transición del estilo post–romántico, en el cual inicia su producción, a la nueva concepción regionalista de la Semana Santa que el popularizará en sus diseños para la Amargura, la Macarena, Gran Poder o la Hiniesta convirtiéndose en uno de sus mayores creadores. Realmente el primero que introduce en el mundo cofrade esta estética regionalista es el escultor restaurador de las fachadas renacentistas del Ayuntamiento don Pedro Domínguez, realizando un diseño de corte neo–plateresco para el paso de palio de la Virgen de la Victoria (1894–1897)[228] y que luego influirá

227 LUQUE TERUEL, Andrés: *Juan Manuel Rodríguez Ojeda diseños y bordados para la Hermandad de la Macarena 1879–1900.* Sevilla, 2009.

228 LÓPEZ BERNAL, J. Manuel: Hermandad de las cigarreras. En *Misterios de Sevilla.* Sevilla, 1998.

en artistas de la talla del propio Juan Manuel, José Recio del Rivero en la Esperanza de Triana, Herminia Álvarez Udell en el Silencio y el Cachorro, Antonio Amians en Pasión o Gómez Millán en el Buen Fin[229].

En su faceta como vestidor, Palomero Páramo afirma que retoma los tocados sueltos que vemos en las pinturas marianas sevillanas del siglo XVII, en concreto, las de Velázquez y Murillo, aunque estos tocados no estaban aplicados a escenas de la pasión si exceptuamos alguna excepción en la pintura de Murillo en que prescindió del modelo del luto de la corte castellano. Aunque quizás esta influencia venga por las estampas y grabados de la primera mitad del XIX, que ya hemos analizado, y que aplicaron el mismo modelo en la presentación de las imágenes dolorosas que vemos en los pintores citados. Este mismo modelo se mantuvo en parte durante el romanticismo, enriquecido tal vez por la incorporación a finales del XIX de los pecherines de alhajas. De aquí parte Ojeda que comienza a vestir a la Macarena en la década de los setenta del siglo XIX sin apartarse mucho de este modelo, lo que hizo fue perfeccionarlo otorgándole más gracia y naturalidad.

Ojeda en esta primera etapa solía usar encajes, disponiendo una blonda que cae con mucha más naturalidad sobre la frente, cubriéndola, y por los laterales la abre adelantándose al manto en sendas verticales, dejando un espacio mayor que libera el rostro y el cuello que le otorga a la Macarena un beneficioso claroscuro. Colocó los mantos con naturalidad dejándolos sueltos que beneficiaban la vista del talle ceñido contrapuesto a la amplia volumetría de la saya en la zona de las caderas que imitaba la moda femenina de la época[230].

Según el profesor Luque Teruel en una segunda etapa que coincide con los albores del siglo veinte, comienza a recoger los mantos debajo de los brazos de la Macarena, con una leve puntada, dejando caer las vistas con un ligero volteo hacia el interior elemento que toma prestado de las glorias. En ningún caso aplicó tocados rígidos y ceñidos porque no favorecían las asimetrías del rostro, siempre los separó de la frente y el cuello

229 SÁNCHEZ RICO, J. Ignacio: Juan Manuel Rodríguez Ojeda. En Maldito seas; Sevilla 2000. Pp. 15–34.

230 IBÍDEM 227

llegando a realizar tocados con tejidos como el tul y la gasa, muy parecidos a las pinturas de Murillo. Hay cierta controversia en el tema del uso de las tocas de sobre-manto manifestando el profesor Luque Teruel[231] que él no las usaba salvo con los mantos lisos, pero existen numerosos testimonios fotográficos y cerámicos que contradicen esta cuestión, en donde vemos a la Virgen ataviada por Ojeda y luciendo la famosa toca de rombos sobre el manto camaronero.

Otra de las novedades que se le suele atribuir es la presentación de la Virgen de la Hiniesta vestida a la usanza hebrea, que según la mitología le dispuso un tocado realizado con papel de seda dispuesto de forma muy suelta y asimétrica donde si podemos apreciar las influencias de los tocados de las vírgenes en la pintura barroca. Además del famoso atuendo de luto Macareno por las exequias de Joselito en 1920 que consiguió al sobreponer sobre las prendas bordadas dos piezas de tela negra muy trasparentes que envolvían los ropajes y gran parte del tocado consiguiendo un efecto muy expresionista.

LOS FELICES VEINTE

Casi coetánea a la importancia que adquiere la iconografía de la Macarena a principios del siglo XX por las aportaciones de Rodríguez Ojeda, nos encontramos con el caso paradigmático y muy poco reconocido de la Virgen del Rosario de Montesión y que en gran parte se lo debemos a don José Lecaroz Barrera que fue nombrado desde 1913 hermano Mayor honorario y mayordomo efectivo de esta hermandad[232]. A este insigne sevillano le debemos la invención en 1913 del primer palio traslucido de la Semana Santa Sevillana realizado por el taller de Juan Bautista Gimeno que dio lugar a la profusión de palios realizados en malla en los años siguientes, y de la primera corona cuya ráfaga esta realizada a dos caras, ya que tenía que

231 LUQUE TERUEL, Andrés: *Juan Manuel Rodríguez Ojeda diseños y bordados para la Hermandad de la Macarena 1879–1900.* Sevilla, 2009.

232 RUIZ FRANCO–BAUX, J. Víctor: El primer palio de malla de la Semana Santa de Sevilla. En *Boletín de las Cofradías de Sevilla* nº 548; Octubre, 2004. Pp. 732–734.

ser vista en la procesión tanto por delante como por detrás, y que estrenó la Virgen de la Amargura en 1922[233].

No sabemos a ciencia cierta si llego a vestir imágenes pero lo que no se puede negar es que fue el ideólogo del recogido abullonado del manto de la Virgen del Rosario en 1921, que según comentaba su hijo[234] fue fruto del azar, ya que al pedir prestado un manto blanco de brocado este le quedaba demasiado largo y le fue recogido en la espalda a la altura de los hombros, influenciado quizás por el polisón, una moda femenina de finales del siglo XIX que recogía la falda por detrás en pliegues abullonados y que acostumbramos a ver en la disposición del manto de la Virgen del Rocío cuando es trasladada cada siete años al pueblo de Almonte. Otra de las novedades en la forma de disponer el manto de la Virgen del Rosario fue recogerlo cruzado sobre la cintura como lo hacían las imágenes de Gloria, esta mescolanza de estilos e influencias es lo que va a empezar a caracterizar la vestimenta de las imágenes de la época. También estuvo detrás, o quizás fuera ideado y dispuesto por él, el tocado de gasa o de tul que lució en 1921 la Virgen del Rosario adornado por profusión de joyas y perlas muy en la línea de la moda de la «Bélle Époque» y que el profesor López–Alfonso[235] ha querido relacionar con el atavío de corte de la reina Victoria Eugenia, esta novedosa forma de vestir sacando el tocado por encima del manto envolviéndole la cabeza, los hombros y brazos en un velo de gasa o de tul, parecía inspirado en las tocas de las antiguas soledades sevillanas y castellanas del XVII, recuperando en parte un tipo de vestimenta que se había perdido en nuestra diócesis a finales del XVIII y que pudo conocer a través de las estampas y las pinturas de época barroca.

Este último tocado es el que va a popularizar el orfebre nacido en 1842 en Córdoba, Antonio Amians y Austria, ya que quizás fuera él quien lo dispuso sobre la Virgen del Rosario en

---

233 SÁNCHEZ DE LOS REYES, F. Javier: La Amargura; Culmen del arte procesional y señera devoción sevillana. En *Boletín de las Cofradías de Sevilla* nº 549; noviembre, 2004. Pp. 819–828.

234 LÓPEZ–ALFONSO, Jesús Romanov: La Evolución del atuendo de Ntra. Sra. del Rosario en sus Misterios Dolorosos. En *Boletín de las Cofradías de Sevilla* nº 669; noviembre, 2014. Pp. 789–794.

235 IBÍDEM 234

1921, trasladándolo al año siguiente a la Virgen de las Aguas del Museo, ya que en 1922 con motivo de la creación de la nueva jornada penitencial del Lunes Santo, por iniciativa del hermano del Museo don Luis Torres Santos, se adelanta la estación de penitencia de su cofradía de la tarde del Viernes Santo a la del Lunes, estrenando un palio para la Virgen de las Aguas, que hasta entonces lo hacía arrodillada a los pies del Cristo de la Expiración, es en este momento cuando llega a la hermandad Antonio Amiáns y comienza a vestir a la Dolorosa con el estilo que ya hemos comentado y será la que lo haga suyo y lo popularice[236].

Seguidor de Antonio fue José Espino Muñoz (1886-1966), conocido popularmente como «Pepe el de las Salesas» por ser sacristán de este convento, que repite el modelo de su maestro creado para la Virgen de Montesión y popularizado por la de las Aguas trasplantándolo a la Virgen y a las Marías del misterio de la Piedad de la Mortaja, pero lo realiza en raso en vez de tul, consolidando esta formula en esta imagen y difundiendo un modelo que será el más común para la vestimenta de las santas mujeres que aparecen en los pasos de misterio[237]. De hecho este tocado se mantiene hoy en día en el Museo y en la Mortaja como distintivo iconográfico.

Otro personaje fundamental va a ser el sastre trianero José Percio (†1942), sobre todo por vestir a la Esperanza de Triana, otra de las imágenes devocionales que más ha aportado a este arte de la vestimenta. Aprendió con Paquito Reina célebre «blanqueador» que vestía desde finales del XIX a esta popular dolorosa Trianera. Percio parece ser que fue el primer vestidor que reclamó una retribución salarial por desempeñar este cometido que tradicionalmente venía siendo gratuito. Vistió a una gran cantidad de imágenes y mantuvo cierta rivalidad artística con «Pepe el de las Salesas», ya que ambos se dedicaban a montar altares de culto para las hermandades sevillanas y de la provincia[238]. A finales de la década de los veinte ya vestía a la Virgen del Rosario de Montesión y a la Esperanza de Triana, de

---

236 PALOMERO PÁRAMO, Jesús: El arte sevillano de vestir Vírgenes. En *ABC de Sevilla*, Cuaresma 1985, del 17 al 23 de abril, Sevilla, 1985.

237 IBÍDEM 236

238 IBÍDEM 236.

su quehacer en esta última imagen son celebres sus tocados sueltos y asimétricos a lo hebreo, enmarcando la frente y la cabeza de la Virgen con un tejido blanco que luego envolvía con una tela de rayas que cruzaba el pecho que la imagen sujetaba con sus propias manos saliendo luego por encima del manto. Otra de sus creaciones para la Esperanza será el tocado de reina en el que vendaba la frente de forma recta a la altura de las cejas utilizando un velo de novia realizado con «plumeti»[239] que envolvía el rostro hasta la base del cuello, enmarcándolo todo con un encaje dorado que luego cruza en el pecho dispuesto de forma asimétrica, y que remata con una blonda de encaje de oro que siluetea todo el conjunto, cubriendo la cabeza con la famosa toca de sobre-manto realizada con encajes de oro conocida como la de los «volantes». Percio fue el primer vestidor que crea un estilo propio para la Esperanza de Triana,sentando las bases de la imagen icónica de la Virgen, convirtiéndola en una de las referencias fuera de los limites sevillanos,como modelo a seguir en la vestimenta mariana hispánica, que justo en este momento va a empezar a adoptar el estilo hispalense para ataviar a las dolorosas, desterrando el tradicional luto de la corte habsburgo. A él le cabe el honor de crear un rudimento que mejora la postura de la Virgen en el paso, este es meramente funcional, pero a la postre lo van a incorporar la mayoría de los candeleros de las Vírgenes sevillanas. Este consistió en inclinar la imagen hacía delante con una cuña en la cintura, operación que se realiza aprovechando la retirada del culto de la Esperanza en 1936,y su posterior ocultación a causa de la guerra civil. Esta tarea la realizó, a instancias de Percio, el carpintero José Rodríguez Martínez, que por entonces era prioste de la corporación trianera, con esta inclinación se conseguía evitar el efecto de desplome hacia atrás que sufren las imágenes en sus palios, al situarse los costaleros más altos en la parte delantera de la parihuela.

CONCLUSIONES

No podemos olvidar la labor de otros vestidores del primer tercio del siglo XX como Guillermo Carrasquilla Rodríguez

239 Tejido de tul decorado con topos.

(1882–1956), sobrino de Rodríguez Ojeda y prioste de la Hiniesta para la que adopta el tocado de raso; las camareras de la Virgen del Valle de las familias de los Jiménez Placer y Piazza con sus personales tocados que sigue la Virgen de los Dolores de las Penas de San Vicente; ni a Manuel Gamero Díaz (1895-1968) sucesor de Rodríguez Ojeda en la Macarena, que retoma el rostrillo rectangular que se le aplicaba a la imagen desde que no la vestía Juan Manuel, pero lo convierte en un trapecio similar al de las esfinges egipcias; ni a las camareras de la Amargura que comienzan a disponer sus característicos tocados dorados y que luego sigue su capiller Antonio Rivero Yedro; ni a Francisco Ponce Redondo vestidor entre otras, de la Soledad de San Lorenzo y que hizo una gran aportación de orden doméstico, al cambiar de color y de manto a la Virgen según la festividad del año que reza en el santoral, cambios que han sido asumidos por todas las cofradías en el siglo XX[240].

Estos son los pioneros de la vestimenta a los cuales se podían añadir otros personajes de principios de los cuarenta como, Juan Pérez Calvo (1898-1977) con su célebre «pellizquillo» para la Macarena, o Fernando Morillo Lasso (1913-2002) con sus aplaudidas creaciones para la Esperanza de Triana tan novedosas y rompedoras en su época. Estos constituyen el grueso de lo que se viene a denominar la «vestimenta clásica sevillana» que irradiara fuera de las propias fronteras de la ciudad extendiéndose por toda Andalucía y gran parte de España y que fueron barridas entre los sesenta y los ochenta por las aplastantes modas que uniformaron a casi todas las Dolorosas, en las que se adocena el gusto, se pierde la naturalidad y la unción de la imagen, primando la artificiosa labor del vestidor que ya no resalta los valores plásticos de las mismas, sino que a veces las envaran en un milimétrico juego de pliegues y rizos artificiosos que las distancian del buen gusto que siempre caracterizó este arte, salvándose tan sólo un reducido grupo que se mantuvo inalterable en su particular modo «clásico» de entender la vestimenta.

240 PALOMERO PÁRAMO, Jesús: El arte sevillano de vestir Vírgenes. En *ABC de Sevilla*, Cuaresma 1985, del 17 al 23 de abril, Sevilla, 1985.

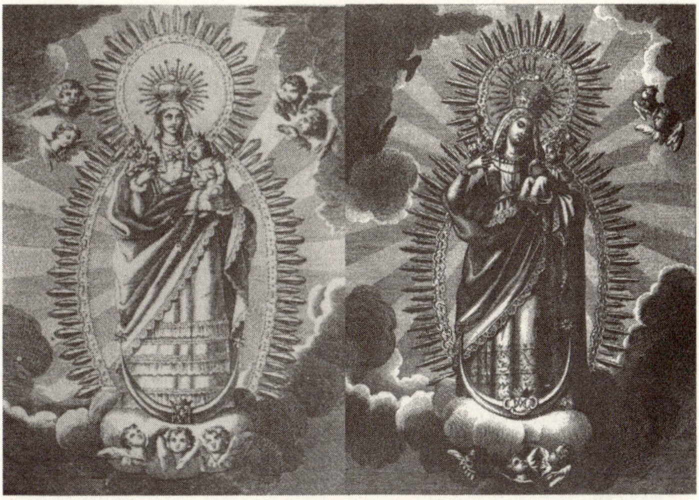

Virgen del Rosario de San Gil 1820 grabado por J. M. Amat con la característica saya de registros del siglo XIX, y la Virgen de la Alegría de San Bartolomé 1828 obra de J. M. Amat, resaltar la naturalidad del manto terciado.

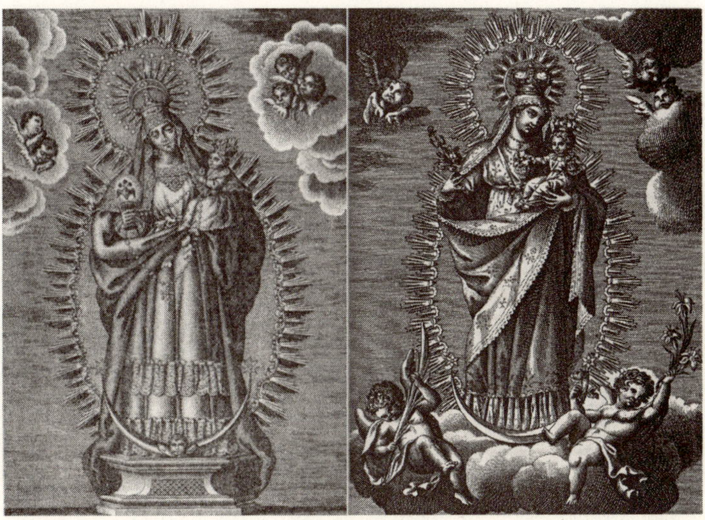

Virgen del Amparo parroquia de la Magdalena grabado por J. M. Martín en 1849, destacamos la gran toca de sobremanto. A su lado la Virgen de la Esperanza Divina Enfermera de San Martín con el talle imperio.

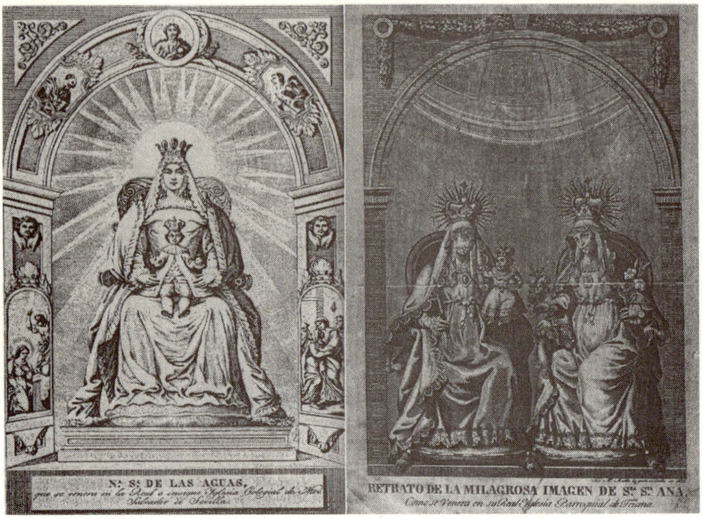

Estampa de la Virgen de las Aguas de la parroquia del Salvador aún con la toca Austria que le oculta el cuello pero con saya y el manto con caída natural resaltando el trono. Al lado el grupo de Santa Ana de la parroquia trianera de igual nombre, destaca la colocación del talle muy alto siguiendo la moda imperio.

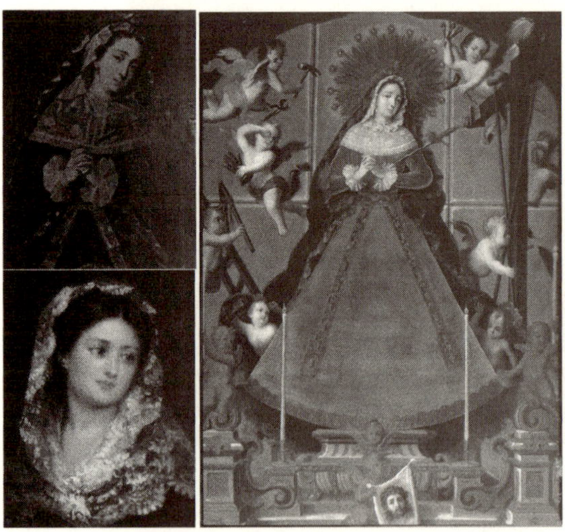

Dolorosa del hospital de los Venerables, con un tocado realizado con mantilla y adornada con pendientes que podemos relacionar con la moda de las damas del XIX. Abajo, muy relacionado con el lienzo anterior tenemos esta dolorosa de la pinacoteca de la Profesa en México donde la Virgen viste de rojo y azul y mantilla como tocado.A la derecha, dama del siglo XIX con mantilla que podemos relacionar con el atuendo de las dolorosas de la época.

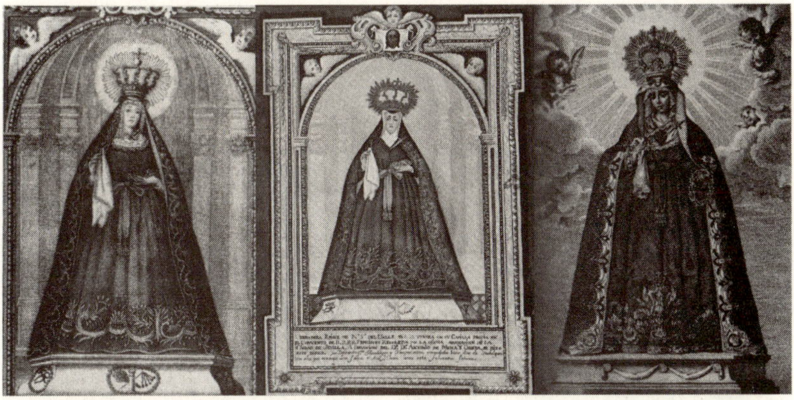

Grabado de la Virgen del Valle realizado en 1803 por Manuel Albuerne, es la primera representación de un tocado a la sevillana que rompe con las tocas Austrias y que a partir de ahora será la forma habitual de presentar a las dolorosas. Al centro, dibujo preparatorio a color de Pedro Madroño para el grabado anterior de 1803, la principal diferencia es que la Virgen presenta una arcaica toca Austria aunque abandona el luto para adoptar el color azul en las vestimentas. A la derecha, Estampa de la Virgen de Loreto grabada por J. M. Martín en 1844, presenta un tocado mas evolucionado, muy escultórico cruzado en el pecho.

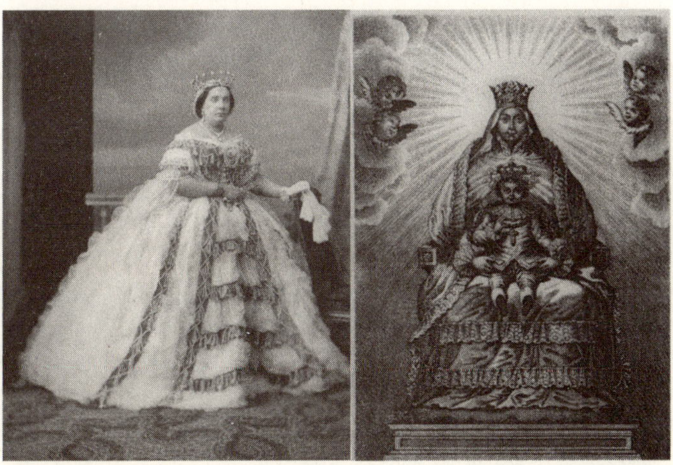

Fotografía de Isabel II con un vestido con decoración similar a las sayas de registro de las Vírgenes de Gloria como vemos en el siguiente grabado. Estampa del XIX de la Virgen de los Reyes con su típica saya de registro, presenta el arcaísmo de la toca Austria y el manto por los hombros.

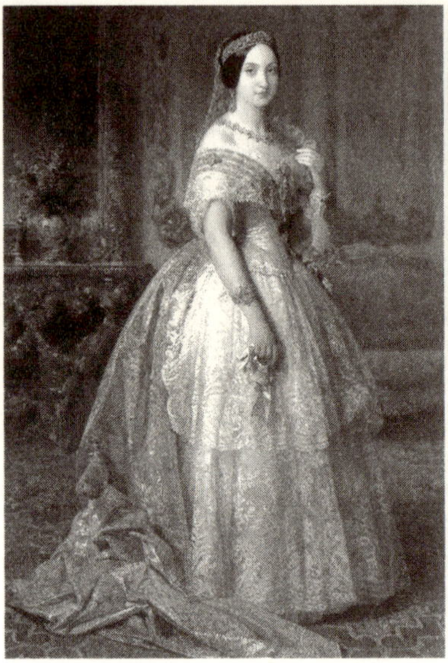

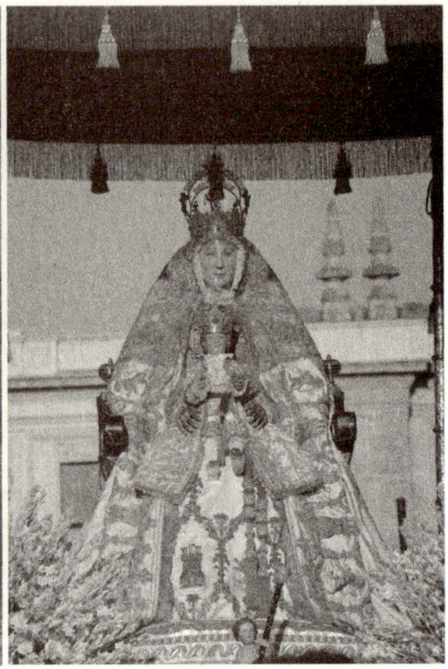

Retrato de la infanta Luisa Fernanda obra de Madrazo, gran benefactora de la Virgen de los Reyes patrona de Sevilla. Abajo el manto rojo bordado en oro en 1851 regalo de los duques de Montpensier a la Virgen de los Reyes y el manto verde de las hermanas Gilart bordadoras de cámara de la reina de Isabel II que regalo el manto en 1853 a la patrona.

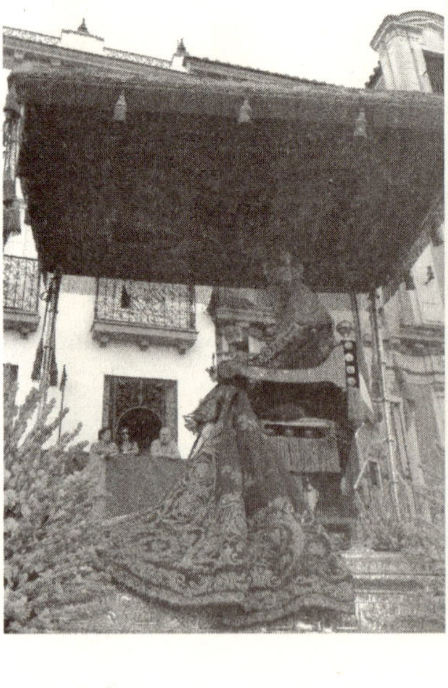

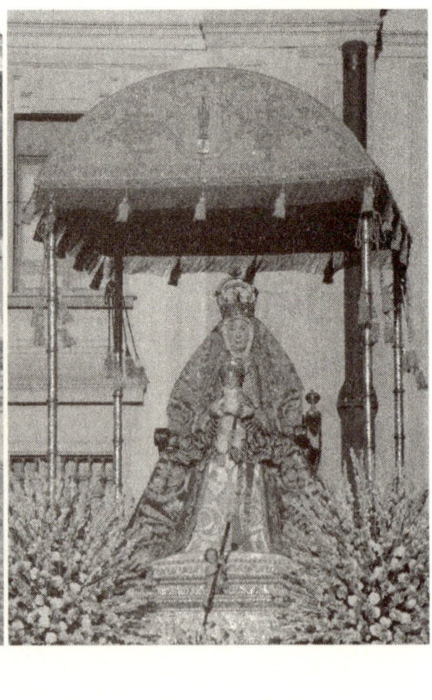

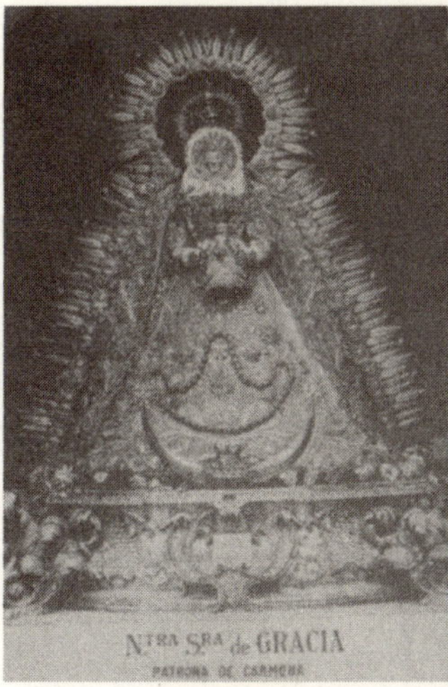

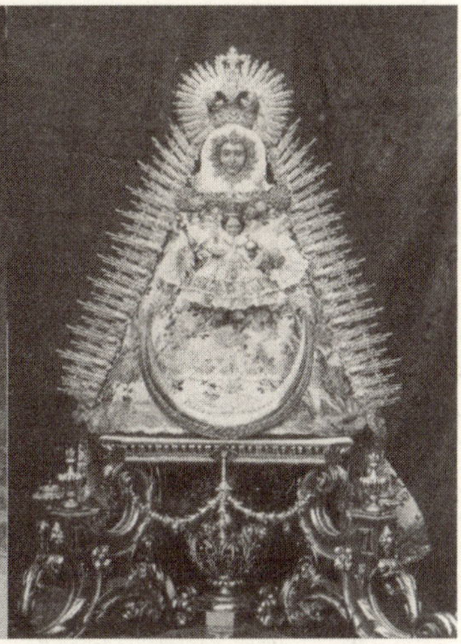

Antigua fotografía de la Virgen de Gracia de Carmona donde vemos como se ha fosilizado el atuendo de los Austrias, por que a pesar de lucir bordados románticos el corte del atuendo responde a las características del XVII. Lo mismo podemos decir de esta instantánea de la Virgen de Setefilla de Lora del Rio. Presenta incluso las características ráfagas de hombros de la primera mitad del XVIII. Abajo, grabado de la Virgen de la Alegría segunda mitad del XIX vemos la saya menos natural por la profusión de bordados de estilo romántico. A su lado, la Virgen del Amparo con el manto y la saya románticos bordados por Manuel Ariza en 1851.

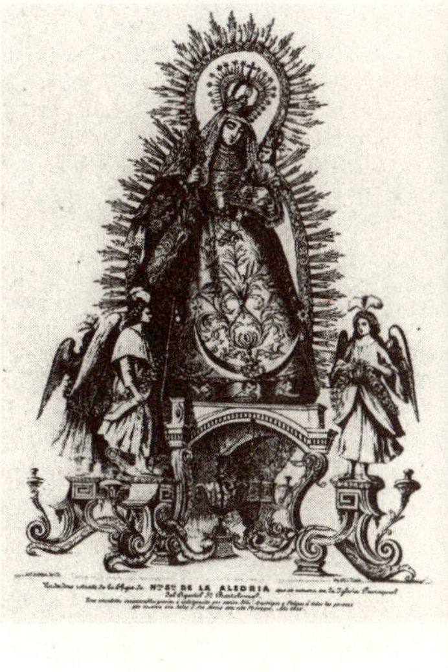
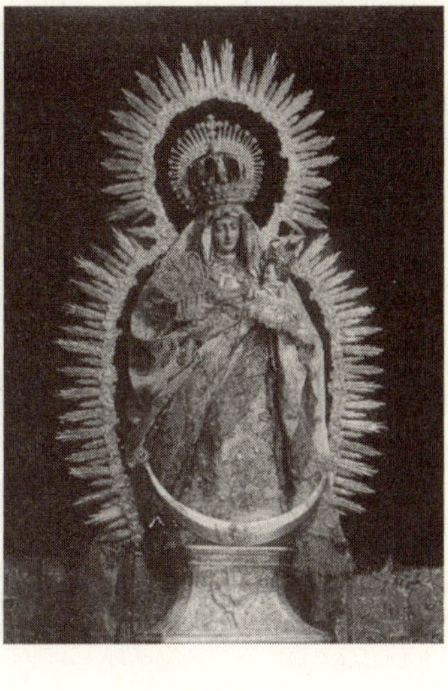

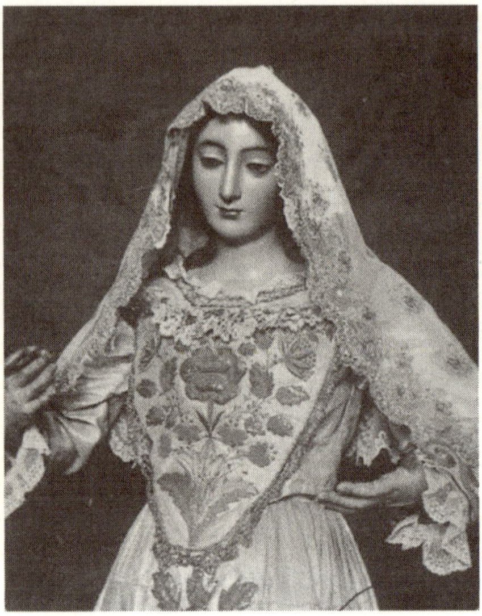

Peto bordado de la Virgen de la Alegría de San Bartolomé tal como se puso de moda en la segunda mitad del XIX. Abajo, antigua imagen de la Virgen de la Victoria procedente del trianero convento del mismo nombre hoy en la parroquia de Santa Ana. Fue vestida en el barroco pero por influencias academicistas reconstruyeron sus volúmenes para eliminar los ropajes al igual que otras imágenes como la Hiniesta, la Virgen de Valme, etc.

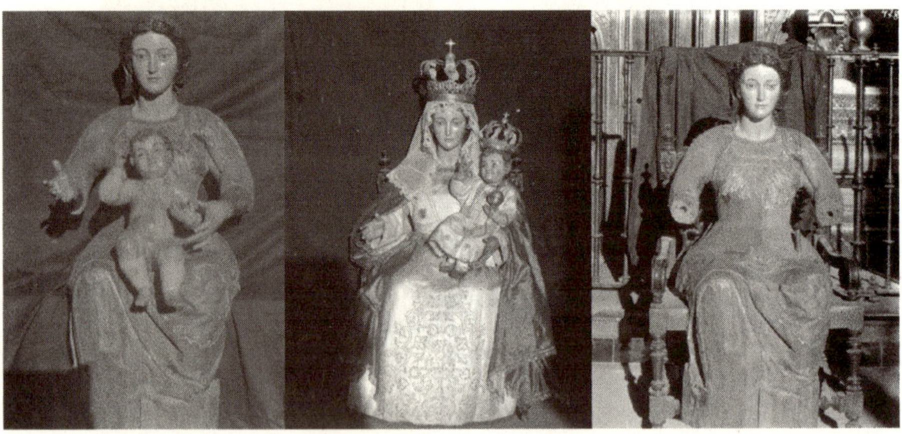

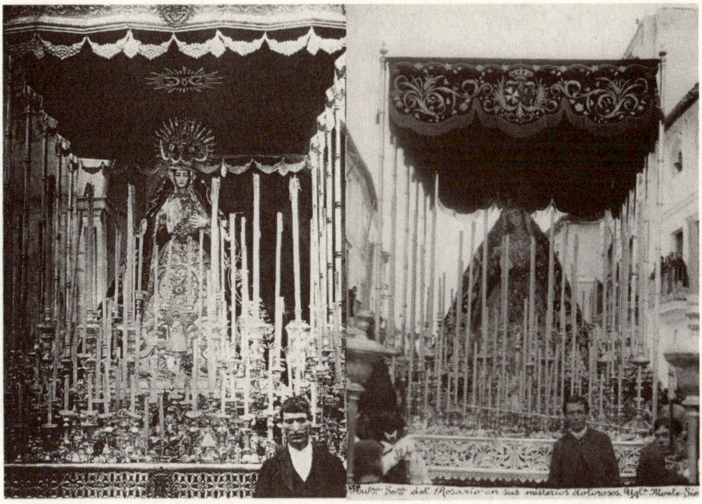

Antigua fotografía de la Virgen de la O anterior a 1887 donde podemos observar la saya de color blanco colocada con volúmenes muy amplios marcando la cintura y el peto de alhajas. Lo mismo podemos decir de esta instantánea de La Virgen del Rosario de Montesión, donde se ha consolidado el prototipo de vestimenta típica de la dolorosa sevillana. Abajo, la Virgen de las Angustias de Alcalá del Rio con el característico peto de alhajas de finales del XIX, y a su lado, la Virgen de Montserrat adornada con profusión de joyas en el pecho y la corona características del estilo sevillano de vestir dolorosas a finales del XIX.

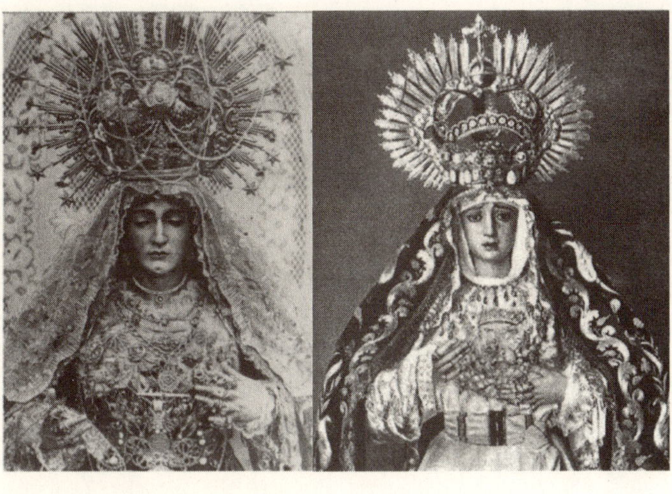

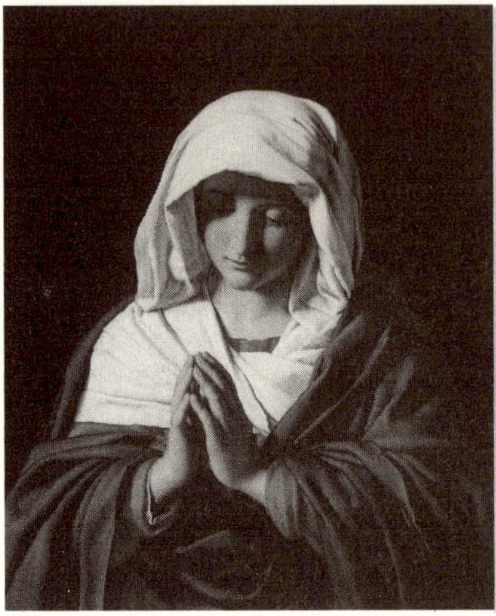

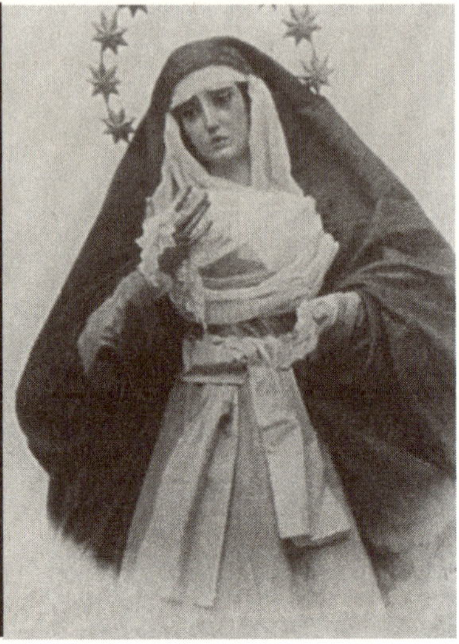

Dolorosa pintada por Sassoferrato en 1640, la pintura barroca pudo ser la posible influencia en la moda de vestir a lo Hebreo de las dolorosas en el siglo XX. A su lado, Virgen de la Hiniesta vestida de Hebrea por Rodríguez Ojeda. Abajo, la Macarena en el siglo XIX vestida por Ojeda en su primera etapa con un tocado de blondas muy suelto y la saya dispuesta con amplios volúmenes ceñida a la cintura. La Macarena de luto por la Muerte de Joselito el Gallo en 1920.

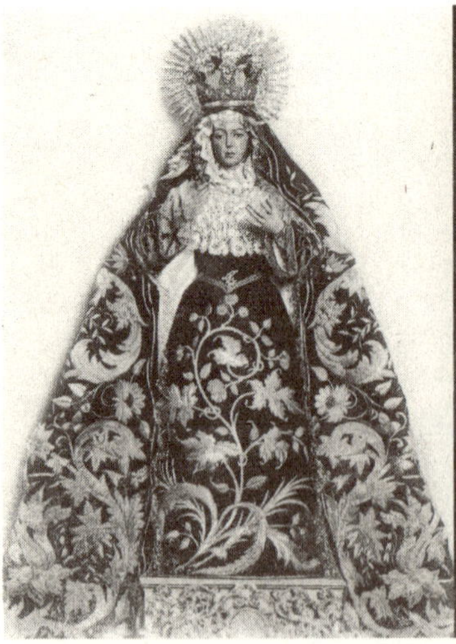

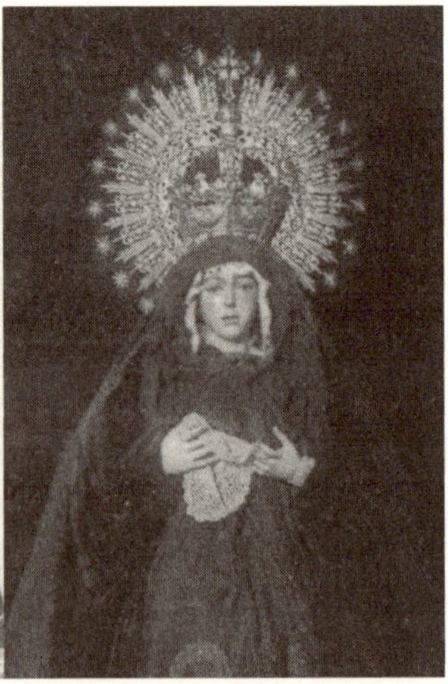

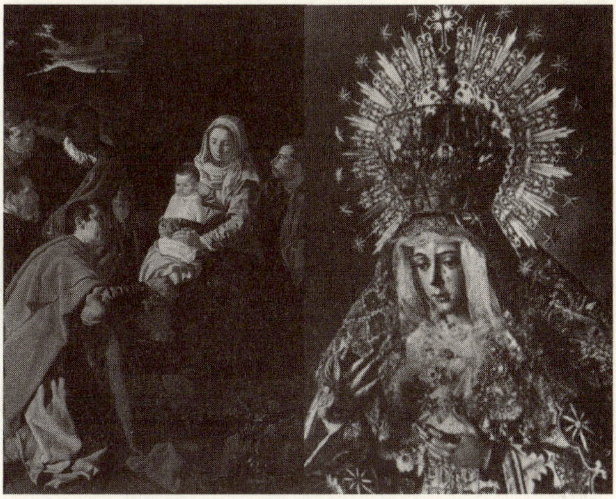

La adoración de los Reyes Magos Velázquez 1619 museo del Prado, pintura de la escuela sevillana del siglo de oro que sirvió de probable fuente de inspiración para los primeros tocados sevillanos del XIX y principios del XX. A su lado, la Macarena en los años veinte vestida por Ojeda con el estilo de su segunda etapa con tocado similar al de la pintura de Velázquez y cubierta por la toca de rombos. Abajo, La reina Victoria Eugenia en un retrato de corte del primer cuarto del siglo XX. Junto a ella, la Virgen del Rosario de Montesión con joyas dispuestas como la reina Victoria Eugenia y el tocado creado para ella y que luego populariza la Virgen del Museo.

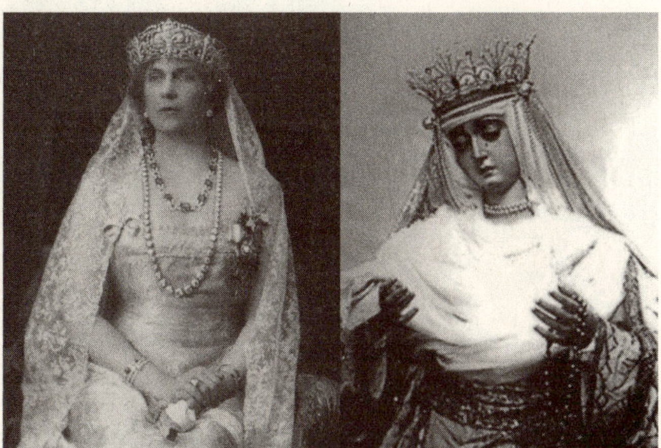

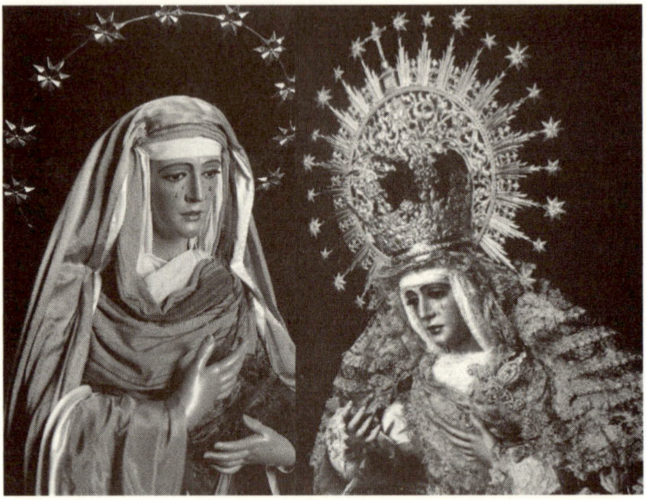

La Esperanza de Triana vestida a lo Hebreo de forma muy naturalista por Persio. A su lado, la Esperanza de Triana vestida de reina por José Persio con su característica toca de volantes y su pecho de encaje dorado dispuesto de forma asimétrica. Abajo, Rita Hayworth en la década de los cuarenta luciendo un vestido drapeado dorado. A su lado, la Esperanza de Triana luciendo su característico refregador dorado inspirado en el drapeado, presenta la saya tableada y el manto marcando los codos y recogido por detrás de las caderas novedosas creaciones de Fernando Morillo Lasso en 1943.

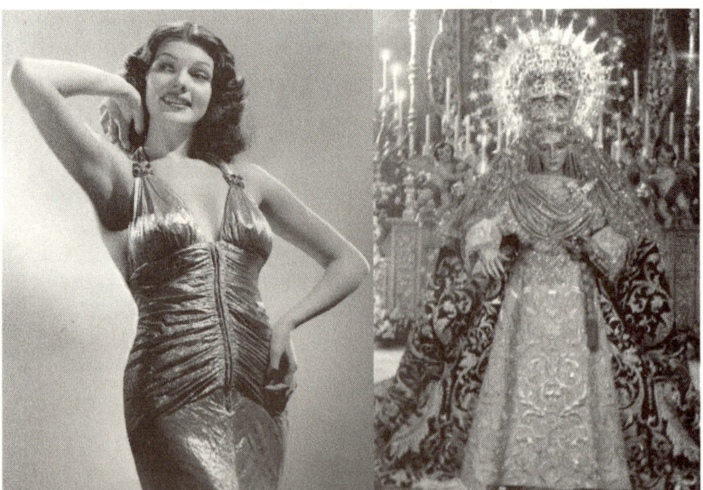

LOS GRANDES MAESTROS

(ANTONIO BEJARANO)

1. INTRODUCCIÓN

«Buscad el consejo de los ancianos, pues sus ojos han visto el rostro de los años y sus oídos escuchado las voces de la vida. No obstante sus consejos os desagraden, escuchadlos».

Gibran Jalil Gibran

Grandes creadores jalonan el siglo XX en el campo del atavío de las imágenes de la Virgen. Muchos de ellos crearon «estilos» indiscutibles para determinadas imágenes que han perdurado hasta nuestros días y otros muchos mantuvieron sellos creados anteriormente respetándolos tal cual o modificándolos según la ocasión, las modas o los cambios estéticos de las hermandades.

Formas de vestir y tocados que vemos en la actualidad, en su día, fueron una auténtica revolución en el llamado arte efímero del vestir a las Dolorosas.

En este apartado, queremos rendir un sentido homenaje y reconocimiento a estos auténticos artistas, a veces olvidados, en otras ocasiones poco reconocidos, pero que son grandes e indiscutibles creadores.

Algunos de ellos, llegaron a formar un «tándem» indisoluble con determinadas imágenes, ofreciendo una visión única e irrepetible con su fallecimiento.

Vamos a rescatar estilos, creaciones y tendencias que imprimieron en su momento, pero también anécdotas y vivencias para recordarlos.

De muchos de ellos tenemos constancia de una labor profesional artística paralela, también vinculada de una forma u otra a nuestra Semana Santa: Fotógrafos, diseñadores, joyeros, tallistas, escultores... son una clara muestra de la sensibilidad artística de estos hombres que en esta ocasión recuperamos.

En el Boletín de las Cofradías de Sevilla, en el número 183, correspondiente a Diciembre de 1974, páginas 14-15, el gran cofrade Don José Mena Martagón, prioste añorado macareno, escribió un artículo titulado: *El arte de vestir Dolorosas,* que por la importancia de sus palabras y tratándose este libro sobre este tema, hemos creído oportuno reproducir íntegramente:

«Resulta curioso que no sean, precisamente, manos femeninas las mejores dotadas para vestir a la Virgen, pese a que, en buena lógica, las mujeres deberían saber emplear como nadie encajes y alfileres. Salvo en rarísimas excepciones, Dios no las llamó para este camino y, por el contrario, eligió para tal menester a cofrades en los que había depositado un don especial paralelo al que les diera para crear la maravilla indescriptible del «paso» de palio.

»En lo que va de siglo, podemos proclamar como creador de un estilo en el difícil arte de vestir Dolorosas, a un hombre, bondadoso en extremo, que es la suma sencillez: Juan Pérez Calvo. Un fuera de serie que ha marcado la pauta que otros siguen, afortunadamente. Ahí está, copiada hasta la saciedad, la sevillanísima gracia derrochada en la Virgen del Dulce Nombre, pues, si bien es verdad que los bordados del inmortal Juan Manuel Rodríguez Ojeda la llevaban de por sí y que Juan Manuel constituyó su fuente de inspiración, no es menos cierto que Juan Pérez Calvo quien supo derramarla, equilibradamente, sobre tan bendita Imagen, llamada, con justicia: ¡*la gracia de sevilla bajo palio*! O el tocado, formidable en sus marcados pliegues que parecen tallados, despejando el rostro por completo de la Piedad del Baratillo, para que luzca plena su dulcísima hermosura. O ese «pellizquillo» sobre la frente, en el de la Macarena, acentuando la esperanzadora y luminosa expresión de su cara... Y así, podríamos seguir describiendo todas y cada una de las genialidades que las manos prodigiosas de Pérez Calvo crearon para adornar a Nuestra Señora, hasta llegar a la Reina de sus devociones: la preciosísima Virgen de Todos los Santos que si, en realidad, la talla completa de su excelsa figura parecía no admitir otros aditamentos, las telas hábilmente manejadas por él, son hoy complementos indispensables que en nada perjudican sino, por el contrario, contribuyen a realzar la belleza de tal hermosísima Imagen, una de las mejores de Sevilla.

»A Juan Pérez Calvo, le han seguido con acierto indiscutible los también maestros en este difícil arte: Francisco Ponce Redondo, que, entre otras veneradas Imágenes, rodea de primores a la Virgen de las Mercedes, cuando trae al centro de la ciudad el perfume embriagador del más auténtico fervor de su barrio, y a la que es Broche de Oro y Brillantes de nuestra Semana Santa, la Soledad de San Lorenzo, que, lo mismo en su formidable «paso» que en su reluciente capilla, siempre puede servirnos de ejemplo, cuando queramos expresar lo que es cuidar a la Santísima Virgen con esmerado mimo y pulcritud; Antonio Garduño, cuya perfección y buen gusto se desbordan para que, cada Domingo de Ramos, la Estrella de Triana ilumine Sevilla entera con la luz cegadora que irradia su sobrenatural belleza; su hermano Pepe, que posee el duendecillo saleroso que se necesita para enmarcar con la mantilla de blondas, el más sevillano rostro de la Virgen, a la que podemos soñar presidiendo la imaginaria corrida de toros en el cielo que nos describe Benítez Carrasco en su escalofriante poema, o paseándose por las calles de su barrio, entre oraciones y piropos, saetas y vítores y lágrimas sinceras de corazones que, en ellas, le ofrecen sus penas y sus alegrías como el mejor ramo de claveles que pueda prenderse a la blanca mantilla española que Pepe Garduño supo ponerle, con elegancia y garbo, a su majestad de Reina, sencillez de Madre y purísima Mujer Macarena; Antonio Fernández, que prodiga su arte en muchas Imágenes, pero que, para mi gusto, queda definido, insuperablemente, en la Virgen de la Hiniesta, donde las tocas se hacen filigranas que riman a la perfección con el azul y plata que, los cofrades de San Julián, eligieron para Ella; Paco Morillo cuya exquisitez sevillanísima ronda por las cuatro esquinas del «paso» de Nuestra Señora de Gracia y Esperanza, en la que no se sabe qué admirar más, aparte de su inefable faz de Niña Celestial, si las vaporosas puntillas de encajes, flotando sobre su frente o la aireosa recogida del manto en su delicado talle... Y tantos otros, cuya relación sería interminable, a los que, en la figura señera del maestro de maestros Juan Pérez Calvo, deseo rendirles homenaje de profunda admiración, porque, tal vez, aún no nos hayamos dado suficiente cuenta de la gran importancia que tiene en las cofradías que una Dolorosa esté vestida como tan sólo pueden hacerlo las personas dotadas por Dios, repito, de tan inapreciable don. A veces, causa verdadera pena contemplar Imágenes maravillosas, perjudicadas por manos poco hábiles en estos menesteres o por otras, infinitamente peores, que son las de la extravagancia irreverente.

»A la Santísima Virgen hay que ataviarla con la máxima dignidad, el mayor primor y el más grande respeto. ¡No lo olvidemos nunca! A los priostes hago responsables directos, pues a ellos corresponde que la benditísima Imagen de la Madre de Dios y Madre Nuestra esté bien vestida por dentro y por fuera. Tengamos presente que Sevilla y el mundo entero ponen sus ojos en la Virgen y, al menos Sevilla, detesta verla arreglada con pésimo gusto o desangeladamente».

De cada vestidor, podríamos llegar a escribir un libro monográfico sobre su persona, obra, vivencias, vida cofrade... En este apartado, destacamos la labor de muchos de ellos, reconociendo el trabajo de otros muchos que permanecen en el anonimato o sólo nombramos de pasada, pero que merecen todo el respeto y el mismo reconocimiento de los que vemos a continuación.

ANTONIO AMIANS Y AUSTRIA

Nace en Córdoba en 1842. Diseñador platero. Entre sus obras, destacan el aro de oro y piedras preciosas así como la corona de la Divina Pastora Coronada de Capuchinos que se sufragaron por suscripción popular, y que impuso el 22 de mayo de 1921, el Obispo de Ostracine, Auxiliar de Córdoba en la Argentina. Cabe reseñar también el diseño de los respiraderos (1928) y los bordados del palio de la Virgen de la Merced de la Hermandad de Pasión (1932). También es el creador del palio de la Virgen de las Aguas en 1923, cuando la Cofradía decide retirarla del paso de Cristo para que procesionen por separado, siguiendo la tendencia creada años antes para la Virgen del Rosario de Monte-Sión con un palio de tul bordado en oro.

En este caso, Amians crea un estilo muy personal para la Virgen del Rosario de Monte-Sión que no gustó demasiado a los cofrades de la Hermandad. Esa forma de ir vestida, la luce la Virgen en procesión los años 1915 y 1916.

El mismo desarrollo de tocado, inspirado en los monjiles de las religiosas, lo reproduce en la Piedad de la Sagrada Mortaja —Hermandad en la que ostentó el cargo de prioste— usándolo para la Virgen y las tres Marías y también en la Virgen de las Aguas del Museo realizados principalmente con tules. Ambos tocados, han perdurado hasta nuestros días aunque adaptados a las nuevas modas y las corrientes artísticas imperantes. Tan es así que si cualquier otra imagen está vestida con el peculiar tocado creado por Amians, se dice que está vestida «tipo Aguas» o «estilo Mortaja».

Como cofrade y artista, destacaba en el exorno floral de los pasos de Virgen y en la forma especial de «decorar» los candelabros de los pasos de Cristo con guirnaldas que los enriquecían y les otorgaba un movimiento singular.

Siguiendo este concepto de tocado, José Espino Muñoz, conocido por «Pepe el de las Salesas» reformó el tocado de la Virgen de la Piedad de la Sagrada Mortaja al cambiar los tules por raso. Pepe viste a la Virgen de la Piedad para una fecha muy señalada: el 19 de Marzo de 1939, día en el que se le impone a la Virgen la Diadema de Plata. La viste circunstancialmente para esa ocasión y montando un impresionante altar para celebrar tal efeméride.

En dicha hermandad, tras la etapa de Antonio Amians y la ocasión única de Pepe «el de las Salesas», recogen el testigo y comienza la andadura de vestidores la estirpe de la familia Sousa, comenzando por el abuelo Curro, Francisco Sousa Peña en 1926 hasta 1961, año en el que es su hijo Manolo Sousa Durán quien viste a las imágenes hasta el Via Crucis del Consejo de Hermandades y Cofradías y la Salida de ese mismo año 2002. A partir del Septenario del año 2003, es el hijo de Manuel y nieto de Curro, Manolo Sousa Sousa, el encargado de vestir a la Virgen y al misterio hasta nuestros días.

Manolo, actual vestidor, no se considera como tal, puesto que según sus propias palabras: «Nos consideramos más bien artesanos, porque repetimos un patrón, muy rara vez hay creación. Y no nos hemos considerado vestidores al uso, ya que siempre hemos sido ayudados por otros miembros de la priostía de la hermandad. El tocado de la Virgen es una pieza de unos cuatro metros, y como es lógico no puede hacerlo una sola persona».

Manolo añade: «A principios del s. XX, incluso finales del XIX, cada imagen del misterio tenía su propia camarera. Hoy en día son tres camareras para todas las imágenes».

La Virgen de la Paz, titular del templo, también vinculada a la hermandad, tuvo un vestidor muy especial durante años: «Me gustaría recordar y destacar la figura de Manuel Rodríguez Vicente, que fue Prioste durante muchos años y que dedicó gran parte de su vida a la hermandad y a vestir con todo su cariño a la Virgen de la Paz».

Hay un detalle íntimo y entrañable que Manolo comparte con nosotros: «Durante el año, las Marías se visten con unas tocas que nos hicieron las Hermanas de la Cruz. En más de una ocasión les hemos pedido que realizasen una para la Virgen, pero ellas se han negado siempre con el mismo argumento: Nosotras no somos dignas de que una Imagen de la Santísima Virgen lleve una toca nuestra».

Respecto al relevo de su abuelo a su padre, y de éste a Manolo... «Mi abuelo hizo con mi padre lo mismo que mi padre conmigo... un día, sin previo aviso, a la hora de vestir a la Virgen, me dijo ahora te toca a ti. Salió del Camarín dejándome solo como así hizo su padre —mi abuelo— con él. Curiosamente, la primera vez que la visto, es cuando la Caja San Fernando hizo el reportaje para la última serie de carteles».

MANUEL GAMERO DÍAZ

Nace en Sevilla en 1895 y fallece el 23 de Febrero de 1968. Tras Juan Manuel Rodríguez Ojeda, y el pequeño espacio de tiempo de Carrasquilla, recoge el testigo para vestir a la Esperanza Macarena en la última década de los años 20 (1927-1928). En la hermandad, llega a ostentar el cargo de prioste. Gamero le da un estilo egipcio a la Virgen con tocados trapezoidales que le configuran un aire austero y diferente o al menos evolucionado al creado por Juan Manuel. Líneas rectas y estructuradas que le configuran a la Virgen una visión más hierática.

En la época de los disturbios, en una de las ocasiones en las que la Santísima Virgen es ocultada y retirada al culto de la Parroquia de San Gil, es en su casa donde «duerme» la Esperanza, en la calle Lepanto, para protegerla de las revueltas ocasionadas por la República.

Gamero vistió Dolorosas no sólo en Sevilla capital, también visitó otras provincias como el caso concreto de Córdoba. En la Hermandad de la Buena Muerte, en Cabildo de Oficiales celebrado el 28 de Febrero de 1951, se acuerda «invitar al señor Gamero, de Sevilla, para que dado el afecto que tiene a nuestra Cofradía, tuviese la bondad de desplazarse a ésta en las proximidades del Jueves Santo para vestir la Imagen de Nuestra Señora para el desfile procesional». Gamero aceptó la invitación convirtiéndose en el vestidor de la Reina de los Mártires para su primera salida procesional. Gamero continuó varios años con la Hermandad de la Buena Muerte.

JUAN PÉREZ CALVO

Nace en Sevilla el 12 de Julio de 1898 y fallece el 30 de Diciembre de 1977. Cofrade destacado, fundador de la Hermandad de la Bofetá en 1919 y hermano de la Macarena.

Lolina, camarera de la Virgen del Dulce Nombre, nos cuenta anécdotas: «Juanito vivía en una esquina de la Calle Feria con Peris Mencheta, era de Todos los Santos. Era muy nervioso, muy inquieto. Siempre me decía: Lolina, ponte en este lado, a mi derecha para darme los alfileres» y añade: «Pérez Calvo es quien recomienda a los Garduño en la Macarena».

Sobre la relación de la Macarena y el Dulce Nombre, Lolina añade: «Yo creo que ensayaba con nosotros lo que después hacía en la Macarena. Gracias a él, como estaba tan vinculado a las dos hermandades, la Macarena, cuando su corona la tenía el estado por el tema de la Guerra, sacaba la corona de la Virgen del Dulce Nombre. De eso hay fotos ¿eh? que no me lo invento. Y también se cambiaban la diadema. Cuando una tenía la corona, la otra tenía la diadema y al revés...».

Tallista de profesión, de su taller propio en el barrio de la Feria, salen obras que hoy día seguimos disfrutando. De su obra procesional, destacamos las canastillas y respiraderos de la Piedad del Baratillo (1944), Jesús ante Anás de su Hermandad del Dulce Nombre (1945), el antiguo paso del Señor de la Salud de la Hermandad de los Gitanos (1946) —actualmente en los Azotes y Columna de Écija— y el paso de misterio de Santa Marta (1953).

Pérez Calvo también talla el retablo Mayor y colaterales de la Basílica de la Macarena (1951). Luis Álvarez Duarte nos añade al respecto una curiosidad: «Cuando se talla el retablo de la Macarena, como dato curioso, lo dora Antonio Sánchez, que por ser de dimensiones tan grandes, lo hace en lo que es hoy la Capilla de los Marineros. Las casualidades de la vida, el Retablo de la Macarena en lo que más tarde será Capilla de la Esperanza de Triana».

Como asesor artístico, Luis nos desvela: «En el taller de Luis Ortega Brú, en la Calle Torrejón, Pérez Calvo le guía en todo el misterio de Santa Marta».

Como diseñador, no sólo trabaja en la madera. También otras disciplinas artísticas cuentan con sus diseños. Así proyecta diseños de bordados para el taller de San Martín de Cádiz.

Luis Álvarez Duarte, recuerda la primera vez que coincide con Juan: «Lo conocí en la tienda que tenía Pablo Carrión. Yo le había hecho unas «Macarenitas» y un día estaba allí Pérez Calvo. Nos presentó y comenzamos una amistad. Desde entonces, como era muy metódico, cada día visitaba el taller de Jesús Domínguez, el de Esperanza Elena Caro y el mío».

Sobre su carácter, Luis nos añade: «Era muy conocido su mal genio, muy protestón, pero en el fondo era un buenazo. Pérez Calvo era una persona entrañable y un gran cofrade y artista».

Como vestidor, destaca indiscutiblemente en la revolución que ejecuta en la Esperanza Macarena y el sello que imprimió a la Piedad del Baratillo. Aunque también vistiese otras Dolorosas como la Virgen del Dulce Nombre.

Luis Álvarez Duarte nos describe cómo vestía a la Macarena: «Pérez Calvo, una vez que estaba vestida la Virgen, la retocaba un poco y se iba. Salía al bar Plata, se tomaba un cafelito, y volvía con la Virgen. Entonces cogía un alfilerito y le hacía el pellizco que él crea para la Macarena. Tenía como una sola tabla con la frente lisa, y al pegarle ese pellizquito, la Virgen cobraba más expresividad. También la estilizaba dándole otro pellizco hacia abajo en el cuello. Tenía unos paños de encaje con lentejuelas que le ponía a la Macarena y que le daban un brillo especial. Se lo ponía muy sueltecito pero con muchisíma gracia».

Recuerda vivencias entrañables de su trato con la Macarena: «Pérez Calvo, siempre decía que lo importante era enmarcarla, que eso tenía que estar muy bien hecho. Él comienza a sacar el tocado por delante y el manto por detrás. Y no le gustaba la Virgen con mucho pelo fuera, decía que no la reconocía. Era muy divertido. Cuando estaba vistiendo a la Macarena y veía que algo no le salía como él quería, le daba con la mano a la Virgen en la cadera y le decía... Esperanza, pórtate bien!».

Respecto a la Piedad del Baratillo, Luis apostilla: «Por ser amigo íntimo de Fernández Ándes vistió a la Piedad del Baratillo creándole un tocado de tablas muy característico que luego Fernand lo hizo a su forma, dándole otro sello, refinándolo a otra época».

Debido a la amistad de Juan Pérez Calvo con este escultor, es muy probable que por ello vistiese a la Virgen de las Angustias de la Hermandad de los Gitanos. En el azulejo que estaba colocado a la derecha de la Puerta en la fachada de San Román —hoy en el interior del templo del Valle— la Virgen tiene un tocado muy similar a los que hacía en la Macarena, también con el pico en la frente, aunque con las variaciones lógicas de la cabeza inclinada y otro tejido como soporte para realizarlo.

JOSÉ PERSIO

En la Esperanza de Triana, recreó un tocado estilo monja con pliegues tirantes, creando un tocado —por la forma lógica de esos pliegues— tipo rectangular, sin encajes ni otros adornos. Fue aprendiz de Francisco Reina —conocido cariñosamente como Paquito Reina—, que la vestía anteriormente. Tras Persio, recoge el estilo el gran Fernando Morillo, dándole el sello definitivo hasta nuestros días con la exquisita labor que desarrolla Javier Hernández.

Como en otros casos, siendo el vestidor de la Virgen una de las personas que más cerca están de la misma, un cofrade trianero conocido por «Canito», guarda en el más absoluto de los secretos la Imagen de la Esperanza en casa de Persio.

Tenemos constancia que Persio vistió también a la Virgen del Rosario de Monte-Sion en la década de los años 30 del pasado siglo XX. Como anécdota, para la salida extraordinaria del 1 de Noviembre de 1936, con motivo de la reposición al culto de su Virgen de la Esperanza y en rogativa por el fin de la Guerra Civil, le coloca el manto de la Virgen del Rosario ya que al ser una procesión de Gloria, iba vestida íntegramente de color con dicho manto y una saya de Madre de Dios del Rosario.

PACO PONCE REDONDO

Nace en Granada el 2 de Diciembre de 1908 y fallece el 4 de Agosto de 1987. Vinculado especialmente a la Soledad de San Lorenzo, comenzó a vestirla para la salida procesional del Viernes Santo de 1954 y se hace hermano de la misma el 8 de Diciembre de 1955. Empezó vinculado a la priostía y en 1966 entra a formar parte de la Junta de Gobierno ejerciendo oficialmente de prioste hasta 1982, año en el que se le nombra «Prioste de Honor». Además de vestir a esta Dolorosa, parece ser que también vistió a la Virgen de las Angustias de la Hermandad de los Gitanos en sus primeros años —aunque no está confirmado—, a la Virgen de las Mercedes del Tiro de Línea y a la Virgen de la Palma del Buen Fin. Ponce, es el artífice de los cambios «litúrgicos» del color de las Vírgenes. Por su iniciativa, la Hermandad de la Soledad encarga el soberbio azulejo colocado en la rotonda de entrada del cementerio de San Fernando al artista cerámico Antonio Morilla (1976) en conmemoración por su visita al Camposanto el 28 de Enero de 1965 con motivo de las Santas Misiones.

Como otros cofrades que hemos reseñado, en 1936, es en su casa, sita en la Calle Demetrio de los Rios número 15 donde permanece escondida durante unos meses la Reina de Todos los Santos de Omnium Sanctorum hasta que es repuesta al culto en la Parroquia de San Lorenzo. En esa época tuvo los primeros contactos con la Hermandad de la Soledad.

Tras Paco Ponce, es Manuel Tobaja Villegas quien se encarga de vestir a la Dolorosa. Actualmente, es Manolo Caballero Pérez el encargado de realizar tal labor en dicha imagen y en la Quinta Angustia, realizándola durante años también en la Virgen de las Aguas del Museo.

Paco Ponce, era el encargado de coser las joyas a la Macarena. Era muy común en aquellas décadas, para que no se cayesen, coser las alhajas en los pecherines y en las sayas a las Dolorosas. En algunas localidades se sigue realizando esta tarea, efectuada generalmente por las camareras.

MIGUEL ROMÁN PÉREZ

Nace el 24 de Enero de 1926 y falleció el 2 de Julio de 2006. Hermano y miembro de las Juntas de Gobierno de la Hermandad de la Cena en la que ingresa de hermano cuando residía en Omnium Sanctorum —cerca de donde nació en la calle Feria—, el Silencio y San Gonzalo, barrio en el que vivió hasta su fallecimiento.

Además de «sus» hermandades, tenía especial devoción por la Patrona de Sevilla, la Virgen de los Reyes; así como a las Angustias de Granada, Patrona de esta provincia andaluza, y profesaba un amor sin límite al Santísimo Sacramento.

De la Hermandad de la Cena, destaca su vida cofrade con multitud de vivencias e iniciativas:

Asesor artístico para la conjunción del paso de palio, dirigiendo las reformas del techo de palio, faldones, respiraderos, faroles de cola y corona de la Santísima Virgen.

También la puesta en escena de la cofradía sufre cambios en su etapa: la cruz de guía, los ciriales y el cambio definitivo en 1953 de las túnicas tal y como las conocemos hoy día: túnicas blancas de cola.

Comienza la renovación del apostolado del misterio que realizase Antonio Bidón Villar en 1938 y que actualmente procesiona en la Hermandad de la Cena de Puente Genil desde 1983, para sustituirlos por el actual de Luis Ortega Brú que realiza entre 1975 y 1982.

A Miguel Román tenemos que agradecerle el ser promotor del Voto de la Realeza de María, que promovió la Hermandad de la Cena en 1948. En 1954, en Roma, se proclama oficialmente este misterio Mariano con la representación de muchos cofrades y hermanos de la Sagrada Cena entre los que lógicamente se encuentra Miguel.

El 8 de Noviembre de 2004, cuando se celebra en la Catedral el cincuentenario de aquel magno acontecimiento, a modo de merecido homenaje a D. Miguel Román, se le reconoce toda una vida dedicada a las cofradías de Sevilla y especialmente a su Hermandad de la Cena. Sentidas y sinceras fueron las palabras del Cardenal Amigo Vallejo en aquel Pontifical.

Prioste de la hermandad, destacaban sus altares y montajes por la elegancia en la ejecución de los mismos, así como la manera de vestir a la Dolorosa del Subterráneo, con encajes sueltos, pechos enmarcados aunque vaporosos y realzando la belleza de la misma.

Tras Miguel Román, primer hermano vestidor de la Virgen del Subterráneo, siguieron los priostes de la misma: Francisco de Paula Rodríguez Porras, Jesús Creagh, Pepe Preciados, Pablo Gálvez, Pepe Asián, Miguel Mallén y Antonio Jesús del Castillo, actual vestidor.

El Cardenal Segura, le ofrende e impone personalmente a la Virgen su pectoral y anillo. Un ofrecimiento en el que Miguel influyó por la cercanía que le unía al Cardenal.

Por su estrecha amistad con el escultor Sebastián Santos, además de vestirle las imágenes que salían de su taller para la presentación a los cofrades o la prensa del momento, estuvo vistiendo durante unos años a la Virgen de la Merced de Pasión, y tuvo la inmensa suerte de posar para la ejecución del Señor de la Cena. Dicha imagen se bendice en 1955, con la particularidad de tener su postura similitud con la del Niño Jesús del Sagrario que procesiona en el Corpus. El autor, no utiliza estuco para policromar la imagen, haciéndolo directamente sobre la madera para que no perdiese el «alma» que le había dado.

Tuve la suerte de conocer a D. Miguel Román, que además de un cofrade culto, discreto y elegante, tenía una buena conversación de la que se aprendía de principio a fin. A veces te quedabas embobado mirándolo porque en determinados detalles y gestos, es como si el Cristo de la Cena hubiese envejecido y estuviese hablando conmigo: cara afilada, pómulos prominentes, la nariz del Señor, y su mirada... Todo idealizado en la maravillosa ejecución de Sebastián Santos, pero con el claro referente de la fisonomía del rostro de aquel cofrade que nos encandilaba con su sabiduría.

El boceto de aquella obra, la tenía en un lugar preferente de su casa, y la donó a la hermandad como testamento y agradecimiento.

En la Hermandad del Silencio, también ocupó el cargo de prioste durante varias Juntas de Gobierno en la década de los 60. En ese periplo, crea el besamanos de la Virgen de la Concepción (1963) y el besapiés que se celebra a Nuestro Padre Jesús Nazareno el primer viernes de marzo.

Cabe destacar la ejecución y montaje en 1968, coincidiendo con el Congreso Eucarístico Nacional, de una exposición con los enseres y patrimonio de la Madre y Maestra.

En el apartado como vestidor de la Virgen de la Concepción, cambia el estilo que se le imprimía a la antigua Dolorosa, sustituida por la actual de Sebastián Santos con encajes de paños de altar y dotándola de majestuosidad y un sello airoso y con movimiento creado con dichos encajes.

Miguel se muda al barrio León, y es cuando entra a formar parte en la nómina de hermanos de la Sacramental y luego con la fusión de San Gonzalo. No es de extrañar, que siendo primero hermano de la Sacramental, organizase la Procesión de Impedidos, la Exaltación Eucarística y fuese promotor Sacramental de la Junta de Gobierno. Gracias a su labor, consiguió agregar la hermandad a la basílica del Santo Sepulcro de Jerusalén.

Cofrade inquieto e incansable, todo giraba en torno al arte y la Semana Santa. Dirigió la revista cofrade «Cruz de Guía». Ponencias, coloquios, tertulias, pregones o conferencias en Sevilla y gran parte de Andalucía, contaban con su ilustre presencia.

ANTONIO ADRIANO

Magnífico joyero, de cuya obra destacamos la puerta del Sagrario de la Capilla del Rosario, y que vivía por y para la Virgen del Rosario de su Hermandad de Monte-Sión. Ofreciéndole a la imagen un sello único, vaporoso y muy favorecedor para la época en la que desarrolla su labor como vestidor, se destaca por tocados enmarcando el rostro con finas tablas que van evolucionando hasta las blondas en la parte externa del mismo.

VICENTE DEL RÍO TEJERO

Nace el 20 de Octubre de 1872 y fallece el 9 de Enero de 1964. Cofrade especialmente vinculado a la Hermandad del Valle, dándole una configuración distinta y especial a su paso de palio. También es uno de los reorganizadores de la Hermandad de las Penas de San Vicente, creando el personalísimo tocado de la Virgen de los Dolores, titular de la hermandad. El testigo de Vicente, en las labores de vestidor en esta cofradía, lo recogió el historiador y gran cofrade Juan Carrero Rodríguez, que perpetuó el diseño de tocado para esta Dolorosa.

También hay casos concretos de hermandades que tenían por costumbre que las imágenes fuesen vestidas por sus priostes. Es el caso de la Virgen del Subterráneo, hasta que en Octubre de 1992 —elegido como prioste de la cofradía— nombra a Antonio Jesús del Castillo Fernández, vestidor oficial de la Santísima Virgen, siguiendo con tal labor hasta nuestros días.

Hay Vírgenes que por circunstancias temporales o por tradición han sido vestidas por sus camareras a lo largo de los años. Es el caso concreto de la Virgen del Valle, Nuestra Señora de la Merced y Nuestra Señora de Montserrat entre otras. En nuestros días, las camareras son las que atavían a la Virgen de las Aguas, tras los años en las que la vistió Manuel Caballero, que a su vez, había sustituido a Paco Santos.

PACO SANTOS

Francisco Santos Infante, nace en Sevilla el 18 de Julio de 1920 y fallece el 12 de Agosto de 2012 en el Hospital de la Santa Caridad. Su labor profesional, la realizó en el taller de Manuel Guzmán Bejarano. Coge el relevo de Antonio Amians en la década de los cuarenta del pasado siglo vistiendo a la Virgen de las Aguas durante más de 60 años. Perteneció a su Junta de Gobierno durante más de cinco décadas, casi siempre ocupando el cargo de prioste, coincidiendo en esa larga trayectoria, con la celebración en la Catedral de Sevilla del cuatrocientos aniversario de la hermandad y montando el impresionante altar para tan celebrada ocasión. «Prioste eterno» que diseñó el retablo cerámico que está situado el lado izquierdo de la fachada de la capilla y que realizase el prestigioso artista Antonio Morilla Galea en 1963. Su Hermandad del Museo, colocó un azulejo en su honor al cumplir 90 de edad y como reconocimiento a toda una vida dedicada a sus titulares. Ostentó el nombramiento de Hermano de Honor de dicha corporación.

Otra de las Dolorosas que por tradición es vestida por sus camareras es la Virgen de la Presentación del Calvario, con su característico tocado de tules. En los últimos años, son ayudadas para colocar el manto en el paso por José María Cordón, actual vestidor también de la Dolorosa de Santa Cruz y la Virgen del Rosario de la Magdalena, titular Gloriosa de la Hermandad de Montserrat.

Cabe destacar, como camareras celestiales a las Hermanas de la Cruz. Su labor de camareras la realizan con la Macarena y la han ejecutado con otras imágenes marianas de la cuidad como la Divina Pastora Coronada de Capuchinos. Pero quizás, la labor más destacada que podemos destacar dentro de la intimidad de vestir a una imagen, es el mimo y trato primoroso que recibe la Patrona de Sevilla. La Virgen de los Reyes, tiene el honor de contar con las mejores camareras–vestidoras que pudiese tener tan Soberana y Regia imagen: Las Hermanas de la Cruz, fieles guardianas de sus misterios y desvelos.

De los artistas que han ejercido de vestidores ocasionales, tenemos el caso de imagineros y escultores. Vestían las imágenes para presentarlas en sus talleres o por compromiso de las hermandades que pedían que vistiesen a sus propias Dolorosas. Es el caso de Antonio Dubé de Luque con la Soledad de los Servitas; Luis Álvarez Duarte con Patrocinio; Ricardo Comas con la Virgen de las Lágrimas (que aún no siendo obra suya, pertenecía activamente a la hermandad y su Junta de Gobierno); y Antonio Eslava Rubio, que vestía a la Virgen de la Estrella de Sanlúcar de Barrameda entre otras.

Hay un gran número de vestidores que han ejercido o ejercen su labor con el cariño y respeto que la Virgen se merece:

Lolina, camarera de la Virgen del Dulce Nombre desde la época de Pérez Calvo, nos añade algunos datos: «Francisco Barrero ha llegado a vestir a la Encarnación de San Benito, la Estrella y el misterio de la Borriquita. Ferrer, que según contaban planchaba los tocados, a Montserrat, la Esperanza de la Trinidad y también la Encarnación».

Paco Gordillo con sus queridísimas Vírgenes de la Hermandad de la Lanzada; Juan Miguel Ortega Ezpeleta con la Virgen de las Angustias de su Hermandad de Los Gitanos, cerrando su ciclo de más de 50 años en la Madrugá de 2010; Juan Robles vistiendo a la Virgen de la Paz, las Vírgenes de la Hermandad de la Carretería, y la Virgen del Rocío una vez que sustituye a Diego Gallardo y cediendo el testigo a Luis Becerra para la salida, hasta que en 1992, comienza a vestirla Pepe Aguilar; Joaquín Gómez Rodríguez, con su Dolorosa de la Victoria de la Hermandad de las Cigarreras (desde 1993) y vistiendo durante casi tres décadas a la Salud de San Gonzalo; Manuel Palomino en la Virgen del Valle, la Concepción del Silencio, la Virgen de la Angustia de los Estudiantes y hasta hace pocos años con el misterio de Santa Marta hasta que es nombrado José Manuel Lozano; Diego Colchero Barba con la Virgen de la Merced de Pasión; Francisco Ortiz en su Hermandad de la Soledad de San Buenaventura, la Virgen del Refugio y la Dolorosa de los Desamparados del barrio de Alcosa; Joaquín López con la Amargura; Rafael Granados con la Virgen de Gracia y Esperanza; Paco Cabello durante años con el misterio de Santa Marta... y tantos otros artistas que han dejado paso a las nuevas generaciones de vestidores.

Aunque la lista sería interminable, y cada uno —como hemos reseñado al principio— digno de un capítulo personal, hemos querido recordar aquellos grandes creadores que nos han dejado un legado único de estilos. Artistas que tienen un nombre propio en la Semana Santa: Fernando Morillo, Paco Morillo, Antonio Garduño, Antonio Fernández y recoger los testimonios de dos grandes «mitos» en el arte de vestir imágenes de la Virgen que siguen en activo realizando su labor: Pepe Garduño y Pepe Asián.

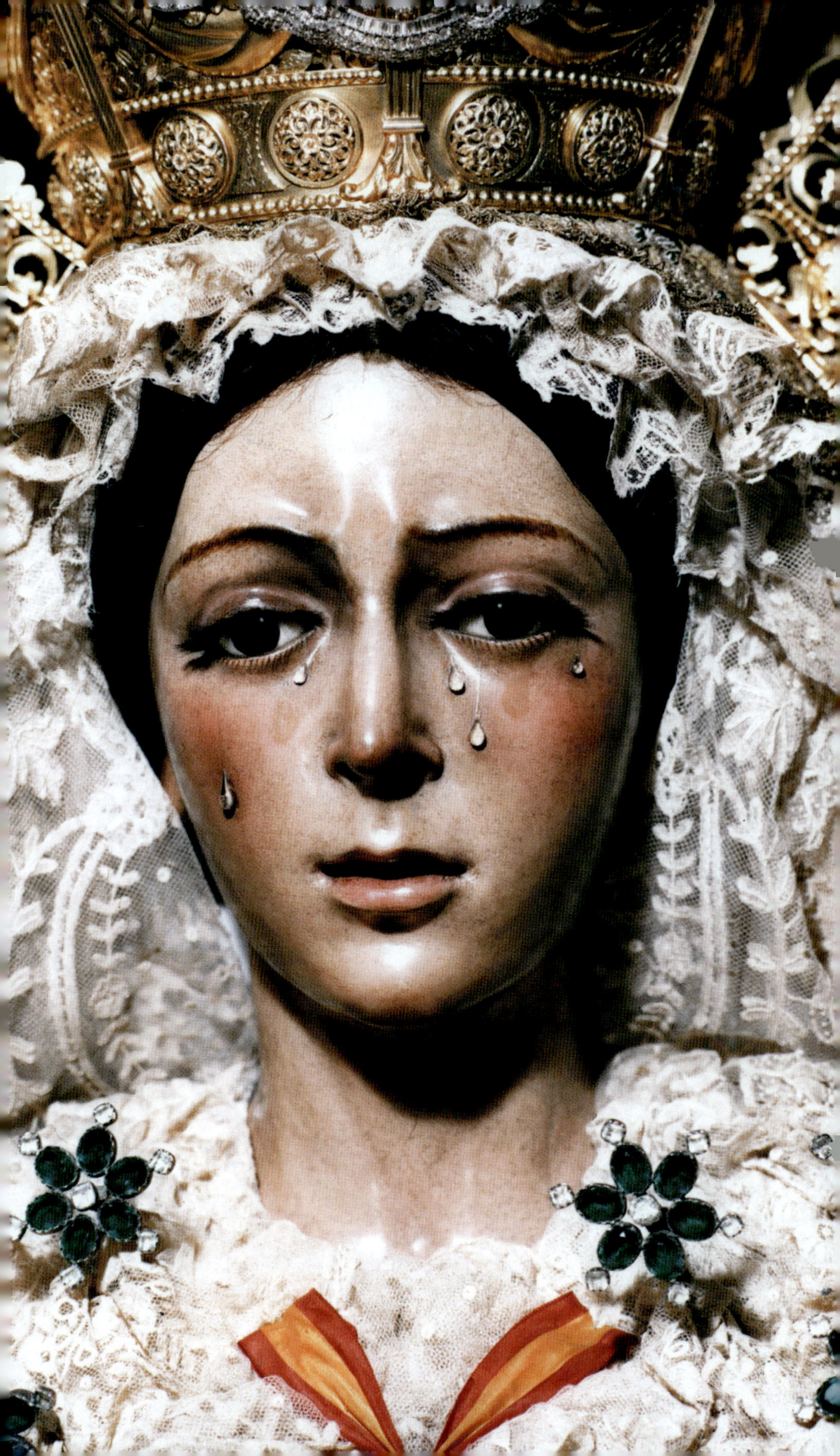

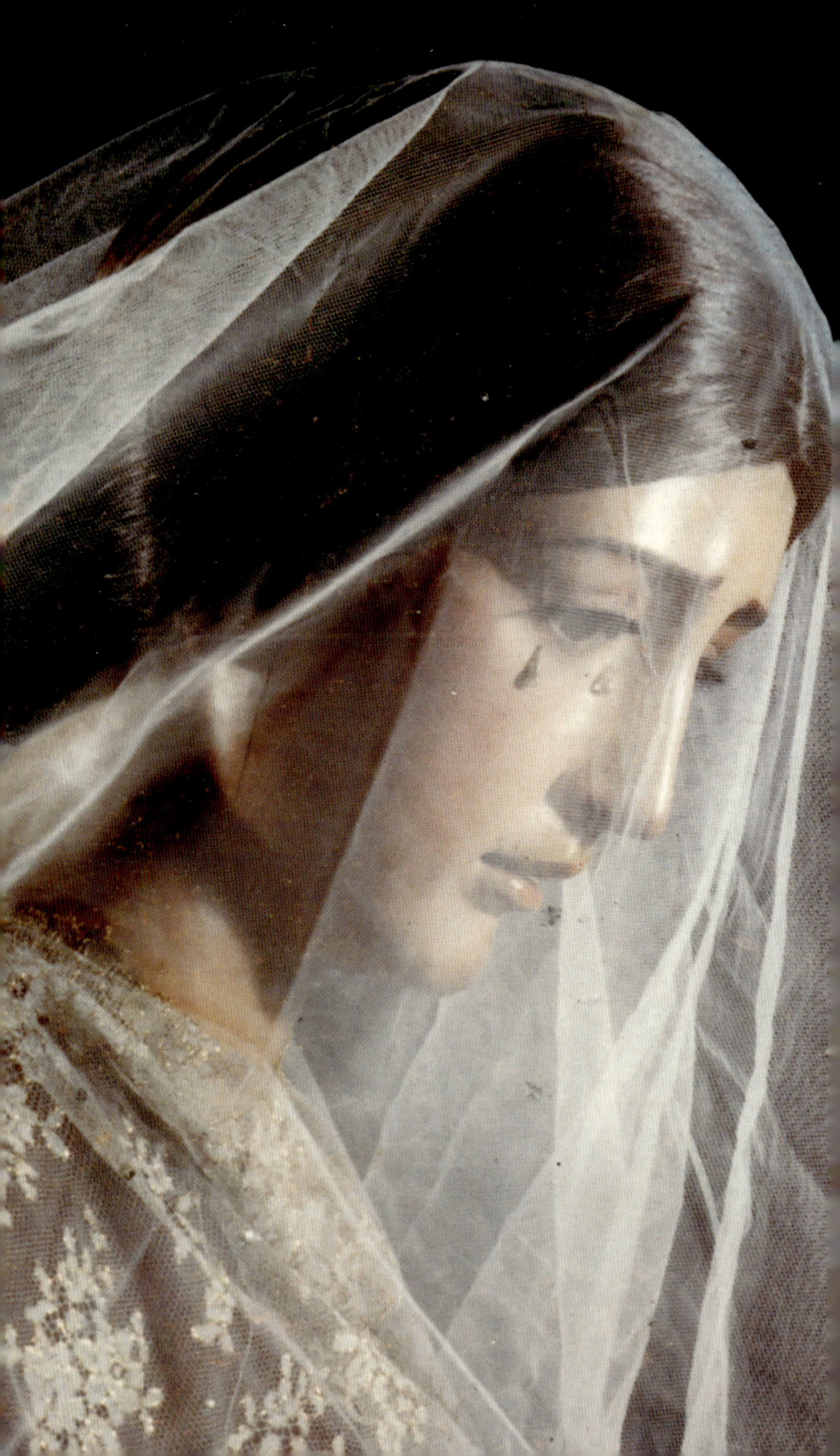

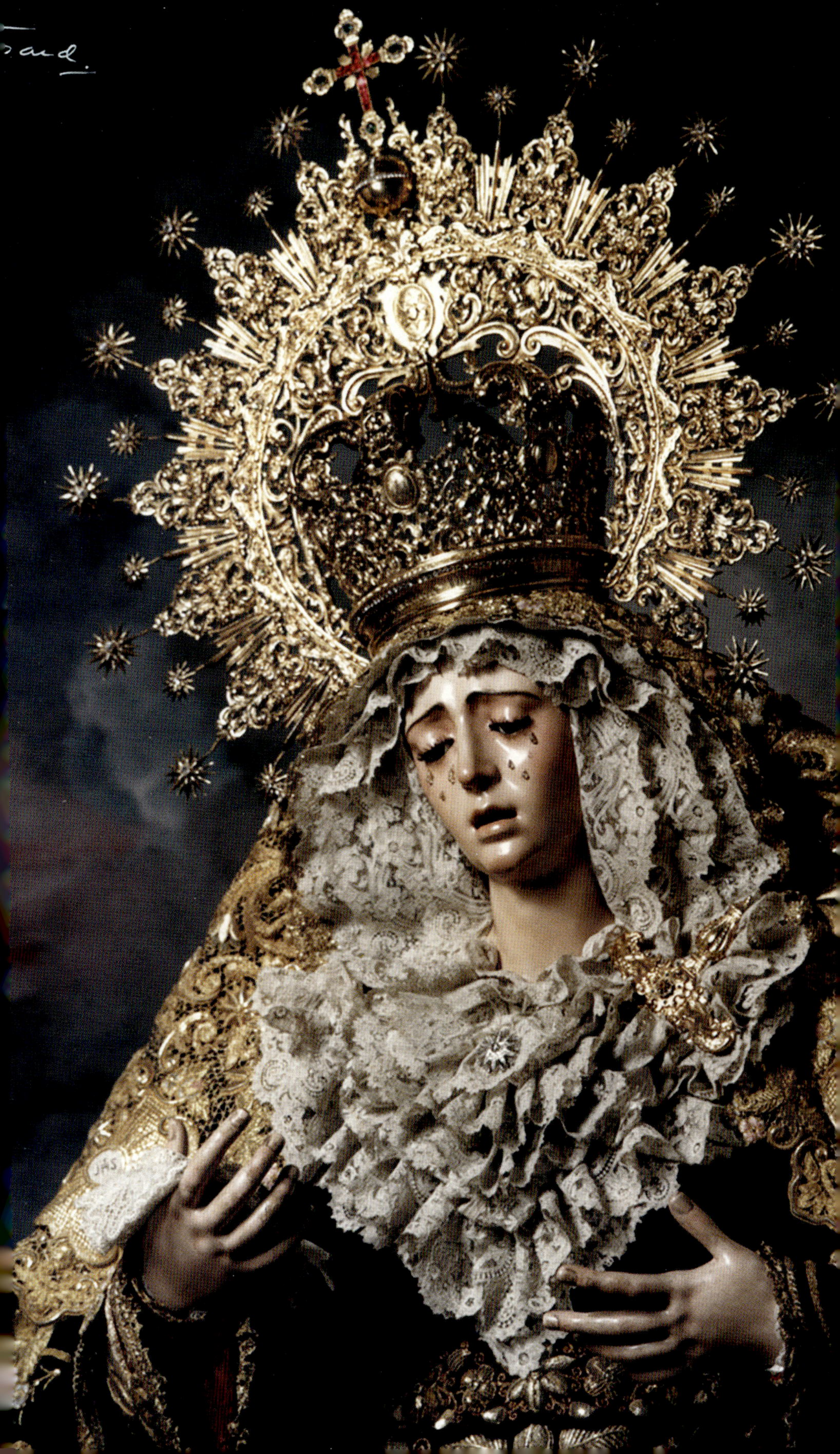

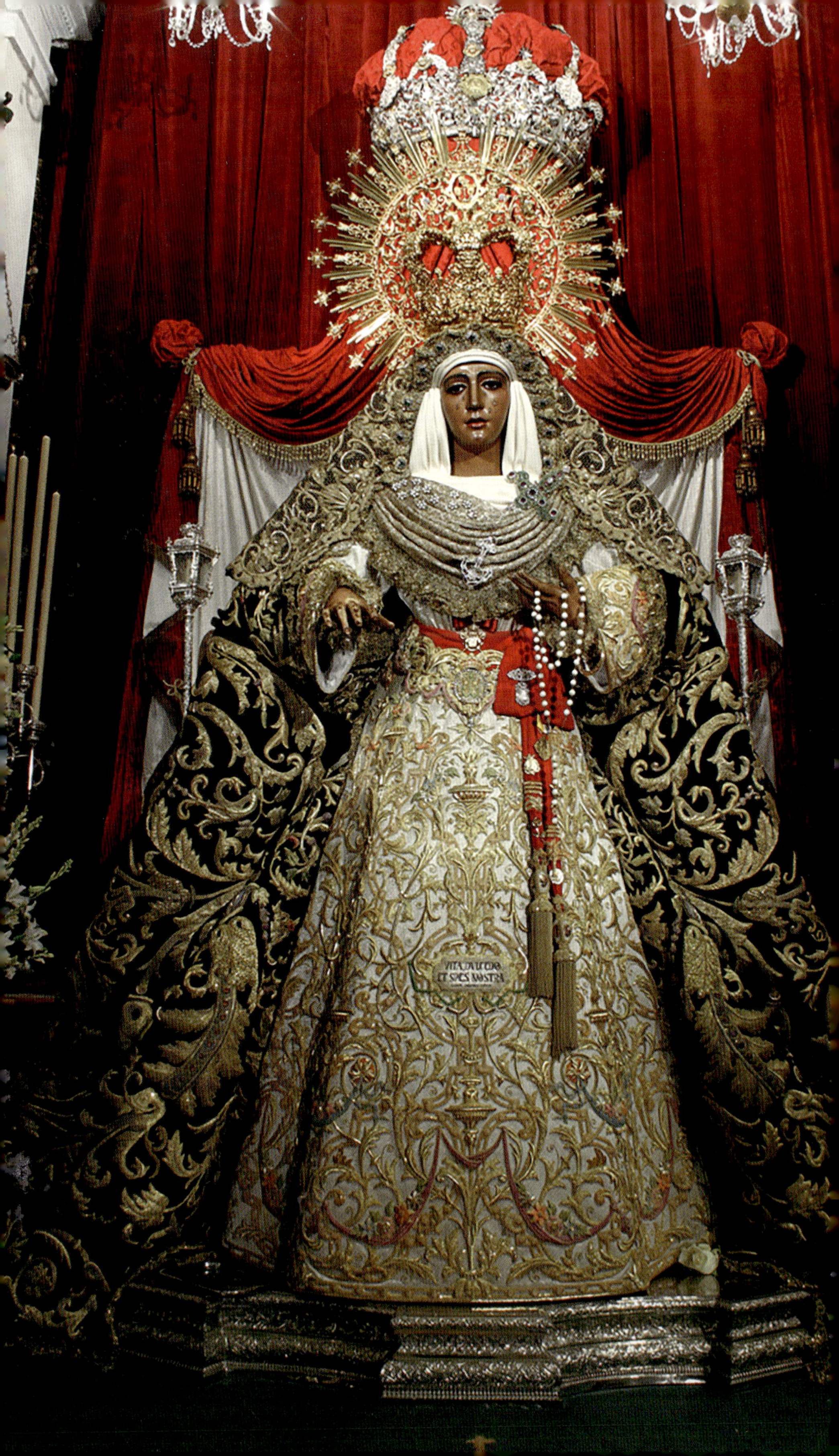

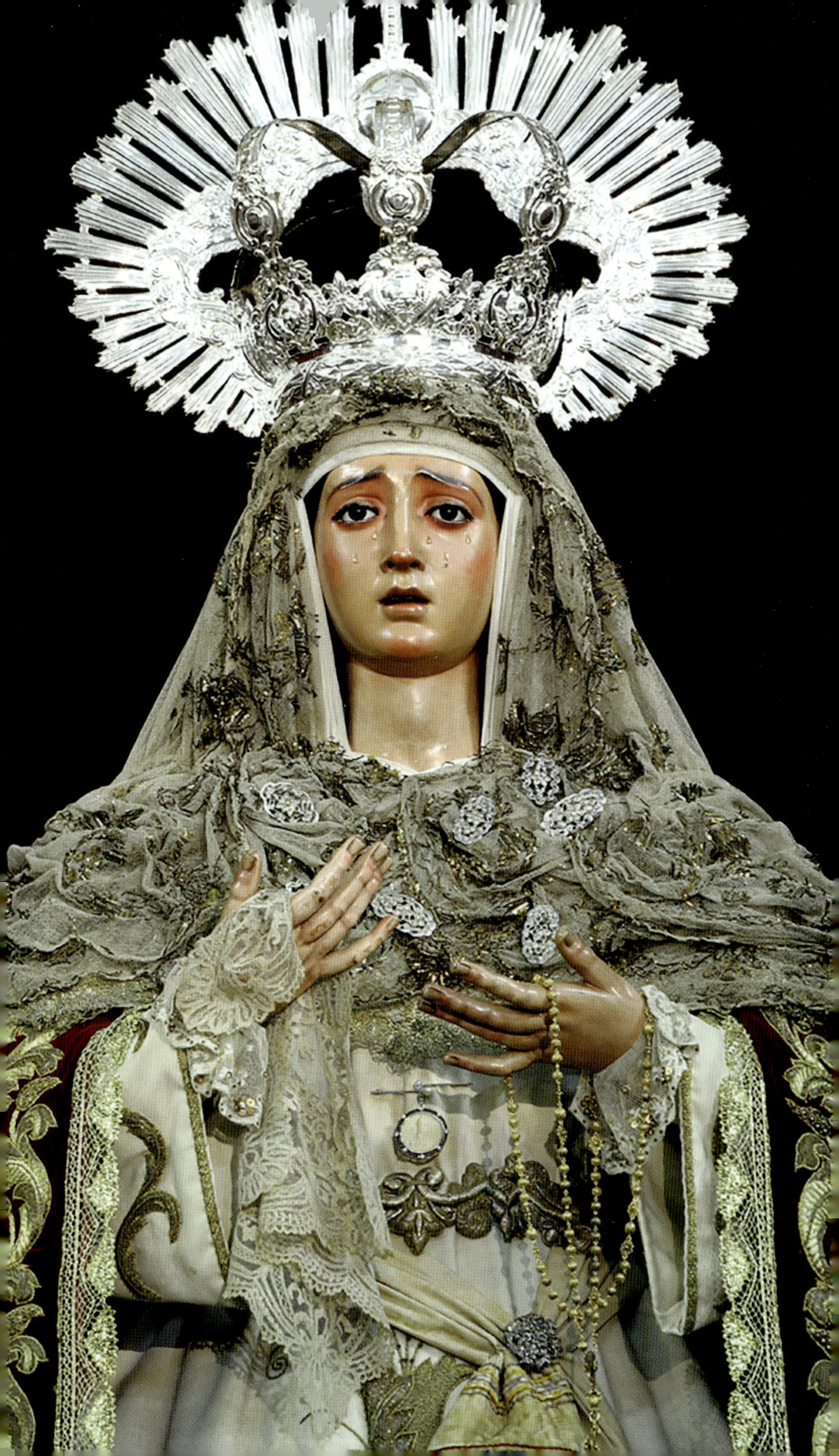

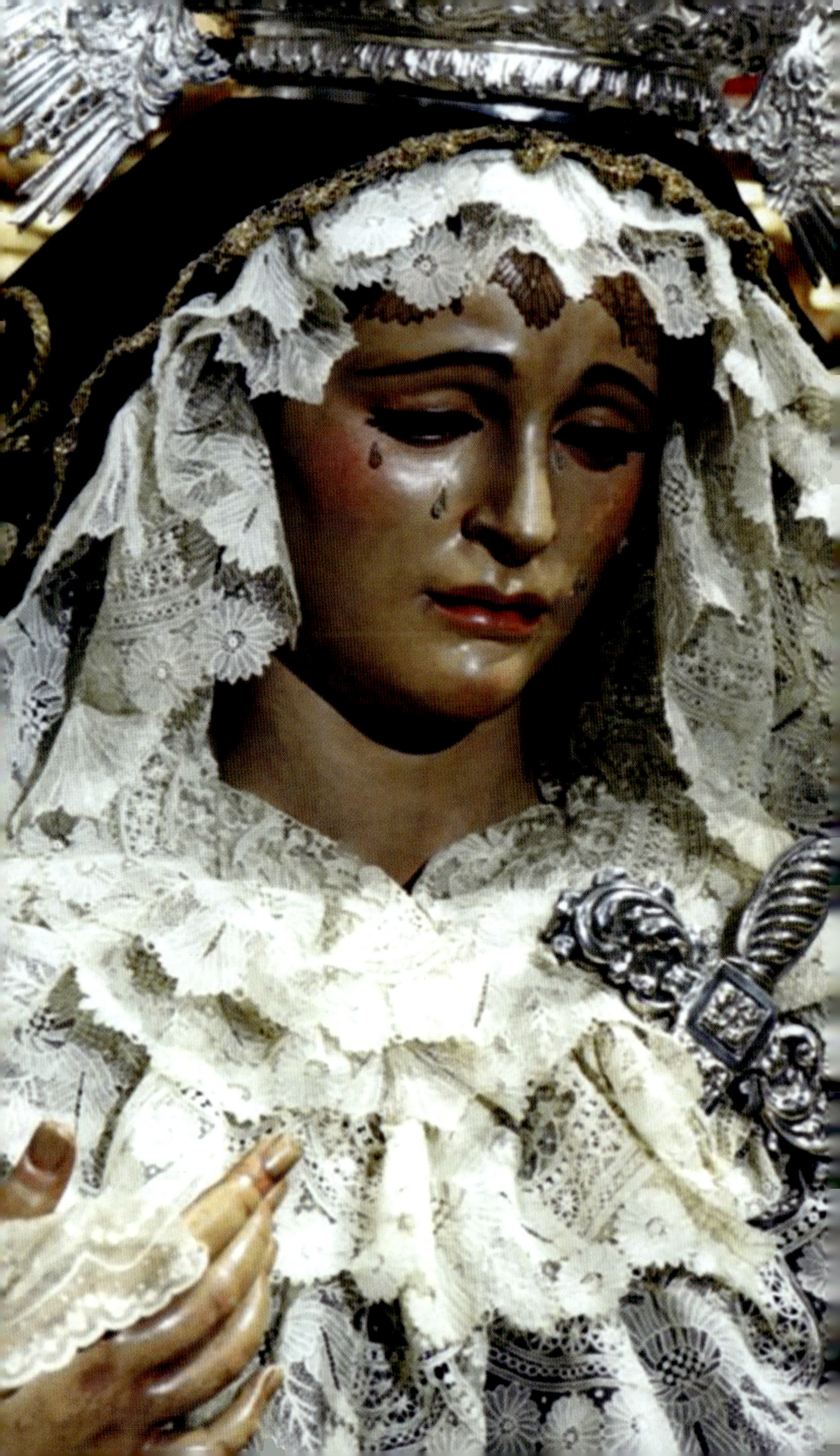

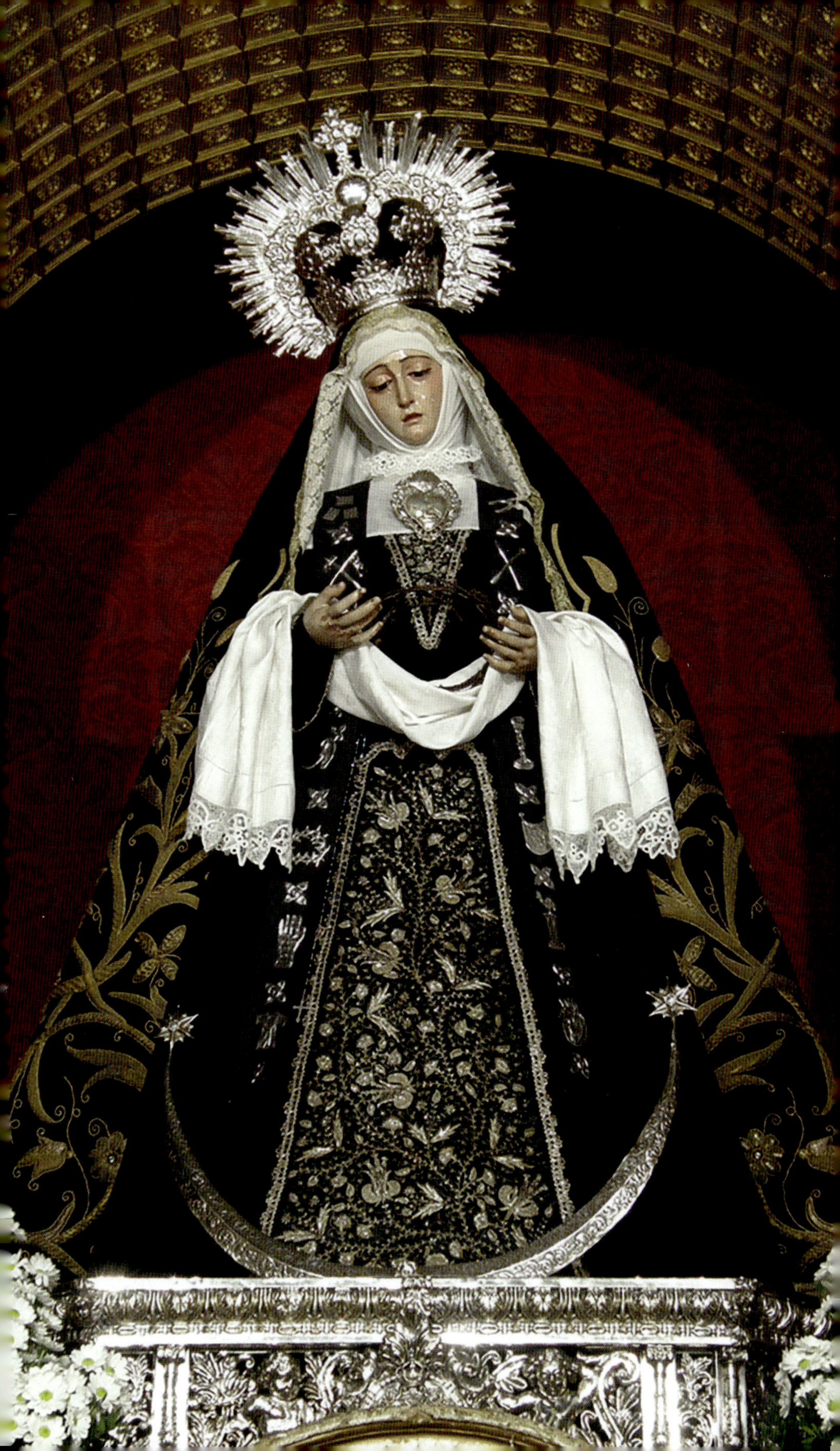

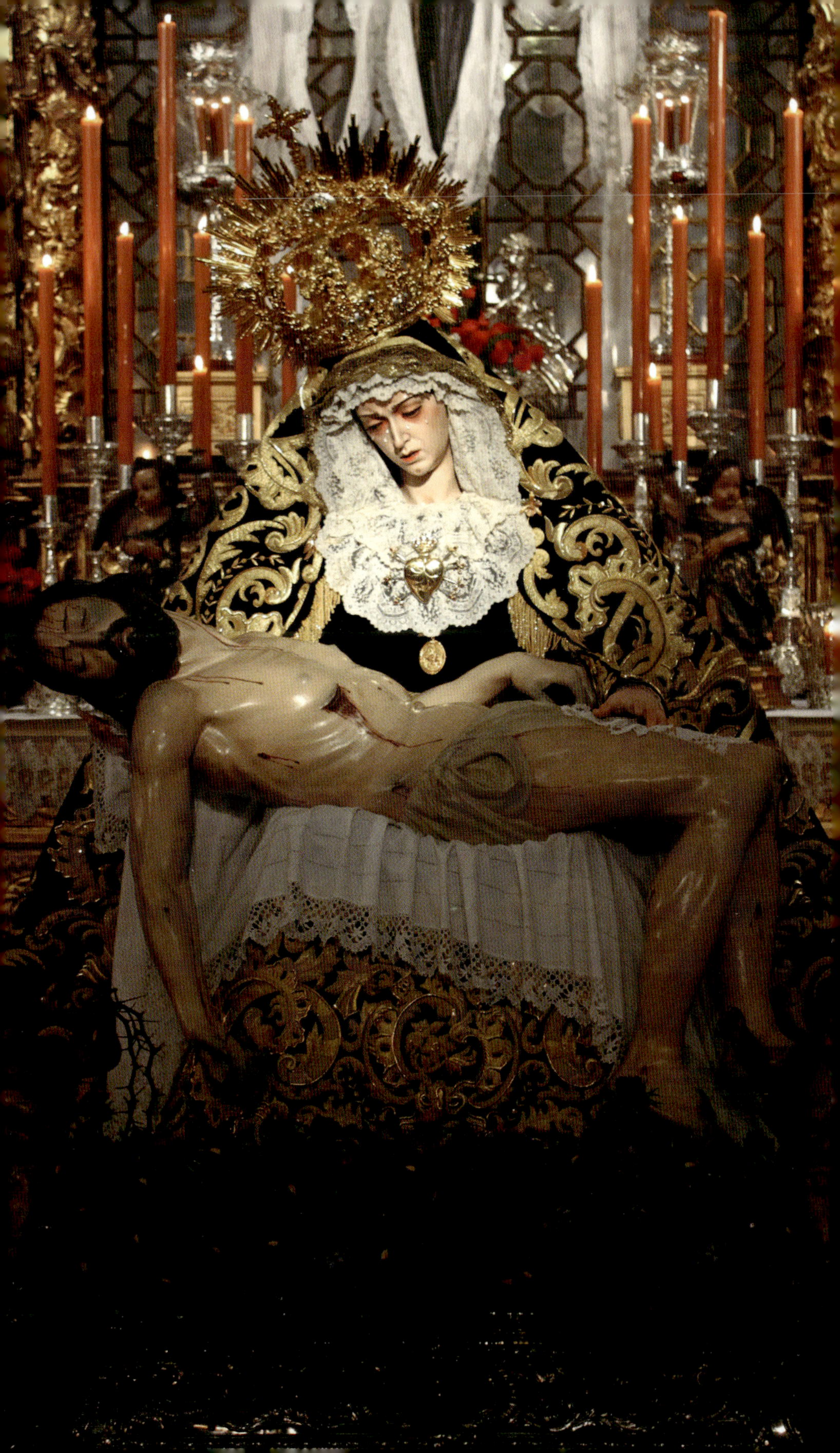

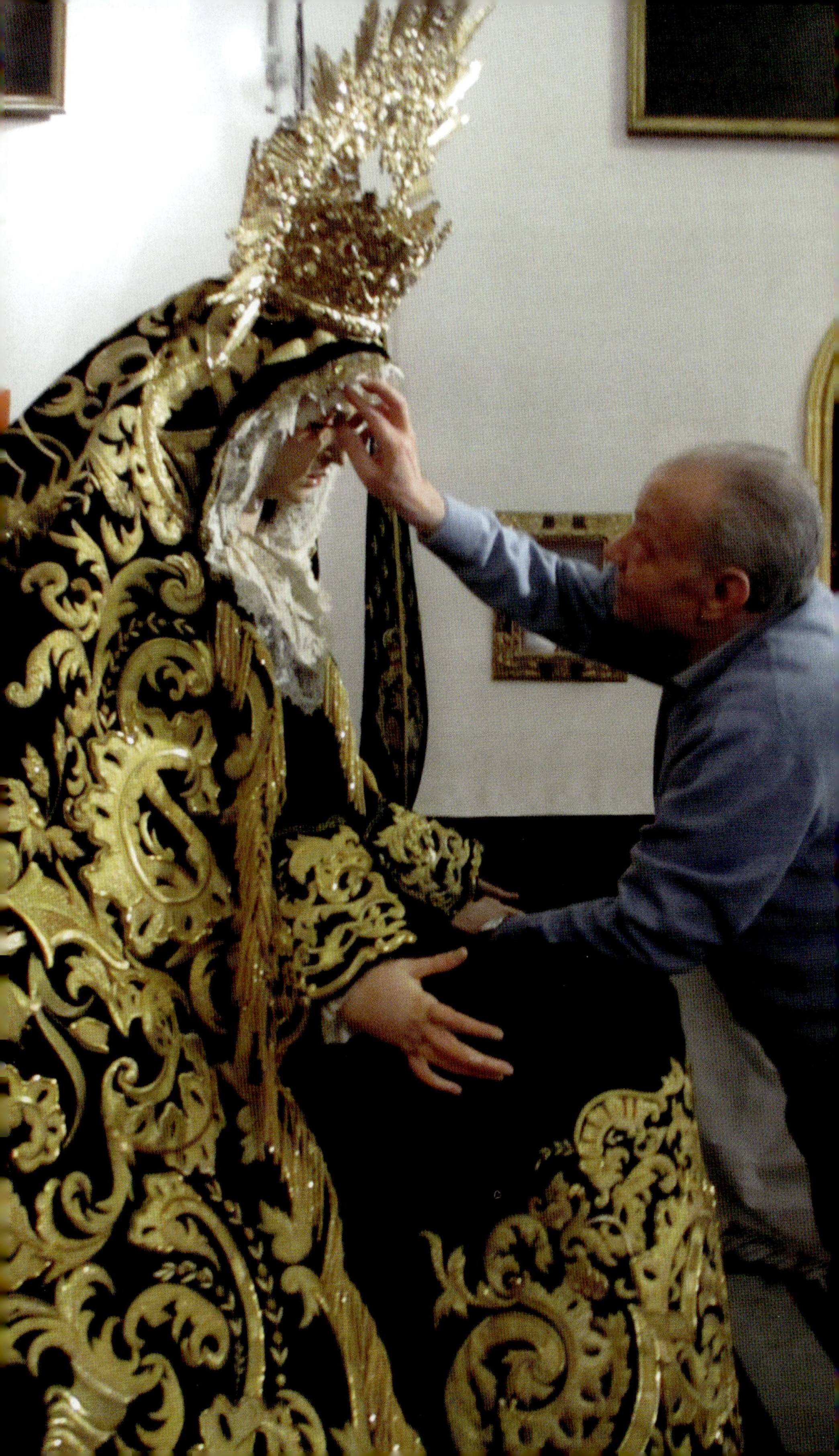

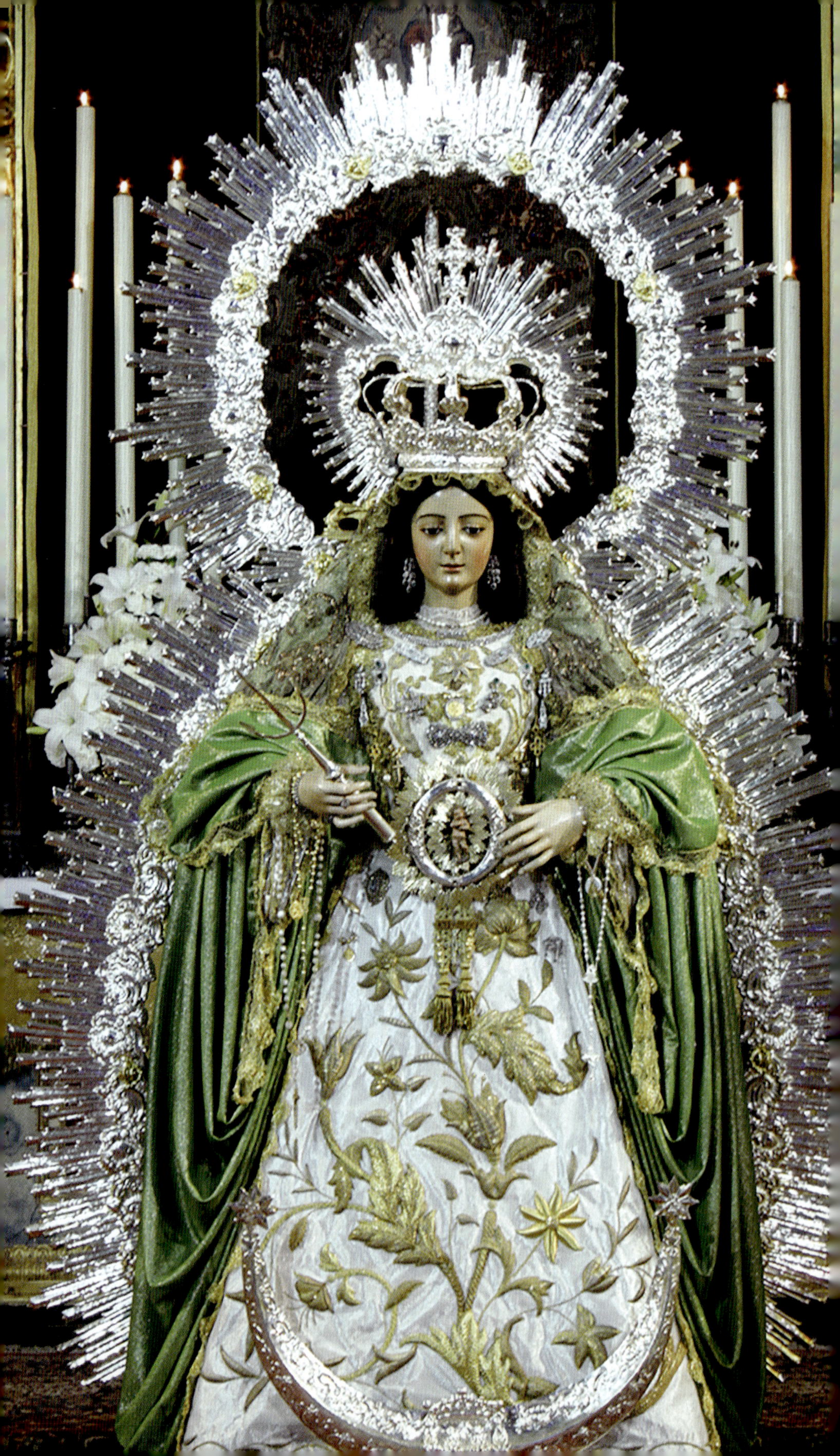

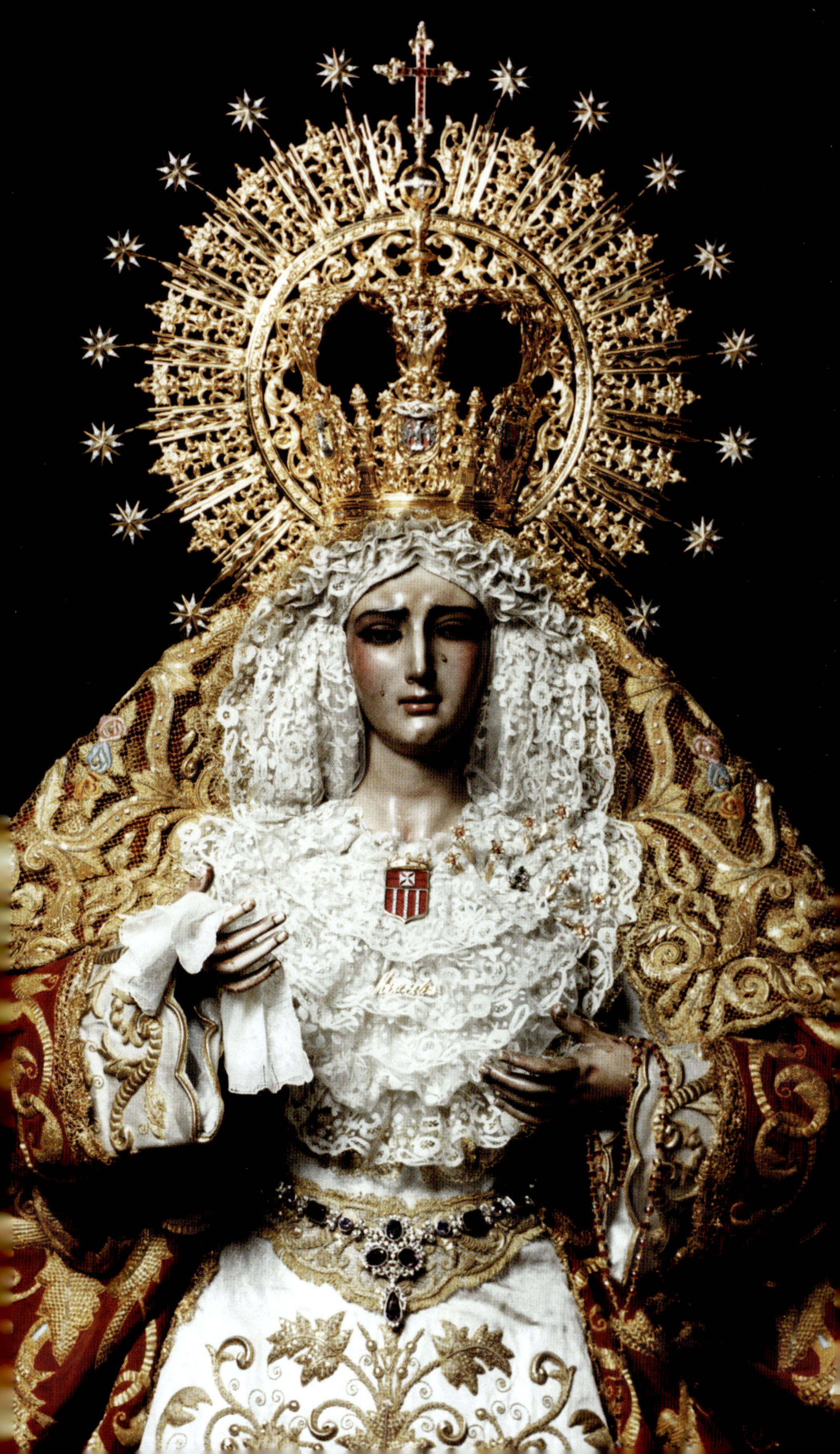

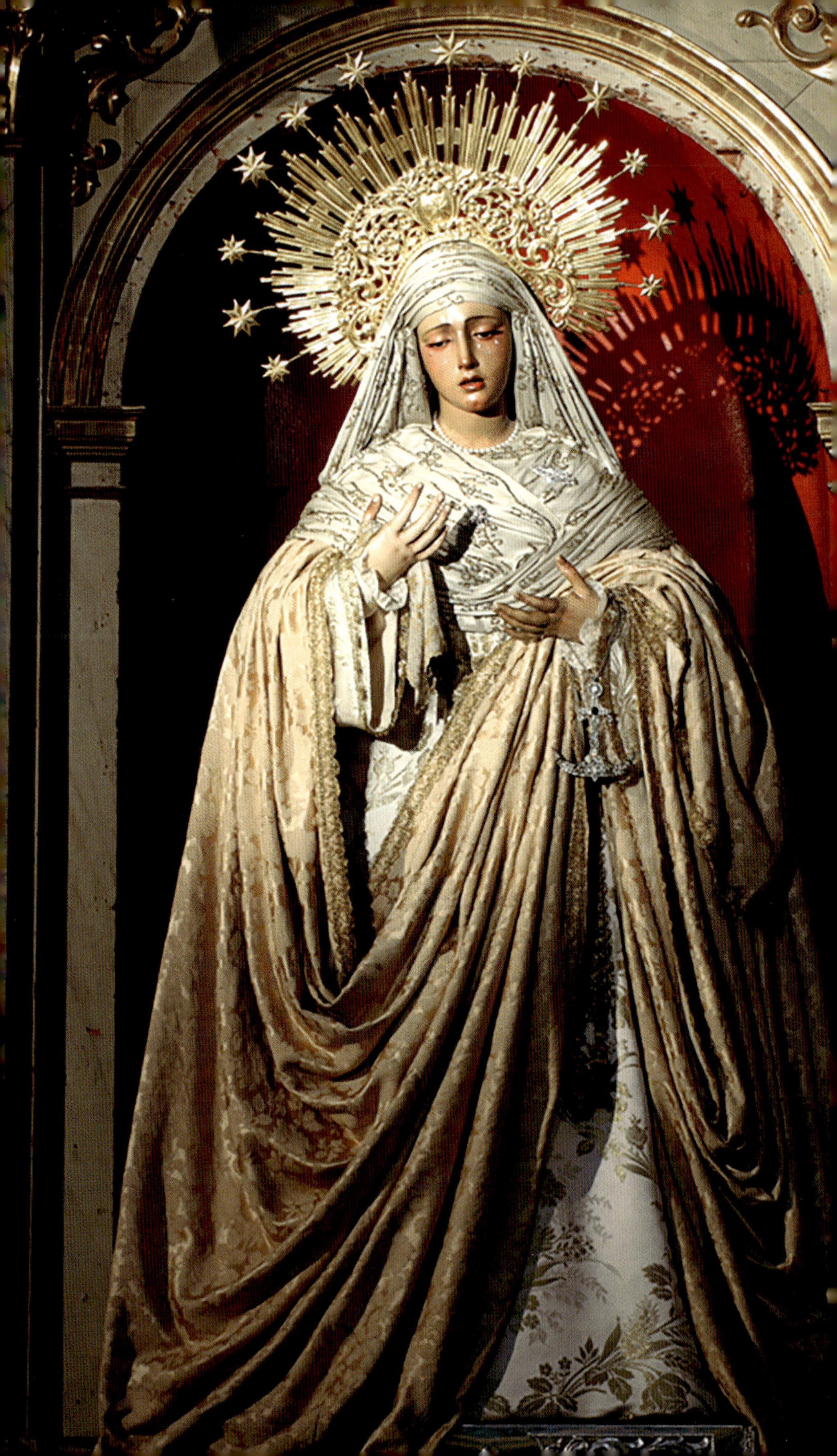

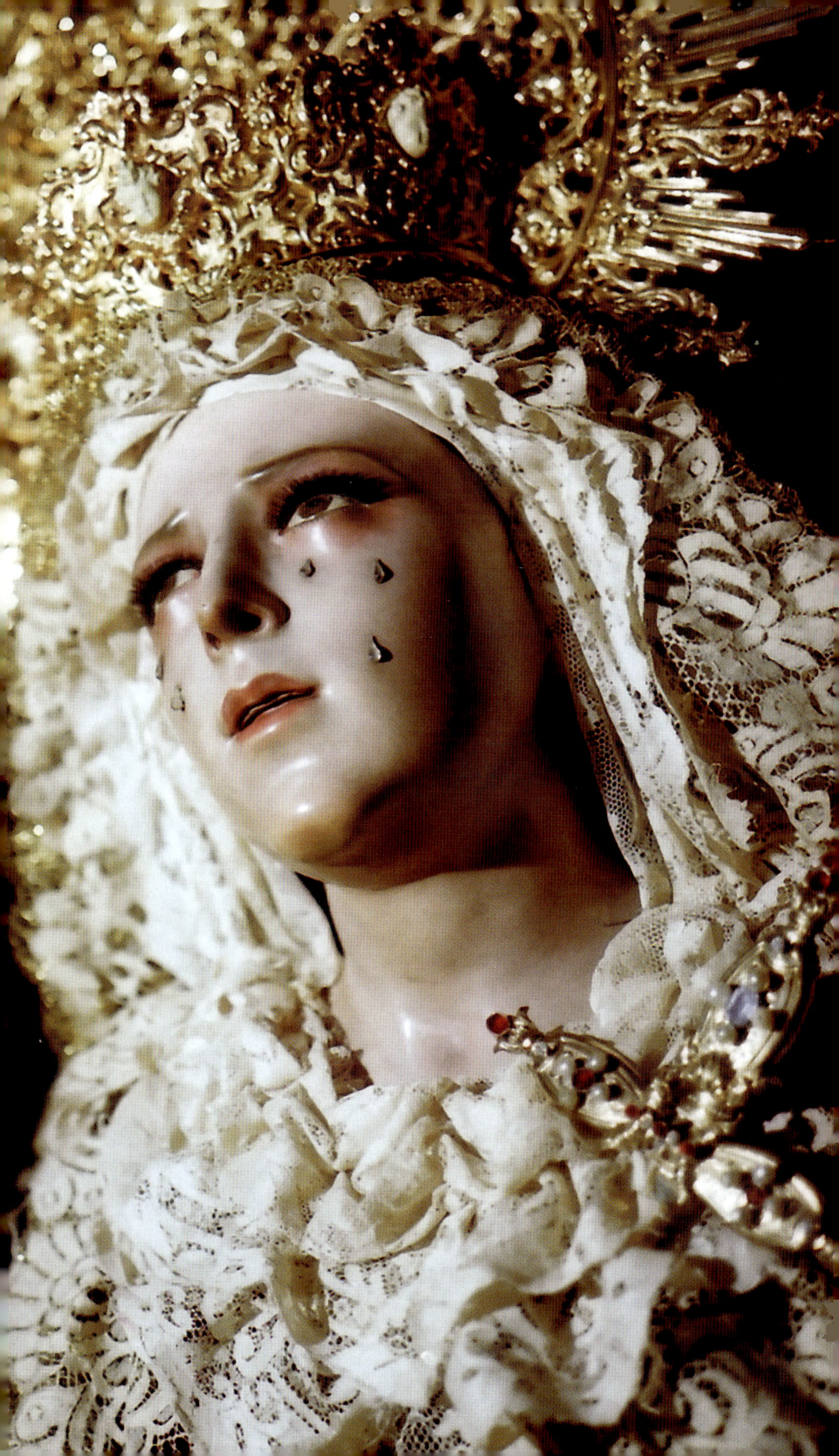

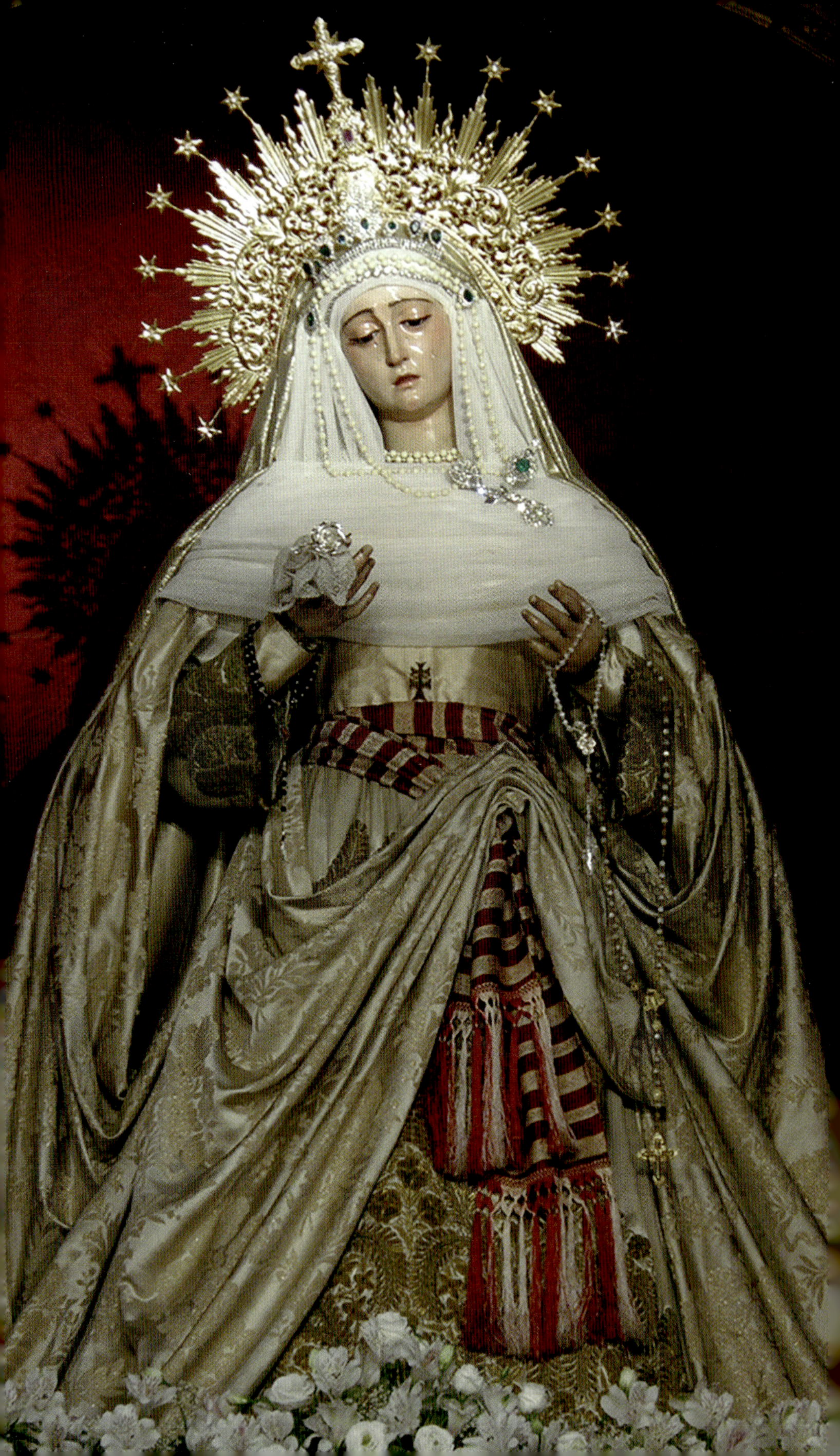

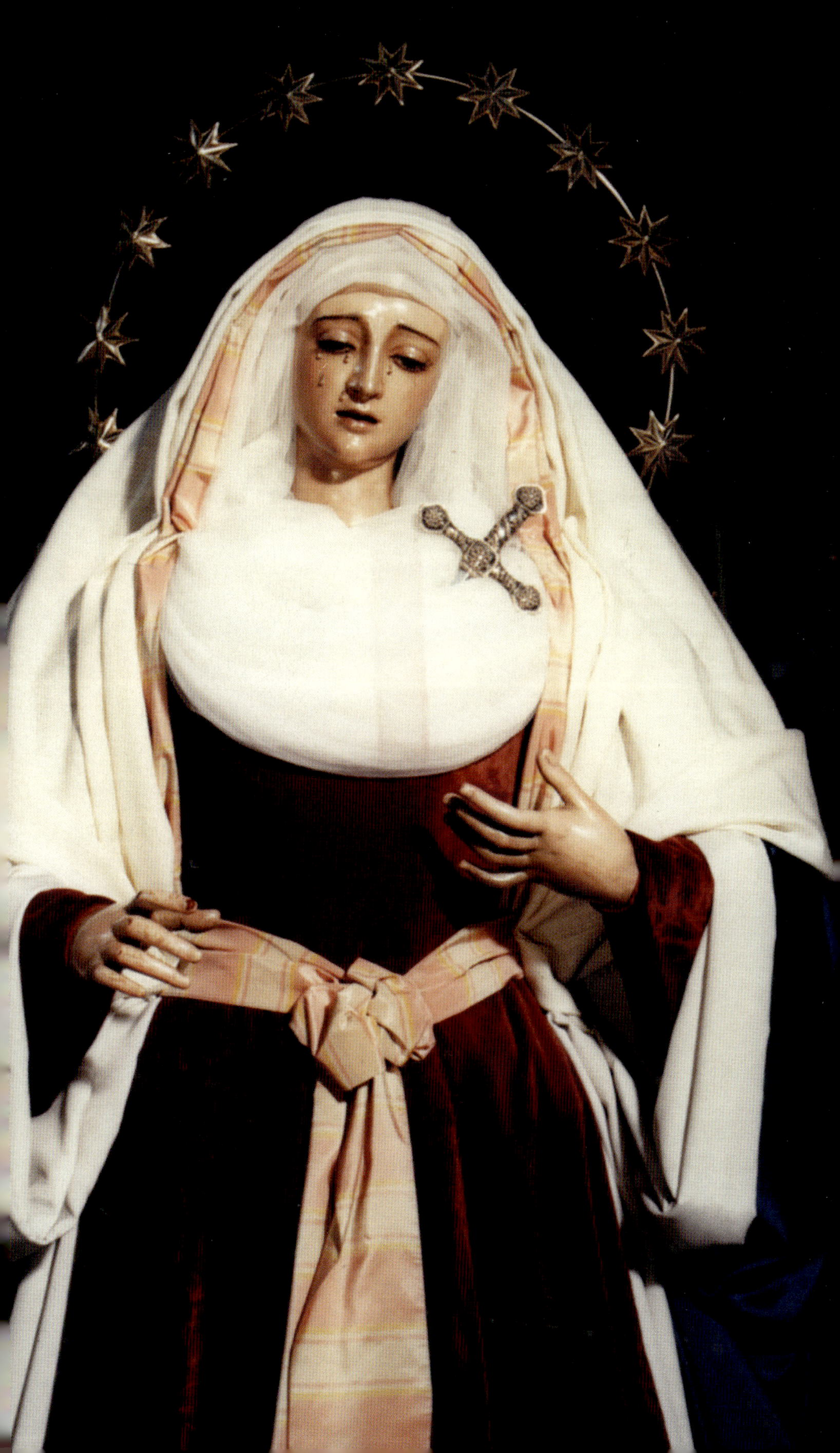

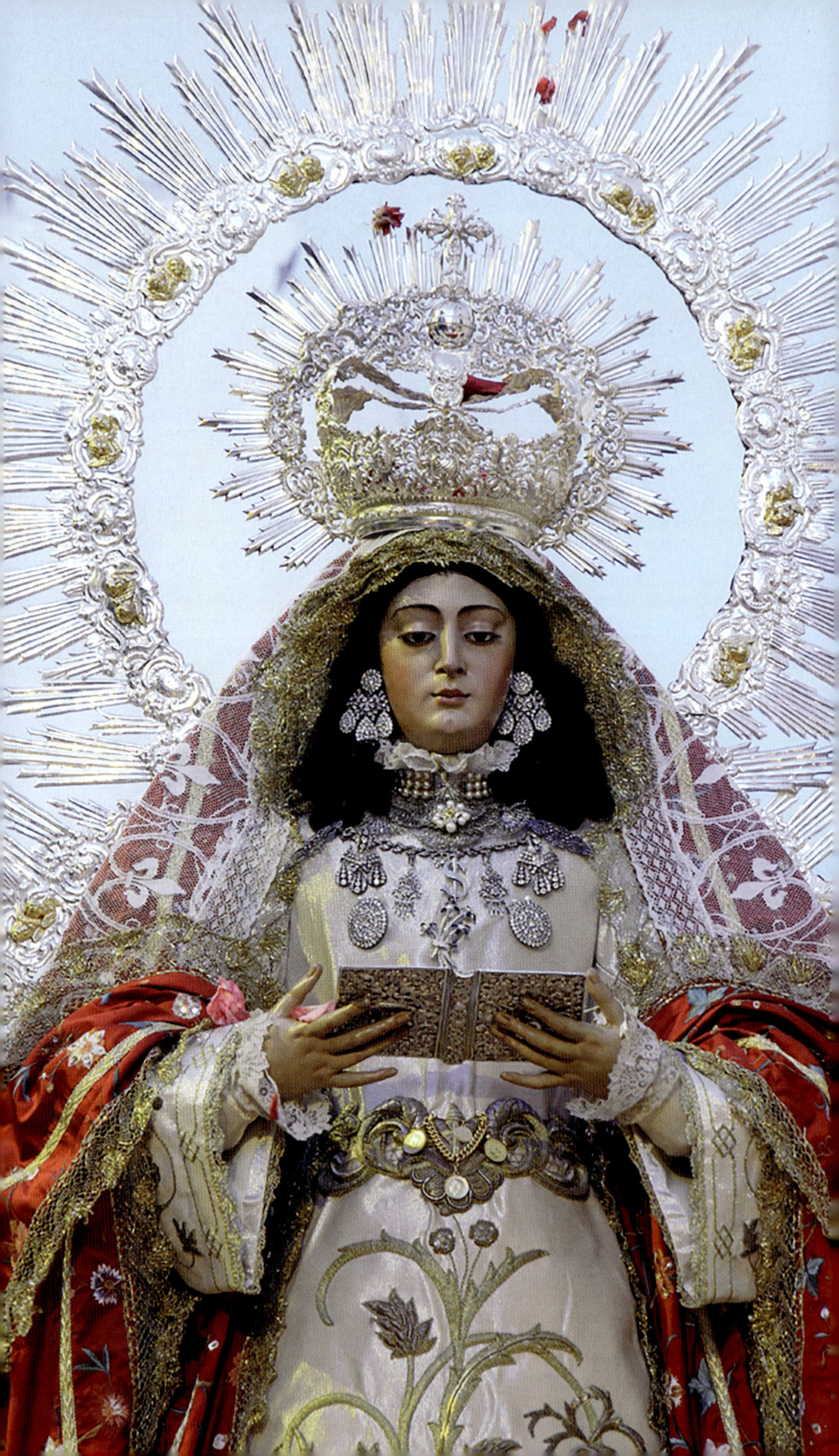

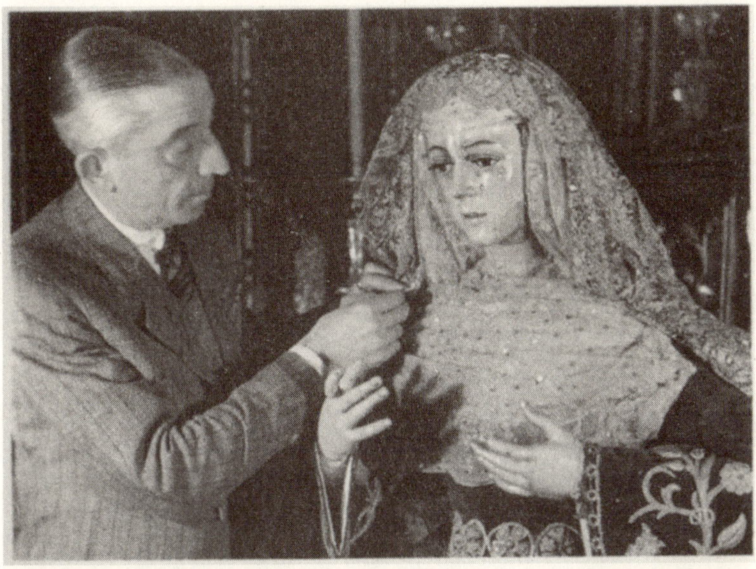

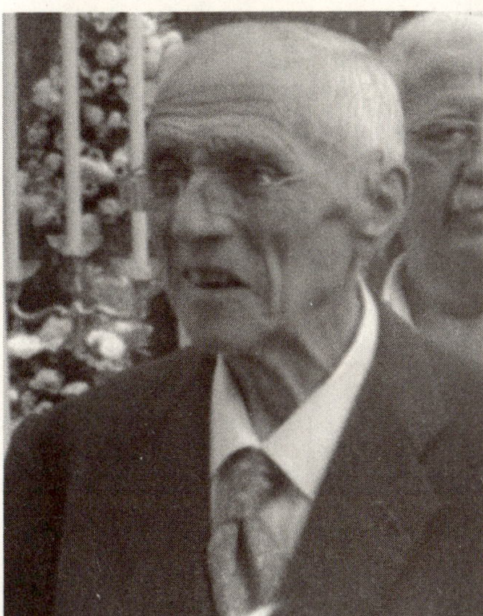

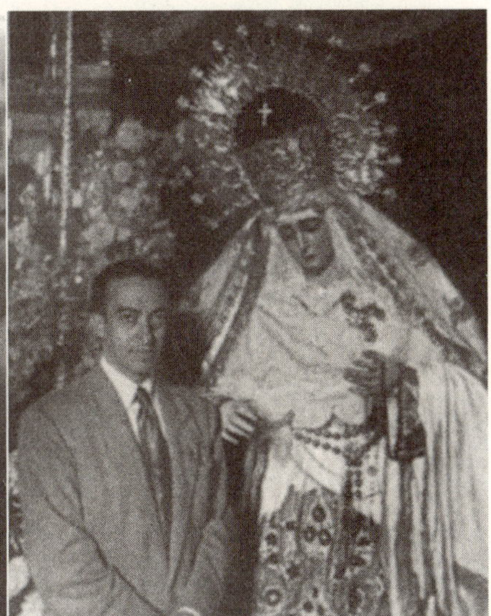

Arriba, Manuel Gamero vistiendo a la Esperanza Macarena. Abajo, a la izquierda, Paco Santos, vestidor de la Virgen de las Aguas del Museo. A la derecha, Antonio Adriano, joyero y vestidor de la Virgen del Rosario de Montesión. (Fotografías del archivo de A. Perez)

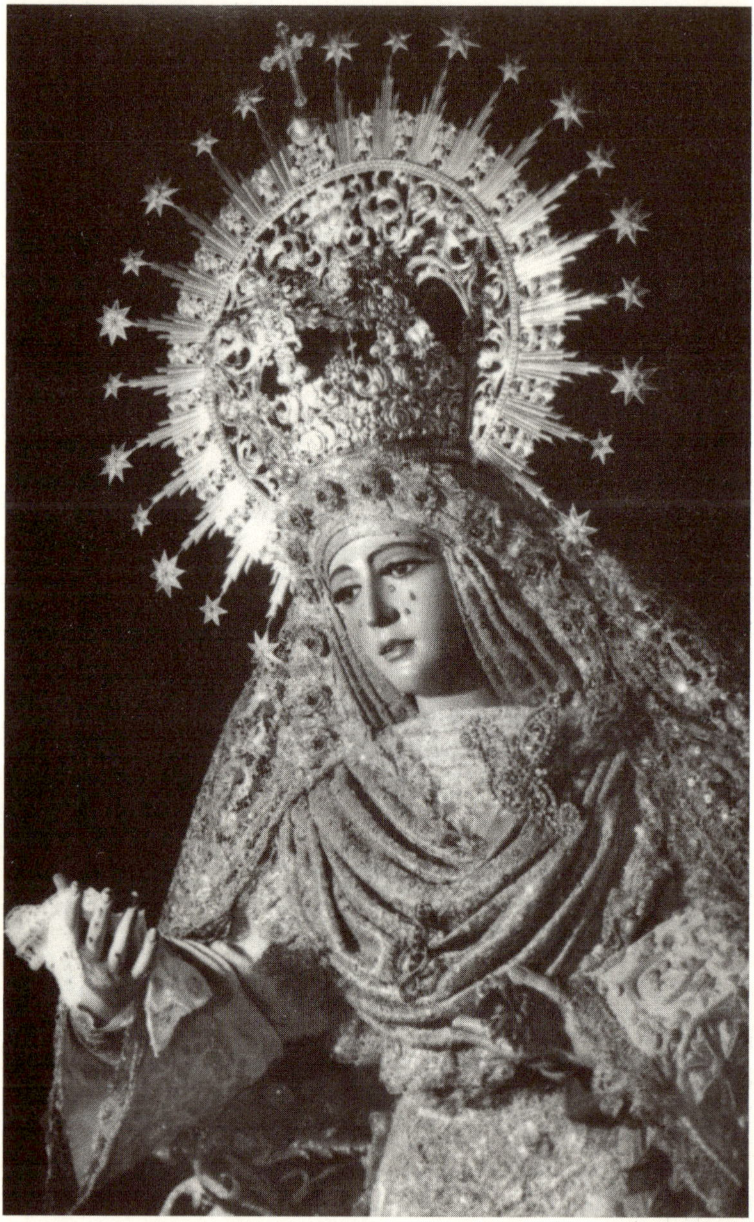

2. FERNANDO MORILLO

Fernando Morillo Lasso nació en su querida Triana el 16 de Noviembre de 1910 y falleció el 19 de Abril de 2002, viernes de Feria de Abril.

Hijo de Fernando Morillo Sánchez y Amparo Lasso Mora. Era el tercero de cuatro hermanos: Carmen, Manolo, Fernando y Miguel.

Nació en la calle Pureza número 10 (hoy número 6), la calle de sus desvelos e ilusiones. En la misma casa donde nació su bisabuela y que tenía un negocio de tradición funeraria, como así lo atestiguaba un cartel en la puerta de la vivienda.

Hasta que hizo la primera comunión, Fernando estudia en el Colegio de Cristo Rey. Comienza sus estudios y prácticas de joyería en la querida Joyería Primitivo, con quién Fernando aprende todo el oficio.

Rocío Morillo Sánchez, nos abre no sólo las puertas de su casa, también su corazón para hablar de una de las personas que más ha querido en su vida: Su tío Fernando Morillo.

Fernando era extremadamente familiar. Tan es así, que su sobrina Rocío y su hermano Fernando se quedan a vivir con sus tíos Fernando y Carmen: «Cuando mis padres se mudan a Morón de la Frontera, por motivos laborales, ya que mi abuela les monta una funeraria en aquella localidad».

Rocío, cuenta divertida: «Nosotros íbamos y veníamos de Morón a Sevilla, y una vez me vine de Morón a Sevilla en un coche funerario que tuvo que hacer un «servicio». Nosotros quisimos quedarnos a vivir con nuestros tíos Fernando y Carmen en Triana. Mi tía Carmen continuó con el negocio familiar —la funeraria— y mi tío Fernando comenzó con la joyería que le gustaba muchísimo. Era lo que él quería».

Fernando fue como un segundo padre para Rocío, quien al tener a su hija, y con las dudas propias de los nombres, le dijo Fernando: «La niña se va a llamar Esperanza... ¿Cómo se va a llamar?» Y Esperanza se llamó.

ANÉCDOTAS DE SU VIDA Y CON SU HERMANDAD

Multitud de anécdotas jalonan la vida de Fernando. Su sobrina Rocío y sus sobrino–nietos Fernando y Esperanza nos las cuentan:

Como artista que era, además de la joyería y vestir a las Vírgenes, también desarrollaba otras labores creativas: «Escribía saetas aunque nunca las cantó, o al menos en público. También le gustaba mucho la cocina. Y era muy manitas para las manualidades. Pintaba, decoraba... En la escalera que subía a la planta de arriba, había una baranda que acaba en una bola de bronce... pues era una pelota de goma que él había pintado y colocado en una peanita. Nunca dejaba de pensar y de crear».

Rocío nos cuenta... «Era tan presumido, que tenía un traje claro. Una vez, le cayó una gota de grasa de una especie de farolito que estaba colgado de la pared. Viendo la mancha en su traje, lo cogió y dijo: Ya no me manchas más! y lo tiró».

En casa tenía una imagen de San Antonio y un Niño Jesús que vestía de nazareno todas las Cuaresmas. «Estaba perfecto vestido, con su túnica, sus escudos, todo hecho por mi tío».

Sus estudios de joyería —su profesión—, le llevaron a hacer piezas primorosas no sólo para muchos particulares y personalidades del arte y la nobleza, también, como es lógico, para sus imágenes veneradas. Rocío, su sobrina, nos describe algunas de las muchas piezas: «Para el Cristo de las Tres Caídas le hizo los pasadores de oro de la camisa y el pasador del cuello. Para la Virgen... el puñal de oro, el ancla, dos flotadores, un corazón pequeñito, el nombre de Esperanza... y para la corona de la coronación, le hizo el escudo de la hermandad y el ancla que lleva en el canasto, todo de oro».

Por trianero, por joyero excelente, y por la vinculación que tenía con la Hermandad, Fernando gozó con la amistad de grandes personalidades del mundo artístico y del toreo: «Antoñita Moreno, Gracia de Triana, Antoñita Colomé... y moría con

Marifé de Triana. También fueron amigos suyos los toreros Antonio Ordoñez (que fue Hermano Mayor de la Hermandad), El Cordobés, Francisco Rivera «Paquirri», Carmen Ordoñez y su madre Carmen, y también aunque eran más pequeños, Francisco y Cayetano Rivera Ordóñez. Todos le querían mucho y sentían una gran admiración por él».

Trianero hasta la médula —genio y figura—, a veces le gastaban bromas al teléfono. Rocío nos cuenta divertida: «Como él era como era, hubo veces que llamaban al teléfono, y cuando descolgaba le decían: «¡Viva la Macarena!» y él con mucha tranquilidad respondía: «¿Ah... pero estaba mala?» y de inmediato colgaba. Eran bromas sanas de otros tiempos».

LA ESPERANZA DE TRIANA, SU ESPERANZA, SU VIDA

Su sobrina nos sigue desglosando los recuerdos de Fernando a su Virgen: «No hay constancia en los archivos de la hermandad de la fecha de ingreso de mi tío como hermano de la Esperanza. Y además, él salió pocos años de nazareno, puesto que quería ir siempre junto a Ella con su hermana Carmen. Disfrutaba mucho cuando toda la familia nos reuníamos en la puerta de casa esperando a la Virgen. Allí le entregaba un ramo —algunos decían que era muy ridículo porque sólo era una docena de claveles— que le ponía en el paso sin que la tapase. Nunca quería verla desde el Balcón. Y era muy bonito que todos los años le pararan el Cristo y la Virgen».

«Era tan de la Virgen que cuando alguien entraba en la capilla y se iba para la tienda de recuerdos, se acercaba, lo cogía del hombro y le decía: ¡¡Primero la Señora!! y luego... compras las estampitas que quieras. No le importaba si conocía o no a dicha persona. Lo importante era la Virgen».

Del recorrido de la Esperanza, Rocío afirma: «Le gustaba mucho la salida, por lo emotivo. Y le encantaba en la Avenida de la Constitución porque decía que era muy de Triana. También comentaba siempre, que la Virgen de regreso a Triana llevaba la cara más contenta».

Cuando Fernando llegaba a casa, tras un día de trabajo o de estar en la Hermandad, le confeccionaba tocados a la Virgen:

«Mi tío tenía unas cajas donde guardaba telas que compraba en tiendas o le traían de Ceuta. Él las enriquecía cosiendo lentejuelas doradas o de color de nácar. Se llevaba las horas muertas con la aguja y el hilo. Todo para su Madre».

Celoso y protector de su Virgen: «Un Jueves Santo por la mañana, de las muchas visitas que venían a la capilla, se acercó a mi tío un hermano de la hermandad. Le dijo que si podía ponerle a la Virgen en la mano un pañuelo que había pertenecido a su madre. Él se negó en rotundo porque decía que no era el día, que para otra ocasión vale, pero que el Jueves Santo ¡No! Ese hermano incluso se dio de baja de la hermandad, pero mi tío no le puso el pañuelo a la Virgen para aquella Madrugá».

Creador de los conocidos «buscanovios, sacanovios o robanovios» como así nos cuenta Rocío: «Él decía, que al igual que las mocitas de la calle Pureza, él se los hizo a la Virgen con alambre y lentejuelas, que los unía en un ramillete. Parecían como florecitas... y de lejos en el paso, con la candelería encendida, parecía un ascua de luz con los brillos que desprendían las lentejuelas al temblar en esos alambritos».

Fernando sentía predilección por la Virgen vestida de hebrea, aunque como más le gustaba era vestida de Reina. Tenía unos diálogos muy hermosos y directos con Ella. Rocío, testigo de esas «benditas charlas» las recuerda: «Era muy espiritual, y hablaba con la Virgen como de tú a tú. Recuerdo que le decía: Si te pincho y te duele dímelo ¿eh?, y si no te gusta como te estoy poniendo te lo quito».

Comenzó a vestir a la Virgen en 1943, por casualidad, tras la obra y estilo que le había creado Pepe Persio. Fue al bajarla del paso, la primera vez que la vistió... hasta el fin de su vida. En su juventud, Fernando ayudaba y le daba los alfileres a Persio. A partir de ahí, Fernando utilizó telas drapeadas, tan de moda en aquella época y va evolucionando hasta que nace el famoso «refregador» y el estilo personalísimo de Fernando Morillo. Rocío nos relata algo que le contó su tío: «Romero Murube, que por aquel entonces era el encargado del Alcázar, le dijo que era una locura lo que quería hacer... y tanto que lo fue! Creó su propio estilo para la Esperanza de Triana».

Para la creación del «tocado» o «rostrillo» de la Esperanza de Triana, nos sirve una descripción detallada que realiza el cofrade sanluqueño y amigo personal de Fernando, D. Miguel Ángel Zambruno:

«De un lado, despejando su frente y ofreciendo en plenitud su rostro. Esto lo efectuó por medio de su famosa «gola», como él llamaba al semicírculo de blonda de encaje que enmarcaba su frente, y que pespunteaba a su alrededor bien con alfileres terminados en ricas perlas, bien con brillantes o piedras preciosas que daban un tono radiante a la Virgen, que contrastaba con la morenez de su rostro.

Por otra parte, y aún más espectacular que la «gola» de su frente, Fernando inventó el «refregador» para el pecherín de su Virgen. Hasta entonces la tradición de los vestidores sevillanos mandaba cubrir el pecho de la Virgen con un encaje plano, un tul, un raso ligeramente plisado... pero sin dar «forma» al pecho de la Virgen, sin hacer destacar el busto de las Dolorosas. Fernando Morillo llevó a cabo su innovador y genial invento, utilizando decenas de metros de encaje que, partiendo de un hombro, llegaba al otro hombro trazando un arco de círculo, pero no plano, sino haciendo un gracioso abombamiento como de medio dedo de grosor, lo que, naturalmente, obligaba a utilizar una doble fila de pequeñísimos alfileres, ya que estos abombamientos o canaletas, para que permanecieran, tenían que ir sujetados con alfileres en su parte superior e inferior, en toda su longitud, único modo de que no se descompusieran con el paso de las horas.

Una vez trazado el primer arco de círculo, que ni ahogaba a la Virgen en su garganta, ni dejaba a la vista el nacimiento de su pecho, Fernando hacía un segundo arco de círculo concéntrico al anterior, luego un tercero, un cuarto, un quinto y hasta un sexto, todos ellos paralelos entre sí, y lógicamente, de mayor tamaño cada uno de ellos a medida que iban bajando hacia su cintura. No exageraba las dimensiones del pecho, pues aún dejaba espacio suficiente entre los encajes y la cinturilla o cotilla, que dejaba perfectamente diferenciada del pecherín para que luciesen sobre uno u otra las distintas joyas que se le colocaban, fundamentalmente aquellas que eran básicas en su atuendo.

Entre la segunda y tercera vuelta del refregador, llamado así porque se asemejaba a las ondulaciones de las antiguas tablas de lavar, en las que se refregaba la ropa, colocaba el puñal de Dolorosa, de los que la Esperanza poseía una buena colección, uno de ellos obra del propio Fernando Morillo, enriquecido con esmeraldas y diamantes, trabajo del cual se sentía especialmente orgulloso».

De fuertes convicciones, cuando la Virgen salió de San Jacinto aquella madrugada de 1962, para entrar en su capilla, Fernando se fue con Ella como nos cuenta Rocío: «Y nunca más volvió a pisar San Jacinto. A él no le gustaba el trato que daban allí. Dejaban las velas encendidas y a veces echaban a los cofrades de la iglesia. Por eso mi tío no quería nada con los curas de San Jacinto».

Según nos comenta su sobrina, «el día que vestía a la Virgen, él se vestía como si fuese a una boda, se duchaba y se perfumaba especialmente». Para la Semana Santa, Fernando tenía una especie de ritual... «la Virgen se vestía para el paso el Miércoles de Pasión. Al día siguiente, jueves, víspera del Viernes de Dolores, mi tío se encerraba en la capilla a solas con la Virgen para retocarla y verla con tranquilidad».

Fernando era un hombre delicado y de costumbres muy marcadas, sobretodo en lo que se refiere a la Virgen: «Tenía tanto celo con su Virgen de la Esperanza que no consentía que nadie la viese en enaguas, porque como a una mujer nadie la ve en ropa interior, a la Virgen mucho menos».

OTRAS DOLOROSAS VESTIDAS POR FERNANDO

Aunque el amor incondicional de Fernando era su Virgen de la Esperanza, vistió otras Dolorosas por devoción y por compromisos con amigos que se lo pedían. Así durante unos años vistió la Virgen de la Misericordia de la conocida Hermandad del «transporte» de Jerez de la Frontera por amistad con Paco de la Rosa. También la Virgen de la Victoria de la Hermandad de las Cigarreras de Sevilla por amistad con Avilés. Hay una anécdota divertida y entrañable que nos cuenta Rocío: «Mi tío, nunca cobraba por vestir ninguna Virgen, pero en las Cigarreras, cuando iba a vestirla, le regalaban un cartón de Ducados que era el tabaco que él fumaba». También Joaquín Gómez, actual vestidor de la Virgen de la Victoria, nos cuenta: «Yo era muy jovencito, y alguna vez estuve ayudando a Fernando. Yo le preguntaba que le parecía mi Virgen, y Fernando me decía: «Mi Virgen es la Esperanza de Triana, pero es que la Victoria... es mucha Virgen, una de las mejores de la Semana Santa».

Ocasionalmente, vistió también a la Virgen de la Encarnación de San Benito y a la de la Caridad del Baratillo, aunque no llegó a estar realmente vinculado con ninguna de estas corporaciones, que como él refería, llegaron a ponerles «cheques en blanco» en sus manos para que el pusiese la cantidad que quería cobrar por vestir a sus Vírgenes respectivas.

LA REINA DE LOS MÁRTIRES DE CÓRDOBA

Durante varios años, también Fernando fue vestidor de la Reina de los Mártires, de la cordobesa Hermandad de la Buena Muerte. El gran cofrade Lorenzo de Juan nos recuerda sus vivencias: «A Fernando, Don Camilo Jiménez Durán —que fue un gran cofrade de nuestra Hermandad y amigo personal de Fernando— le enviaba un coche a Sevilla o le enviaba el billete de tren. Fernando venía a Córdoba y se llevaba dos o tres días con nosotros. Vestía a la Reina —como se conoce a la Virgen aquí en Córdoba— con su peculiar estilo. Le traía telas y tejidos para confeccionar los tocados que aún conservamos».

Lorenzo continúa con anécdotas divertidas: «Don Camilo y su esposa, doña María Riera —natural de Écija— lo querían mucho, al igual que todos nosotros. A Fernando le buscaban para hospedarse una habitación en el Hotel Andalucía, cerca de nuestro templo. Doña María era muy Macarena y con Fernando le gustaba «picarse» pero siempre en buen tono».

Respecto al humor de Fernando y devoción por la Esperanza de Triana, Lorenzo añade: «Cuando la estaba vistiendo en la pequeña sacristía de la iglesia, Don Camilo pasaba detrás de él y decía en voz alta: pues ya llevamos 800 papeletas de sitio —una mentira para picarlo— y Fernando empezaba a refunfuñar diciendo que cómo la hermandad iba a tener más nazarenos que su Esperanza».

Y añade un dato curioso no muy conocido hasta ahora: «Fernando, como sabes, era un excelente joyero. Al venir a Córdoba, se queda prendado del puñal de la Reina de los Mártires. Al poco tiempo, lo comenta en su hermandad y el secretario nos envía una carta, pidiendo permiso para inspirarse en este puñal y así hacerle uno a su Esperanza. Un detalle elegantísimo que no todas las hermandades tienen. Fernando hizo ese puñal, inspirado en el nuestro pero con los cambios pertinentes para su Esperanza. En el archivo de la hermandad conservamos esa carta de petición. Para nosotros es un auténtico honor».

Respecto a los años de vestidor de Fernando con la Reina de los Mártires, Lorenzo nos cuenta: «Para la primera salida, en 1951, vino Manuel Gamero hasta 1955 aproximadamente. Tras su marcha, llega Fernando Morillo en 1957 y está con nosotros... calculo unos 20 años. Hay telas y tejidos que Fernando nos trajo y que aún hoy se le ponen a la Virgen. Son tejidos de brillos muy vistosos y alegres».

LA ESTRELLA DE SANLÚCAR DE BARRAMEDA

Destacamos también la relación especial que mantuvo con la Virgen de la Estrella de Sanlúcar de Barrameda, que como hemos comentado antes era tierra a la que Fernando adoraba. Su sobrina Rocío nos cuenta: «Toda la familia hemos veraneado desde pequeños en Sanlúcar. Nos quedábamos en la calle Don Román. Mi tío, al que le encantaba estar moreno, daba largos paseos por la playa desde Bajo de Guía hasta Las Piletas. Le gustaba tanto el sol que aquí en Sevilla, en casa, se subía a la azotea a tomar el sol durante todo el año».

Referente a la labor de vestidor de la Virgen, nos cuenta: «Le hizo un pollero con cañas. Envió a los niños que había por la hermandad a que subiesen al Castillo de Santiago —que estaba entonces en muy mal estado— a que cogiesen esas cañas con las que le hizo el pollero. ¡¡La Virgen era otra!!».

Pepe, sobrino político de Fernando y marido de Rocío nos da los detalles de otra anécdota curiosa: «Como la Virgen se llama Estrella, el tío Fernando, me dijo que le hiciese unas estrellas para su pecho. Como no teníamos medios, se las hice con papel dorado de las cajetillas de tabaco. Ya luego le hicieron las buenas de oro de ley que son magníficas».

El buen cofrade sanluqueño y amigo Miguel Ángel Zambruno Cerdán, nos ha ofrecido una amplia referencia de la estancia de Fernando Morillo en Sanlúcar de Barrameda y su Virgen de la Estrella: «Un día de julio de 1971, Fernando Morillo paseaba por la plaza de San Roque de Sanlúcar, apenas iniciado su verano. Sus pasos le condujeron a nuestra Iglesia para rezar al Cautivo. Al entrar en el templo, a Fernando le llamó la atención el atavío de la Virgen de la Estrella. Y en ese momento surgió el «Flechazo».

Antonio Eslava Rubio, el imaginero autor de la Virgen, venía desde Sevilla a Sanlúcar cada Viernes de Dolores, desde 1950, a vestir a la Virgen de la Estrella. Con el paso de los años y con la edad lógica de Don Antonio, cada vez le costaba más trabajo venir a Sanlúcar. En esa tesitura, Fernando Morillo Lasso entra en Los Desamparados esa mañana de julio de 1971. Va a rezarle al Cautivo, pero cuando ve a la Estrella, pobre, muy pobre en su dignidad de Reina, con algunos alfileres de la frente casi desprendidos por el peso del manto de camarín, con los encajes del pecho casi deshechos en sus lineas trazadas antes de la Semana Santa, sale de la iglesia impresionado.

Lo primero que hizo Fernando Morillo fue prometerle a la Virgen que si la hermandad le autorizaba, el iba a ser su vestidor de forma desinteresada. En segundo lugar, cruzó la plaza de San Roque y se dirigió a «Casa López», donde trabajaba Alfonso Bernal Daza, que vivía en una casa vecina a la que el veraneaba, en la calle Cristobal Colón, que era hermano de la hermandad y había sido directivo de la misma hasta 1967. Fernando y Alfonso tenían una cierta amistad, renovada de verano en verano, y a él hizo llegar su pena por el aspecto de la Estrella, y su compromiso de vestir a la Virgen de forma desinteresada. Alfonso, sabedor de lo que podría suponer que nuestra Virgen fuese vestida por las mismas manos que vestían a la Esperanza de Triana, no pudo disimular su emoción, y ese día estaba más atento a la puerta de los Desamparados que a los clientes del comercio donde trabajaba. Como cada día me acerqué a rezar a mis sagradas imágenes. Al verme Alfonso, le faltó tiempo para hacerme saber el ofrecimiento del famoso vestidor de la Esperanza de Triana.

Tras ese primer encuentro fue exponer en una reunión de urgencia la situación, proceder con mucho tacto ante sus camareras: Eloisa Alcón, Eloita Estrada y como no, ante Adrián Estrada Gutiérrez, pero lo cierto es que no se pusieron muchas pegas por parte de nadie, y una mañana de aquel mismo mes de julio de 1971, Fernando Morillo se encerraba en la sacristía de la iglesia con Eloisa, Eloita y conmigo, mandó encender dos velas en sendos candeleros, y con un rostro serio, como de una estatua griega tallada en piedra, fue desvistiendo a la Virgen, requirió algodones nuevos para limpiar el rostro, el cuello y las manos de la imagen, llenos de hollín procedente del humo de las lamparitas que a diario ardían en la iglesia. Pidió luego enaguas limpias (que no había, encargándose él de confeccionarle una nueva de regreso a Sevilla), pidió a Eloisa encajes, y viendo que no había en cantidad suficiente para lo que él deseaba, procedió a sacar de un bolsito que había llevado consigo una pieza completa de encajes nuevos, que regaló a la Virgen, y con ellos, fue diestramente trazando las líneas de su rostrillo y su pecherín, después de colocar la saya que le habían traído las Camareras, y que era enteriza, es decir, con mangas y peto. Luego le puso el mismo manto azul de camarín, fue fijando sobre el mismo y sobre su encaje de oro el rostrillo y el pecherín, no tratando en ningún momento de reconstruir la gola y el refregador de la Esperanza de Triana, al entender Fernando que esto era parte de la personalidad única de la Virgen Trianera, pero sí dándole un aire inconfundible y personalísimo a nuestra Estrella. Cerca de cuatro horas estuvo Fernando con la Virgen, pero cuando quedó entronizada en su altar, todos llorábamos de emoción, hasta el propio Fernando Morillo Lasso. Tal había sido la transformación de nuestra querida Estrella que ese mismo año, volvió Fernando en otoño para volver a vestir a la Virgen, ya con la nueva enagua realizada por él, así como con un pañuelo de encaje que él le regaló. Cuando yo vivía en Sevilla, visitaba a menudo su taller de joyería, acompañándole a la capilla de los Marineros, y trabándose entre ambos una fuerte amistad que nos acompañaría de por vida. Al año siguiente, confeccionó para la Virgen dos sayas lisas y un manto de camarín color rosa palo y aplicaciones en plata, y realizó un artístico escudo para ser colocado en el pecho de la Virgen, consistente en una estrella de seis puntas, en cuyo interior se inscribía la Cruz de Santiago, y rodeando ésta, un cordel que semejaba las cuerdas que atan las manos del Cautivo, todo ello realizado en oro de ley en su taller de joyería.

Los dos primeros años se continuó dando su sitio a Antonio Eslava —ya muy mermado físicamente— para vestirla para el paso, pero a partir de 1974, ya fue Fernando Morillo su vestidor en exclusiva viniendo a Sanlúcar para ejercer dicha función de vestidor tres veces al año: Antes y después de Semana Santa y en verano, hasta que también empezó a vestir a la Virgen de hebrea en Cuaresma, hecho histórico en nuestra hermandad al ser la primera vez que se presentó así a la Virgen de la Estrella.

Fernando Morillo Lasso ejerció su labor durante más de quince años, hasta 1987, sucediéndole José Soto Palas, Fray Ricardo de Córdoba (que la vistió una sola vez) y Encarnita Castaño, antes de pasar a los ya conocidos de nuestros días, que culminan contigo (Antonio Bejarano) actualmente, que llevas desde el 15 de Septiembre de 2007. Morillo fue un personaje entrañable. Después de dejar de vestir a la Estrella, conservó su amistad con muchos hermanos de la hermandad, fundamentalmente con Manolo Vega, con Alfonso Bernal y conmigo. Durante sus años de vestidor de la Estrella, participaba de los actos y cultos de la hermandad durante el verano, sobre todo del triduo y besamanos de la Virgen, a la que también empezó a vestir para estos cultos que se crearon en el año 1979, asistiendo a las cenas de hermandad que tenían lugar los sábados de besamanos. También fue promotor de un manto de salida de tela de brocados morunos, que el encargó personalmente en Ceuta, y que incluso llegó a lucir la Virgen un Jueves Santo, aunque al no gustar a los hermanos, no se volvió a utilizar más que como relleno o soporte del manto de salida, sobre el pollero.

En definitiva, Fernando no fue el vestidor circunstancial que venía a Sanlúcar, vestía a la Virgen mejor o peor y se volvía a su Sevilla natal, sino que fue una persona integrada en nuestra hermandad, identificada con la misma, devoto del

Señor Cautivo y de la Virgen de la Estrella, que nos enriqueció a todos con sus vivencias cofrades y con sus miles de anécdotas, que permanecen en nuestro recuerdo. Él nos llenó con su afecto, no cobró nunca un céntimo por su labor, y siempre se sintió recompensado con nuestra gratitud y nuestra sincera acogida. Fue un cofrade entre cofrades».

LA RESTAURACIÓN DE LA ESPERANZA DE TRIANA Y LUIS ÁLVAREZ DUARTE

Luis Álvarez Duarte, médico de cabecera de la Esperanza de Triana, también guarda recuerdos muy entrañables de este artista: «Fernando era un gran cofrade. Siempre que hablaba de su Esperanza se emocionaba y lloraba. Era Amor en estado puro lo que sentía por Ella».

En los momentos de la restauración de la Virgen, Fernando la siguió de cerca: «Venía a la capilla y a la sala que se habilitó para la Virgen. Como es lógico, la junta tenía recelo que no entrase nadie, pero Fernando era distinto. Cuando se acabó la restauración me dijo que la Virgen ya estaba curada de por vida».

Y Fernando también veía otras procesiones, cultos, besamanos e imágenes: «Cada año por septiembre, Fernando venía hasta san José Obrero. Le gustaba mucho nuestra Virgen de los Dolores y le regaló un puñal».

ÚLTIMOS DÍAS DE FERNANDO Y «DESPEDIDA» DE SU ESPERANZA

Hasta sus últimos momentos, Fernando siempre tuvo los suspiros y el pensamiento en su Madre la Virgen de la Esperanza: «muy malito en el hospital, nos pidió que lo amortajásemos con su túnica. En el hospital no nos dejaban por normas internas, pero una enfermera llamó a casa... y yo misma lo amortajé con su túnica como él había querido siempre. ¿Cómo no iba yo a cumplir ese deseo?».

Rocío visiblemente emocionada, nos sigue relatando ese último camino hacia la capilla de los Marineros: «La misa de córpore insepulto se hizo como es lógico en la capilla. Se colocó el manto de luto y una flor de cera de la Virgen. Y cumplimos otro de los deseos de él... se descubrió el féretro, pues él quería verla por última vez. En la homilía, dijo el sacerdote: Tantas veces como tú le has puesto el manto, ahora es Ella quién te cubre a ti».

Además, había una manera en la que Fernando quería ser amortajado: «Mi tío siempre dijo que quería estar dispuesto por si la Virgen lo necesitaba allá arriba. Así que le pusimos su alfiletero en la mano izquierda y sobre ella la mano derecha, por si, como decía él, la Virgen necesitaba algún alfiler».

Y añade una causalidad o una casualidad al fallecimiento de Fernando: «Fíjate que cuando mi tío fallece, el naranjo tan bonito que había en la acera en la puerta de casa, se secó...».

HOMENAJE DE ANTONIO BURGOS

Muchos son los artículos y referencias en los medios de comunicación a la labor y a la persona de Fernando Morillo, pero quizás sea éste artículo de Antonio Burgos, publicado en el diario *ABC* de Sevilla, con fecha 28 de Octubre de 2004, donde se describe toda la vida y obra de este gran artista, excelente trianero y el mejor guardián de la Esperanza de Triana.

EL VESTIDOR DE LA ESPERANZA

Todo el que hubiese visitado el Museo Arqueológico o Itálica había visto antes su calva. Calva que venía por la calle San Jacinto pidiendo mármol romano. Como de senador en la Bética de Trajano, su paisano, que en todo su imperio no le aventajó en señorío. Una calva a la que sólo le faltaba un escultor cuando le daba el resol de la mañana del Viernes Santo y, solitario, emocionado, casi nadie lo veía echar mano discretamente a un pañuelo y secarse una lágrima ante la Virgen que vestía. Se ganaba la vida comerciando con alhajas. Vendedor ambulante por Triana o, cruzando el puente, por Sevilla. Todo su establecimiento era una breve carterita. Su honrado comercio cabía en ella, con su manta de joyero. Gargantillas de corales y unos pendientes de plata, como para llevarlos a la novia de una copla. O para írselos comprando a dita, paga a paga, a quien tenía bien ganada su fama de honradez, trabajo y corazón de suprema delicadeza. Entre las joyas, a veces, llevaba las que desde el ahogo de la enfermedad, del paro, de la muerte, le daban para vender:

—Fernando, a ver si puedes venderme estos corales negros que eran de mi madre que en paz descanse, y con lo que te den podemos sacar para el médico de mi Carmeli, que está la pobrecita mía enferma del pecho. Pero que no se entere nadie que estamos pasando estas fatiguitas...

En muchas de estas ocasiones, Fernando hacía el más señorial y caritativo paripé. Tenía organizados sus personales socorros. ¿Que iba a vender una esmeralda para su querindonga a un comerciante con posibles de la calle Castilla? Le ponía cuatrocientos duros más. Los mismos duros que, a la noche, iban flechados para el corral de la niña enferma del pecho:

—Mira, Rosario, lo bien que te he vendido tus corales. Cuatrocientos duros me han dado por ellos.

Y aquellos corales negros de la negra pena, por los que nadie daba un duro, porque no los valían, iban derechos al olvido de un cajón de la cómoda de su casa. Que era su mejor joya. La mínima, pero la más hermosa casita, mejor blanqueada, más cuidada, de la calle Pureza. La de mejores luminarias y colgaduras en las fiestas de guardar. La que en su verde balcón estrenaba la más blanca palma cada Domingo de Ramos. Casa estrechísima, de una sola habitación por planta. Con toda la gracia de su duda femenina, decía:

—¿Tú sabes lo que es un silbido, no, niña? Bueno, pues yo vivo en un silbido.

Un silbido que todos en el barrio respetaban. Porque cuando habían echado a los hombres de la iglesia, y quedaban solas las mujeres, llegaba ceremoniosamente Fernando. Tenía en el primor femenino de sus manos de hombre el privilegio de vestir a la Virgen de la Esperanza. Con los alfileres de blanca cabeza en la boca, iba prendiendo sayas y tocados, encajes y sutilezas, como si vistiera, que en verdad lo estaba haciendo, a su Madre. Vistiendo a la Esperanza, Fernando se transformaba, porque poseía el gusto más popular y exquisito, como hombre ninguno ni mujer tenerlo pudieran, para poner más guapa si cabe a la propia imagen de la Hermosura según el canon del arrabal.

Y como sabían que vestía a la Esperanza, todos lo respetaban. El era el primero que se sabía dar a respetar, y guardaba en aquella casa de la calle Pureza, estrecha como un silbido, el secreto hondo de sus amores oscuros, clarísimos en su dignidad. En esta hora de revuelo de tocados y vestidores, recuerdo con emoción y cariño la discreción de aquel respetabilísimo gran señor de un secreto a voces a ambas orillas del río. Se llamaba Fernando Morillo Lasso. Lo conocían como el que viste a la Esperanza. De Triana. Insisto. De Triana».

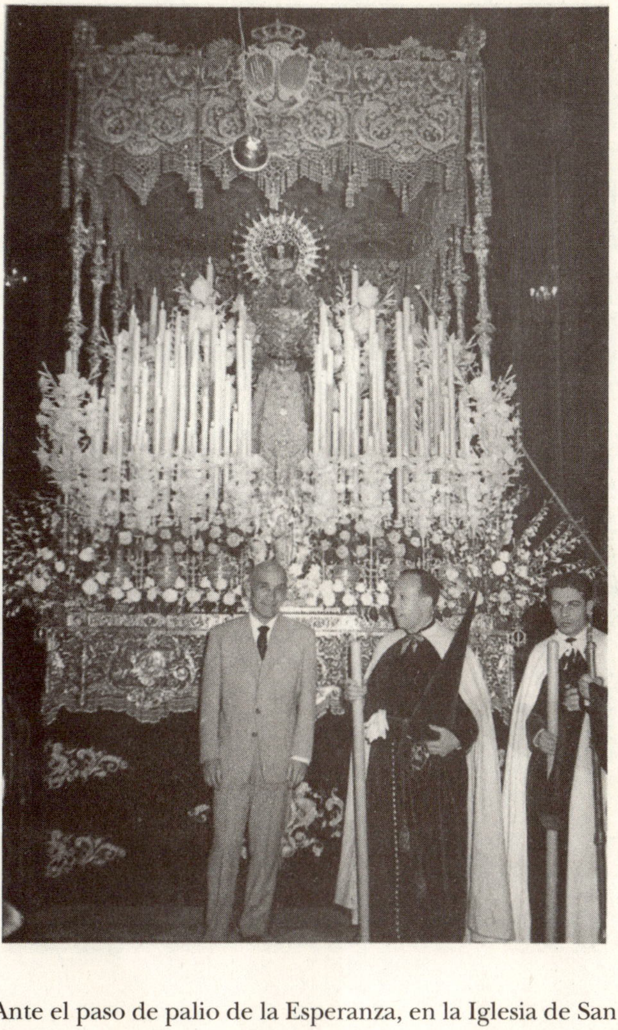

Ante el paso de palio de la Esperanza, en la Iglesia de San Jacinto momentos antes de iniciar la estación de penitencia. (Fotografías: Archivo Familia Alzate Morillo).

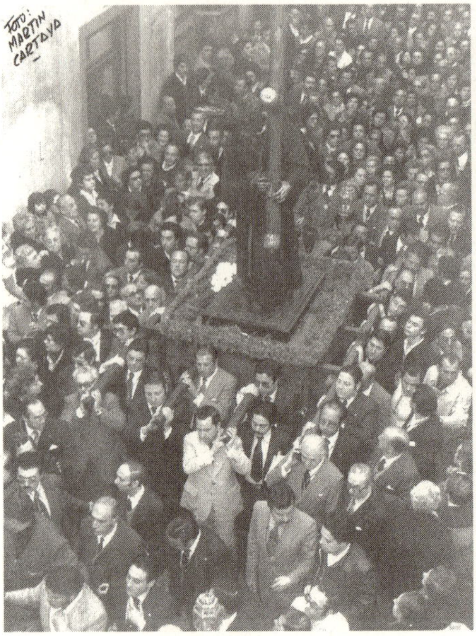

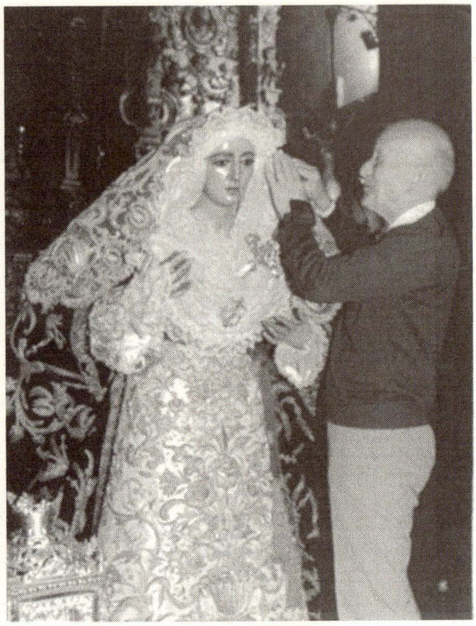

Arriba a la derecha, Fernando portando las andas del Gran Poder. Aunque era muy devoto del Señor, tenía especial devoción por el Señor de Pasión. (Fotografía: Martín Cartaya, Archivo Familia Alzate Morillo)
Distintas instantáneas de la vida de Fernando Morillo junto a su Esperanza. Vistiéndola, acompañándola en la mañana del Viernes Santo.

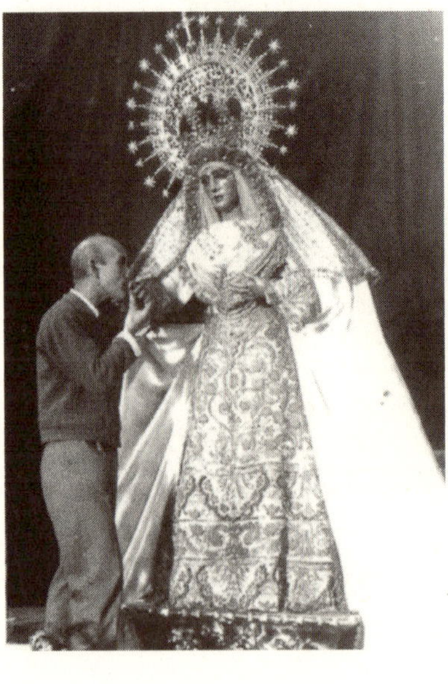

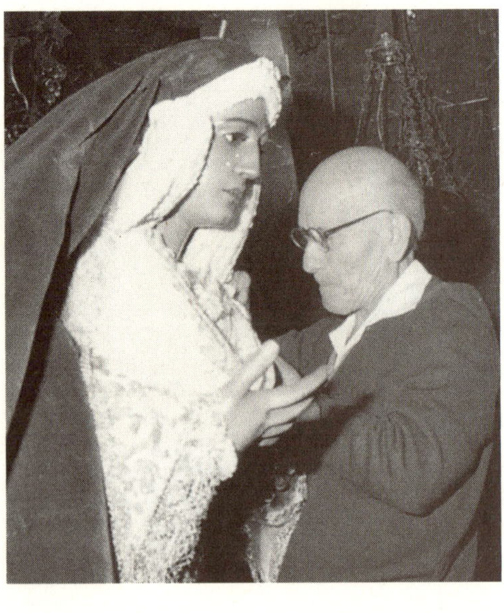

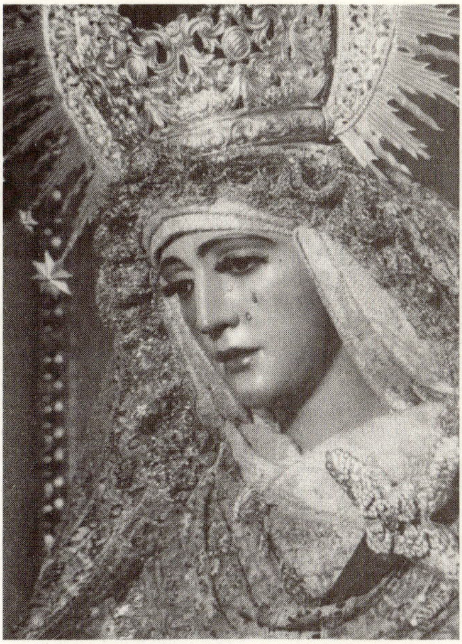

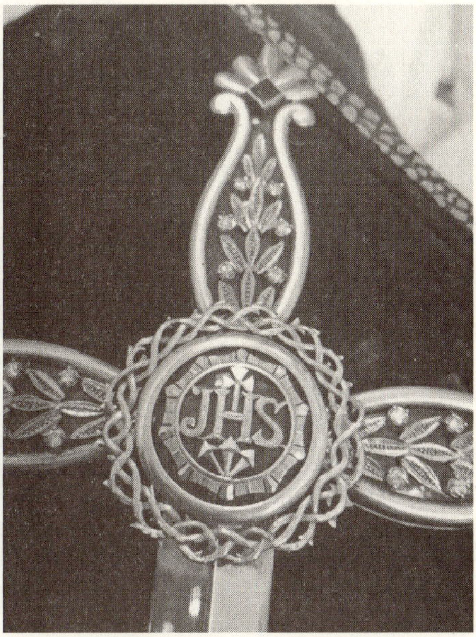

La Imagen de la Esperanza con el típico tocado del «refregador» (Foto archivo Ignacio Rico). Arriba a la derecha, puñal de la Reina de los Mártires de Córdoba en el que Fernando se inspira para realizar el suyo a la Esperanza de Triana (Foto: Carlos Torregrosa García). Abajo los «buscanovios» que Fernando realizó para la Virgen, la brocha con la que le limpiaba el rostro y de fondo, uno de los tejidos enriquecidos con lentejuelas que él mismo confeccionaba (Foto Fernando A. Morillo).

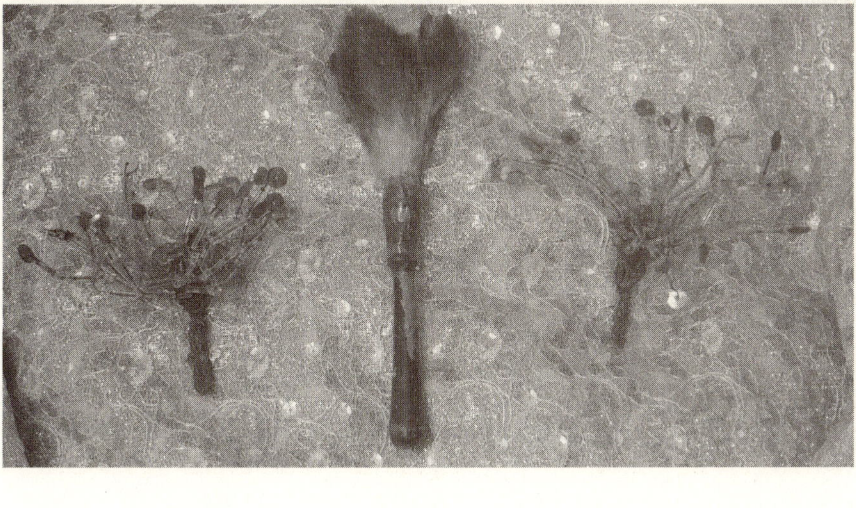

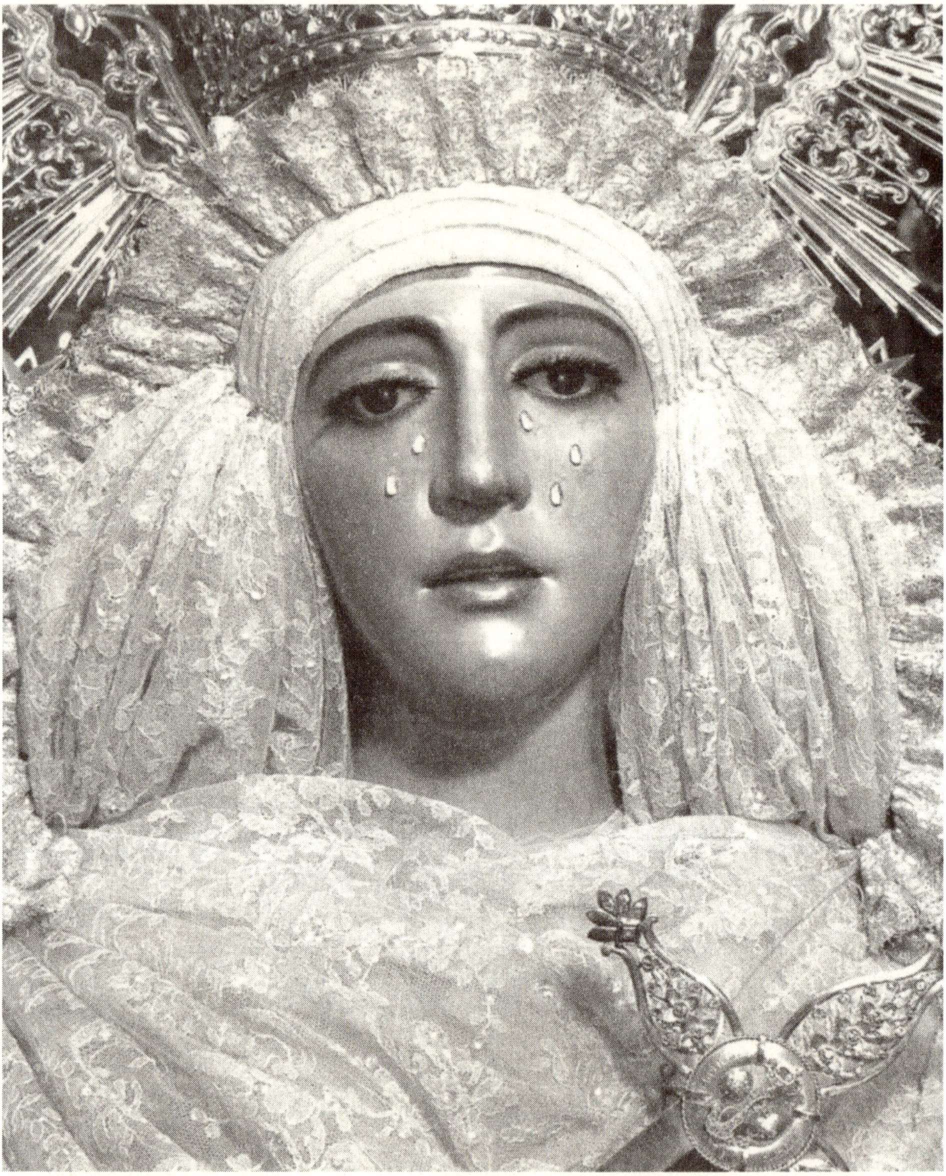

Impresionante primer plano de la Esperanza de Triana. Observamos la frente tirante y circular, las cocas laterales abombadas y el pecho cruzado que derivaba en el refregador. Culmina el tocado el volante rizado que enmarca el rostro y los laterales de la cara. Porta la Virgen el puñal de oro de ley que realizó Fernando Morillo según diseño original de la Reina de los Mártires de Córdoba (Fotografía archivo Ignacio Sánchez Rico).

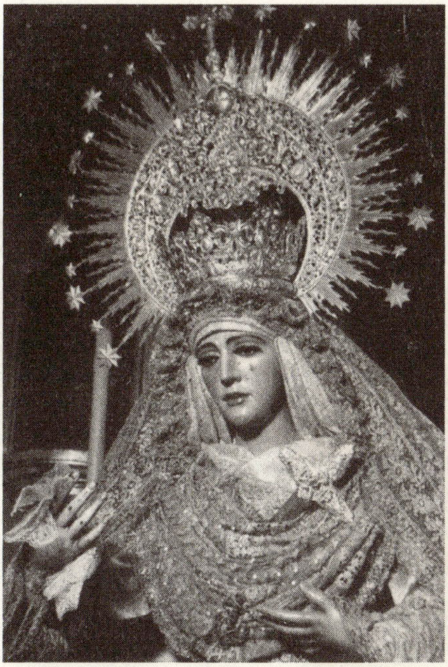

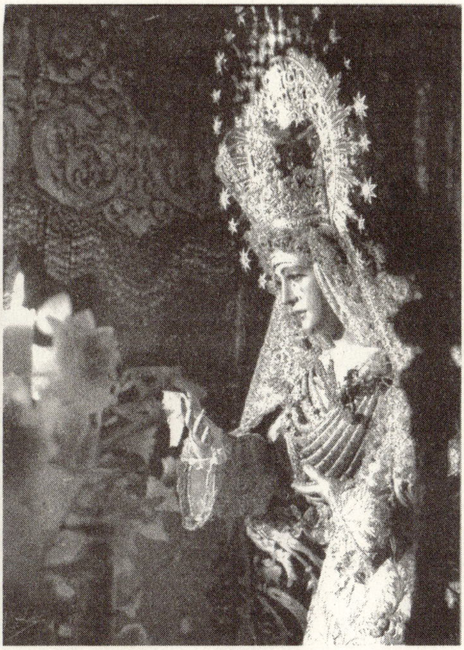

Diferentes formas de tocado siempre ejecutados con su sello característico. Refregador, frente más o menos curva, laterales a tablas, enmarcado final con volante de hojillas de oro o encajes. Posición valiente de las manos... (Fotografías archivo Ignacio Rico y A. Pérez).

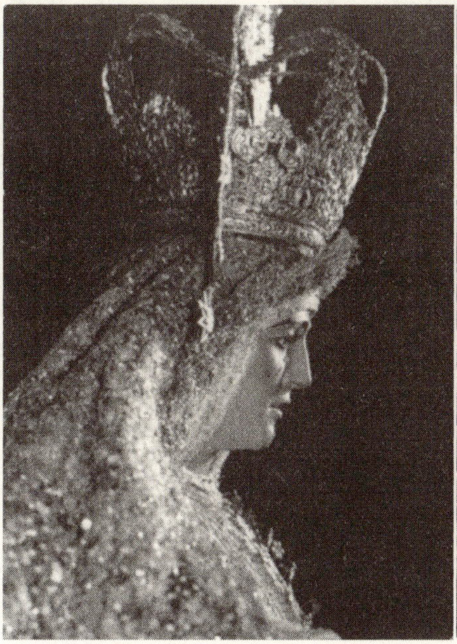

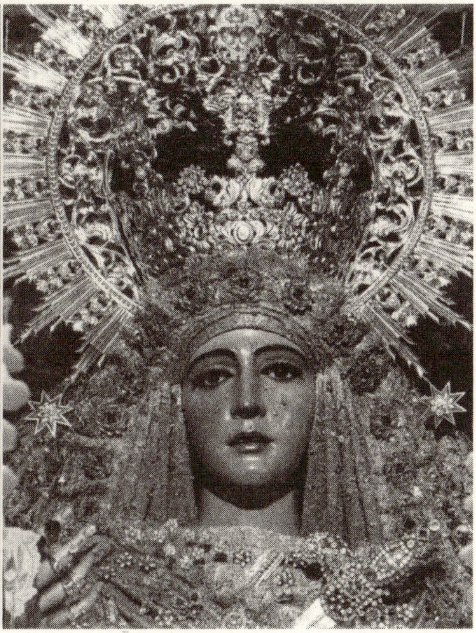

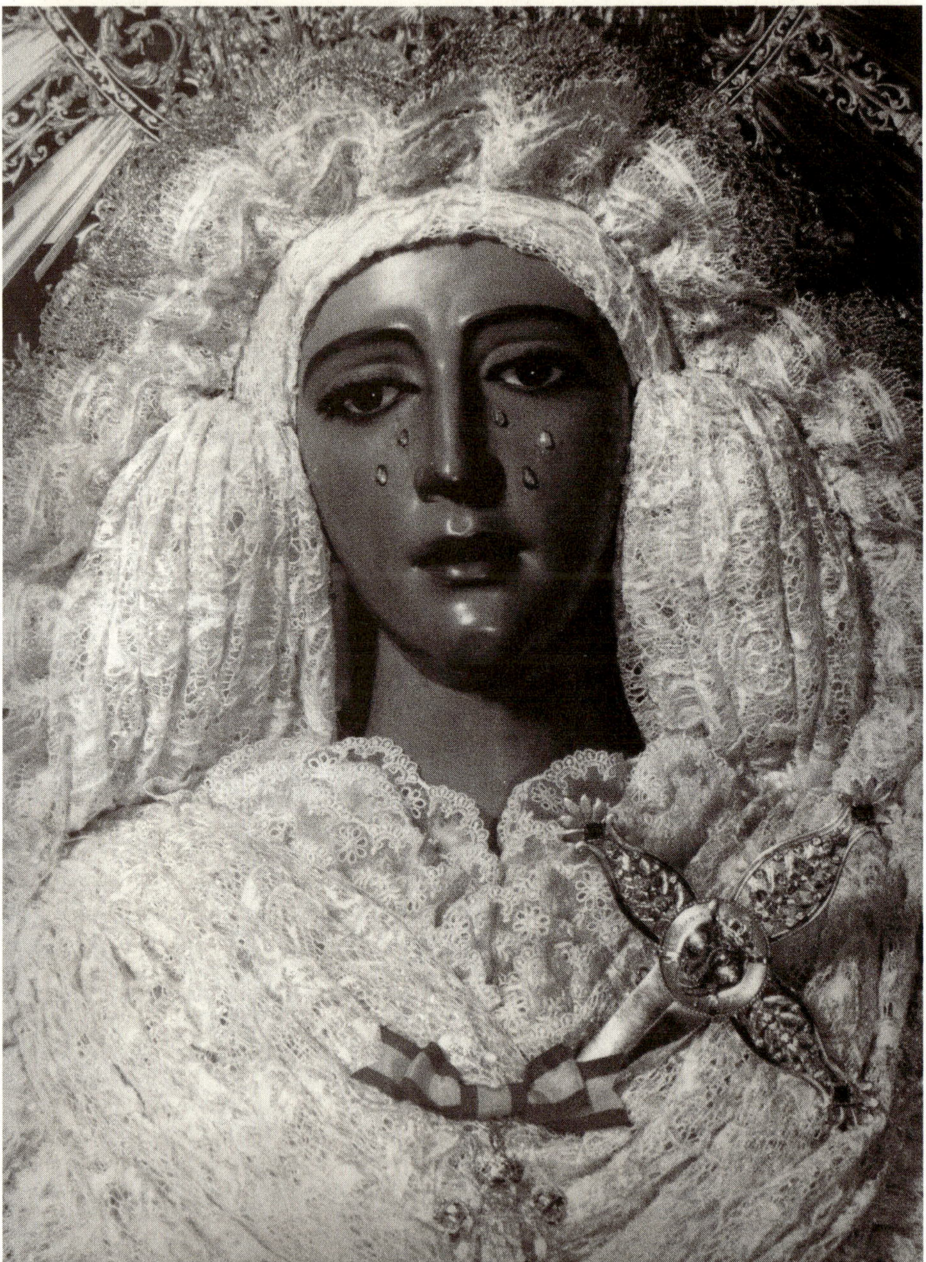

La Esperanza de Triana en estado puro y en la época de máximo esplendor de Fernando Morillo Lasso. (Fotografías archivo Ignacio Rico y A. Pérez).

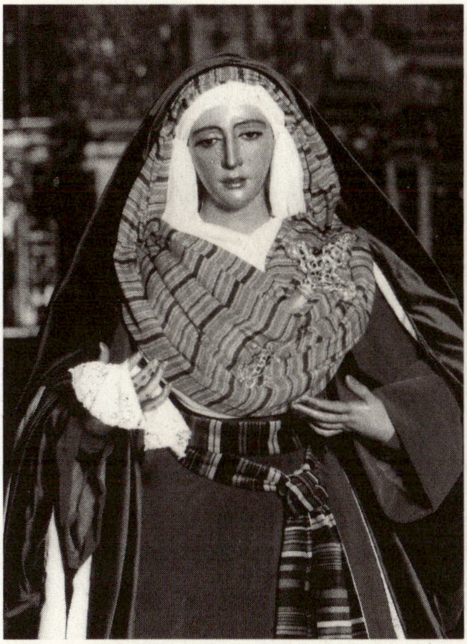
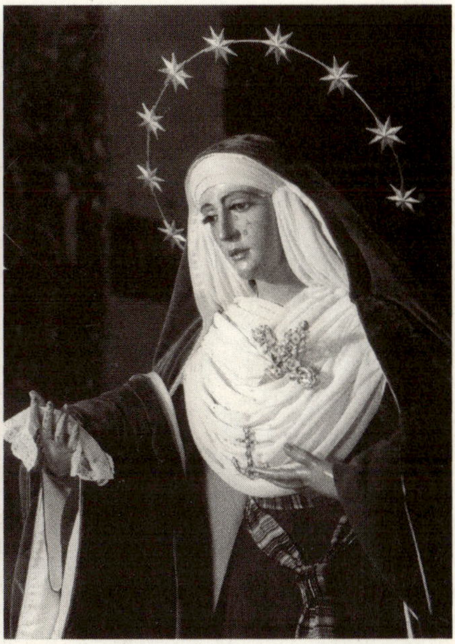

Diferentes formas de Hebrea. Destaca el tocado simplificado para la cuaresma. Combinación de rasos, telas a rayas, el manto verde de terciopelo, naturalidad en la ejecución, postura de manos valiente y la gracia y el arte de Fernando Morillo en su desarrollo. (Fotografías archivo A.Pérez).

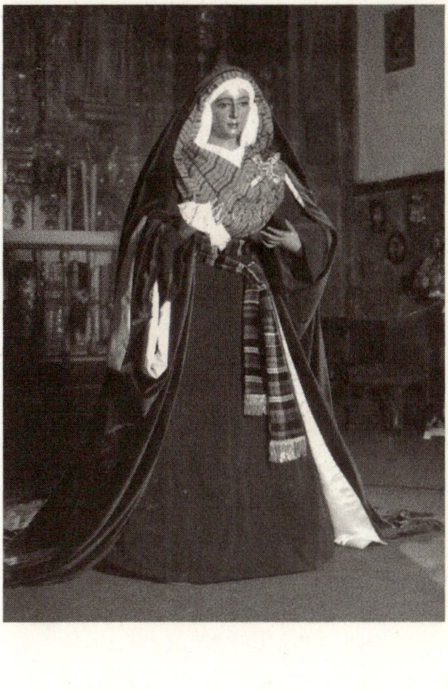
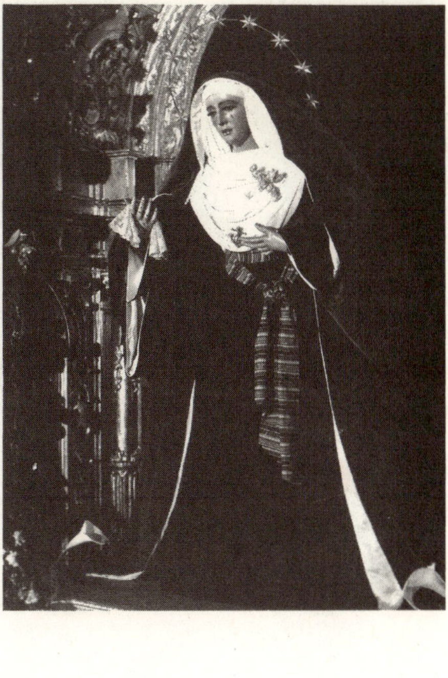

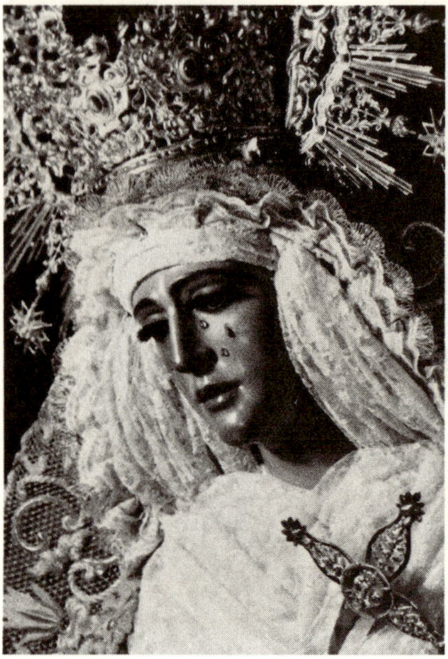
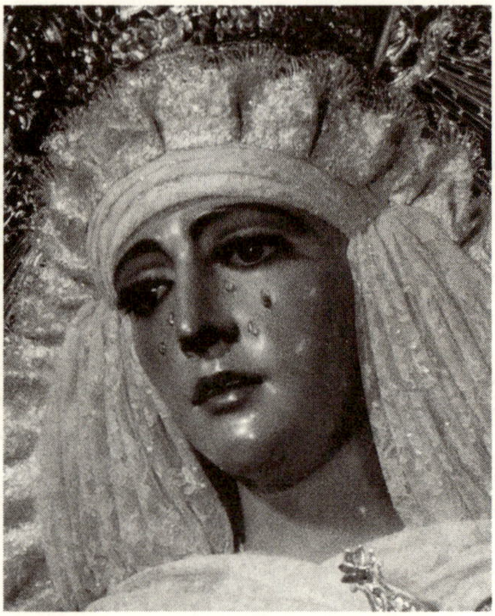

La Esperanza de Triana vestida de Reina. Siempre guardando su sello pero ejecutado con distintos tejidos y soportes.

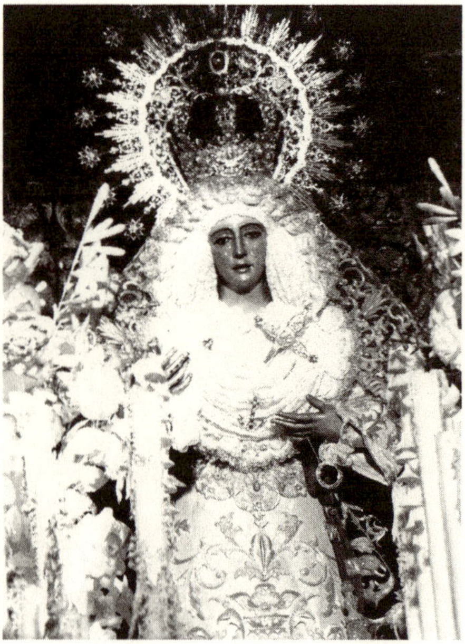
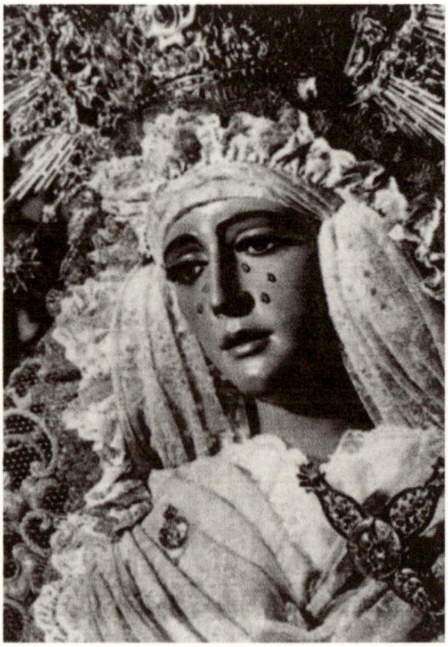

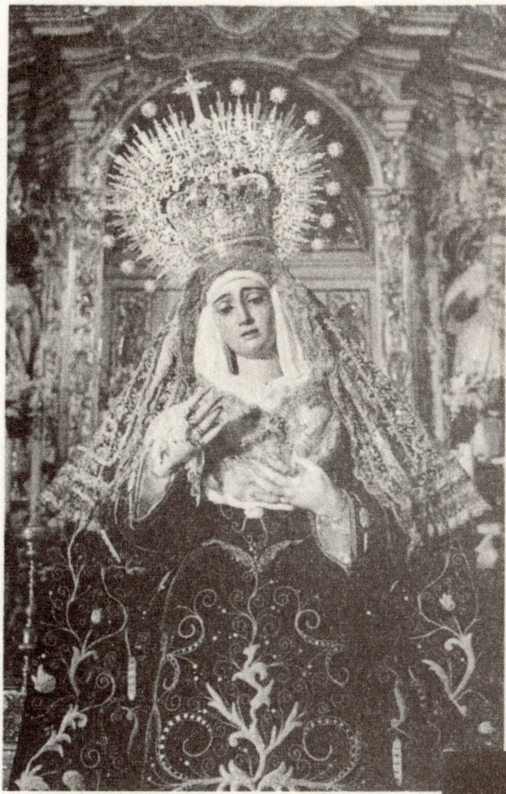

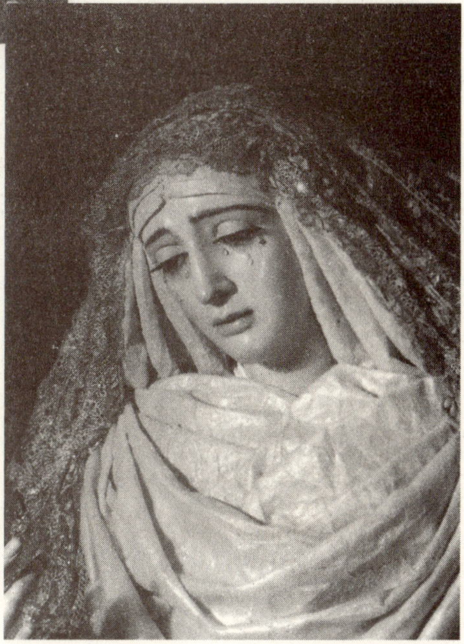

La Virgen de la Victoria de las Cigarreras vestida por Fernando Morillo en diferentes épocas. Mantiene el esquema del tocado de la Esperanza de Triana pero simplificado y adaptado a ésta dolorosa. (Fotos archivo A. Pérez).

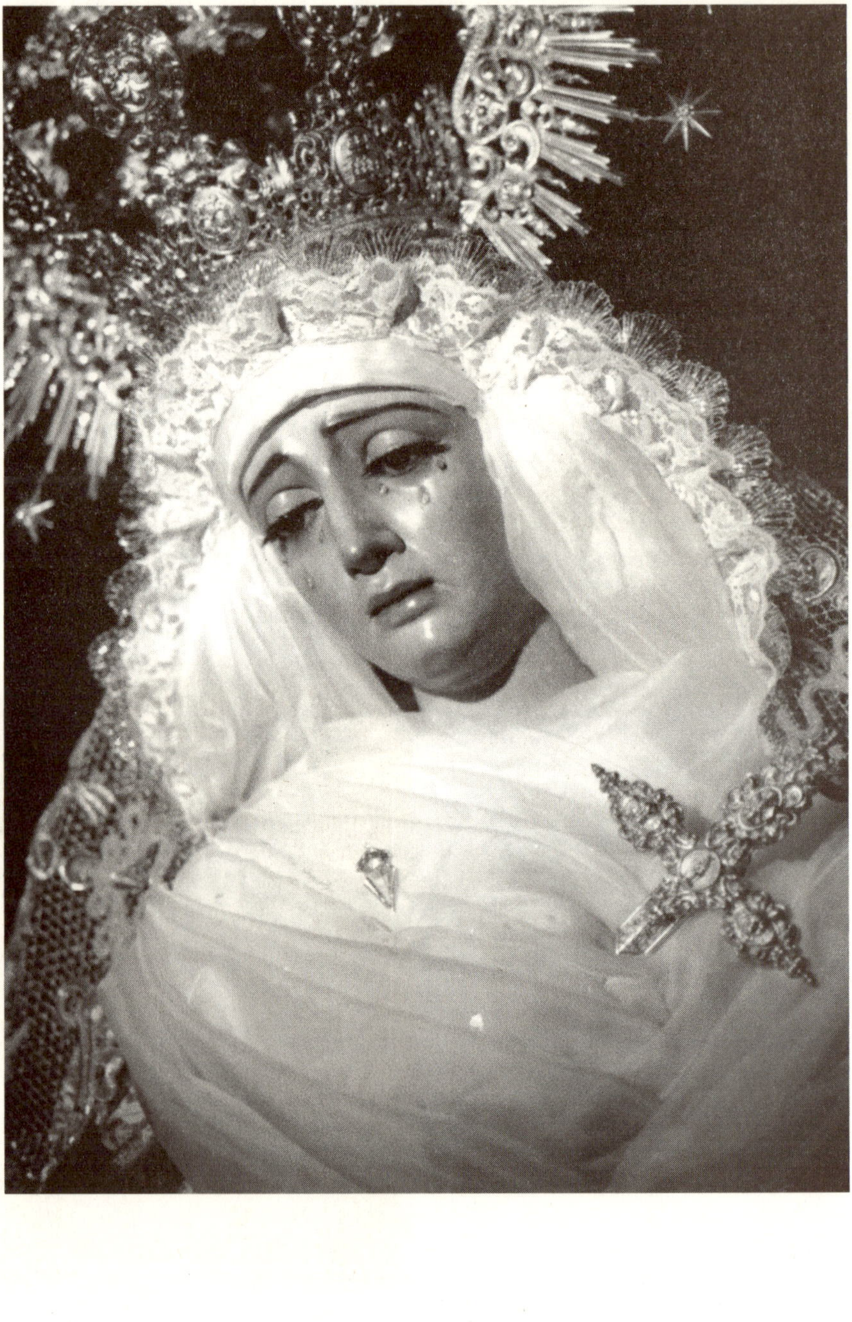

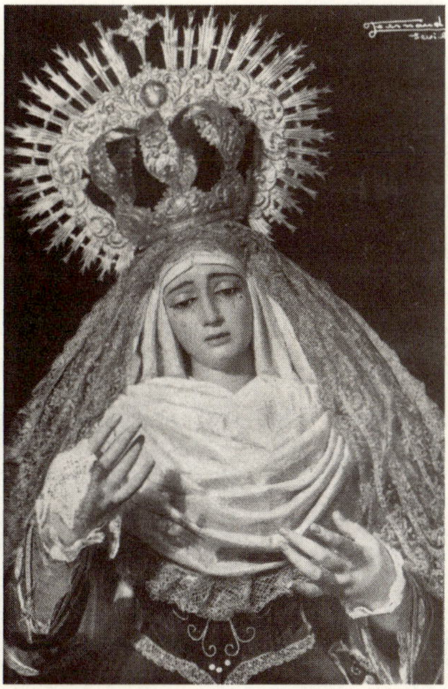

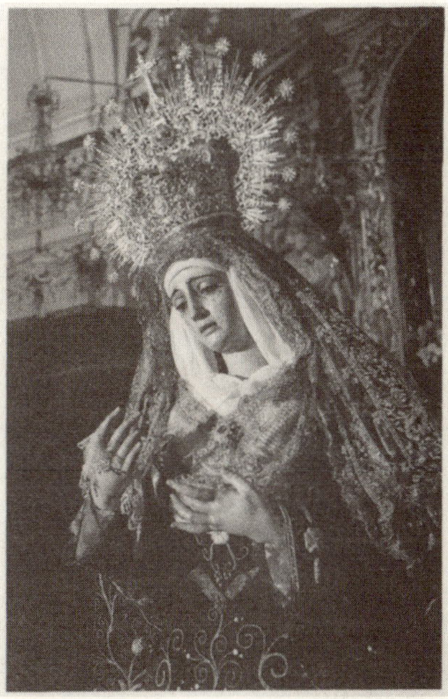

A la izquierda la Virgen de la Victoria con un tocado más elaborado siguiendo los cánones de Fernando Morillo. Arriba, la misma dolorosa con otras vestimentas de distintos años. (Fotografías archivo A. Pérez).

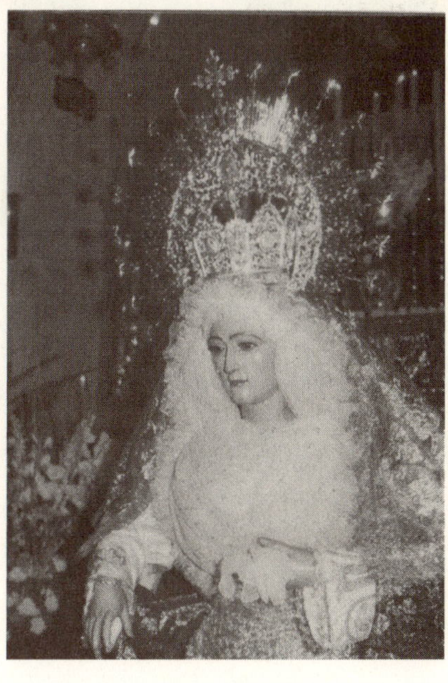

A la derecha curiosa fotografía de la Virgen de la Estrella de Sanlúcar de Barrameda vestida con el sello indiscutible de Fernando Morillo y portando el manto con telas brocadas que Fernando le realizó (Fotografía archivo José Luis Segovia Marín).

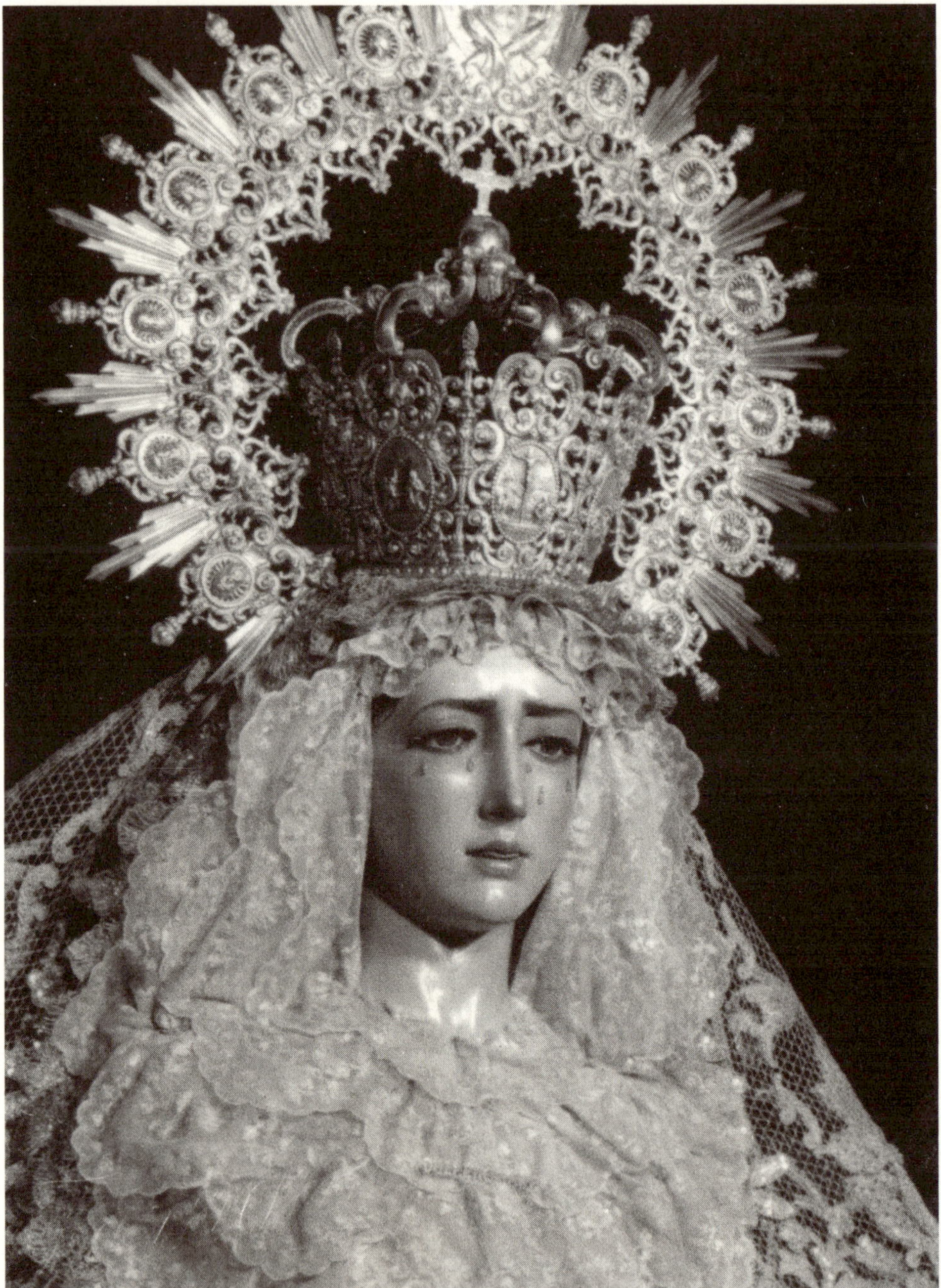

3. PACO MORILLO

INFANCIA, JUVENTUD Y MADUREZ

Francisco Morillo Esteban, nace en Sevilla el 25 de Enero de 1922. Fallece en Carrión de los Céspedes el 28 de Enero de 2000. Hijo de José, natural de Sanlúcar la Mayor, y de María Josefa, de Sevilla.

Sus padres, viven en la céntrica calle Tarifa, número2, 2º izquierda. Y es, en ese domicilio donde nace Paco, el segundo de cuatro hermanos: Jesús, Paco —nuestro protagonista—, Conchita y Candi.

Su sobrina, Inmaculada Villanueva Morillo, hija única de su hermana Conchita, nos relata cómo era su querido tío:

«De pequeño, como tantos cofrades, hacía pasitos en miniatura de cruces de mayo. Ya un poco más mayorcito hizo un pasito con un Niño Jesús en San Roque. Siempre estaba haciendo cosas y era ayudado por mi tío Jesús. Iban juntos a todos lados».

Con los años, llega la primera Virgen a las manos de Paco: «Un poco más mayor, aunque todavía siendo un crío, su madre —mi abuela María Josefa—, encargó una Virgen a un escultor o la compró en un anticuario —no me acuerdo muy bien—, y se la regalaron para que la vistiese».

Paco y Jesús vivieron unos años con su hermana Cándida en la calle Santiago hasta que ésta fallece el 9 de Febrero de 1974 y vuelven a la calle Tarifa. Con los años, se mudan con su hermana Conchita a Triana hasta que fallece su cuñado y es cuando definitivamente se trasladan a la vecina localidad de Carrión de los Céspedes con su querida sobrina Inmaculada y su marido.

Paco tenía muy buen apetito... y sentía predilección por algo especial: «las hermandades, que sabían que le gustaban mucho, le regalaban tartas y dulces con las que disfrutaba muchísimo. Le gustaba comer de todo, pero... no por ahí en los bares, le gustaba en casa. Su perdición eran los pasteles».

Como sevillano clásico, le gustaban las fiestas y tradiciones de Sevilla: «Con lo que más disfrutaba lógicamente era con la Semana Santa. Era su semana. Fíjate que mi tío pedía las vacaciones en el Banco para la Cuaresma. No tenía problema en que se la diesen porque todo el mundo las quería en verano. Así que él las pedía para vestir las Vírgenes en los pasos y tener la Semana Santa libre. Le venía muy bien porque la playa no le gustaba nada, así que mataba dos pájaros de un tiro. Siempre dedicado a sus Vírgenes».

Y también, por supuesto, la feria... «le gustaba muchísimo. Era muy feriante. Le encantaban los paseos en coche de caballo. Solía ir con un matrimonio muy amigo suyo: Gloria y Pepe Rivera, que en aquel tiempo, era hermano mayor de San Roque».

Paco se caracterizaba por su discreción en todo lo que hacía: «No le gustaban nada los homenajes ni nada de protagonismo... se ponía negro porque en el fondo era muy tímido. De hecho, no iba ni a comidas de hermandades, ni cenas, e incluso a las bodas no iba... y a las que no tenía más remedio que asistir, le costaba muchísimo trabajo. Él enviaba su regalo y agradecía la invitación, pero la mayoría de las veces no iba. Sólo asistía a la ceremonia».

A pesar de ser un personaje público para el mundo cofrade, era muy reservado: «Mis tíos, Jesús y Paco eran muy suyos para algunos temas. Cuando desmontamos el piso de la calle Tarifa, encontramos una cajita que tenía para nuestra sorpresa... telegramas, cartas y felicitaciones navideñas y de santos de la Familia Real: Desde Estoril, Don Juan de Borbón, Doña María de las Mercedes y la Infanta Doña Pilar; desde Madrid, de los entonces Príncipes Don Juan Carlos y Doña Sofía; y desde Laussana, enviados por la Reina Victoria Eugenia. Imagínate la cara que se nos quedó porque nunca habían comentado nada».

Nos cuenta Inma, que su tío era muy generoso: «ayudaba a muchas personas, y además le gustaba mucho comer. ¡Todo le gustaba! aunque alguna vez algo me saliese mal... Mi tío Jesús, que no era tan diplomático como Paco, me decía: Inma, esto se te ha quemao. Y automáticamente mi tío Paco decía: ¡Esto está buenísimo! Mi tío Paco era así».

También con las hermandades... «Ayudó muchísimo a la Hermandad de los Blancos de Salteras y les enseñó a bordar en un taller que montaron en la hermandad. Le pusieron una placa con su nombre en la casa de hermandad».

Paco tuvo el primer contacto con la hermandad de Salteras en septiembre de 1972. Comenzó vistiendo la Virgen, pero poco a poco, se involucró hasta el punto de restaurar a Nuestro Padre Jesús Nazareno en su taller de la calle Tarifa —la vivienda familiar—. Comienza el diseño de la saya azul que se borda en Albaida y motivó a las hermanas a que creasen el taller propio de la hermandad. De este taller que Paco y su hermano Jesús dirigen, se realizan las sayas negra, blanca y roja; el palio y los faldones. Paco cambia el escudo, las túnicas de nazareno y la estética de la cofradía en su conjunto.

De las hermandades de Sevilla, destacamos una anécdota también entrañable: «Un año, como la Hermandad de Jesús Despojado era muy pobre y no tenían dinero, por amistad con alguno de ellos, les hizo las corazas de los romanos del paso... con cartón y estaño».

Como gran cofrade y buena persona, Paco Morillo tenía grandes amigos dentro del mundo de la Semana Santa: «Antonio Hermosilla, —hermano mayor de Santa Cruz— era íntimo amigo suyo y de la familia. También mantenía una bonita amistad con Doña Rosa, camarera de Madre de Dios de la Palma —cuando mi tío la vestía—, y por supuesto con Lolina —camarera de la Virgen del Dulce Nombre— y su marido».

SUS VÍRGENES

Respecto a sus devociones, Paco tenía predilección por la Virgen de los Reyes, acrecentada por su amistad con Lolina, y también por la Virgen del Valle de la que se hizo hermano en 1953: «Ante la Virgen del Valle se casó su hermana Candi —mi tía—, que no era hermana de la Cofradía, pero mi tío sí.

Además salía de nazareno... un año, como siempre, iba a salir de penitente... y en el reparto, no había cruces, así que decidió salir con los brazos en cruz todo el recorrido. Mi tío me decía que cuando entró no podía bajar los brazos. E incluso salió una foto en el periódico de aquel nazareno que iba con los brazos en cruz sin saberse que era mi tío Paco. Aquí en casa aún conservo un cuadro precioso que le dieron por los 25 años de hermano con una foto de la Virgen».

Inma recuerda con una sonrisa: «Decía que las Vírgenes eran como mujeres, que cada una tenía su particularidad, como las personas, que tenían sus defectos que había que ocultar y disimular. Por ejemplo, comentaba que la Virgen de la Quinta Angustia tenía el cuello muy gordito y que había que intentar afilarlo. Por eso le ponía las blondas muy pegaditas a la cara y bajándole el encaje del cuello».

Paco vistió numerosas imágenes en Sevilla y provincia. En cierta ocasión, oí a un cofrade, refiriéndose a Paco Morillo como «El mago de los encajes».

Además de la Virgen de los Dolores de la Hermandad de los «Blancos» de Salteras, también vistió durante años a La Virgen de Gracia —Patrona de Gelves— y La Piedad de Albaida. Donde iba, Paco creaba lazos íntimos de amistad.

Una relación especial mantuvo Paco con la Virgen del Carmen de Santa Catalina. Comienza a vestirla en Mayo de 1972 gracias a su hermano Jesús —hermano de la Corporación— que lo propuso a los hermanos de la misma que aceptaron encantados tal ofrecimiento.

En Sevilla, vistió durante años, e incluso en ocasiones durante décadas a la Virgen del Dulce Nombre; La Virgen de Gracia y Esperanza de San Roque; La Virgen de los Dolores de Santa Cruz; La Virgen de Guía y la del Buen Fin de la Hermandad de la Lanzada; Madre de Dios de la Palma, de la Hdad. del Cristo de Burgos; La Virgen de Regla de los Panaderos; La Virgen de la Quinta Angustia; La Virgen de Montserrat; La Virgen de Loreto; Concepción y Esperanza de la Trinidad; La Concepción del Silencio a la que llamaba «La Señora»; y la Virgen de la Aurora.

Del estilo de Paco Morillo, podemos destacar las frentes muy estrechas, con tablas o encajes y pechos de dimensiones varias. El uso de tules o encajes a tablas colocados de forma natural, dando sensación de soltura y naturalidad.

Hay un punto de inflexión en la andadura de Paco Morillo como vestidor. De pequeño, como hemos comentado anteriormente, había vestido imágenes de tamaño académico y Vírgenes domésticas de particulares y escultores. Su gran oportunidad llega con la Virgen del Dulce Nombre. La primera Dolorosa que viste para Sevilla.

LA VIRGEN DEL DULCE Y SU AMISTAD CON LOLINA

Lolina Gálvez Pedraja, amiga, camarera de la Virgen del Dulce Nombre y admiradora de Paco, nos abre las puertas de su casa muy cerquita de San Lorenzo, en compañía de su nieto Quique, para hablarnos de la primera vez que Paco viste a su Virgen: «A La Virgen del Dulce Nombre, la vestía Juan Pérez Calvo, al igual que a la Macarena. Yo me iba a casar y quisieron en la hermandad cambiar a la Virgen para mi boda. LLamaron a Juanito (Pérez Calvo) que estaba de viaje y no podía venir. Así que fuimos al Banco Hispano Americano, tan vinculado a la hermandad, donde Paco trabajaba. Él tenía muchas ganas de vestirla... así que aceptó encantado».

Lolina nos cuenta anécdotas del día de su boda con Enrique, su marido: «Como Paco era amigo de antes, vino a colocarme un ramito de azahar que llevaba en mi traje y así me ayudó a vestirme. Me casé lógicamente en San Lorenzo, con la Virgen vestida de blanco para la ocasión. Era el 28 de Mayo de 1955 y la primera vez que Paco la viste por el tema que he contado antes del viaje de Pérez Calvo. Cuando Juanito volvió a Sevilla, al ver a la Virgen tan bonita, y como había tenido tanto éxito, dijo que la siguiese vistiendo Paco, que ya no la vestía más. Pero no enfadado ¿eh?, contento por la Virgen y por Paco, que tenía 23 años».

Sobre la forma de vestir a su Virgen del Dulce Nombre, Lolina nos hace un repaso: «Paco la ponía siempre muy guapa. Le ponía el pecho con muchas blondas y la frente rizaíta. Yo tenía una mantilla buena que le di a la Virgen... y Paco la cortó porque le resultaba más cómodo para ponerla. Cada vez que me acuerdo de mi mantilla cortada... Me gustaba mucho cuando la ponía a tablas. No eran unas tablas rígidas, eran más sueltecitas, con mucha gracia».

Referente a la anécdota que nos cuenta Lolina de la mantilla cortada, es cierto que Paco, suponemos por comodidad o costumbre, solía cortar los encajes en trozos de distinto tamaño. El más pequeño para el cuello y el más largo para la última vuelta del pecho. Incluso en algunos casos, le cosía un hilo para identificarlos más fácilmente.

Muchas son las anécdotas y vivencias con su amigo: «Como Paco no tenía coche, nosotros íbamos en un seiscientos acompañándolo. Pasábamos muy buenos ratos y nos reíamos mucho. Recuerdo ir con él a la Trinidad —que le volvía loco—, al Silencio, la Lanzada... y los viajes cuando iba a vestir la Piedad de Albaida y luego a Salteras. Allí montó un taller de bordados en el que yo le eché alguna manita».

Sobre la forma de enjoyar a la Virgen nos cuenta: «Paco, mi marido Enrique y yo, le poníamos el pecho cargadito de joyas que eran de la Duquesa de Osuna. También las de Don Miguel Lasso de la Vega y Marañón. Para otras salidas cuando ya no se ponían ésas tan buenas, Paco traía unos broches que eran suyos y se los colocaba a la Virgen. Otras Vírgenes que vestía también las sacaba porque era muy generoso y se las prestaba. Tenía una especie de ramito de flores con unos alambritos que recuerdo se lo ponía a la Virgen del Carmen de Santa Catalina y a la Virgen de Gracia, Patrona de Gelves».

Recuerda las vivencias de «Los Esplendores de Sevilla» que se celebró en el Salvador y donde la Virgen del Dulce Nombre estuvo frente a la Virgen de la Victoria de las Cigarreras: «En esa época disfrutamos mucho. No te puedo decir la cantidad de paseos y de veces que fuimos los dos a verla al Salvador. A nivel cofrade, yo viví unos años inolvidables junto a Paco».

De las estaciones de Penitencia, Lolina nos relata: «Él siempre iba muy cerquita de la Virgen. A veces incluso de nazareno junto al paso, como prioste. Algún año hizo promesa, pero esas cosas no se cuentan».

De las habilidades artísticas también Lolina tiene vivencias: «¡Era un manitas! bordaba, pintaba e incluso restauraba imágenes. Recuerdo que retocó el caballo antiguo de la Lanzada».

Paco lleva a dos jovencitos como discípulos a la hermandad:

«Paco, al Dulce Nombre y a otras hermandades, trajo a Joaquín y a José Antonio, ambos de su hermandad de la Trinidad para que aprendiesen. Cuando Paco ya deja de vestir a la Virgen, es mi hijo (Jesús Enrique Rodríguez Gálvez), que por aquel entonces era el hermano mayor, quién nombra a Grande de León primero como asesor artístico de la hermandad —porque aún estaba Paco— y luego ya como vestidor. Como era tan rubio... yo le puse de nombre el querubín. Y así seguimos llamándolo».

Recuerda con nostalgia cómo se comportó Paco cuando su marido tuvo un accidente de tráfico: «Enrique, era militar en el Muriano. Iba conduciendo un soldado el camión donde iban varios y por lo visto iba más rápido de lo permitido. El camión volcó y mi marido resultó ileso del accidente. Paco le regaló una fotografía preciosa del Señor del Gran Poder, ésta que tengo aquí en el pasillo de la entrada, con una dedicatoria muy bonita por detrás con una poesía, porque Paco también escribía poesías y letras de saetas».

Lolina define a Paco como «serio, puro, muy agradable... yo lo quería como un hermano. Aún así, era muy metódico. Cuando íbamos a los pueblos, que tenían un trato exquisito con Paco, nos ponían mucha comida, pero él no comía mucho, casi nada. Y nunca iba a convites de boda, porque no le gustaban. Yo tengo la suerte que a la mía sí vino y también a la de mi hijo».

EL MISTERIO DE LOS OJOS DE LA VIRGEN DEL DULCE NOMBRE

En cierta ocasión, hablando con Manuel Tobaja Villegas en un grupo de amigos entre los que me encontraba, nos comentó la restauración a la que sometió el taller de restauración que regentaba, a la Virgen del Dulce Nombre. Manolo decía que en la restauración sería un punto a debatir el tema de la sombra de ojos tan enigmática que tiene la Virgen en los párpados y que le confiere esa mirada tan profunda. Manolo añadió, que como antiguamente muchas Vírgenes eran maquilladas por camareras o vestidores, la Virgen del Dulce Nombre, con el paso de los años, había conservado esa sombra en los ojos y que perdería parte del magnetismo y de la impronta actual que tenía dicha imagen. Concluía diciendo que esa personalidad se la había creado Paco Morillo al maquillarle sus ojos de esa forma, y que ya era parte indiscutible de la obra.

RECONOCIMIENTO DE LAS HERMANDADES

El reconocimiento de las hermandades también era latente en la vida de Paco. Su sobrina nos lo cuenta: «No te imaginas la cantidad de cuadros y placas que le dieron en vida. Lo nombraron Prioste de Honor de la Trinidad el 12 de Septiembre de 1971; asesor artístico del Dulce Nombre el 26 de Diciembre de 1984; Le otorgaron el Premio Demófilo a una labor continuada en Marzo de 1995, y Rafael de Gabriel, en su Pregón de la Semana Santa del año 2004 lo nombró».

El texto de Rafael de Gabriel al que hace referencia su sobrina Inmaculada es el siguiente: «El arte de vestir imágenes —siempre sentido en maestros inolvidables como Paco Morillo y Fernando Morillo— se hace delicadeza en las manos que visten a la Soledad de San Buenaventura». (refiriéndose a la primera etapa de José Antonio Grande de León).

Admiradora de su tío como artista y sobretodo como persona, recuerda con nostalgia... «Hasta sus últimos días, vivía siempre hablando de Semana Santa y de sus Vírgenes. Ya malito aquí en casa, siempre sacaba el tema o se ponía a hablar de sus cosas, siempre vinculado a lo mismo. Podría decir que mi tío Paco, vivió y murió sintiendo la Semana Santa, su Semana Santa».

Paco tuvo el sentido homenaje del mundo cofrade tras su fallecimiento: «Nos enviaron cartas de pésame todas sus hermandades e hicieron misas en su memoria. Incluso hubo una misa muy bonita en la Catedral organizada por el Consejo de Cofradías de Sevilla. Hasta la Virgen del Dulce Nombre la vistieron de luto cuando falleció».

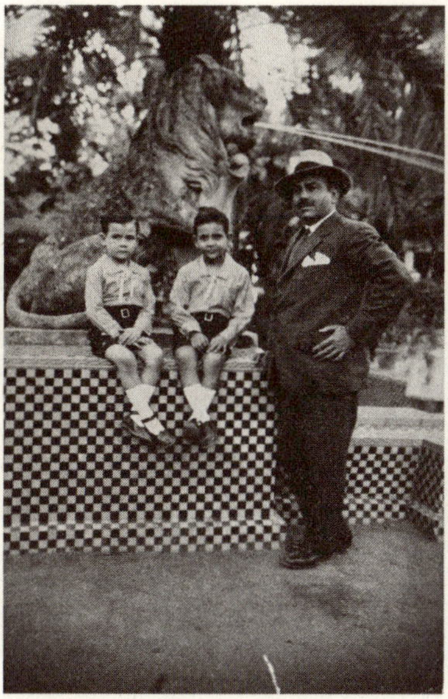

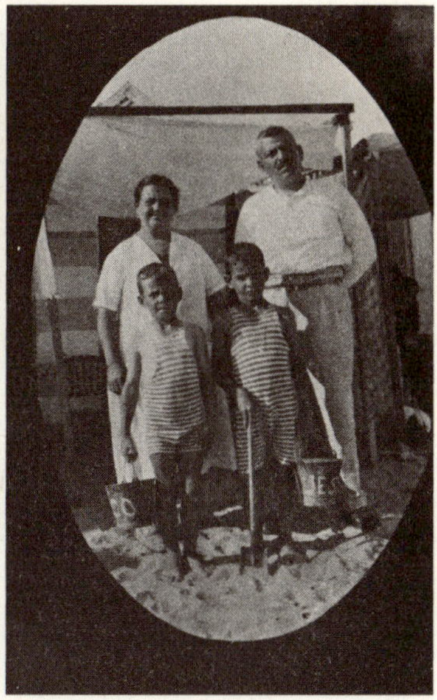

Entrañables fotografías que reflejan la época de infancia de Paco Morillo junto a su hermano Jesús y sus padres en distintas instantáneas. Parque de María Luisa, playa... en dos de ellas, aparece además de Paco y Jesús su pequeña hermana Conchita, madre de Inmaculada, su sobrina. Una en el Parque de María Luisa, con su Madre y su tata. Era mediados de la década de los años veinte y principios de los treinta del pasado siglo XX. (Fotografías archivo Inmaculada Villanueva Morillo).

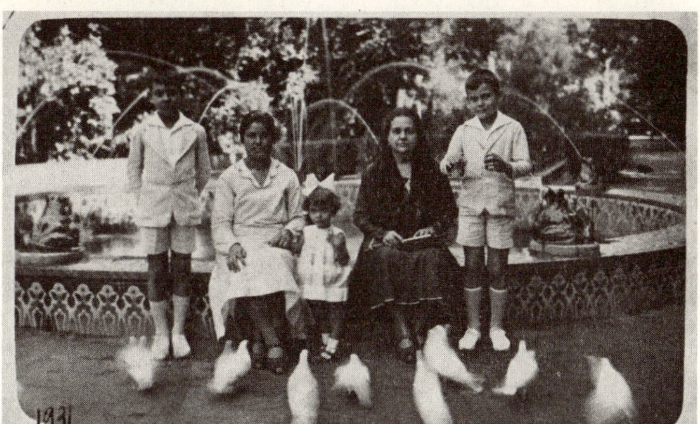

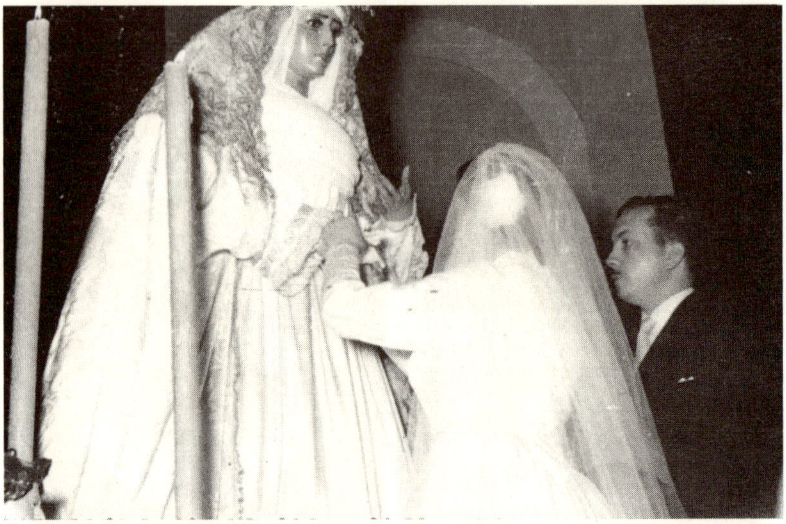

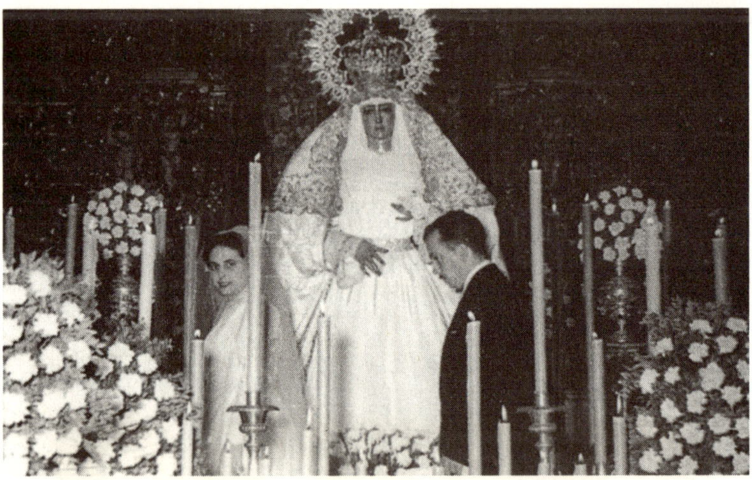

Boda de Lolina y Enrique. 28 de Mayo de 1955. Primera vez que Paco Morillo viste a la Virgen del Dulce Nombre. Como dato curioso, la Virgen está en besamanos y Lolina le entrega el pañuelo que llevaba vestida de novia. (Fotografías archivo Lolina Gálvez Pedraja).

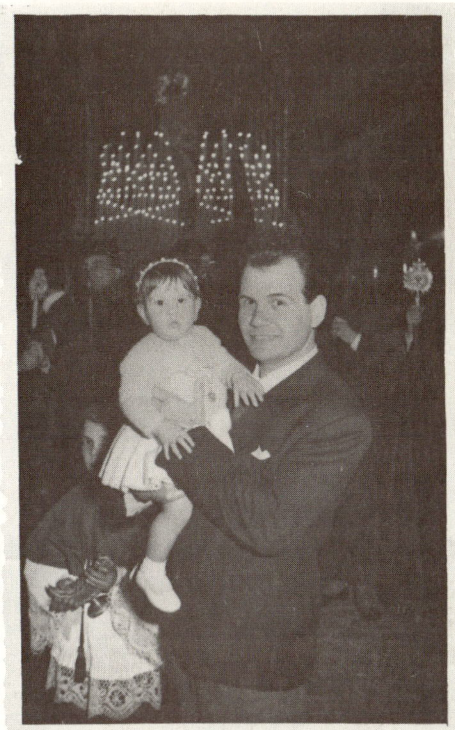

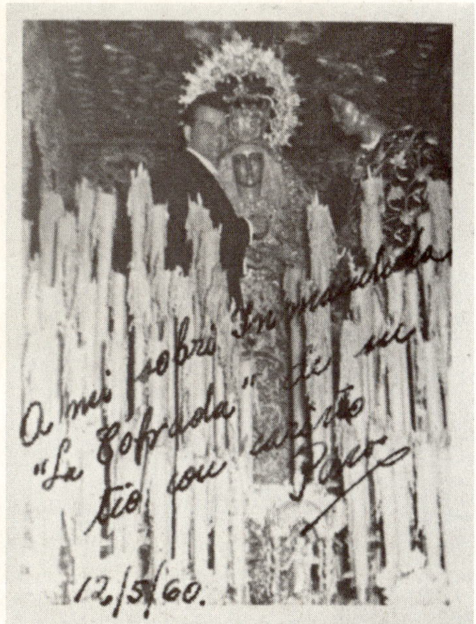

Paco Morillo ante la Virgen de Regla de los Panaderos con su sobrina Inmaculada en los brazos. Foto dedicada a su sobrina en 1960 subido en el Palio del Dulce Nombre tras colocar las alhajas a la Virgen. (Fotografías archivo Inmaculada Villanueva Morillo).

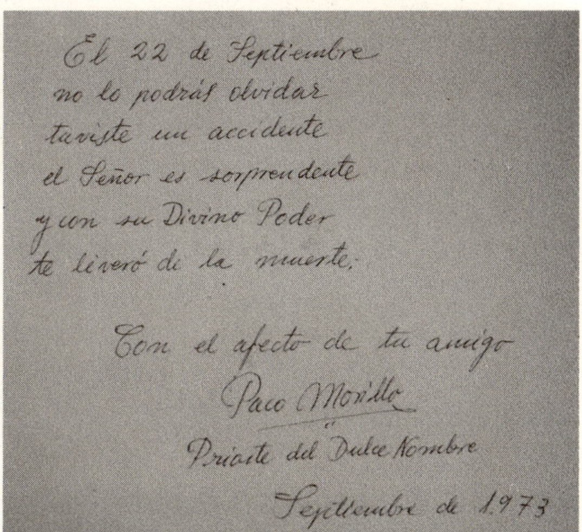

El 22 de Septiembre
no lo podrás olvidar
tuviste un accidente
el Señor es sorprendente
y con su Divino Poder
te liveró de la muerte.

Con el afecto de tu amigo
Paco Morillo
Prioste del Dulce Nombre
Septiembre de 1973

Dedicatoria de Paco Morillo a Enrique, marido de Lolina, tras el accidente en 1973. Dicha dedicatoria está normalmente oculta al estar enmarcada la Foto del Señor del Gran Poder. (Fotografía Fernando A. Morillo).

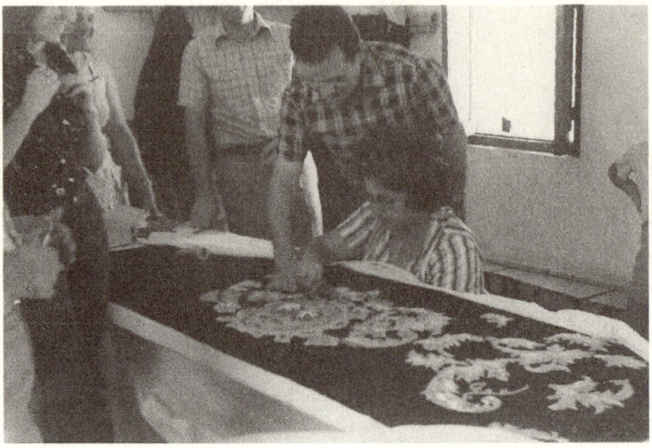

Taller montado en la Hermandad de los Blancos de Salteras. Paco Morillo en pie y Lolina sentada al bastidor. Abajo, día del homenaje y placa conmemorativa de dicha Hermandad a Paco. De izquierda a derecha, Paco, el Hermano Mayor de aquella época y su hermano Jesús Morillo ante la placa tras descubrirse. (Fotografías archivo Inmaculada Villanueva Morillo).

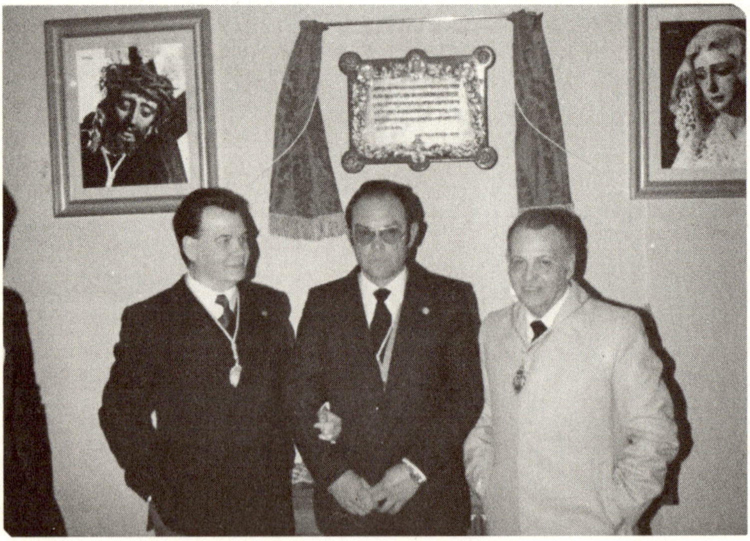

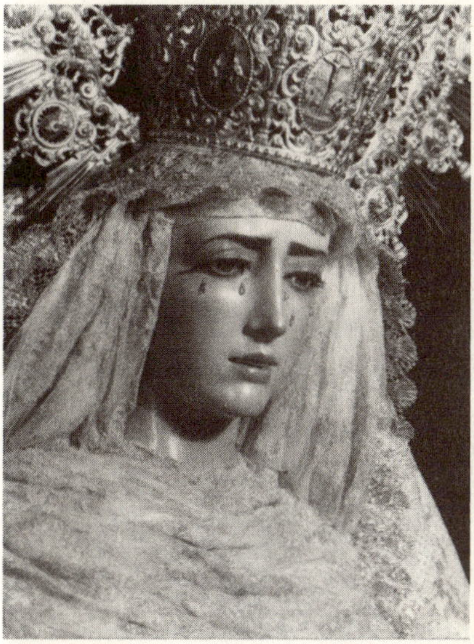
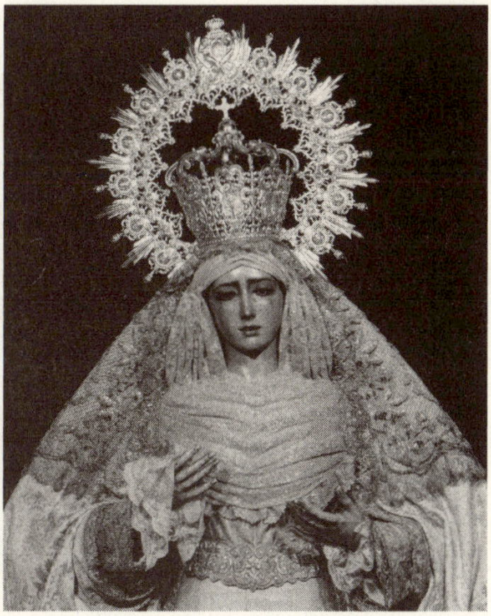

Distintas épocas de la Virgen del Dulce Nombre vestida por Paco. Tablas, mantilla, encaje... distintas formas de colocar la frente y mantos recogidos con naturalidad. (Fotografías: Fernand. Archivo A. Pérez).

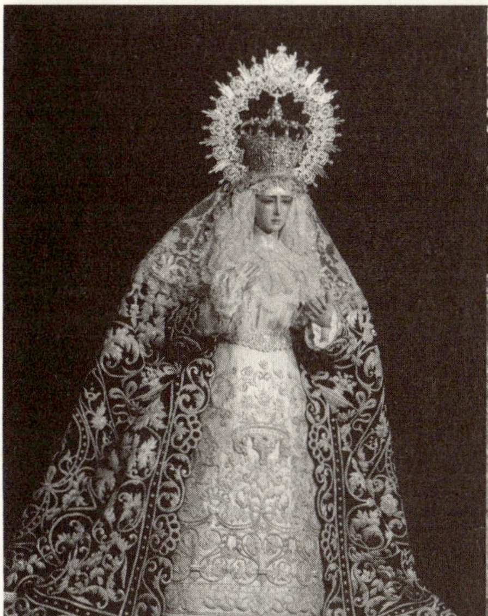
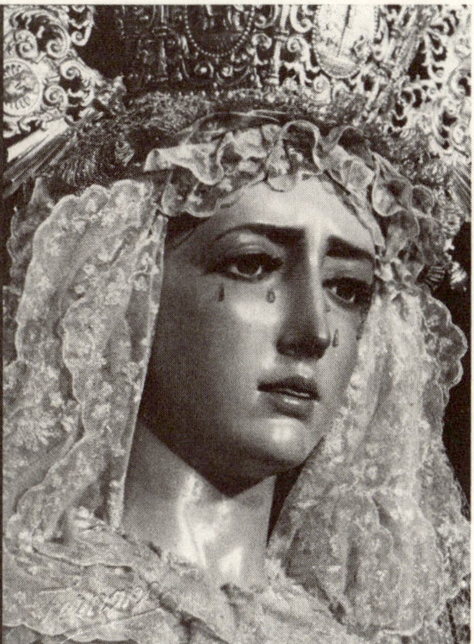

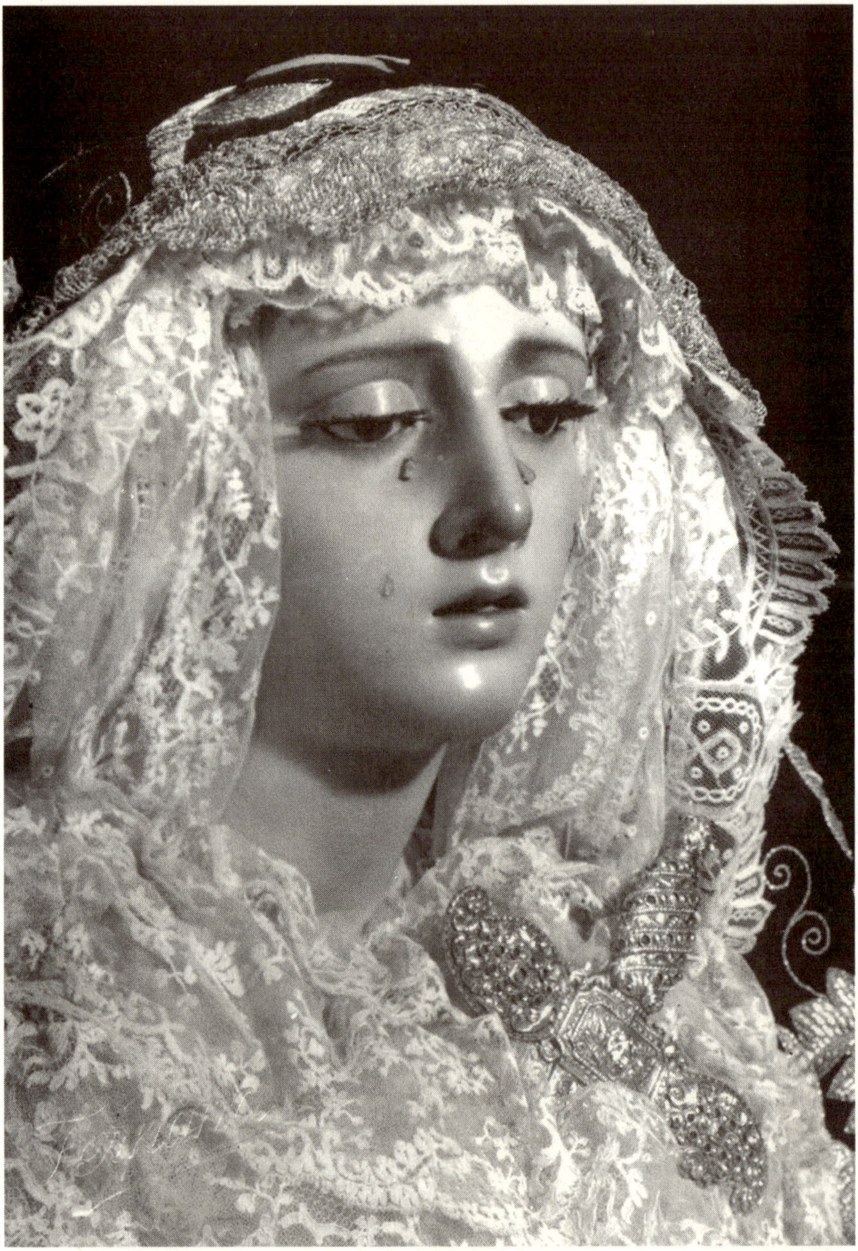

Curiosísima imagen de la Virgen de la Presentación vestida ocasionalmente con encajes por Paco Morillo. En esta foto además, se ve claramente la firma del autor de la fotografía: Antonio Fernand. (Archivo A. Pérez).

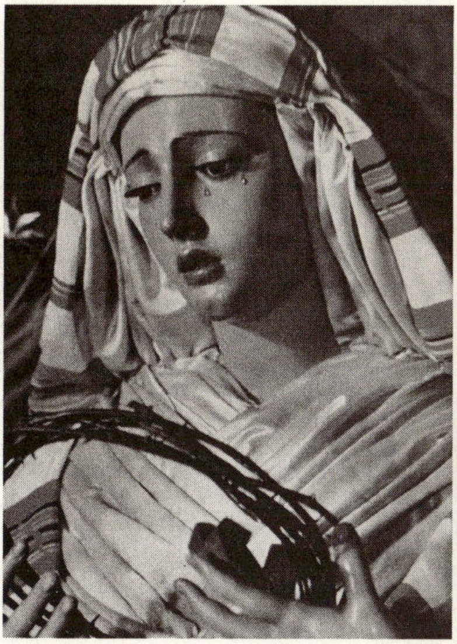
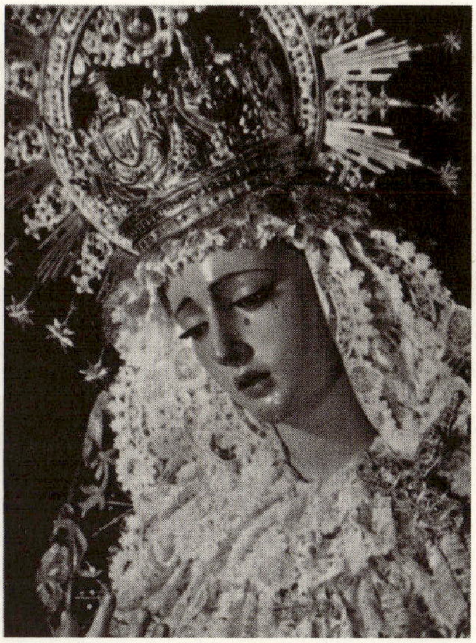

Curiosas imágenes de la Esperanza de la Trinidad con la que Paco «se empalagaba» con su belleza. Soltura en sus encajes, naturalidad... y como dato curioso, vestida de hebrea con pendientes. (Fotografías archivo A. Pérez).

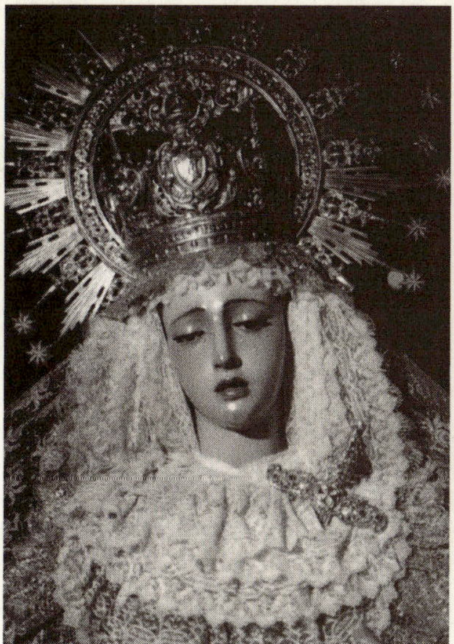
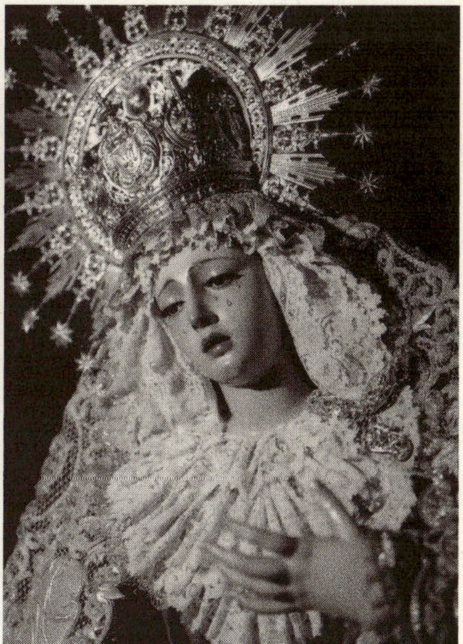

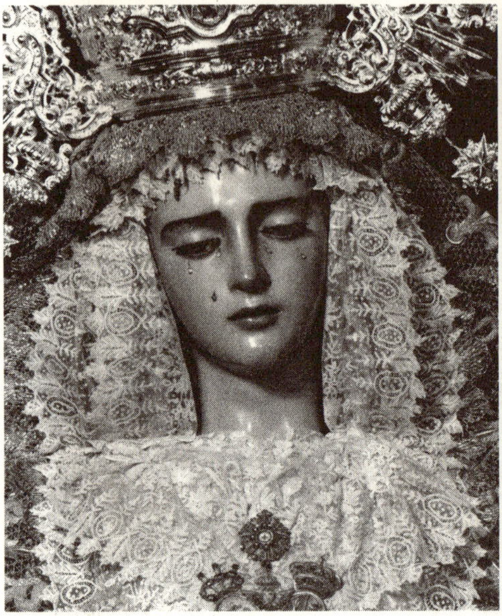
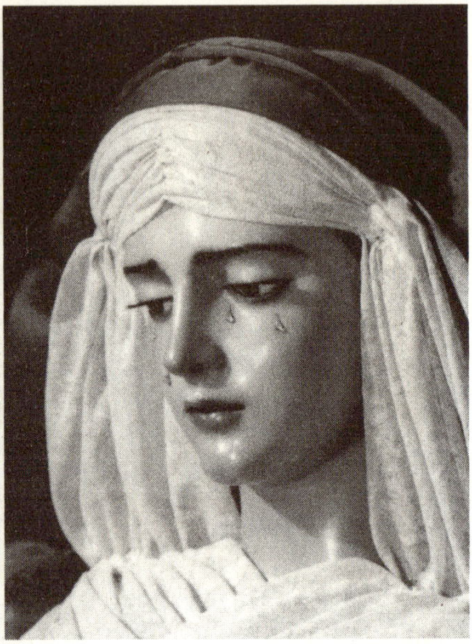
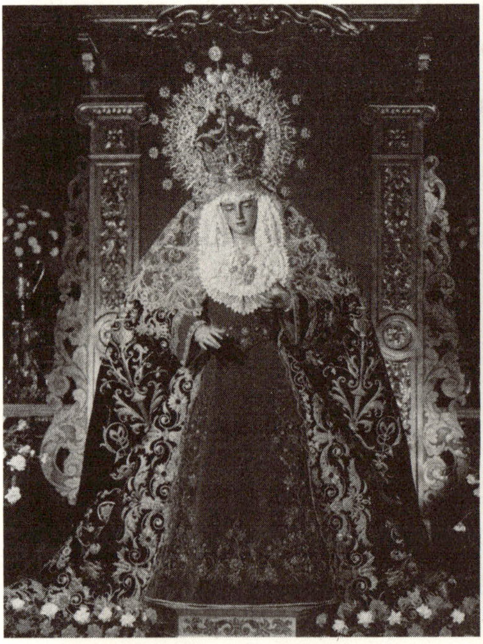
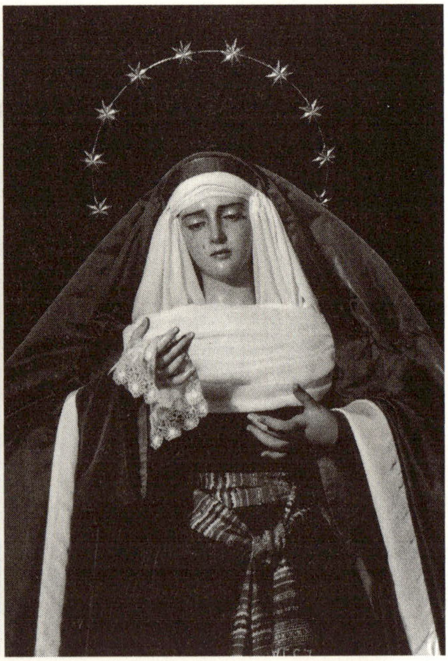

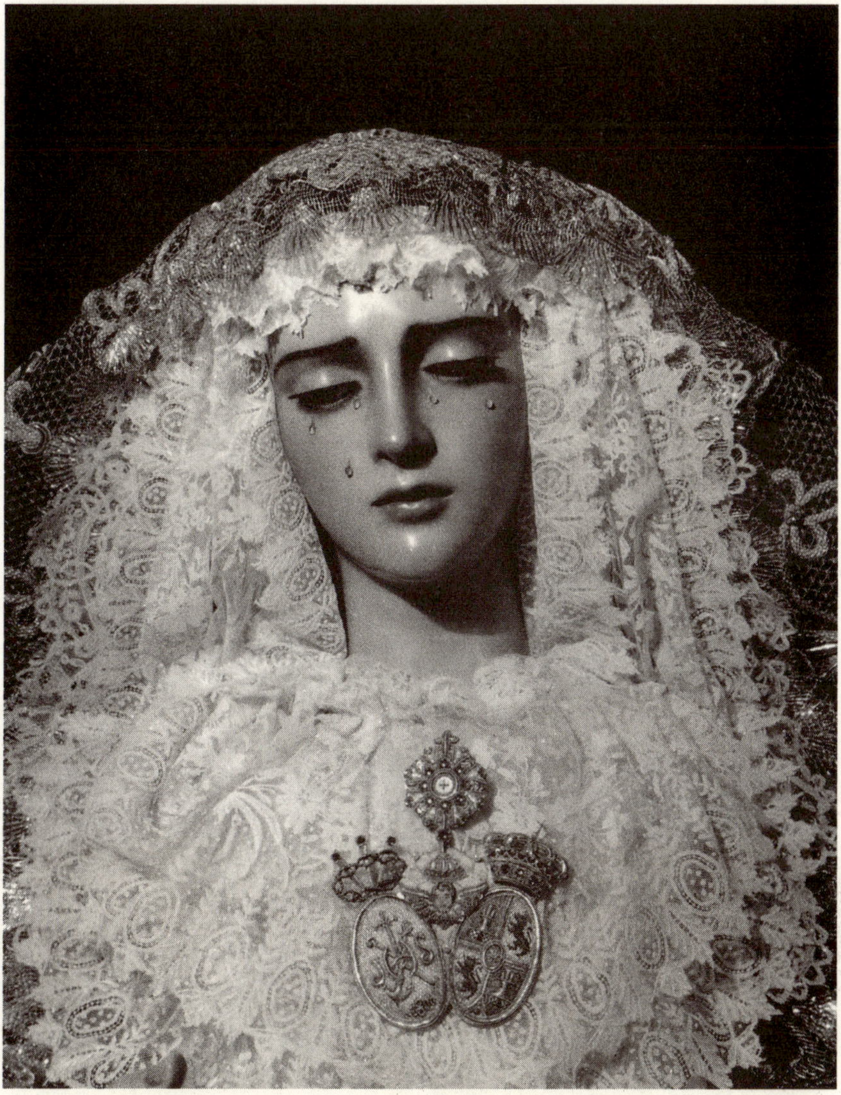

La Virgen de Gracia y Esperanza de la Hermandad de San Roque. Siguiendo el estilo clásico de Paco para Hebrea y de Reina con la frente sin volumen, los laterales abiertos y el pecho cuidando principalmente los perímetros. (Fotografías diversos autores. Archivo A. Pérez).

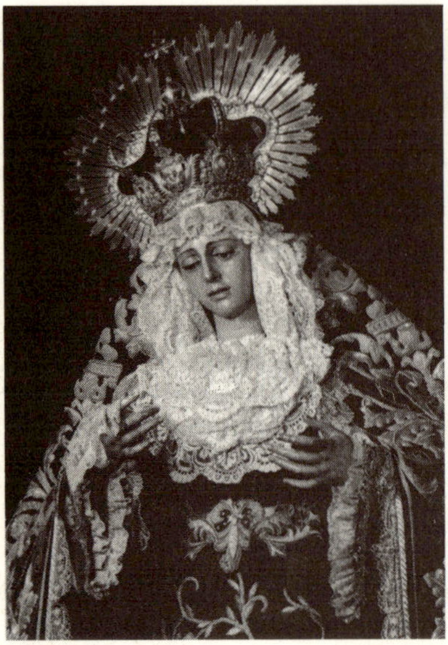

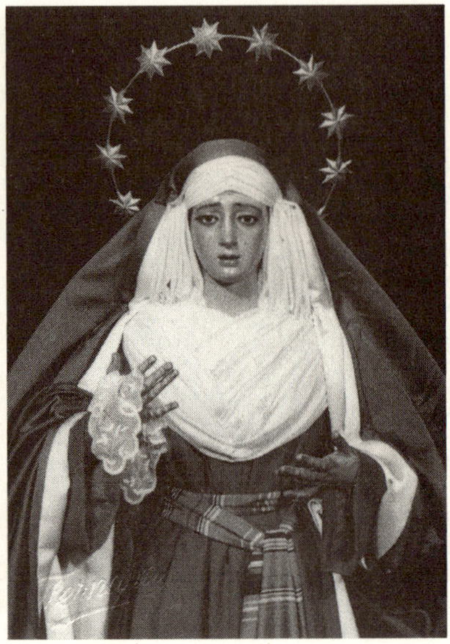

Virgen de Regla, Montserrat, Madre de Dios de la Palma y Loreto vestidas por Paco Morillo con diferentes estilos pero con el sello de Paco reconocible en su ejecución. (Fotografías: Fernand. Archivo A. Pérez).

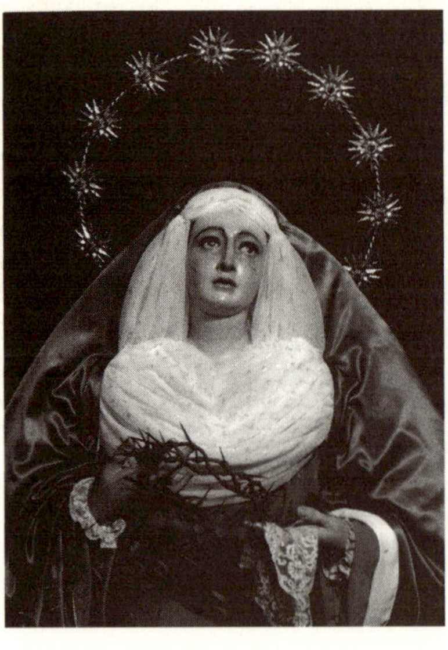

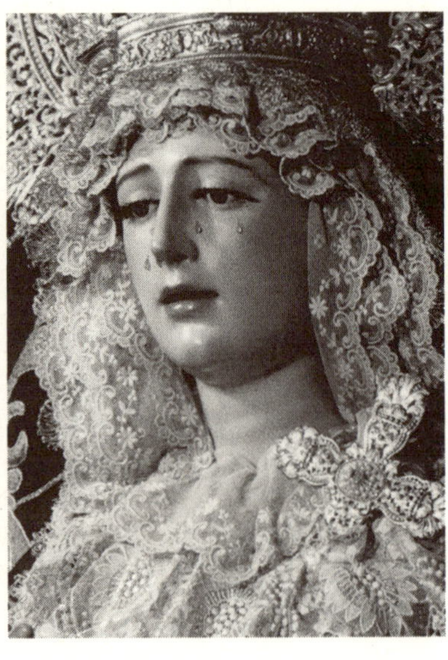

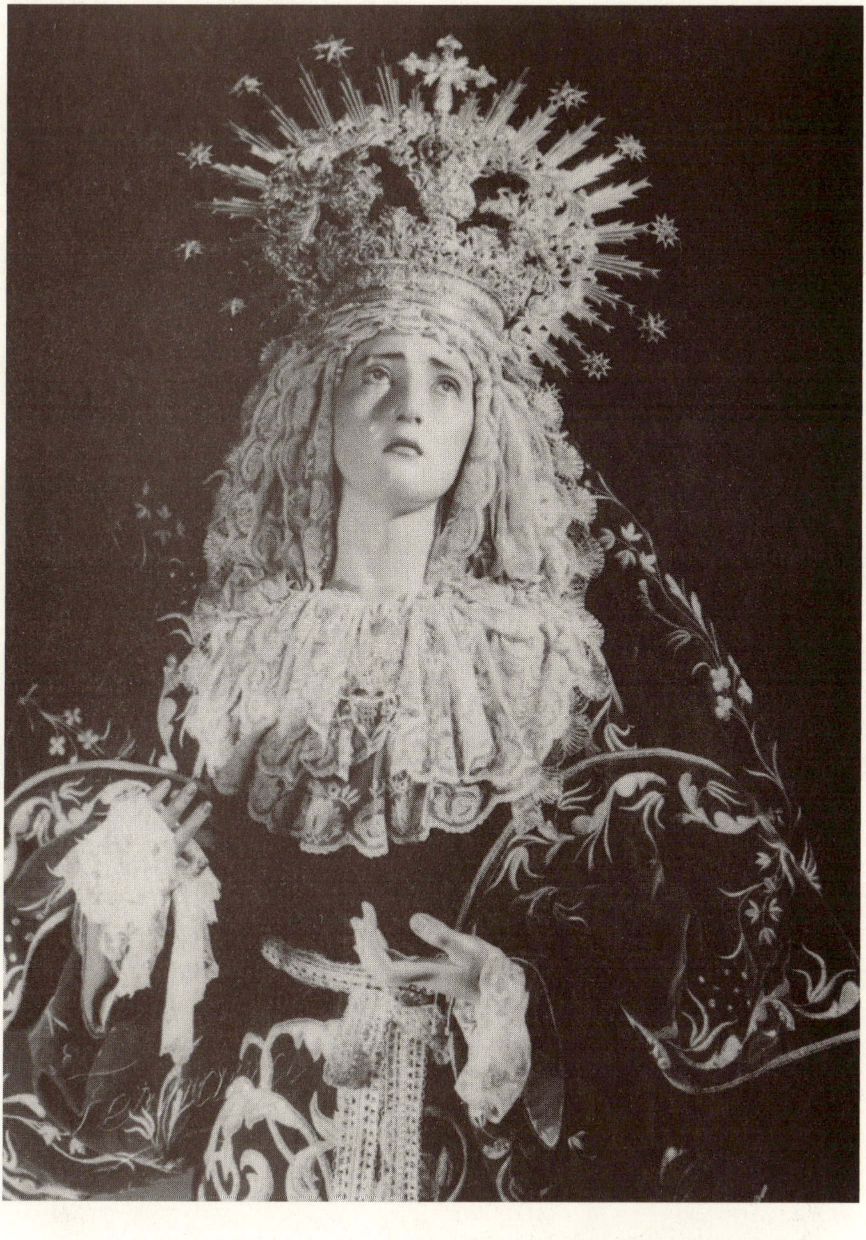

La Virgen de la Quinta Angustia vestida con el cuello «tapaíto» como le gustaba a Paco. Destaca el mantolín de San Juan colocado para la fotografía como manto de la Virgen. (Fotografías: Fernand. Archivo A. Pérez).

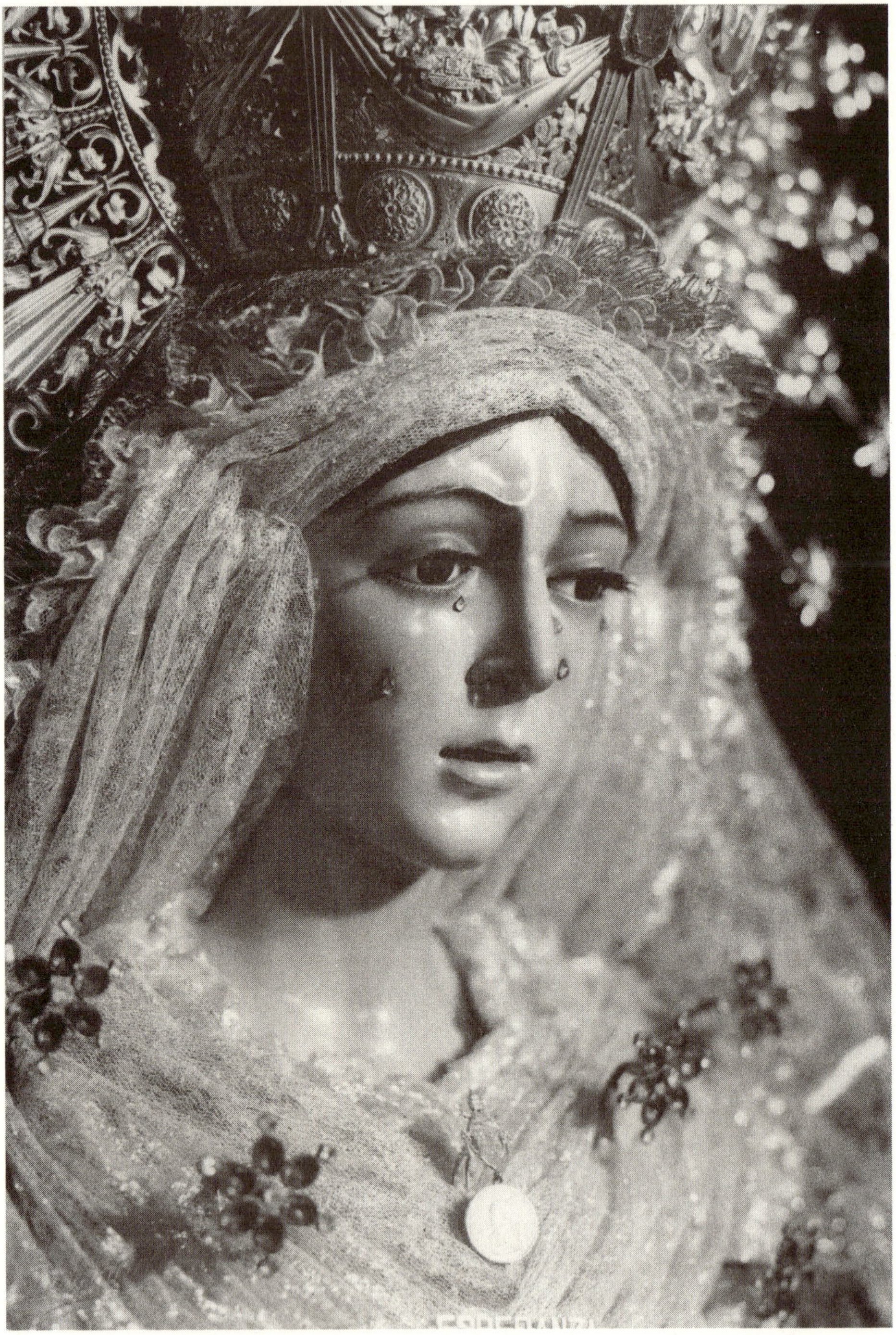

4. PEPE GARDUÑO

SU VIDA...

José Alberto Garduño Navas nace en Triana el 12 de Julio de 1932, en la calle Pagés del Corro y fallece el 19 de enero de 2018.

Atento y educado como siempre, Pepe, nos recibe en su casa. Charlamos de su vida, la familia, la Semana Santa... de muchas anécdotas y vivencias entre placas, cuadros, homenajes sinceros y fotografías de su familia, de la Macarena y la Estrella.

Hijo de Antonio y Felisa, naturales de la localidad extremeña de Zafra. Se casan en la iglesia del Santo Ángel y regenta una panadería con horno.

Como dato curioso, hay que añadir que la hermana de su padre, María, y el hermano de su madre, Ángel, el conocido torero *Gallito de Zafra*, también se casan. Forman así, unos lazos de familia muy estrechos puesto que las dos parejas están formadas por dos hermanos (Antonio y María) con dos hermanos (Felisa y Ángel).

Pepe, como así le gusta que lo llamen, es el más pequeño de los cuatro hijos que tuvo el matrimonio: Maruja, Antonio, Felisa y Pepe.

Sus padres lo bautizan en la parroquia de Santa Ana. Sus primeros años los vive en Triana, donde asiste a clases en el colegio de Cristo Rey, y cuando el pequeño Pepe tiene 8 años, su familia se muda a la calle San Pablo, 55. Por cercanía y por el colegio en el que estaba, recibe su primera comunión en la iglesia de la Magdalena.

Nos relata sus inicios como cofrade: «A los 8 años, me hicieron hermano del Cachorro, mi primera hermandad. Allí empecé a salir de nazareno. Luego, gracias a la novia de mi hermano Antonio —mi cuñada—, nos hicimos los dos de la Estrella. Allí he salido de nazareno hasta hace unos años. Empecé con 10 años hasta los 65–66 años en los que decidí no salir más. Ahora tengo la suerte de vestir a la Virgen. De la Macarena me hice hermano a principios de los sesenta (en concreto, el 6 de Noviembre de 1961), pero nunca he salido de nazareno. Con el trabajo de las mantillas en el estudio... como para salir de nazareno. Además me gustaba más ir con Ella».

Sus imágenes Cristíferas: «¿Sabes cuales son mis Cristos? Tengo especial devoción por mi Cristo de las Penas de la Estrella y por el Cachorro. Son dos grandes imágenes a las que tengo una gran devoción».

Continúa sus estudio en el Liceo y concluye su etapa de estudiante con la titulación de Perito Mercantil.

De sus amistades «de toda la vida» también nos habla: «Desde jovencito tengo grandes amigos que aún conservo. Muchos son cofrades, como el caso de Pepe Asián —gran vestidor y gran cofrade—, Antonio Dubé, Fernando Moreno, Jesus Creagh y Fernando Cano —al que fotografié el día de su boda en el hotel Alfonso XIII—. Hemos mantenido una bonita amistad a lo largo de los años que aún continuamos con nuestras familias».

Leonor Rodríguez Oliveros, su esposa, nos comenta también divertida: «Pepe es un desastre para las fechas... Yo lo conocía de la Estrella porque mi padre era el hermano mayor y siempre he vivido la hermandad. Un año, un Martes Santo, viendo entrar Santa Cruz por la Alcazaba, yo iba con mi tío —prioste del Valle en aquellos años— y Pepe, que era amigo suyo, se interesó por mi. Mi tío le dijo que nos conocíamos de la Estrella. Pasa el tiempo, salíamos como amigos con otros amigos y nos veíamos en la hermandad. En el Rocío, el año que se cambia de la ermita al santuario nos hicimos novios formales... y hasta hoy».

Pepe y Leonor forman su propia familia: «Leonor y yo íbamos a casarnos el 29 de diciembre de 1969, pero al fallecer mi suegro lo aplazamos. Nos casamos en la capilla de la Estrella, el 15 de febrero de 1970. No fue una boda como nos hubiese gustado porque como te he contado, mi suegro falleció once días antes de la primera fecha que habíamos previsto y la tuvimos que posponer hasta ese día. Así que sólo dimos un desayuno para nuestras familias y algunos invitados».

Leonor nos cuenta: «Mi padre iba a ser mi padrino de boda. Me dijo no te preocupes que no ha sido nada, que ya estoy bien. Y al rato falleció... Por eso aplazamos la boda un mes y medio. Formalmente firmamos los papeles en el juzgado, pero la boda «de verdad» fue en la Estrella. Somos de la Estrella de toda la vida y por familia... En dos ocasiones, estuvo la Virgen en mi casa en la época de la guerra».

Y llegaron los hijos al matrimonio. Pepe continúa: «Nuestra primera hija, que iba a llamarse Leonor, como mi mujer, no estaba bien colocada y por lo visto venía con dos vueltas de cordón umbilical al cuello. Mi mujer estaba cumplida desde noviembre... Llega el momento de vestir a la Macarena para el besamanos, y al estar tan gorda, cumplida y molesta, me dice que no se quería quedar sola en casa. Así que se viene conmigo a la Macarena. Allí empieza a sentir dolores y que la niña se movía. En la hermandad bromeaban diciendo que ya sí, que ya venía en camino. Un hermano que estaba allí nos dijo: va a nacer el día de la Virgen. Y así fue. El 18 de diciembre de 1970, nace nuestra hija, que no se llamó Leonor... le pusimos Macarena. La Madrina fue la hermandad, y en su nombre, ejercieron de padrinos Don Eduardo Miura y su señora».

Pepe, nos cuenta anécdotas previas al parto: «Fuimos al hospital, y cuando nos van a dar la habitación en la Cruz Roja... no había habitaciones, así que nos mandan al Pabellón de accidentados y allí nos dan la habitación. Justo en la puerta había un azulejo enorme de la Virgen del Rocío. Nos quedamos tranquilos porque hasta la Virgen estaba allí».

Se completa la familia: «Al poco tiempo llegó Estrella, que nació el 17 de abril, Lunes del Alumbrado de 1972. En 1973, nace mi hijo José Manuel, justo el 24 de diciembre a las doce de la noche. Con las fechas de los tres como para olvidarme con los días tan especiales que son».

También Pepe nos recuerda un caso que impactó en su vida: «A mi hija Estrella, con 7 años le detectan hidrocefalia y no había forma de curarla. Cogí las vendas de la cabeza de la Macarena y se las puse con toda la fe del mundo a mi hija. Aún hoy, los médicos no saben como pudo curarse. Fue un autentico milagro. Esta anécdota ya la he contado muchas veces, y aún así, me sigue emocionando».

Anécdotas de la Feria de Abril: «A mi me gustaba muchísimo la Feria. Tenía una pandilla con gente de la Hermandad de la Estrella, con Pepe Sánchez Dubé, que era íntimo amigo mío. Con el paso de los años, y con el estudio... haciendo fotos... acababa harto de fotografiar a niños y niñas de dos años que sus padres se empeñaban en hacer la foto con los niños de pie:... había que repetirla muchas veces y yo acababa harto. Tras esos días de tantas fotos, llegaba a casa y yo tenía tres allí, mis hijos. Ya dejó de gustarme tanto la Feria... Fuera de bromas, he pasado muy buenas ferias con amigos de toda la vida, como Antonio Dubé y Pepe Asián».

Dentro de las labores creativas de Pepe, también está la pintura: «No tengo nociones, pero de tanto ver fotos, tengo una idea de cómo hacerlo. Me apunté a clases de pintura pero no pude ir por tema de trabajo. Aquí en casa tengo este retrato de mi mujer vestida de novia y un Ecce Homo que también tengo en el salón. Disfrutaba mucho pintando y me relajaba».

LA FOTOGRAFÍA, SU PASIÓN, SU PROFESIÓN

Tras concluir los estudios antes mencionados, encuentra trabajo como Administrativo: «Me coloqué en una empresa que estaba haciendo el oleoducto desde Morón de la Frontera, en la Base Militar, y que llegaba hasta Zaragoza».

Cuando finaliza el oleoducto, acaba su trabajo como administrativo en la empresa. Pepe nos dice: «Al quedarme en el paro, y con lo nervioso que soy... pensé en buscar trabajo. Mi hermano Antonio, que era muy amigo de Haretón, y sabiendo que a mi el tema de la fotografía me gustaba, —aunque no había hecho nada—, habló con él para que yo fuese de aprendiz. Estuve seis meses con Haretón y aprendí mucho».

Continúa con su historia de los comienzos en la fotografía: «Cuando pasaron esos seis meses me lié la manta a la cabeza y abrí mi propio estudio en el bajo de la misma casa donde vivíamos en la calle San Pablo. Sería el año 1956 ó 1957... Usé el bajo de la casa, que había sido una tienda de semillería, tortería, que mi familia regentaba... y allí empecé con estudio propio».

Llega el gran salto profesional: «Esa casa, la teníamos la familia alquilada. Los dueños querían que nos fuésemos para derribarla y construir un edificio nuevo. Así que compró el estudio de la Magdalena. En aquel año, 1960, costó cuatro millones de pesetas. Era un estudio enorme, uno de los mejores de España en aquella época. Lo mantuve hasta el año 1993 en el que me jubilé. Si te das cuenta, desde que nos vinimos de Triana, no he salido de esta zona... ni la casa ni el trabajo. Todo en dos calles».

Y nos comenta algunas anécdotas: «El estudio era muy bonito y amplio, decorado incluso con mármol de Carrara. Por allí pasaron miles de novias para retratarse. El Jueves Santo, he llegado a retratar más de 140 mantillas. Abría por la mañana y no paraba hasta las diez y media de la noche. Hora en la que venía a casa a ducharme, arreglarme y tirar para la basílica y acompañar a la Macarena durante la madrugada».

Personalidades que pasaron por el estudio: «Como trabajaba con Pulpón, que era un magnífico representante de artistas, por el estudio de la Magdalena, pasaron: Juanita Reina, Isabel Pantoja, Chiquetete, Estrellita Castro, Farruco, Matilde Coral, El Negro... hasta la Compañía completa de Caracolillo. No se cabía en el estudio. Trajes por lado, batas de cola por otro, dejaban el estudio revuelto. Pero fue una etapa muy bonita donde también conocí a mucha gente».

LA ESCUELA DE VESTIDORES

Tras la jubilación, Pepe —alma inquieta—, crea otro precedente en el mundo de la Semana Santa: «Cuando me jubilé, como no puedo estar quieto, hice la escuela de vestidores. En la temporada de 1995 y 1996. Tuve unos 20 alumnos. Tanta repercusión tuvo que hasta me llamó María Teresa Campos para que fuese a la televisión a Madrid. Yo le dije que no iba, que si quería, que viniesen las cámaras a Sevilla... y vinieron».

Razón de la escuela: «El motivo de la escuela era para enseñar lo que he hecho durante años, para que otros aprendiesen.

Amigos míos me decían que me había metido en un jaleo muy gordo, pero yo quería dignificar esto y que no se perdiese esta labor. Por eso, cada vez que me llaman para entrevistas o para la tele lo hago encantado, para dignificar esta profesión que a veces tiene momentos muy ingratos y poco reconocidos».

Sus alumnos: «De los muchos cofrades que vinieron a la escuela, salió José Manuel Lozano, mi discípulo, que es vestidor de muchas imágenes y desde que yo me he retirado, viste a la Macarena».

En cambio, no le hubiese gustado que su hijo siguiese sus pasos como vestidor: «En ocasiones, es un trabajo muy ingrato. Hay priostes que quieren hacer barbaridades sólo porque les gusta algo, sin darse cuenta que las cosas no hay que cambiarlas por capricho. Eso cansa a cualquiera. El respeto de antes, no lo hay ahora. El vestidor a veces es el último mono de la cofradía, siendo el principal artífice de presentar a la Virgen. Se valora más la banda, los capataces, los costaleros, los priostes artistas, olvidándose a veces la labor tan importante que hacemos los vestidores».

«LA ESTRELLITA CHICA» (PRIMERA VIRGEN VESTIDA POR PEPE)

Con una Virgen que tenían en un altarcito montado en el dormitorio de sus padres, los hermanos Antonio y Pepe sacaban un paso el último domingo de mayo... «Salía de la panadería que teníamos en casa, en Pagés del Corro. Su primera salida fue en 1953. Me acuerdo porque ese año yo estaba en la «mili». Teníamos hasta la autorización del Ayuntamiento. Era una fiesta en el barrio. Salía hacia el Puente, llegaba a Campana, Sierpes, la Avenida, García de Vinuesa... llegaba a Triana y tiraba por Pureza. Los vecinos ponían muchas colgaduras en sus balcones».

La «Estrellita chica», un sueño hecho realidad —como el de muchos cofrades hoy día—, surge de la siguiente manera: «Como en casa teníamos dos hornos, iban escultores a cocer Virgencitas e imágenes. No recuerdo bien, pero el caso es que la teníamos en casa. Se parecía a la Macarena, y como éramos de la Estrella, le pusimos su nombre. Los cofrades la conocían como la Estrellita chica. Era muy popular. Cuando salía venían amigos cofrades, hermanos mayores... En esta procesión conocimos a Antonio Fernández —Fernand— que más tarde comenzó a trabajar conmigo en el estudio».

Nos habla, con la ilusión de un niño... «Era un pasito de nueve costaleros, con unos respiraderos repujados con sus maniguetas y unos borlones que nos hizo Jesús Domínguez. La corona, el puñal... Era un pasito completo. Los varales estaban forrados con papel de plata. Con redes de pescar que compramos en Coria, le hicimos el palio de malla y mi hermano sacó un dibujo como el de los estudiantes y lo pegamos y pintamos en dorado con purpurina. Parecía que estaba bordado. La gloria del paso era con Santa Justa y Rufina (como la Estrella) y llevaba un manto que en realidad era una colcha celeste de mi madre. Más tarde, llegó a sacar un manto blanco que nos prestaba la Estrella. Las velas rizadas las ideó mi hermano con unos moldes que nos hicieron... pero las hacía yo, una por una, como las grandes».

Y llega el momento de su estreno como vestidor... «La Virgen la vestía mi hermano para la salida. En casa también la vestía él, pero empecé a vestirla yo para el resto del año. Esa fue mi primera Virgen, a la que le guardo un cariño especial y que hoy conserva mi sobrino Luis —hijo de Antonio—. Con esa Virgen disfrutamos mucho y vivimos anécdotas muy divertidas y emotivas».

Pepe destaca por la gran versatilidad a la hora de vestir a las Vírgenes. Desde profusos tocados muy elaborados hasta otros más sencillos según la época y las modas imperantes a lo largo de los años. Creador innato, ha dejado huella y una auténtica escuela con el pico Macareno, el trébol, el ocho, tocados hasta la cintura, los encajes vueltos hacia arriba en los cuellos, la naturalidad medida en los tules... Un auténtico genio del arte de vestir a las Dolorosas creando escuela y siendo imitado en todas las evoluciones que ha ido ejecutando en sus tocados, formas de recoger los mantos y colocar las alhajas.

EL ROSARIO DE LA MACARENA

Pepe nos relata su llegada a la Virgen del Rosario: «A la Virgen del Rosario, en una salida, se le suelta el manto y se le cae el Niño... la hermandad se la ofrece a mi hermano, y mi hermano me recomienda a mi... Así empecé con Ella, el 26 de octubre de 1957. Yo no tenía mucha idea de vestir una Virgen de Gloria. Rosario tiene el pelo tallado y una especie de toca también de talla, así que cogí una tela gruesa, tipo lienzo y le hice como una toca de sobremanto. En esa toca le cogí los encajes con alfileres. Le hice un tocado de dolorosa adaptado a Gloria y gustó mucho. Era muy alegre y distinto a lo que habían hecho. Con ella me llevé aproximadamente 44 años».

LA VIRGEN DE LOS ÁNGELES

Del Rosario de la Macarena, llega a la Virgen de los Ángeles: «El prioste de la Macarena, era mayordomo de la Cofradía de los Negritos. Al ver cómo había quedado la Virgen del Rosario, fue a su hermandad y se lo dijo a la junta. Así que me nombraron su vestidor. Comencé aproximadamente a la semana de haber vestido al Rosario. La primera vez que vestí a la Virgen de los Ángeles fue para los difuntos de ese mismo año (1957). Con Ella estuve 52 años. Me retiré en 2009».

LA ESPERANZA MACARENA

Su andadura con la Esperanza Macarena comienza así: «Cuando mi hermano estaba vistiendo la Macarena, era también capiller del Gran Poder. Un día que tenía trabajo hasta tarde, llegó tardísimo a la basílica de la Macarena. Eran muchas horas esperando... Por ese tema, la Hermandad decide nombrar nuevo vestidor. En principio, yo me negué, diciendo que si mi hermano no la vestía, no la iba a vestir yo, pero viendo que la hermandad insistía en que entonces tendrían que nombrar a otro, accedí. Para que la vistiese otro —ya que mi hermano no podía— entonces dije que sí. La primera vez que la vestí fue de hebrea, en la Cuaresma».

La Hermandad quiso que fuese prioste: «Tras Pepe Mena Martagón, me propusieron hasta en dos ocasiones ser el prioste de la hermandad. No podía aceptar porque mi trabajo me tenía muy ocupado... tres hijos... y que yo, la verdad, vistiendo la Virgen ya estaba más que servido con lo que hacía».

Pepe, magnífico vestidor, es referente de muchas Dolorosas y vestidores, pero ha destacado y creado estilos como vestidor en la Macarena, ofreciendo una estampa de la Virgen muy femenina, realzando su belleza en la evolución del tocado creado por Pérez Calvo, pero refinándolo en su creación: «Le potencié el pico de la frente pero haciéndole tres picos. También ha sido muy comentado el tocado en forma de ocho, el trébol, la rosa en el pecho... Le saqué los encajes hacia afuera, dándole más gracia y soltura a la Virgen. Dicen que el esplendor de Garduño es en los 80 y 90, pero no se dan cuenta que la Virgen ha evolucionado. Los últimos años he ido afinándola cada vez más. A los que dicen que la Macarena ha estado vestida siempre igual, que vean fotos... verán como nunca he repetido, siempre he intentado crear con Ella cosas diferentes. Me gustaba sacarle un poquito de pelo por las sienes, y cuando bajaba el encaje hacia el cuello, echarlo hacia atrás, creando esa curvita que hacía que la Virgen pareciese que asomaba la cara hacia adelante».

Continúa hablando de los distintos tocados y evolución de los mismos: «Al principio, le hacia en el contorno muchos ricitos pequeñitos, luego le colocaba unas frentes más grandes y menos redondas. En los últimos años me gustaba más con la frente más suelta, con los pliegues menos marcados. Como la Virgen tiene un cuello tan bonito, y para darle más movimiento, le hacía un pico más marcado que le sacaba el cuello. Todo para que la Virgen estuviese aún más guapa de lo que ya es».

Copiado e imitado a lo largo de los años como referente: «He visto y aún veo muchas Vírgenes vestidas como la Macarena. La Hermandad siempre ha sido un ejemplo en todo lo que ha hecho y por lo que he visto, en la vestimenta también. A veces me decían los priostes: Pepe, que trabajado está el tocado... y yo les respondía, siempre con risas, que ya que me iban a copiar, que al menos tuviesen que trabajar. Para mí es un orgullo que haya sido copiada».

En el terreno emocional, histórico y de enseres de la Virgen, Pepe guarda en sus retinas momentos que comparte con nosotros. Vivencias con camareras, personalidades y anécdotas.

La Coronación de la Virgen: «Tras el traslado y llegada a la Catedral, la Virgen hizo el triduo. Aquello fue impresionante. Como bien sabes, la Coronación, por la lluvia, tuvimos que celebrarla en la misma Catedral. La Noche previa, vistiéndola para el paso en una capilla —mientras fuera se preparaban cosas—, sólo estuvimos con Ella tres personas: Juanita Reina, Pilar de Banús y yo. Los tres solos con la Virgen. No lo olvidaré nunca. Hubo una anécdota muy curiosa, y es que la viuda de Banús quería ponerle un broche de brillantes que se dividía en dos. Yo le dije que tenía orden de no poner nada que no fuese de la Virgen. Ella se quedó muy callada y me dijo: Pónselos. Ya son de la Virgen. Son los dos broches que son unos lacitos y que solía ponerle cogiendo la bandera de España de la medalla de la Ciudad».

Sobre las joyas especiales que más le gustan, Pepe Garduño dice: «Las mariquillas son un sello de Ella, pero me gusta mucho la pulsera de brillantes que se suele colocar en el fajín, el anillo de brillantes con una esmeralda enorme y los aderezos que enriquecieron la corona. Todo esto, donado por la Viuda de Banús. También uno de los Cartier que se le colocan en el manto es de Ella, además de otras muchas cosas».

El anillo de la frente: «Como la Virgen tiene esa mirada tan impactante, para las grandes ocasiones, le ponía el solitario con el brillante en la frente. Ese destello, yo quería que fuese como un foco que llamase la atención hacia la cara de la Virgen, que aunque no le hace falta, le da un brillo especial. Pero como algo especial, hay que reservarlo para ocasiones especiales, no para todos los días porque pierde su gracia».

El día o la noche para la Macarena: «Me gusta a todas horas y en todo el recorrido, la noche tiene la fuerza, esa luz que desprende... y de día, viene con cara de cansancio... son increíbles los matices de su cara».

Como fotógrafo, nos añade: «Antiguamente, tenía en la lámpara central un foco con una luz extraordinaria que le hacía una mirada espectacular. Como vestidor y como fotógrafo, insisto que es muy importante la iluminación de las cosas. Es el todo. Ojalá volviesen a poner ese foco. Y aunque no esté la lámpara, se puede colocar bajo el coro».

Al preguntarle si se puede quedar con alguna vez que le haya gustado especialmente... «la vez que se vistió para el paso que sirvió para cartel de la Caja San Fernando me encanta. Tiene el guipur. Ya has visto que es la foto que tengo enmarcada en la entrada de casa. Hay otra que me gusta mucho y es en un besamanos, con los tres picos, la rosa en el pecho y el tocado hasta la cintura. Creo que en esa foto ya no se le puede pedir más».

De las muchas vivencias, recuerda la visita al Estadio Olímpico el 18 de septiembre de 2010: «Era una ocasión única... Para mí, creo que era demasiado grande, pero con tantas personas, había que buscar un lugar así. Hacía muchos años que la Virgen no salía sin el palio y fue una ocasión muy bonita para ver otras luces sobre la cara de la Virgen. Llevaba también el encaje de guipur, que es tan vistoso y que tan bien le sienta. Ese tocado, lo regaló Isabel de Pablo Romero. Es el encaje de un juego de sábanas antiguas».

Tiene palabras cariñosas para Luisa, antigua peinadora de la Virgen: «Ella tenía una peluquería en la calle Sagasta. Al principio la peinaba ella y luego su hija. Era un momento muy especial, porque le colocaban a la Virgen un peinador —como a las mujeres, como a las artistas— y le soltaban su pelo. La peinaban con mucha delicadeza, cepillándole el pelo y luego peinándola con la raya en medio y un moño bajo precioso. Cuando la Virgen tenía el pelo suelto, era una auténtica mujer. Desprendía un olor muy especial. Desde entonces, se nombraron peinadoras oficiales de la Virgen a las Hermanas de la Cruz que lo hacen también muy bien».

Pepe sentía hasta escalofríos con la Virgen: «Muchísimas veces, cuando la estaba vistiendo, giraba la cabeza y al encontrarme con su mirada, se me ponían los vellos de punta. Tiene unos ojos que son como un imán. No dejan de mirarte y no deja que mires hacia otro lado».

Nos relata anécdotas de personalidades: «En una visita de los Reyes, viendo a la Virgen en el Camarín, la Reina Doña Sofía me dijo que era la Virgen mejor vestida del mundo. Imagínate mi orgullo. Les envié unas fotos de la Virgen a Palacio y me enviaron una foto dedicada y una carta de agradecimiento».

Cayetana de Alba: «La conocí, pero no coincidimos mucho. Venía cuando se le colocaban las joyas. Hay fotos de Ella en el palio con Juanita Reina y la Virgen en medio. Fotos que ya son historia».

Otra curiosidad: «En una entrevista, a Victorio y Lucchino, le preguntaron quién era la mujer mejor vestida de España: Ellos dijeron que era la Macarena. Cuando le conceden el premio de la aguja de oro, me llamaron para que se lo entregase yo».

Otras personalidades: «Los actuales Reyes de Bélgica vinieron una madrugada a ver salir la hermandad. Con los preparativos lógicos, me dijo el hermano mayor: Garduño, atiéndelos tú, por favor. Son muy educados y estaban encantados. No lo van a olvidar nunca».

Y doña Esperanza: «Las veces que vino, desde Villamanrique, con don Pedro, era muy atenta. También era una gran devota de la Virgen».

Pero sin duda, de quien guarda un gran cariño es de Juana Reina: «Juanita era muy cercana. Yo la admiraba de siempre por buena artista y gran Macarena. Ella era especial. Me decía: ¡Ay Garduño qué maravilla, qué maravilla lo que estás haciendo, qué bonita la estás poniendo! La recuerdo siempre junto a la Virgen, dándome alfileres. Muy cariñosa, siempre diciéndole piropos. Una gran mujer en todos los sentidos. Fueron muchos años y viviendo momentos únicos junto a ella y la Virgen».

Relata su última vez como vestidor de la Virgen: «Aunque al ser vestidor de honor, puedo estar siempre junto a Ella —y la hermandad así lo quiere—, mi despedida, como anuncié, fue en la Catedral de Sevilla. Vistiéndola para el cincuentenario que hemos celebrado en la plaza de España. Ese día, tan especial, le di muchos besos y me despedí de una forma especial. Le decía... ¡Qué guapa mi arma! ¡Que la gente te chille mucho! No paraba de decirle cosas bonitas».

Emocionado nos cuenta: «He llorado muchas noches, acordándome de la Virgen. Me ha dado mucha pena dejarla. Pero... hay que saber retirarse a tiempo. No que te retiren... siempre hay un límite. Yo quise aguantar hasta el cincuentenario y así lo he cumplido».

Y Pepe alardea orgulloso y satisfecho: «Más que el que la hizo, más que cualquier hermano mayor o miembro de Junta, más que cualquier vestidor... porque ni Ojeda, ni Carrasquilla, Gamero, Pérez Calvo, mi hermano... he sido la persona que más tiempo ha estado junto a la Virgen desempeñando un cargo, el de vestidor. 57 años junto a la Macarena».

Y tras esa frase categórica, con ojos de cierta melancolía, esboza una amplia sonrisa de satisfacción.

LA ESTRELLA

Hermano como nos ha comentado desde los 8 años. A la Estrella, la vestía Gamero y luego Barrientos —que hacía figuritas de nacimientos en un sitio en la calle Cuna pegado al Salvador. Una vez había que vestir la Virgen y no venía «muy bien» así que mi hermano le dijo que no «estaba en condiciones» de vestir a la Virgen. No la vistió más y empezó mi hermano. Cuando mi hermano fallece en 2004, la hermandad me nombra su vestidor. En la actualidad en algunas ocasiones la viste mi sobrino Luis —hijo de mi hermano—, como hace poco, cuando me caí y me partí dos costillas».

En la Estrella es distinto: «Allí hay poca gente... la Virgen tiene una peanita con el pollero agarrado... se viste abajo, se sube y entonces mi sobrino alguna vez la retoca, o le pone el manto. La Estrella es maravillosa. Su cara, su policromía, el dolor que tiene... es impresionante. Yo llego, me siento, y le digo a las camareras que la vayan desnudando. Ellas se vuelven locas de alegría. Cuando ya tiene puesta la saya le pongo el tocado. Es mucho más relajado que en la Macarena donde hay tanta expectación y tanto público».

OTRAS DOLOROSAS VESTIDAS POR PEPE GARDUÑO

En algunas circunstancias, para determinadas sesiones fotográficas, vestía a la Virgen para realzar la belleza de la imagen no sólo con el objetivo de su cámara sino también con la forma de presentarla para dicha sesión y retratarla de forma excepcional. Un ejemplo es la Virgen de las Mercedes de la Hermandad del Tiro de Linea que fue vestida para la ocasión al realizar una maravillosa galería de instantáneas que continúa siendo un referente en la hermandad y en su barrio.

Pepe enumera otras dolorosas Sevillanas que han pasado por sus manos, advirtiendo que es muy malo para recordar las fechas exactas —como nos adelantó su esposa Leonor— y los años que estuvo: «La Virgen de la Angustia de los Estudiantes unos 17 años; La Virgen de la O, 30 años aproximadamente; Las Mercedes de la Puerta Real creo que 43 años más o menos. También he vestido la Salud de San Gonzalo —la antigua, no la de ahora—, tres años para el paso. Y la Virgen del Rosario de Triana, Madre de Dios de Capataces y Costaleros».

Y una ocasión histórica para la Hermandad de la Redención: «Otras de las Vírgenes que he vestido, pero sólo una vez, es la Virgen del Rocío, que la vestí para su bendición. Le puse un tul para hacerle el tocado».

Tuvo una relación especial con la Hermandad del Cachorro, como hemos mencionado anteriormente: «La Virgen del Patrocinio la vestí durante 3 años. La vestía para el altar porque para el paso venía siempre un hermano de la hermandad. En un cabildo de junta, deciden que la vistiese yo para todo el año, incluido el paso. Así que ese día, el que iba a subirla al paso, vino el prioste a mi estudio diciendo muy preocupado que habían ido antes y que la habían vestido ya en el paso... Les dije que eso no era serio y no fui nunca más a vestirla. Con el tiempo, y ya con la Virgen nueva, unas veces que mi hermano no pudo porque estuvo malo sí fui y la vestí».

Recuerda momentos emotivos que fueron cruciales para la Nueva Imagen: «Cuando se quema la Virgen, le pasé a Luis Álvarez Duarte muchas fotografías... de frente, perfiles, medio cuerpo... para que a Luis le sirviesen para coger el modelo y realizar la nueva Patrocinio».

La Virgen de los Dolores de Santa Cruz durante 16 años: «Desde que se la vestí a Eslava para la presentación el día que iban los de la hermandad a verla. También a la Virgen que iba en el paso de Cristo y que hace unos años han recuperado de nuevo. Antonio Fernández se enfadó mucho, porque ya había tallado Eslava a Dolores y Misericordia aunque aún no salía. Y ahora Eslava hace una copia de la Virgen, se la compra Santa Cruz... y sale antes a la calle que la suya...».

Además de la Virgen del Patrocinio, ha vestido a otras Dolorosas cuando su hermano Antonio no podía por alguna circunstancia: «He llegado a vestir alguna vez a la Virgen de las Tristezas de la Vera Cruz y también a la del Mayor Dolor y Traspaso. En momentos en los que mi hermano no pudo por enfermedad».

Vestir imágenes nuevas en talleres de amigos: «Ya te he comentado que vestí alguna Virgen de Eslava, como la de Santa Cruz, pero también he vestido y fotografiado muchas Vírgenes de Antonio Dubé en su taller de la calle Alfarería».

Sólo vestidor de imágenes de la Virgen: «Nunca he vestido ni Cristos ni imágenes secundarias. No me llamaba la atención. Con las Vírgenes ya he tenido todo lo que quería».

Pepe ha desarrollado su labor de vestidor fuera Sevilla capital en localidades como Carmona, vistiendo a María Santísima de la Paciencia de la Hdad. de la Columna (19 o 20 años aproximadamente).

También nos dice Pepe que vistió a la Virgen de los Dolores Coronada de la Roda de Andalucía (12 o 14 años aproximadamente).

En Alcalá del Rio, «he llegado a vestir a las dos Dolorosas de mayor devoción, la Soledad (unos 17 años) y las Angustias (unos 14 años). Era curioso porque a la Soledad la vestía antes y algún día después las Angustias. Dos grandes hermandades. Pues cuando iba a vestir las Angustias, me encontraba en la iglesia el paso de la Soledad tapado... ¡Pero si la había vestido yo! ¡Y sabía perfectamente cómo estaba! Son muchas las anécdotas que he vivido».

Sobre imágenes que le hubiese gustado vestir, añade: «Estoy muy contento y agradecido por las Vírgenes que he tenido la posibilidad de vestir. Pero... si te digo la verdad, me hubiese gustado vestir la Virgen de la Victoria de las Cigarreras y también la Esperanza de Triana. A Crespo y a Vicente Acosta les hubiese gustado... ¡y a mi también! ¡Imagínate haber vestido a las dos Esperanzas de Sevilla!».

Pepe Garduño dejó de vestir a la Macarena tras los actos del Cincuentenario de la Coronación en Mayo de 2014. Estuvo vistiéndola 57 años. Continuó vistiendo a la Estrella hasta su fallecimiento el 19 de Enero de 2018 a la edad de 85 años. La noticia la confirmó la hermandad de la Estrella a través de su cuenta de *Twitter*. Se hicieron eco todos los periódicos locales y páginas cofrades de toda España

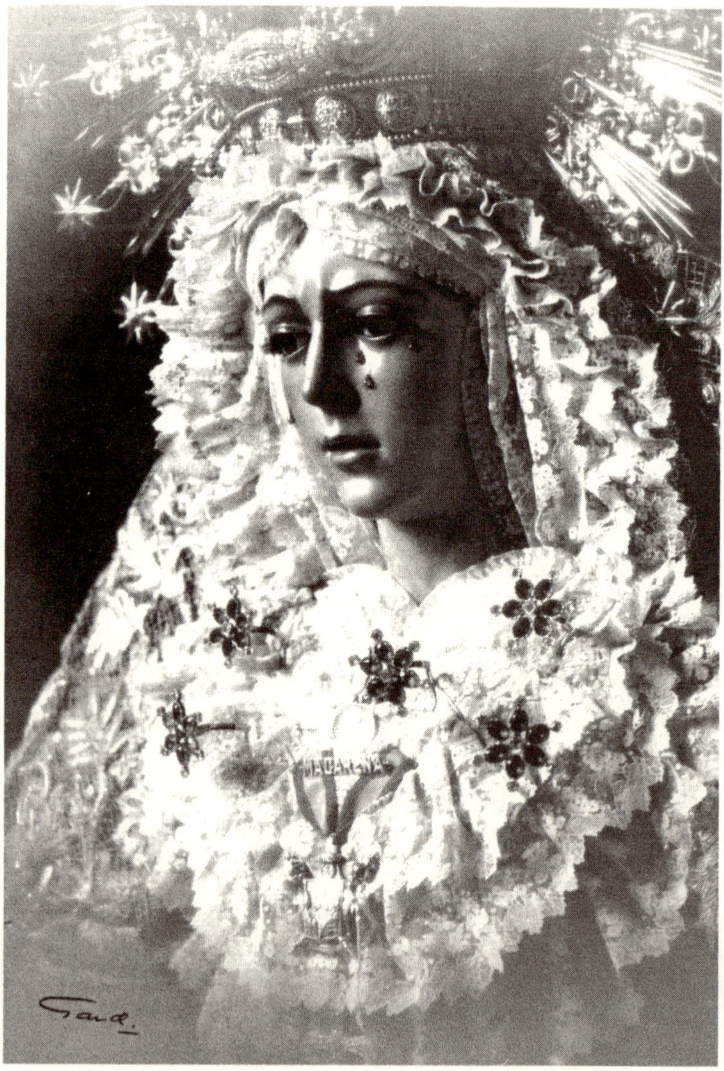

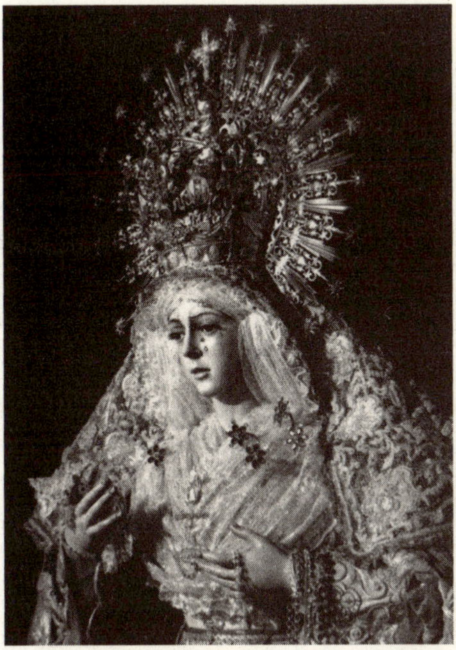

Diversos tocados realizados Pepe Garduño. Destaca la naturalidad dentro de lo elaborado. Podemos observar los rizos pequeñitos cerrando la frente y laterales de la cara, la disposición de las «mariquillas» en 2 y 3 o 4 y 1 y la posición de las manos, más altas y que en las últimas décadas. (Fotografías archivo A. Pérez).

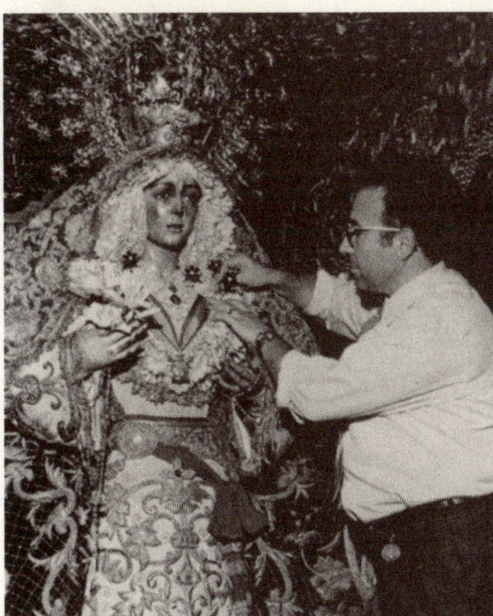

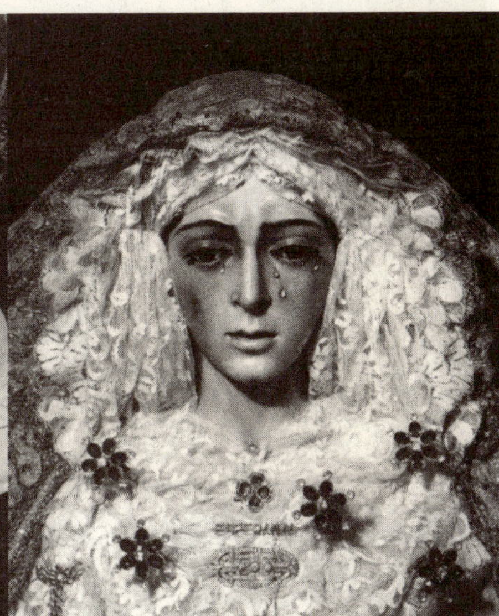

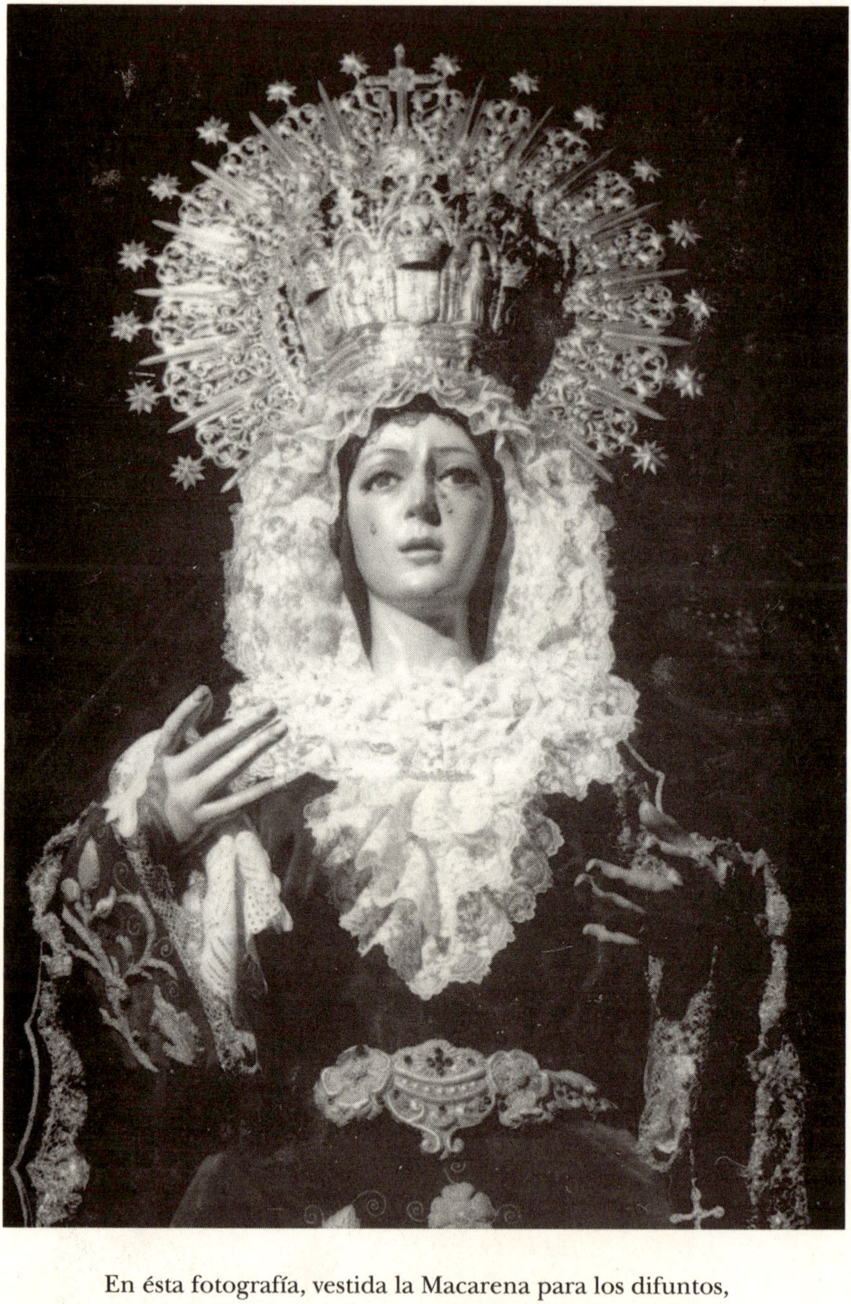

En ésta fotografía, vestida la Macarena para los difuntos, se puede observar claramente el trébol creado por Pepe Garduño. (Fotografía Gard. Archivo A. Pérez).

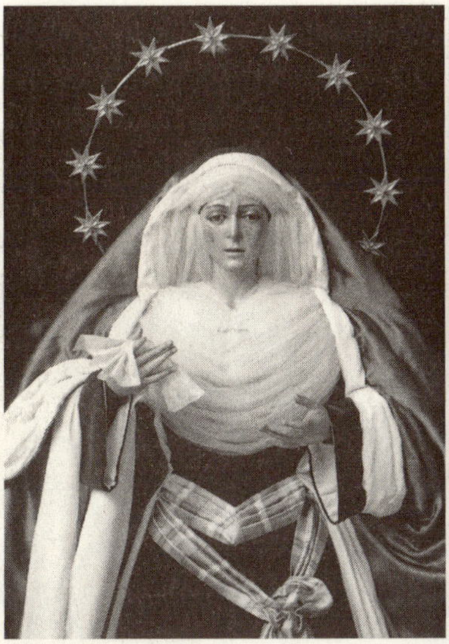

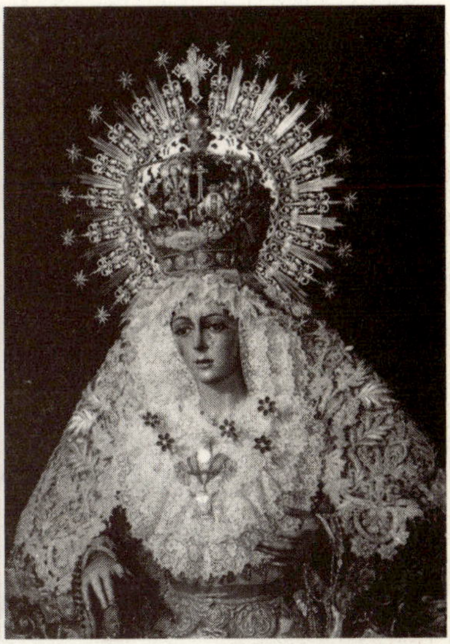

La Macarena de hebrea, perfectamente enmarcada pero con la naturalidad y maestria de colocar los tules con movimiento. Otras instantáneas de la Virgen con el guipur, encajes y otras blondas. Podemos observar el pico en la frente, la rosa, grandes tocados, el trébol... Siempre igual aunque siempre distinta. A la derecha, una de las «vestimentas» de un besamanos de las que Pepe está más satisfecho.

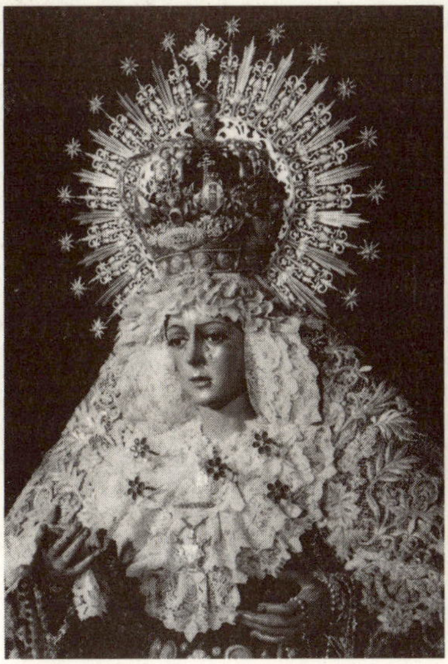

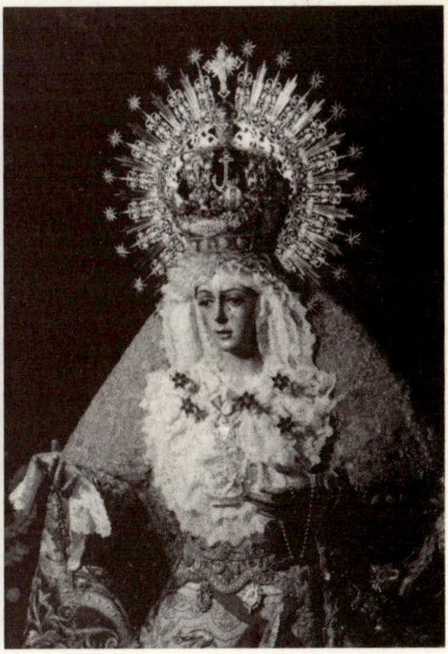

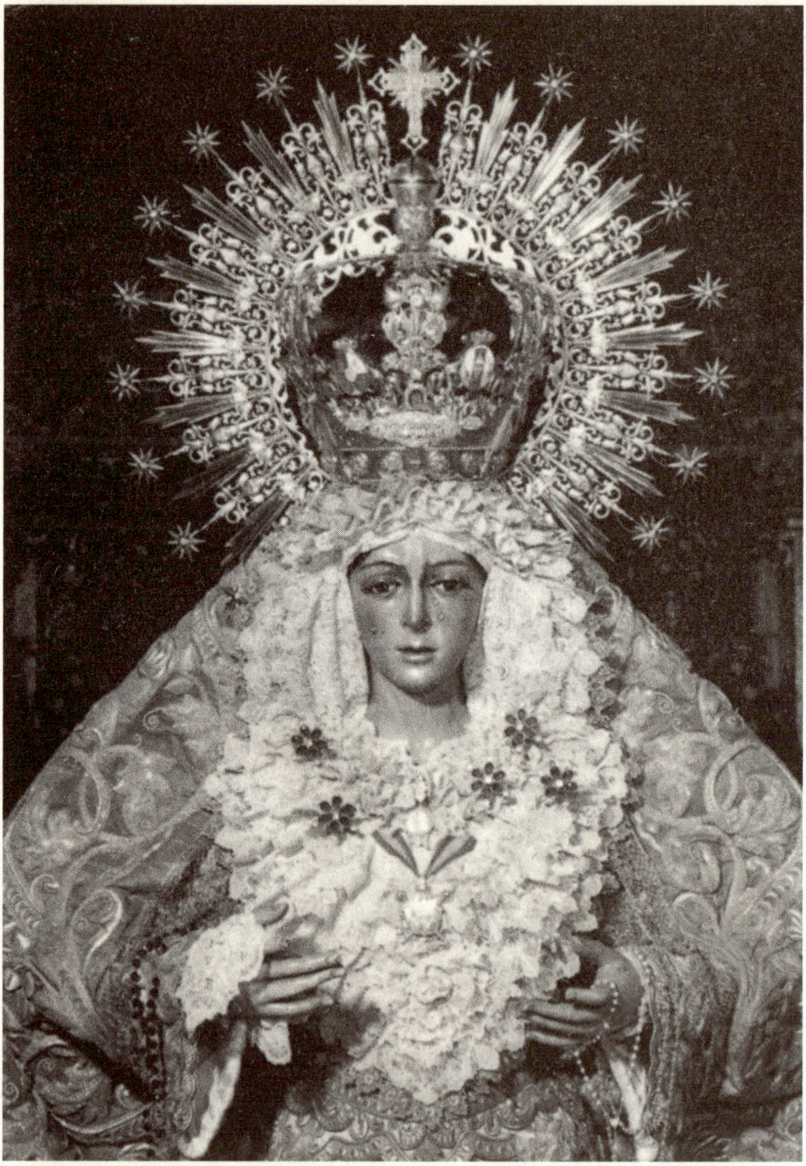

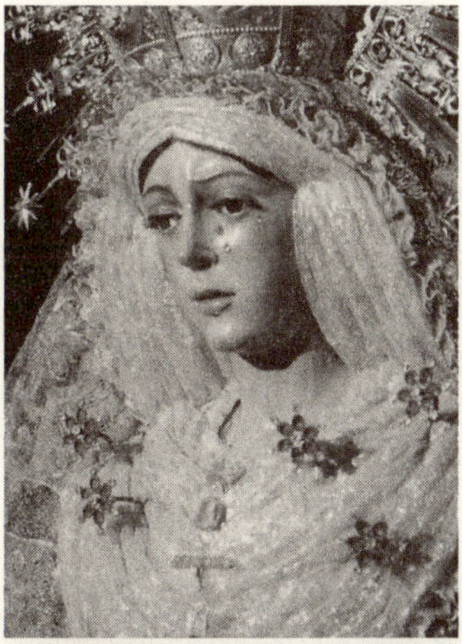
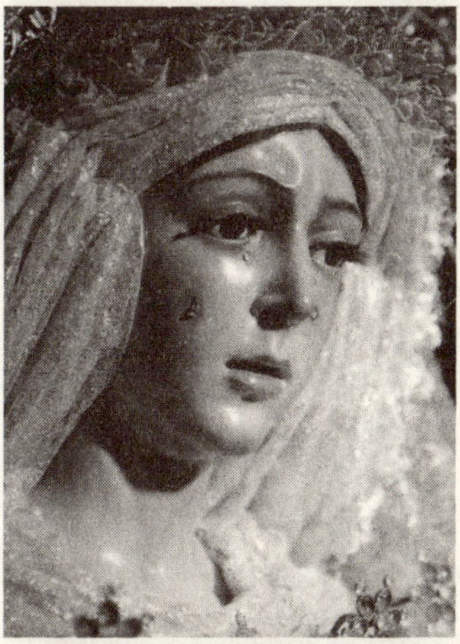
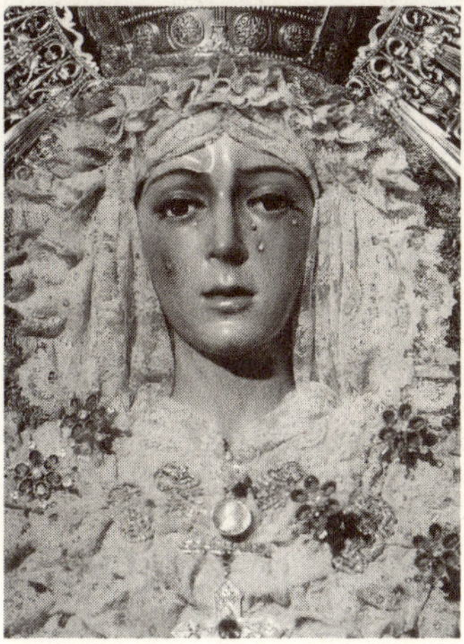
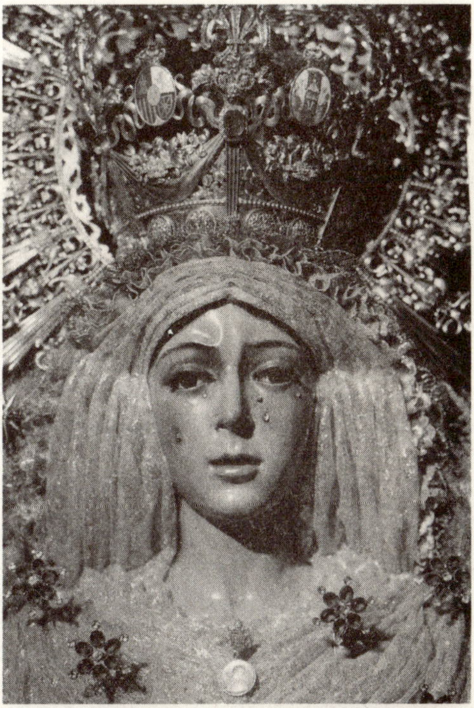
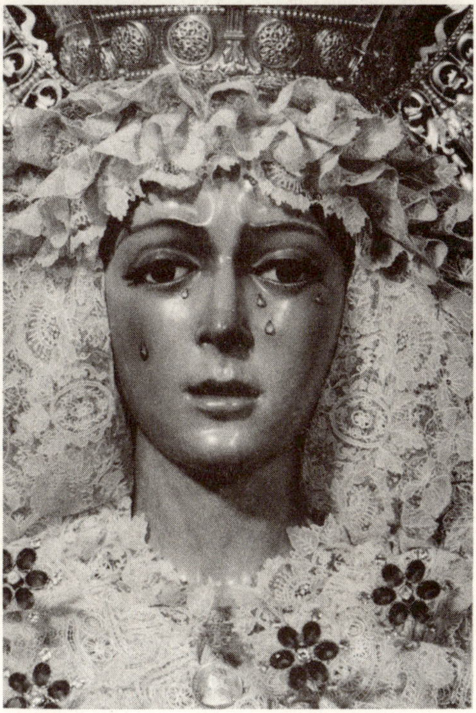

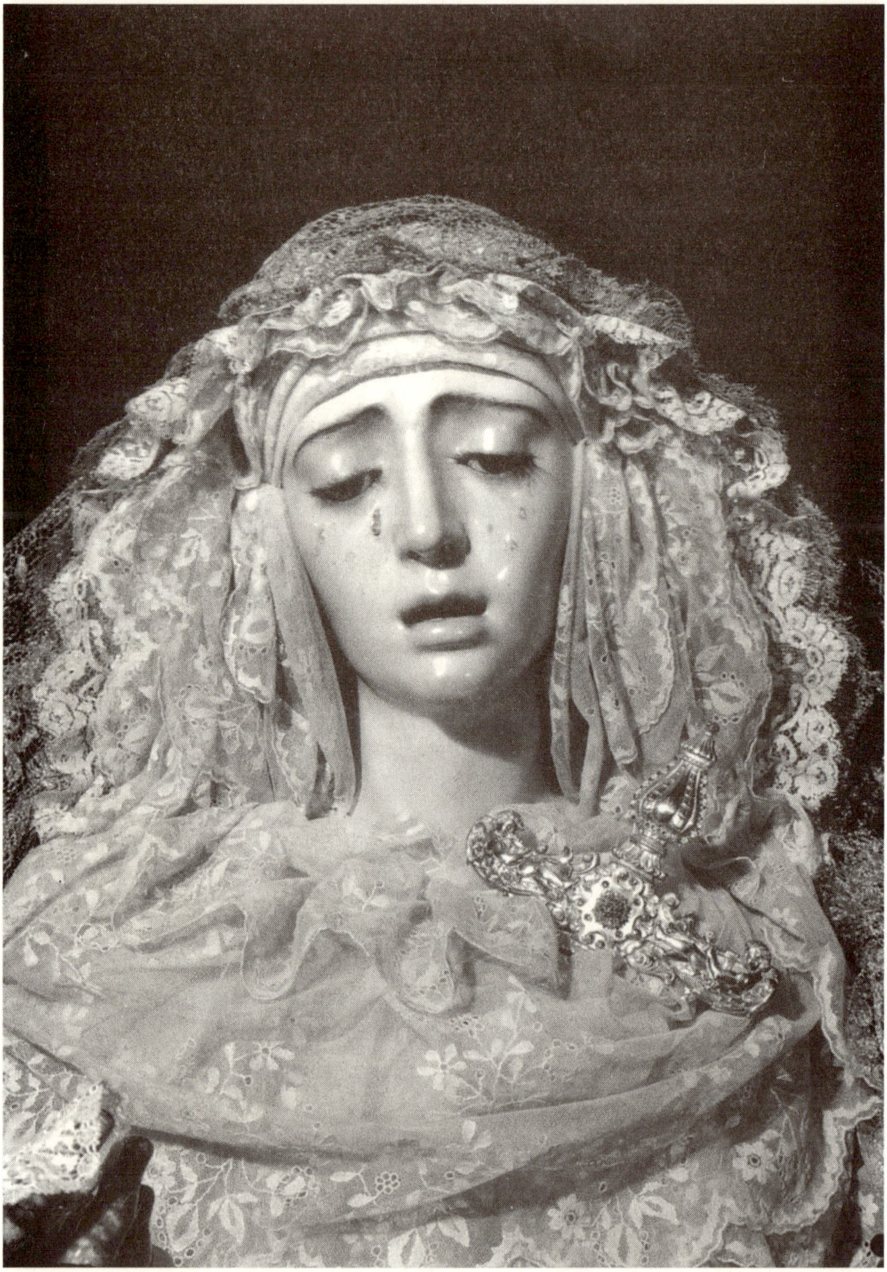

5. ANTONIO GARDUÑO NAVAS

Antonio Garduño Navas nace el 22 de Enero de 1927 y fallece el 13 de junio de 2004.

Al ser hermano de Pepe, evitamos repetir datos de su infancia, familia, la «Estrellita Chica»...

Como dato curioso, destacar que por influencia de su tío Ángel, el famoso torero «Gallito de Zafra», se adentra en el mundo del toro con el nombre de «Gallito de Zafra Chico».

Su labor como cofrade, la desarrolla sobre todo en las Hermandades de la Estrella y la de San Gonzalo, donde ostenta el cargo de hermano mayor en la década de los 70.

Durante años trabajó de capiller en el Gran Poder, siendo ésta la causa —por incompatibilidad de horarios—, que dejase de vestir a la Macarena. Comenzó en las labores de vestidor ayudando a Manuel Gamero Díaz y Juanito Pérez Calvo a vestir a la Esperanza, de la cual se hace vestidor oficial a mediados de la década de los 50 del siglo pasado. Recoge su testigo su hermano Pepe.

Sus hijos, Jesús Manuel y Luís Miguel Garduño Lara son los capataces de San Gonzalo. Su hijo Luis Miguel además, es vestidor de la Salud de San Gonzalo, La Virgen del Mayor Dolor y Traspaso y ayudante de su tío Pepe con la Virgen de la Estrella, la cofradía que aglutina a toda la familia.

Antonio Garduño era vestidor de su Virgen de la Estrella, La Virgen de las Tristezas y Mayor Dolor y Traspaso.

LA ESTRELLA

Antonio toma el relevo junto a su hermano Pepe tras dejar de vestirla Barrientos, que como hemos descrito en el capítulo de su hermano Pepe Garduño, no llega «en condiciones» a la hermandad y Antonio decide vestirla.

Salvo excepciones por enfermedad en las que la viste su hermano Pepe, es Antonio el que se encarga de «arreglarla» hasta su fallecimiento en 2004.

Antonio viste a la Estrella con tocado profusamente elaborados, con encajes sueltos pero estructurados. Potencia el movimiento de las manos con un doblez en la toca de sobremanto que consigue el efecto de adelantar y dotar de mayor movilidad a los brazos.

Sin quitar mérito a las demás imágenes vestidas por Antonio, debemos asegurar que la combinación perfecta de vestidor con la Virgen, la tiene Antonio con su Virgen de la Estrella.

Antonio desarrolla tocados amplios, elaborados, con profusión de matices. Las rosas en el pecho, la frente con rizos asimétricos, los tules estructurados y vaporosos.

Tras su fallecimiento es nombrado vestidor de la Virgen su hermano, Pepe Garduño, que es ayudado por su sobrino Luis Miguel, hijo de Antonio.

LA VIRGEN DE LAS TRISTEZAS

Antonio viste durante más de 50 años a la Dolorosa de la Hermandad de la Vera Cruz que tallase el umbreteño Antonio Illanes Rodríguez en 1942, siguiendo el esquema repetido en sus Dolorosas, inspirándose del natural al tomar como modelo a su esposa Doña Isabel Salcedo.

Del sello que tenía la Cofradía, Antonio recreaba en la imagen de la Virgen la moda imperante en aquellas décadas. En los archivos fotográficos podemos admirar a una Virgen que en la época de Antonio Garduño ha pasado por todos los estilos. Grandes tocados, con el manto recogido, toca y corona dorada... adaptándose al gran cambio que supuso hasta un Premio Demófilo con la transformación que llevan a cabo los priostes de la cofradía: Fernando Soto y Antonio López.

Tras dicho cambio estético, Antonio adapta la forma de vestir a la Virgen con líneas más sencillas dentro de su peculiar forma de trabajar los encajes, con polleros más estilizados, corona plateada, manto suelto, y encajes más «caídos» y despejando más a la imagen. Vistiéndose a la Virgen para el paso con saya y manto negro.

En el caso de Vera Cruz, se comprueba que la Hermandad, los priostes, el vestidor y la imagen deben ir en la misma dirección para crear un equipo que trabaje en la misma sintonía.

MAYOR DOLOR Y TRASPASO

En la Hermandad del Gran Poder, con una estética característica y casi inalterada en el Siglo XX, Antonio presenta a la Dolorosa con modificaciones y cambios dentro de los parámetros marcados por la hermandad. Aún así, el artista crea diversos modelos de tocado que adapta también a la Virgen del Mayor Dolor y Traspaso.

Al ir acompañada de San Juan, y siendo notable la diferencia de tamaño entre ambas imágenes, Antonio Garduño coloca tocados grandes a la Dolorosa para compensar esa diferencia de alturas entre las dos imágenes. Tocados con dimensiones más recortadas cuando la Virgen se encuentra en el altar. Desde 2004, es su hijo Luis Miguel el encargado de vestir a la Virgen.

OTRAS DOLOROSAS VESTIDAS POR ANTONIO GARDUÑO

Durante unos años, vistió a la actual Virgen del Patrocinio con tocados grandes airosos y muy elaborados, fiel reflejo de la época y los modos estéticos. También Antonio, al igual que su hermano Pepe y otros grandes artistas reflejados en este apartado, ha vestido imágenes de otras localidades.

DISEÑOS COFRADES

Enamorado de su profesión, a Antonio, según nos cuentan, cuando diseñaba perdía la noción del tiempo, inmiscuido en su trabajo. Repasaba y retocaba los diseños hasta quedar satisfecho plenamente con el dibujo ejecutado.

Como diseñador de enseres cofrades, entre otros muchos, destacamos:

— Hermandad de la Estrella: Diseño del palio de terciopelo azul con bordados en oro realizados en 1995 en los talleres de Fernández y Enríquez. Senatus bordado en el taller de Carrasquilla en 1971. Banderín de la Juventud, banderín de la Caridad, estandarte de terciopelo azul bordado por los sobrinos de José Caro, 1977. Faldones del palio en 1999. Llamador, saya roja, jarras de plata (1975–1976). Toca de sobremanto (1978).

— Hermandad de San Roque: Diseño del manto de salida en terciopelo verde, bordado en oro por Esperanza Elena Caro en 1965. Saya de salida y estandarte de la corporación.

— Hermandad de San Gonzalo: Diseño de saya, toca de sobremanto, varales del palio de Ntra. Sra. de la Salud (1978) y estandarte.

— Hermandad de La Macarena: Diseño de Toca de sobremanto (1989)

— Hermandad de La Trinidad: Diseño del manto de salida, de terciopelo verde de Lyon, bordado en oro fino y seda de colores, en los talleres de Elena Caro en 1975.

— Hermandad del Gran Poder: Manto y saya azul de la Virgen Talleres de Fernández Enríquez, 1991. Bordado en oro al realce sobre terciopelo azul marino, es una espléndida obra del neobarroco sevillano, sobre trazas.

— Hermandad de Nuestra Señora del Rocío (Macarena): Diseño del Simpecado, bordado en los talleres de Carrasquilla.

— Hermandad de Los Estudiantes: Diseño de las bocinas, bordadas en el taller de Brenes de Fernández y Enríquez en 1991. Garduño Navas las diseñó incluyendo escenas del Nacimiento de la Virgen y su Tránsito.

— Hermandad de la Sentencia (Córdoba). Diseño en 1993 de los bordados en oro fino de las caídas laterales del palio realizada por Francisco Pérez Artés.

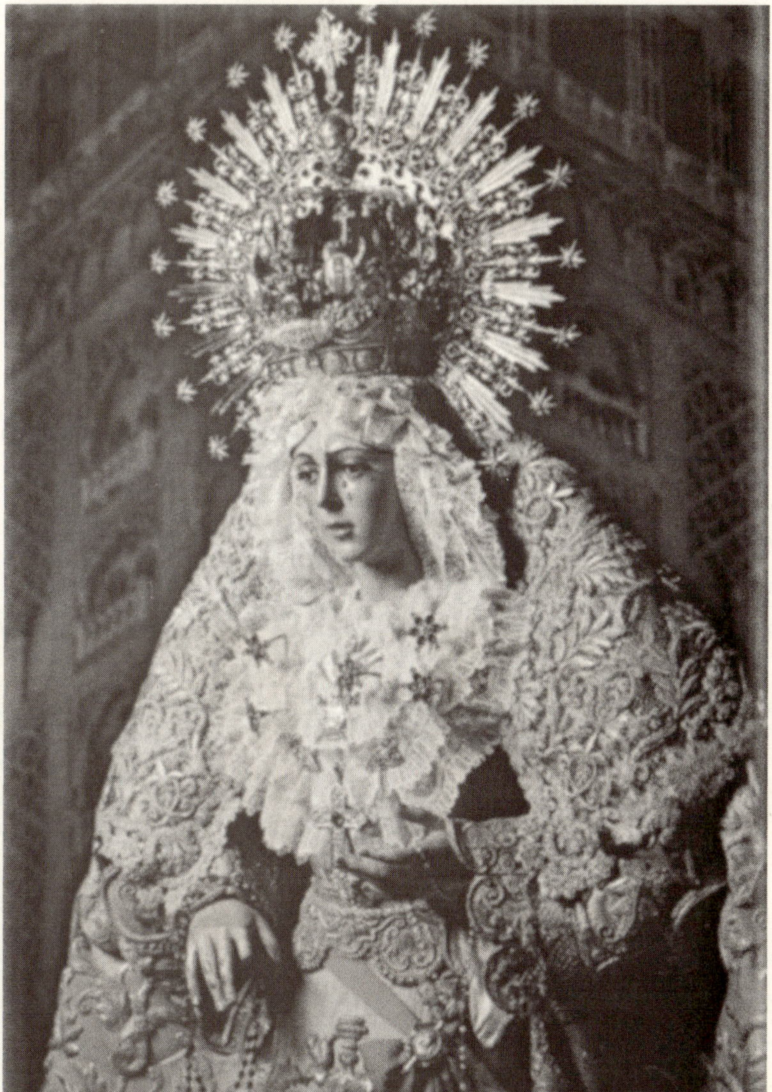

Impresionante primer plano de la Esperanza Macarena. Dentro del estilo creado por Pepe Garduño, en ésta ocasión, , la Virgen aparecía al más puro estilo Garduño pero más despejada de lo habitual para que se pudiesen observar las labores de restauración en tan veneradísima Talla. La Virgen se retiró del culto el 11 de Enero y ésta fotografía pertenece al 11 de Febrero, día de la reposición al culto tras dicha restauración en 1978 por el Profesor Francisco Arquillo (Fotografía Haretón. Archivo A. Pérez).

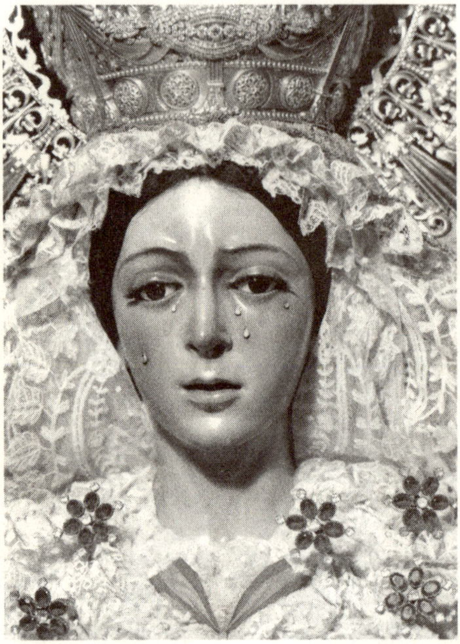

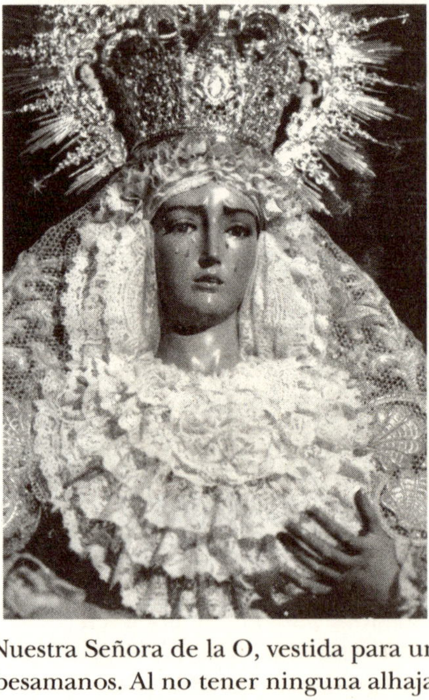

Nuestra Señora de la O, vestida para un besamanos. Al no tener ninguna alhaja ni broche en el pecho, podemos observar la elaboración del tocado, también con pico en la frente y una rosa en el pecho. (Fotografía archivo A. Pérez).

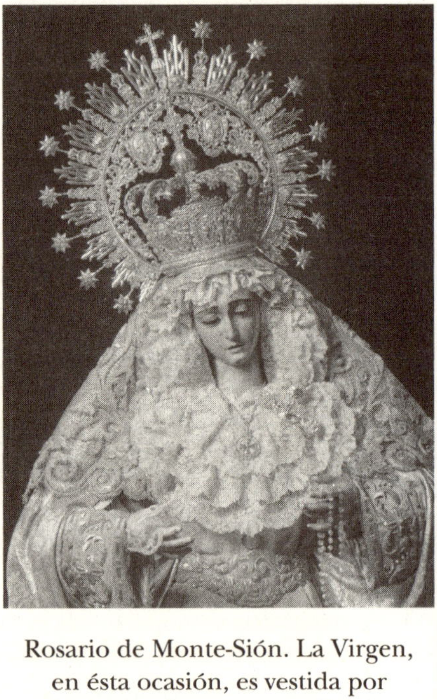

Rosario de Monte-Sión. La Virgen, en ésta ocasión, es vestida por Pepe Garduño para realizarle el reportaje fotográfico. (Fotografía Gard. Archivo A. Pérez)

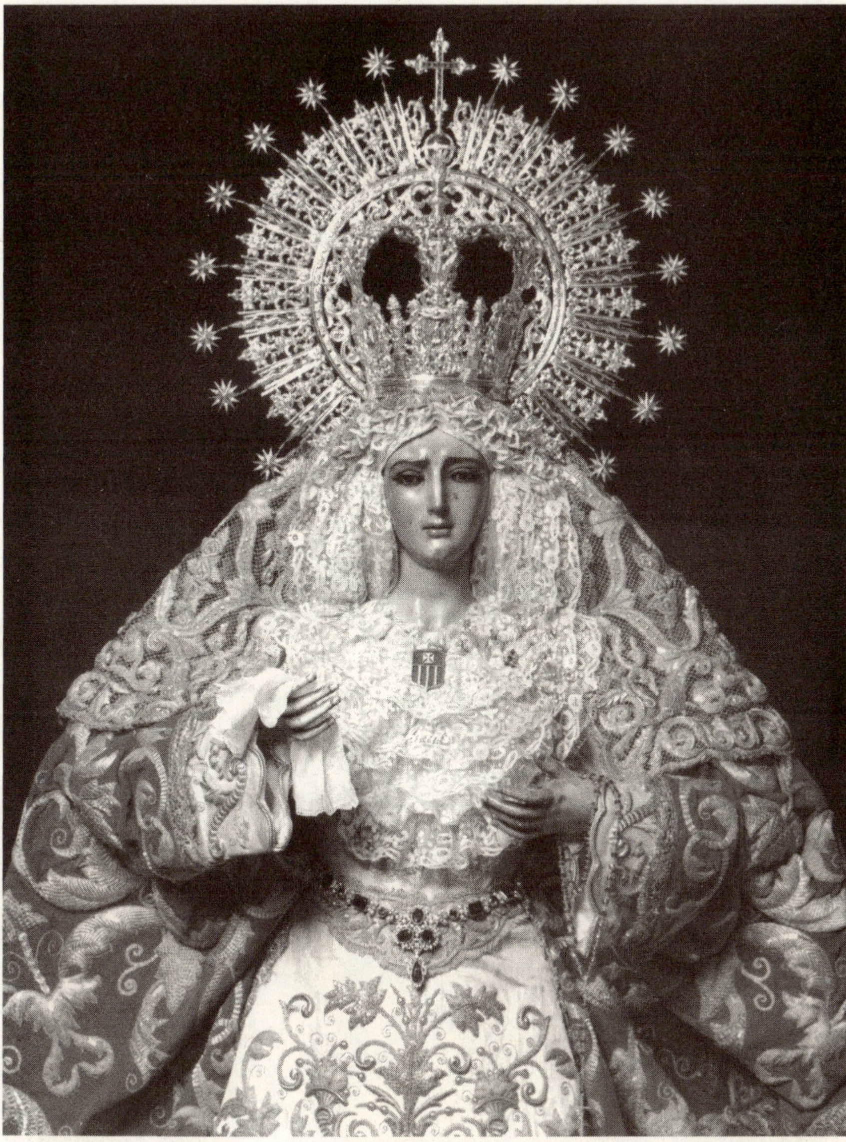

Impresionante fotografía de la Virgen de las Mercedes del Tiro de Línea vestida para la sesión fotográfica por Pepe Garduño. El tocado, el recogido del manto, la disposición de la manos... Signos indiscutibles de Garduño. (Fotografía Gard. Archivo A. Pérez).

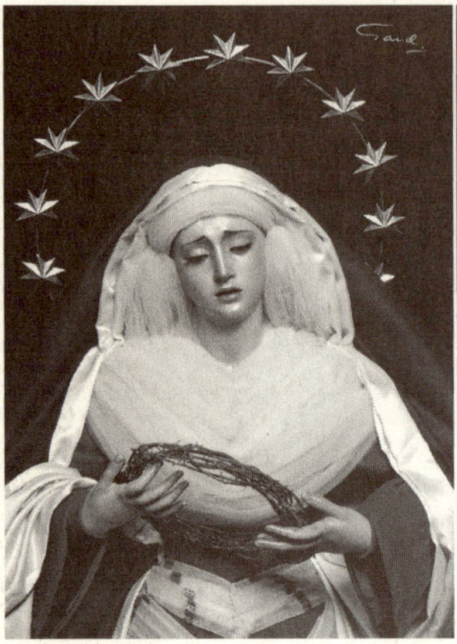

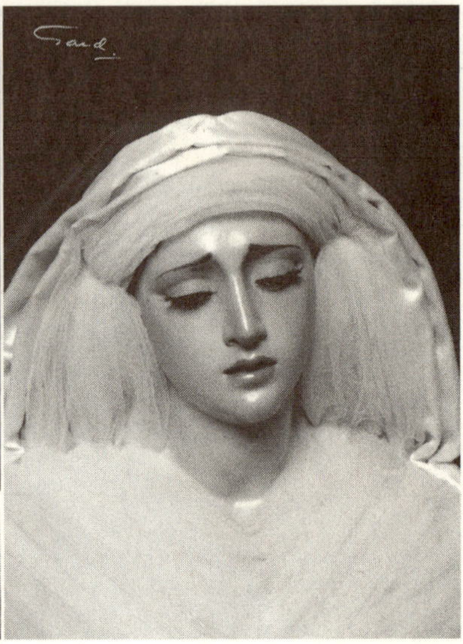

Dos instantáneas de la Virgen de la Angustia vestida de hebrea por Pepe Garduño. Enmarque del tocado, soltura de colocación de tules, disposición del fajín... sello de Garduño, así como en la Virgen de los Ángeles tanto de hebrea como de Reina. (Fotografía Gard. Archivo A. Pérez)..

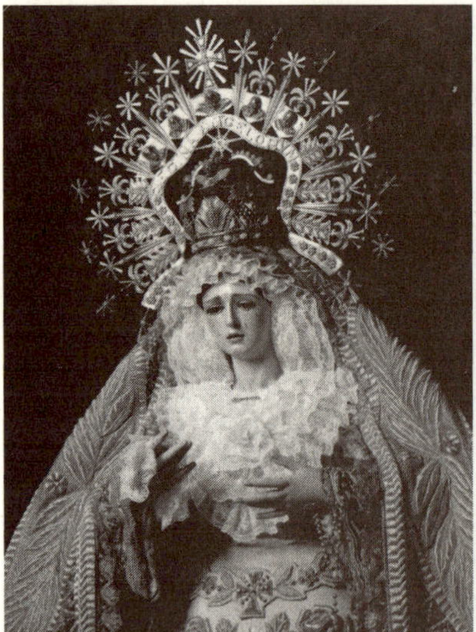

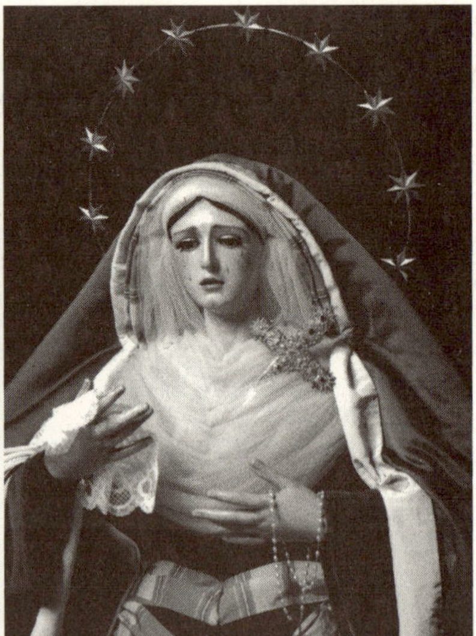

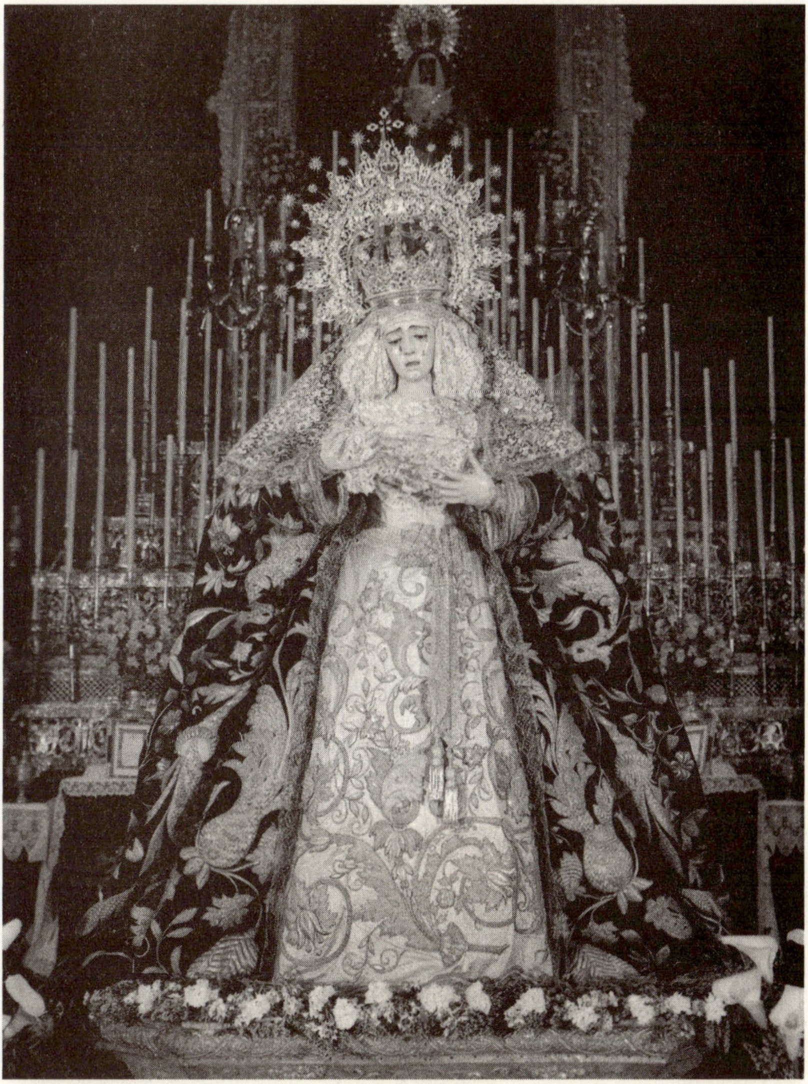

Besamanos instalado en San Jacinto con la Esperanza de Triana presidiendo el altar. La Virgen de la Estrella ofrece una imagen muy diferente a la que actualmente contemplamos: Saya blanca —hoy pasada y enriquecida en terciopelo azul—, manto de salida antes de ser restaurado recogido a la cintura y toca de sobremanto. (Fotografía Gard: Archivo A. Pérez).

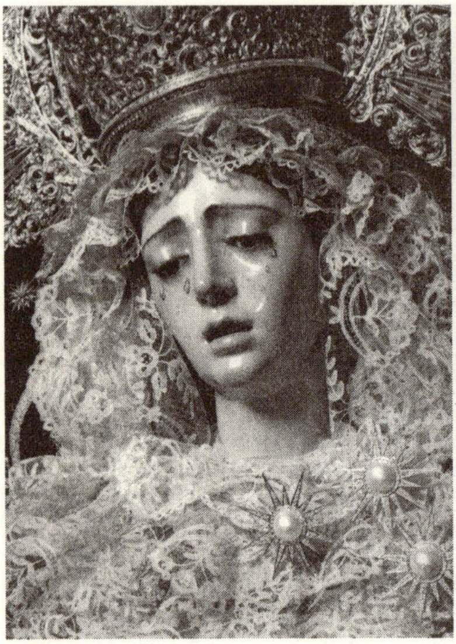
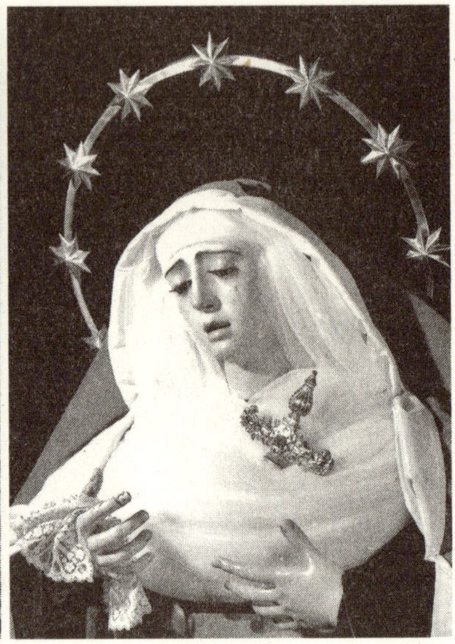

Distintos ejemplos de tocados desarrollados por Antonio Garduño. Profusión de encajes, las rosas en el pecho y soltura en la ejecución. (Fotografía Gard: Archivo A. Pérez).

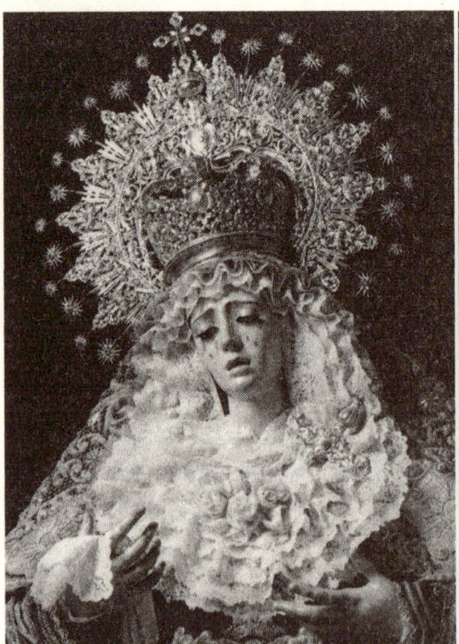
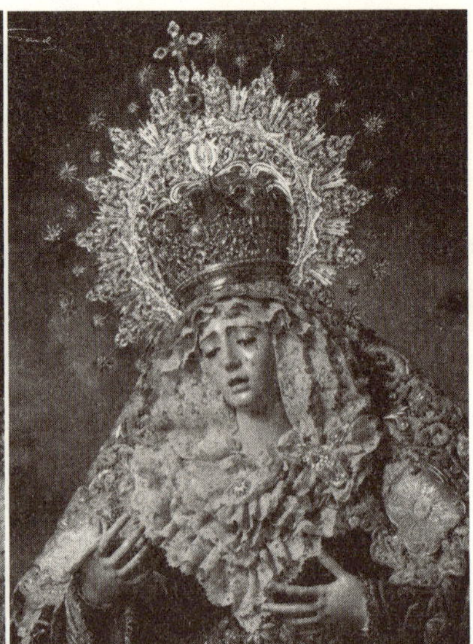

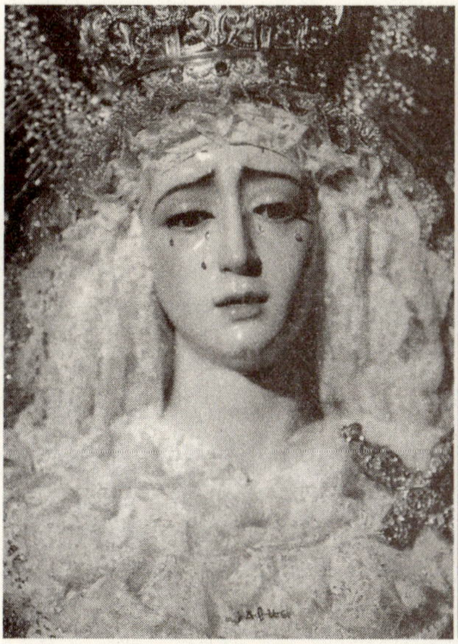
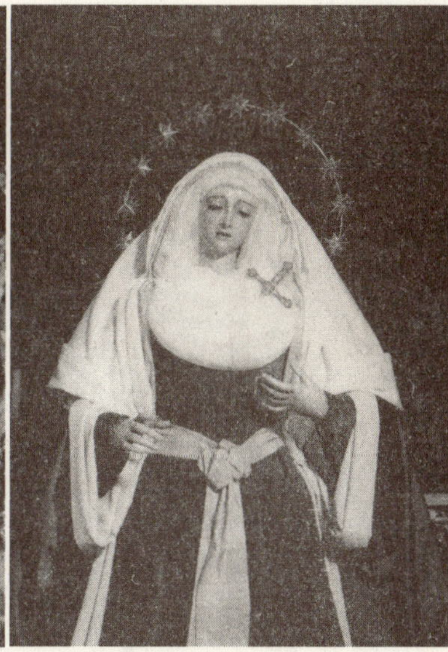

La antigua Dolorosa de la Salud, La Virgen del Mayor Dolor y Traspaso vestida de Hebrea con la peculiar toca que colocaba Antonio y dos imágenes muy diferentes que ilustran la evolución estética de la Virgen de las Tristezas vestida por Antonio Garduño. (Fotografía Gard: Archivo A. Pérez).

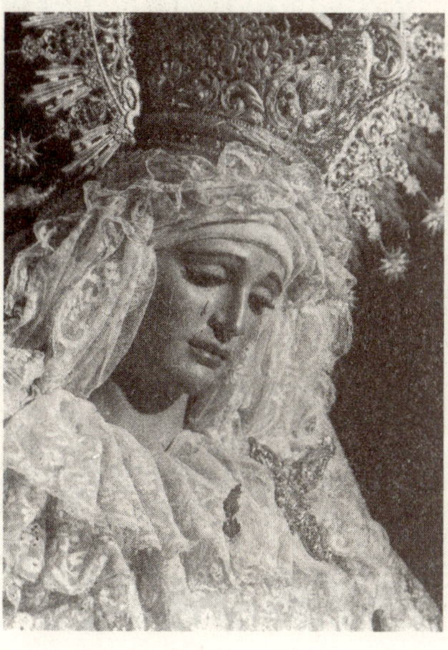
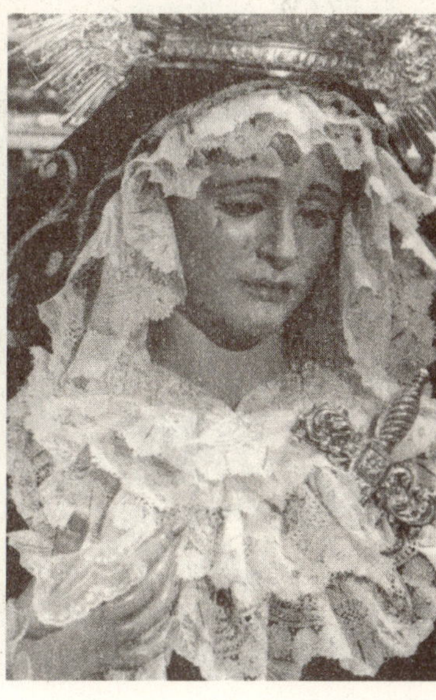

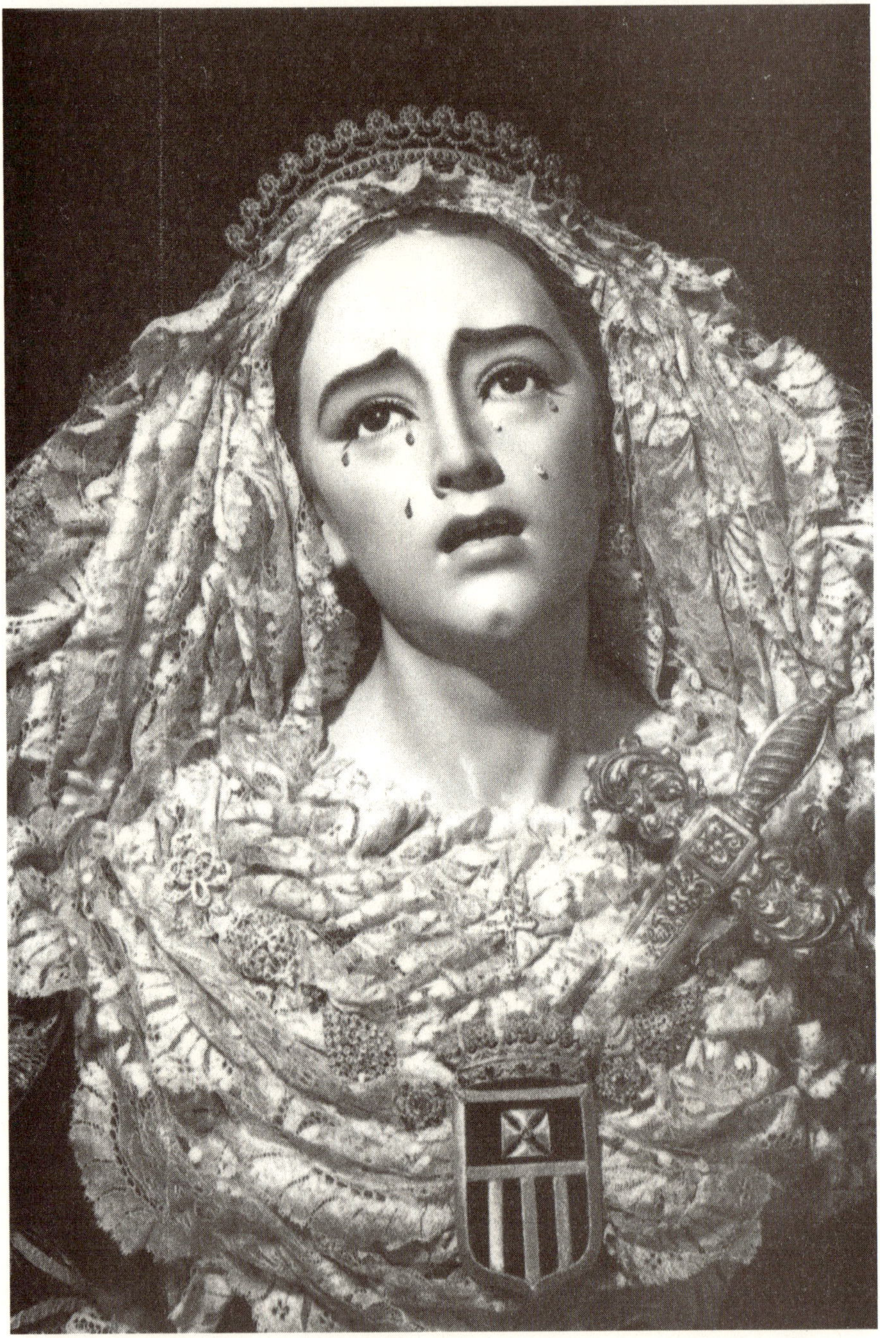

6. ANTONIO «FERNAND»

Pedro Antonio de Jesús de la Pasión Fernández Rodríguez, nace el 11 de Octubre de 1932 y fallece el 17 de Noviembre de 2001. Hijo único de Pedro y Dolores.

Para hablarnos de Antonio, recalamos en la barbería que regenta Francisco Manuel Fernández Corbacho, hijo de Enrique Fernández Márquez, gran amigo, cofrade de su Hermandad de Jesús Despojado y vecino de nuestro protagonista. Enrique, inicia la amistad con Antonio gracias a Manolito —compadre de Antonio—, que trabajaba de camarero en el bar Tino en la Alfalfa. Al estar situado su negocio, Peluquería Enrique, en la calle Angel María Camacho nº 3, y por cercanía con el bar donde trabajaba Manolito, se forja una bonita amistad. Por ese motivo, Francisco Manuel, su padre y su familia entran a formar parte de la nómina de hermanos de Jesús Despojado. Una vez jubilado Enrique, es su hijo Francisco Manuel quién trabaja en la peluquería. Con él, recordamos infinidad de vivencias y anécdotas de la vida de Antonio Fernández, o Antonio Fernand como es conocido en el mundo cofrade.

Manolo, según recuerdos vividos con su familia y Antonio, nos desvela datos de su infancia: «Vivió sus primeros años en la calle Cuna, justo encima de una zapatería donde hacían calzados a medida. Es allí donde Antonio comienza trabajando de aprendiz. Antonio, hijo único, no sé porqué pero nunca fue al colegio. Sus padres le pusieron un maestro particular que iba a su casa a darle clases. Allí aprendió a leer, escribir, las cuentas básicas...».

Años más tarde la familia se muda a Triana: «De la calle Cuna se van a la calle San Jacinto, justo encima de la antigua ferretería Lázaro. Unos años más tarde, vuelve al centro, aquí enfrente, en la Cuesta del Rosario número 15, segundo izquierda hasta el final de sus días. Antonio pasaba horas y horas aquí sentado, hablando con mi padre de cofradías y de Semana Santa. Eran muchos los cofrades que iban a su casa a buscarlo y si no lo encontraban venían a buscarlo aquí o dejaban recado para él. Fuimos como familia y así lo hemos querido siempre, como uno más».

Sus inicios en la fotografía: «Antonio, tras varios empleos, como el de aprendiz en la zapatería, llega al estudio de Pepe Garduño y comienza a trabajar con él en el laboratorio. Es con él con quién se forma para ser el gran fotógrafo que fue. Unos años también tuvo algo de fotografía con Federico Luque, que fue hermano mayor de nuestra hermandad y tenía su tienda en la calle Hernando Colón». Sus reportajes: «Antonio retrató innumerables imágenes de Cristos, Vírgenes, e incluso figuras secundarias. No se dedicó a hacer retratos, excepto a los amigos o casos especiales. Nunca retrató imágenes en la calle. Le gustaba más la intimidad de los templos y llevar sus fondos y paraguas con los focos. Les daba un carácter intimista a sus fotografías».

Al igual que Garduño acorta su apellido para la firma de las fotografías en «Gard», Antonio, quizás influenciado como discípulo suyo, hace lo mismo con el suyo, Fernández, que deriva en «Fernand».

Su pasión por la fotografía, le lleva a coleccionar fotos de otros autores: «Antonio era un enamorado de la Semana Santa. Tenía muchas fotos que había comprado de Serrano, de Pando, y todo el archivo de Albarrán. Una auténtica enciclopedia gráfica».

Era hermano desde pequeño de la Hermandad de Pasión. Salía de nazareno y la devoción por sus imágenes le acompaña toda su vida. Cuando la hermandad decide cambiar la imagen de la Virgen de la Merced por la actual de Sebastian Santos, él continúa vistiendo a la Titular en el Convento de las Mercedarias.

LA HERMANDAD DE JESÚS DESPOJADO

Su padre, lo apunta de hermano en la de Jesús Despojado desde el año 1937, ubicada en la parroquia de San Marcos, en la capilla de los Servitas. Es al siguiente año cuando se aprueban sus primeras Reglas el 2 de Abril de 1938.

Durante la década de los 50–60, Antonio lucha sin descanso desde San Julián para que su hermandad no se extinguiese. Gracias a su lucha, consigue el traslado de la sede canónica a San Bartolomé en 1971 donde forma primero una junta gestora y luego la primera junta de gobierno. Antonio ocupa el cargo de vicepresidente y vocal de mayordomía en esa primera junta.

El inicio de sus sueños se cumple en la Semana Santa de 1975 cuando por vez primera tras el proceso de reorganización, la hermandad puede hacer su primera estación de penitencia el Sábado Santo. Dicha salida procesional es enturbiada por la lluvia que obliga a que regrese a su templo al poco de salir. En 1981, consigue la cesión por los Hermanos Misioneros del Inmaculado Corazón de María de la capilla de Nuestra Señora del Mayor Dolor, hoy ya propiedad, para sede de la corporación. Será en la Semana Santa de 1982, cuando la cofradía salga por última de vez de San Bartolomé para entrar en su nueva sede en la plaza de Molviedro.

Sin duda, hay pocos cofrades en la historia reciente de la Semana Santa como Antonio Fernández Rodríguez, hermano número 1 y co–fundador de Jesús Despojado de sus Vestiduras, que con tanto tesón, esfuerzo, sacrificio e ilusiones haya luchado a destajo por su hermandad.

La hermandad fue todo para él, y así Manolo nos lo cuenta: «Vivía por la hermandad. Gracias a él conseguimos infinidad de enseres como los bordados del palio; el dosel de los cultos; sayas, mantos, encajes y todo tipo de ajuar de la Virgen; incluso gracias a Antonio conseguimos la sede actual y definitiva de la hermandad».

La capilla de Molviedro: «Antonio, como estaba metido de pleno en el mundo de las cofradías, se enteró que se iba la orden que mantenía la capilla. Se acercó un día y les dijo que si se iban que se la dejasen a la Hermandad. Con el tiempo, cuando ya era oficial que dejaban la sede, fue de nuevo y les recordó lo que habían hablado... y así conseguimos, gracias a a Antonio, la capilla para la hermandad».

Manolo, también nos aclara sobre el altar de San Bartolomé: «No sé cómo lo hizo, pero el altar que teníamos en San Bartolomé, de madera y plata, que era del Amor, se lo trajo para la hermandad sin que le costase dinero. Era único... y todo lo hacía por su amor a la hermandad».

Una de las figuras más carismáticas del antiguo misterio, también llega a Jesús Despojado gracias a su labor: «Antonio contaba, que en una azotea de la calle Pureza había una escultura de un esclavo negro. Hasta que lo consiguió no paró... Se lo llevó a Castilleja de la Cuesta. Allí lo restauraron, y lo trajo de nuevo al remodelarse el misterio. Cuando la hermandad cambia el misterio por el actual, se le entrega a la Esperanza de Triana, ya que nosotros no íbamos a ponerlo más en el paso».

Manuel nos cuenta con mucho arte la hora de vestir el misterio: «Antonio ya estaba malo... se sentaba en una silla y se ponía a dirigir. Yo estaba encima del paso con otro hermano de la hermandad. Vestíamos el misterio... las corazas, los cascos, las túnicas, la tela que envolvía al esclavo negro... pues bien, no nos dejaba que nos bajásemos hasta que él quedaba contento. Yo estaba desesperado encima del paso, y Antonio diciendo... un alfiler por aquí, mueve ese pliegue un milímetro hacia allá... Era muy perfeccionista».

La hermandad le concede la Primera Medalla de Oro de la corporación: «Esa medalla, sólo se la puso Antonio el día que se la concedieron. El resto de las ocasiones, siempre llevaba su medalla de hermano. Durante años, se le ponía a la Virgen para la salida e incluso para funciones y besamanos».

VÍRGENES VESTIDAS POR ANTONIO

Antonio vistió durante años e incluso décadas numerosas imágenes de Sevilla: Dolores y Misericordia de su Hermandad de Jesús Despojado; Socorro; Guadalupe y Mayor Dolor de la Hermandad de las Aguas; Desamparados de San Esteban; Encarnación de San Benito; Candelaria; La Palma del Buen Fin; La Piedad y la Caridad del Baratillo; Remedios y Cabeza de las Siete Palabras; La Merced de Pasión y otras imágenes de particulares e imágenes de conventos.

Además de las creaciones artísticas propias en la Hiniesta, Dolores y Misericordia y otras dolorosas, Antonio, técnicamente, utilizaba un alambrito forrado de cinta o tela negra para asegurar los «tocados». Dicho alambrito, de forma curva, se colocaba en un hombro, pasaba la curva por la cabeza y llegaba al otro hombro donde también se fijaba con alfileres. En ese alambrito forrado prendía los alfileres del tocado. Aseguraba que así le resultaba más cómodo colocar el manto y retirarlo sin necesidad de desmontar el tocado.

A cada imagen le daba su sello, y ese estilo lo repetía según las épocas del año, de la misma forma, aunque con diferentes colores. A diferencia de hoy día que se innova incluso demasiado con cambios muy bruscos, él prefería que la «imagen» que daba la Virgen al devoto no cambiase en esencia.

Tocados muy trabajados pero con naturalidad donde los encajes «respiraban» sin estar prensados. Pechos muy redondos con soltura, gracia y evolucionando a lo largo de los años y según la Virgen que estuviese vistiendo. Tablas que enmarcaban el rostro y desarrollaban en blondas que daban airosidad a la Imagen. Delicados matices que le confieren un estilo único fácilmente reconocible por su destacada personalidad.

Hace unos años, Antonio me comentó que vistiendo a Socorro, tras la restauración de Francisco Buiza, preguntó por las manos antiguas de la Dolorosa. Estaban guardadas en una cajita dentro de un cajón en las dependencias de la hermandad. Al verlas, se quedó prendado con ellas y le dijo a los priostes: «¿Cómo podéis tener estas manos guardadas en la cajonera si tienen los rasgos propios de Juan de Mesa?» Ni que decir tiene que las manos se cambiaron y son las que hoy día seguimos contemplando con la Virgen del Socorro.

DOLORES Y MISERICORDIA

Antonio siempre contaba que su Virgen de los Dolores y Misericordia era la mejor obra de Eslava, pero que en parte, también suya, ya que estuvo durante todo el proceso diciéndole que es lo que quería de Ella... «lija aquí, ponle un poco más por este lado, dale mayor expresión...» además de configurar la fisonomía completa de la Imagen. Manuel nos comenta: «quería que la acabase completa, con el pelo muy definido y hasta el cuello acabado por detrás, con un escote y modelado muy acabado para despejarla. Conociendo a Antonio... no te digo lo que tuvo que sufrir Eslava hasta que él (Antonio Fernand) la viese perfecta».

En una de las numerosas visitas que realicé a la casa de Antonio, me dijo que para los ojos de Dolores y Misericordia escribió a una fábrica donde hacían ojos de cristal para las personas que habían perdido uno de ellos... «Me enviaron los ojos que Eslava le colocó a Dolores y Misericordia. Yo no los quería pintados, quería que brillasen como si estuviesen vivos».

Uno de los sueños cumplidos de Antonio Fernández se materializa el 2 de septiembre de 1962, cuando es bendecida la bellísima imagen de su Virgen en la parroquia de San Julian. Ejercieron de padrinos el mismo Antonio y su Madre, Doña María Dolores Rodríguez Quintero —a la que Antonio adoraba—. Tan es así, que a la Virgen le pone el nombre de Dolores por su madre y Misericordia por la Virgen de la Merced de Pasión, ya que Merced es Misericordia.

Dicha imagen fue un regalo de Antonio y de Guillermo Olivares (Vestidor durante años de la Virgen del Rosario de San Julián), siendo la cantidad de 14.000 pesetas las que cobra Antonio Eslava por la hechura de la misma.

La concepción del paso de palio, Manolo nos lo cuenta: «Quería tenerlo todo previsto y bien amarrado para que fuese lo mejor posible... Una noche, en una furgoneta, llevamos a la Virgen tras la Semana Santa a la capilla del Baratillo. En esa misma noche, se subió Dolores y Misericordia al palio baratillero, la vistió, le hizo reportajes con la candelería apagada y encendida... y de nuevo vuelta a San Bartolomé. Todo esto para ver el efecto que tendría la Virgen cuando tuviésemos el paso de palio».

También en San Bartolomé hizo otra prueba... «quedó con la cuadrilla del Amor, sólo para darle alguna levantá al palio, que no recuerdo si era el nuestro o el de Guadalupe. Sólo para ver el efecto que tendría la Virgen subida al palio y en movimiento. Era muy mijita y le gustaba tenerlo todo controlado y medido».

La Virgen de los Dolores y Misericordia sale por vez primera bajo palio en la Semana Santa de 1979. Como dato curioso, destacar que la lluvia sorprende al paso de misterio en la calle San Esteban y al palio en la plaza de Zurradores, donde además, por la caída de un cirio sobre el manto, se origina un conato de incendio que sólo queda en un susto.

Todo era poco para su Virgen: «Como te he dicho, gracias a Antonio, la Hermandad tiene los bordados de la Carretería, los respiraderos del Socorro, una candelería de fundición que pesaba mucho... Intentó que algunos hermanos pagasen cada uno un varal... pues bien, al principio se comprometieron... y luego... creo que Antonio tuvo que pagar ocho».

Manuel también nos habla de las «manías» de Antonio: «tenía en su casa toda la ropa de la Virgen. Cada manto en su bolsa, y cada tocado o encaje envuelto en su papel... No podías cambiarlo. Cada cosa con su bolsa o envoltorio. Es más, cuando se cambiaba la Virgen, guardaba detrás del altar la bolsa donde metía el manto... y en esa bolsa metía de nuevo el mismo manto cuando se volvía a cambiar a la Virgen».

LA HINIESTA

Aunque llevaba unos años como vestidor, es en 1962 cuando sorprende al crear el «pecho de bullones» a la Hiniesta, dotándola de un movimiento a base de pequeños volúmenes —los bullones— a todo el pecho de la Virgen. Será sin duda, un sello característico de la Hiniesta y de Antonio. Tocado repetido y recreado hasta la saciedad por todos los que han continuado la labor de vestidor no sólo en Sevilla y provincia.

También destaca en la Hiniesta la forma de colocar la mantilla, con una cascada en el pecho formada por las puntas de blonda de dicha mantilla. Otro sello característico de la creación de Antonio con esta Dolorosa y que luego repite en las demás Dolorosas que vestía. De la Hiniesta, también es digno de mencionar el trabajo de sus vestidores a lo largo de los años al vestirla de hebrea. Primero Juan Manuel Rodríguez Ojeda al ser la primera dolorosa que se viste de esta forma. Antonio también crea un tocado con raso crudo que hermosea el rostro de la Dolorosa de San Julián al ser vestida de hebrea. Como dato curioso, afirmar que dicho tocado lo hacía con una sola pieza de raso, que iba colocando hasta que el último pico que le sobraba formaba la última vuelta del pecho.

Antonio siempre contaba orgulloso, que las únicas manos que había tocado a Guadalupe eran las suyas, puesto que desde su nacimiento, él la había vestido hasta en el taller de Luis Álvarez Duarte, padre de la Virgen.

El mismo Luis nos explica: «Antonio vino a mi casa, en el barrio de San José Obrero, a la calle Vara del Rey (Hoy día, rotulada como Imaginero Luis Álvarez Duarte) donde yo tenía un pequeño tallercito para retratar a Guadalupe... Aunque aún no tenía nombre. Con esas fotos fuimos a ver a algunos hermanos de las Aguas, entre los que se encontraba Don Juan Delgado Alba. Le hizo fotos de mantilla y de hebrea, con un paño blanco. También hizo el primer reportaje a Dolores de San José Obrero, con la ropa de hebrea que pidió prestada a la Virgen del Socorro».

Recuerdo una Cuaresma, cuando por obras en su capilla del Rosario, se trasladaba la Hermandad de las Aguas para realizar la estación de penitencia a la iglesia de los Terceros. Antonio disfrutaba mucho la mañana que se vestía Guadalupe para el paso porque al finalizar, las camareras siempre llevaban torrijas.

En aquellos momentos de intimidad, un hermano o un auxiliar de priostía dijo que Guadalupe tendría que estar muy bonita con tules para la calle. Antonio, dejando lo que tenía entre manos, se volvió y dijo: «Si la queréis de tules para el paso, ¡a mi no llamarme! Con esta cara que tiene la Virgen no se merece ir tan simple. Así que yo no la visto».

Le enseñaba trucos a las camareras: «Coged una maja de madera y vais estirando el encaje de oro del filo del manto, que al ser bueno se arruga mucho. Con la maja se queda como nuevo».

PIEDAD Y CARIDAD DEL BARATILLO

Manuel, continúa con sus anécdotas: «En el baratillo, la Caridad le gustaba siempre de la misma forma, y la Piedad con el tocado de tablas, despejada, pero no tanto como a Dolores y Misericordia. Usaba una tela de plata para la salida. Era la que más le gustaba ponerle para el paso».

De sus últimos años, Manolo hace un repaso: «Ya estando malito, comenzó a dejarlo todo preparado para que lo que tenía en su casa, llegase a su sitio cuando él faltase. Toda la ropa de la Virgen, que estaba en su casa, fue a la hermandad. La colección de videos que tenía (cientos de cintas de Semana Santa), las imágenes de su casa, el cuadro de Pasión, los bocetos, niños Jesús... etc. Y el archivo fotográfico que permanece completo».

Ya en el hospital, Manolo y su familia lo visitaba a diario: «Date cuenta que Antonio era parte de nuestra familia. Al ser hijo único y no tener hijos, éramos casi su única familia junto a su compadre y unos primos. Cuando le quedaban muy pocos días de vida, Antonio nos pidió hasta la forma que queríamos que lo amortajásemos... Con la túnica de Jesús Despojado por encima y la de Pasión, doblada a los pies, colocada a la derecha. Ese era su deseo y así lo cumplimos. Todo menos las hebillas que sacaba de nazareno, que no quería que se perdiesen ni sus medallas».

También vistió numerosas imágenes en la provincia de Sevilla. Sirva como ejemplo la Virgen de los Dolores de Camas —entre otras muchas— y las imágenes que salían del taller de amigos escultores como Francisco Buiza, Antonio Eslava Rubio o Juan Ventura.

El distanciamiento con Eslava sucede cuando hace la Virgen de los Dolores que compra la Hermandad de Santa Cruz. Se enfadó muchísimo porque no podía soportar que hubiese hecho una Virgen igual para otra hermandad de Sevilla. Aún así, Eslava siguió repitiendo el modelo en otras Dolorosas que hay en distintas localidades y cuidades... la Virgen de los Desamparados de Córdoba; Jerez de la Frontera; La Amargura de Castilblanco de los Arroyos... e incluso la imagen de María Magdalena del Amor de Jerez de la Frontera, que a pesar de tener el cabello tallado en una larga melena, repite dicho modelo que inicia con la Virgen de los Dolores y Misericordia y gracias a Antonio Fernández.

Para hacer sus reportajes fotográficos, otras Hermandades también le solicitaban que vistiese sus Dolorosas para tal menester. Rocío, Mercedes del Tiro de Línea son un ejemplo de su labor como vestidor para realizar reportajes fotográficos. También durante unos años vistió a la Dolorosa de Montserrat.

Antonio era muy metódico a la hora de vestir a las Vírgenes. Le gustaba que cada una tuviese su propio estilo o sello, y no era muy aficionado a innovar en cada cambio. Le debemos grandes creaciones para determinadas Dolorosas: El tocado de bullones de la Hiniesta, configurado en los primeros años de la década de los 60; la que él llamaba la «tableta» de la Piedad del Baratillo; y sin duda, el mayor exponente de su creación, el tocado de Dolores y Misericordia».

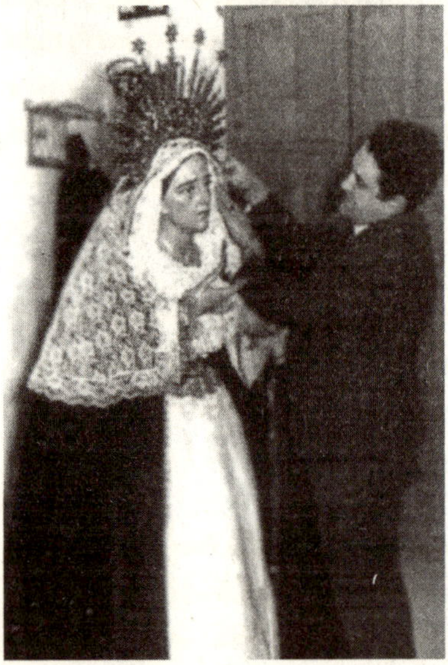

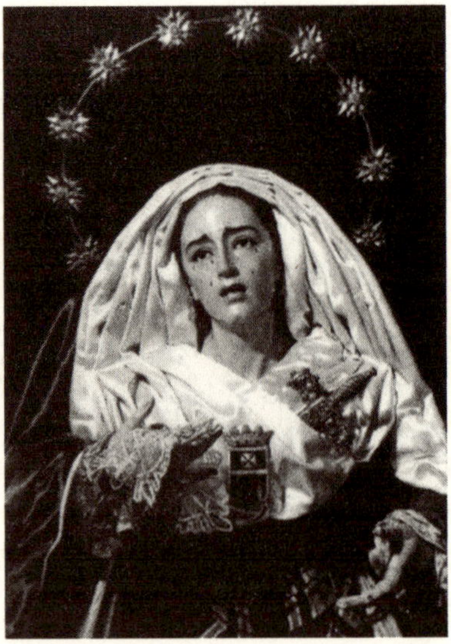

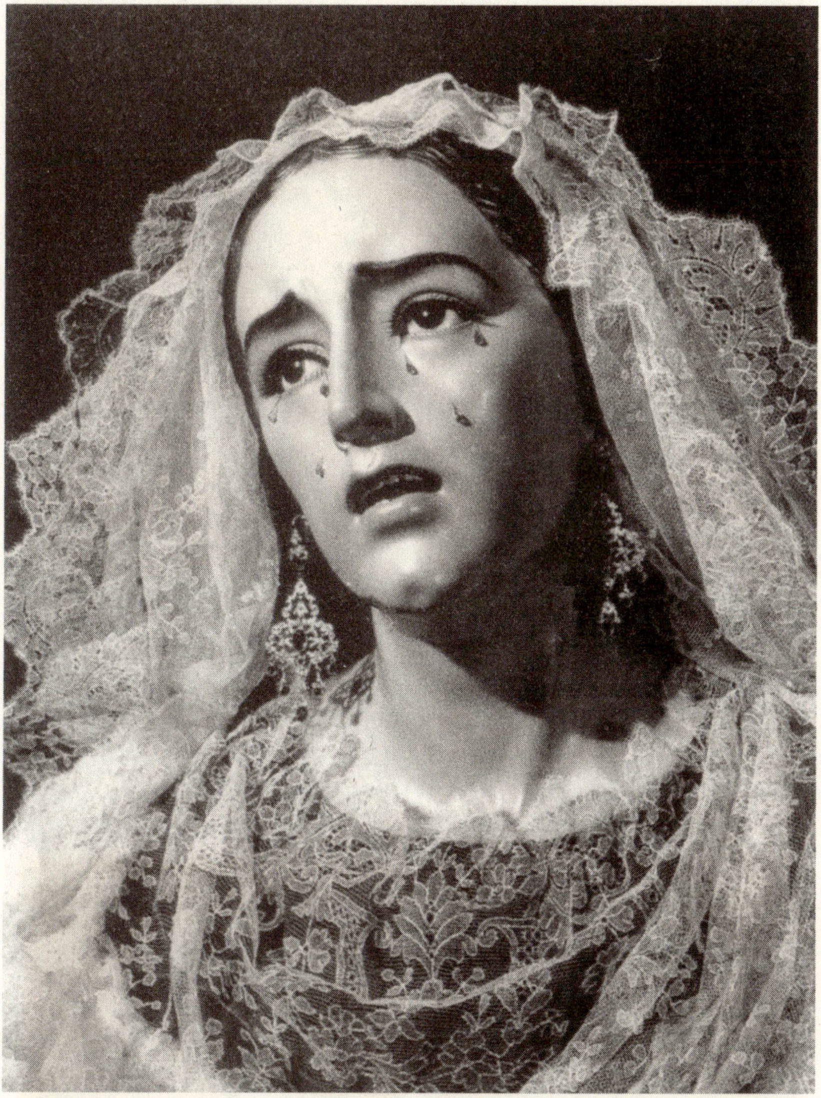

Impresionante instantánea de Dolores y Misericordia. Mantilla suelta, cuello despejado y como dato curioso, la colocación de pendientes. Son innumerables las fotografías de Antonio Fernand con la Imagen presentada vestida de forma especial para la sesión fotográfica. (Fotografía Fernand: Archivo A. Pérez).

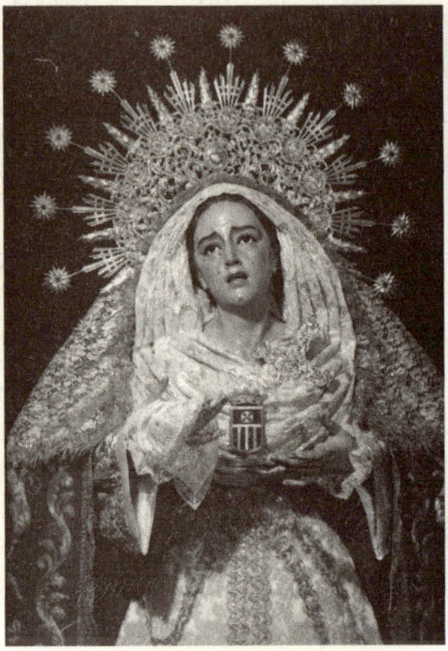
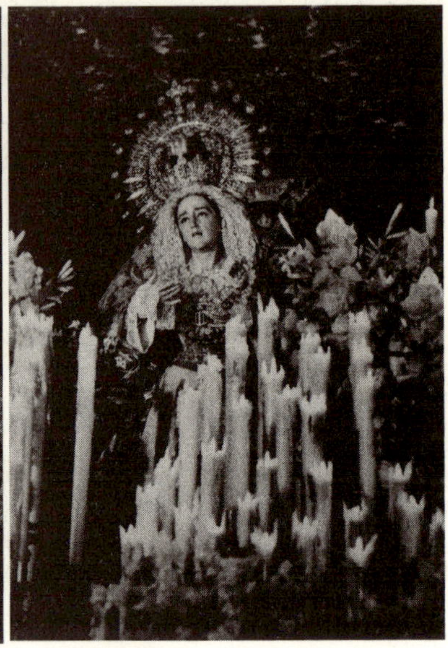

Distintas formas de presentar a Dolores y Misericordia, siempre con el rostro despejado. Destacamos la instantánea de la Virgen en el palio de la Caridad del Baratillo con la candelería encendida. (Fotografía Fernand: Archivo A. Pérez).

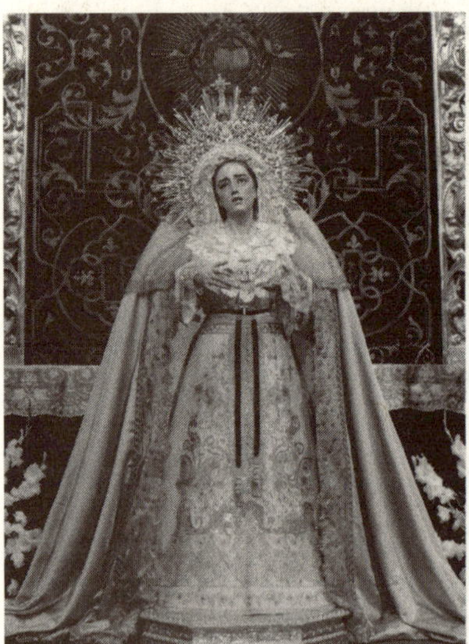
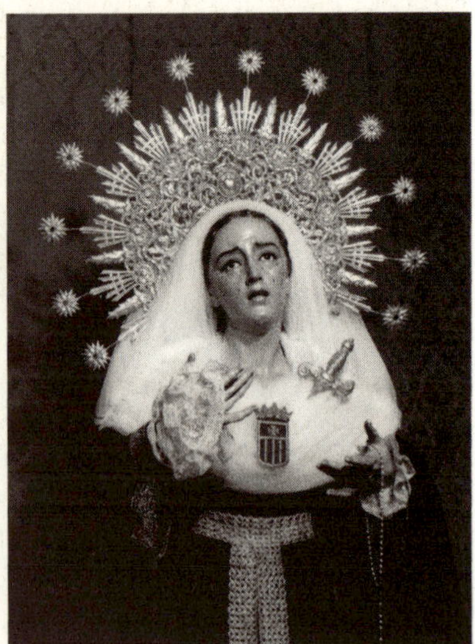

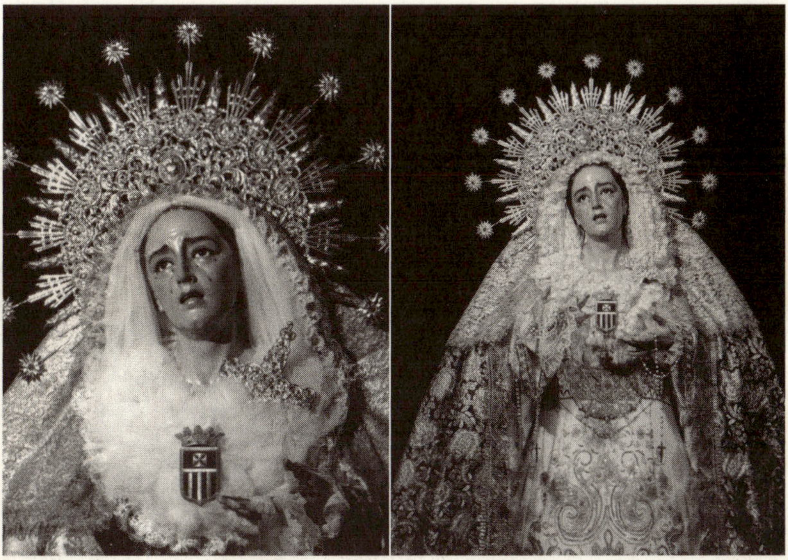

Curiosa fotografía de la Virgen de los Dolores y Misericordia con el pecho de tules a bullón y vestida de Reina. Abajo, Nuestra Señora de la Palma vestida hebrea con el tocado combinado con raso y rayas de colores y vestida de Reina sin corona para la fotografía. (Fotografías Fernand. Archivo A. Pérez).

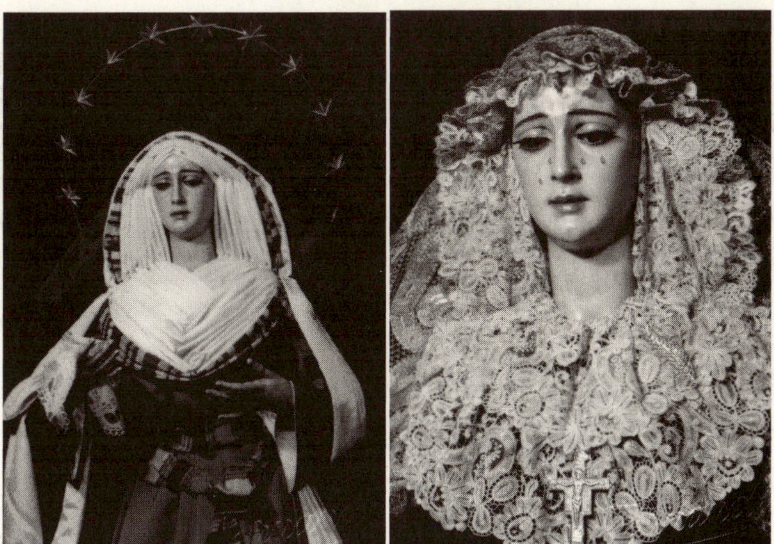

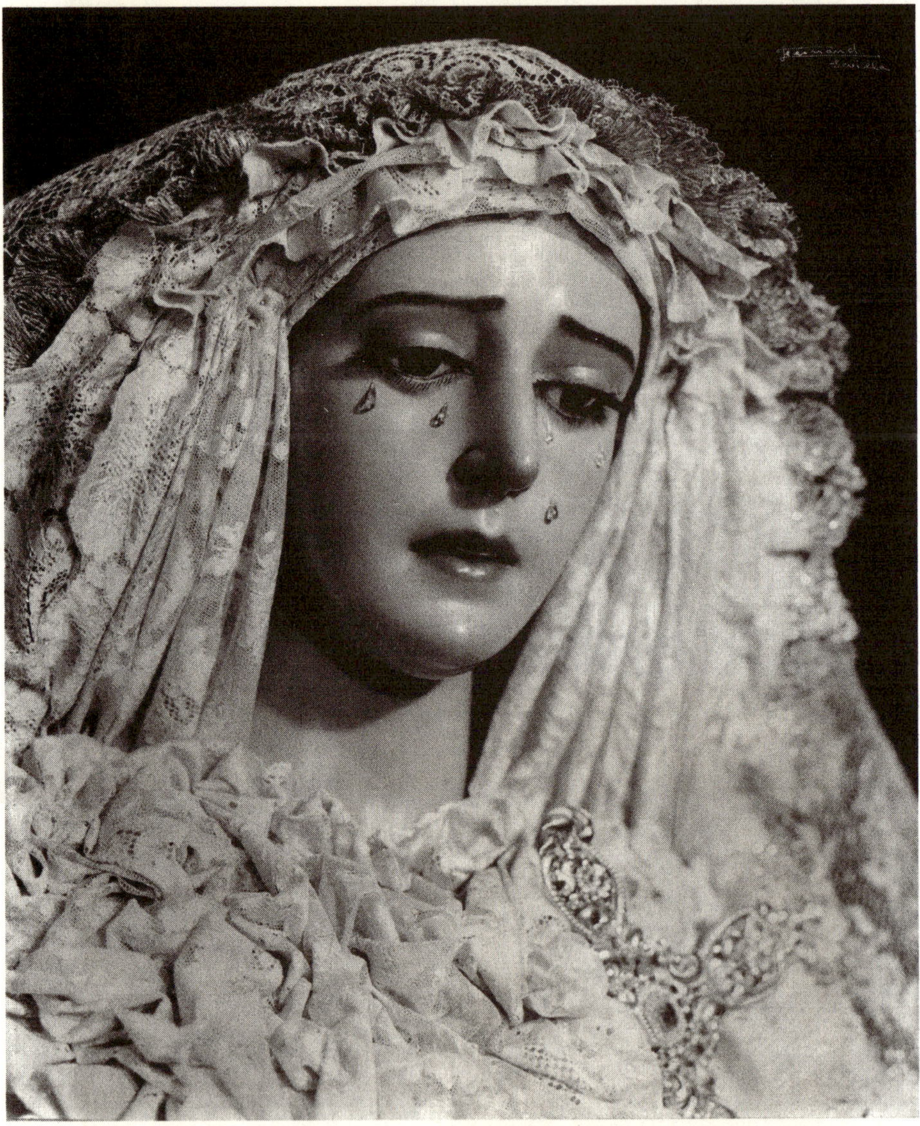

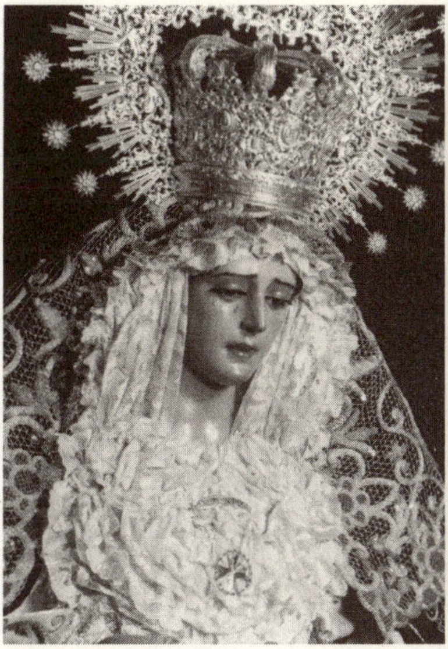

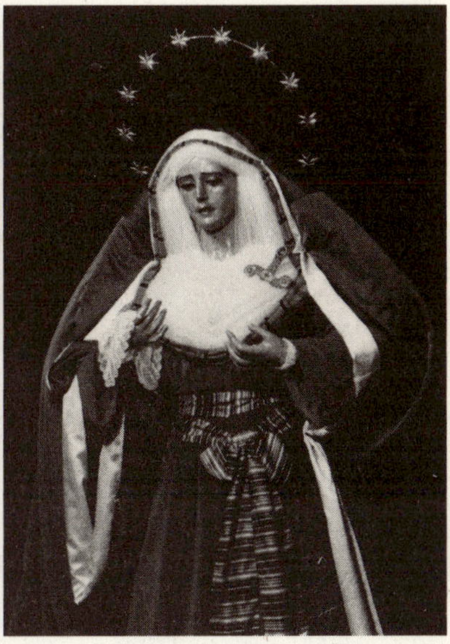

La Virgen de los Desamparados de San Esteban con los tocados clásicos de Antonio Fernández. Mantilla a bullones y de Hebrea con el recogido típico bajo el brazo izquierdo y la vuelta sobre el derecho. Abajo la Virgen del Socorro de Hebrea y Reina. (Fotografías Fernand. Archivo A. Pérez).

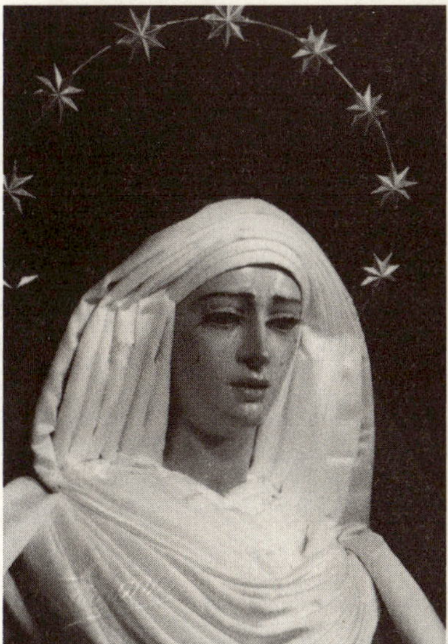

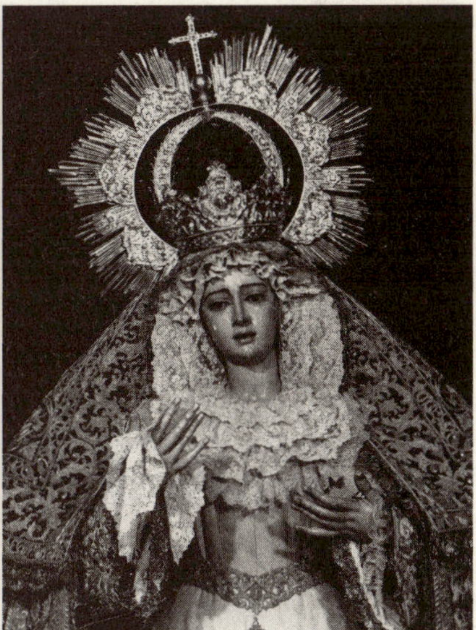

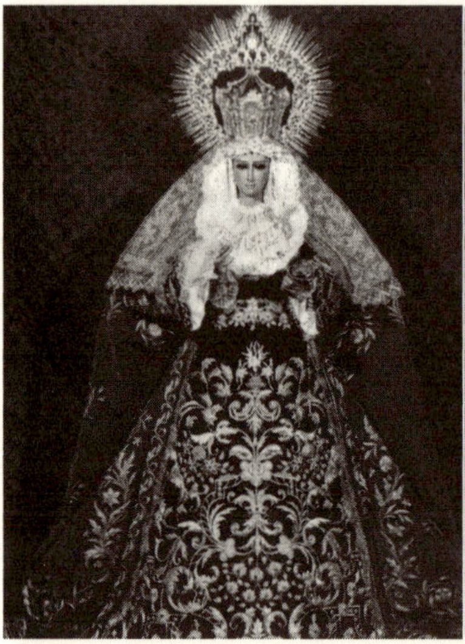
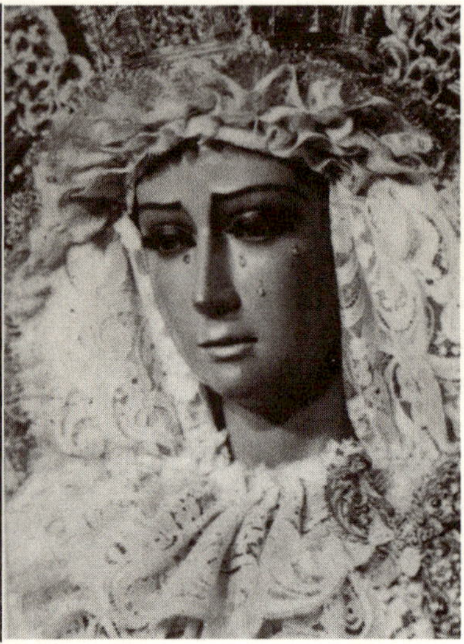

Curiosa fotografía de Nuestra Señora de la Cabeza maquillada. Una costumbre muy habitual en las décadas de los 60 y 70 en muchas Dolorosas. Otro de los modelos fotográficos que repetía Antonio "Fernand" es la Virgen sin corona, que podemos apreciar en ésta fotografía de la Candelaria. (Fotografía Fernand: Archivo A. Pérez).

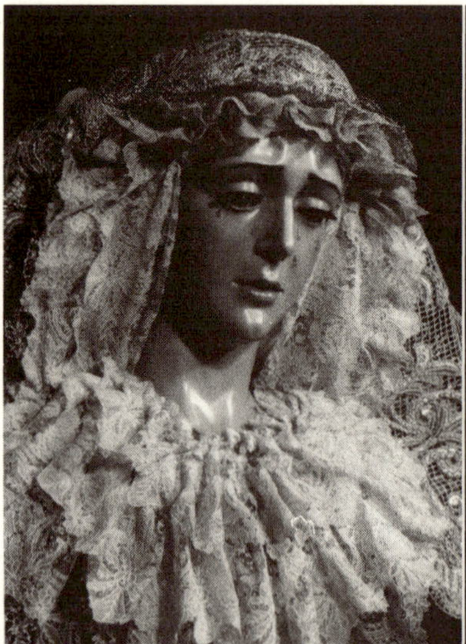
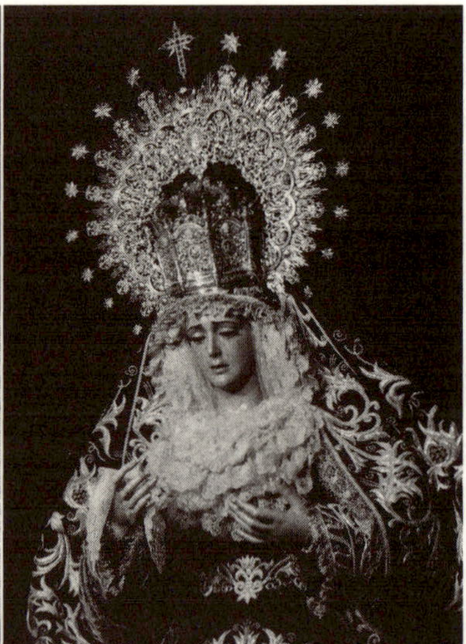

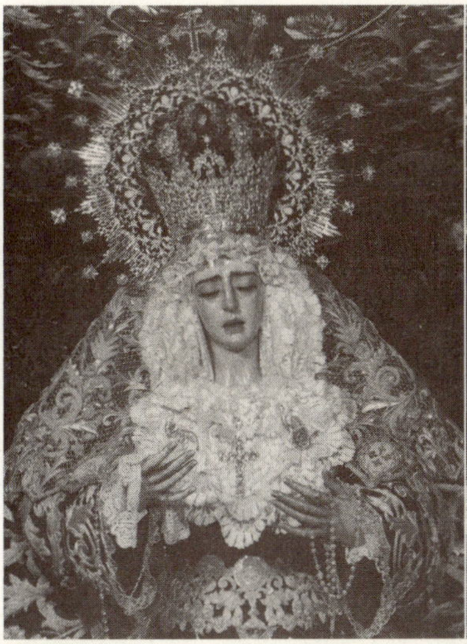
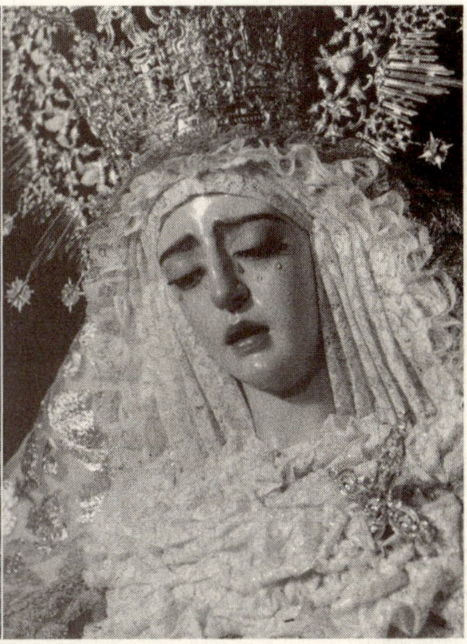

Arriba, la Virgen de la Encarnación vestida por Antonio Fernández siguiendo el estilo creado para la imagen pero con la evolución lógica de los años. Abajo, Nuestra Señora del Mayor Dolor, vestida de dos formas diferentes. En ésta imagen si podemos observar la evolución en el desarrollo de la manera de vestir según las modas imperantes. (Fotografías Fernand. Archivo A. Pérez).

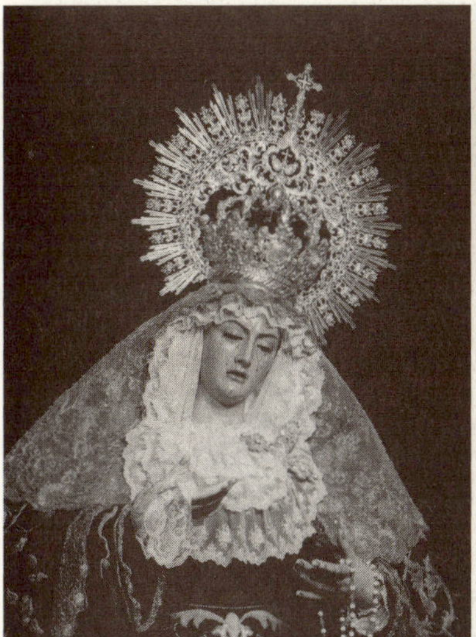
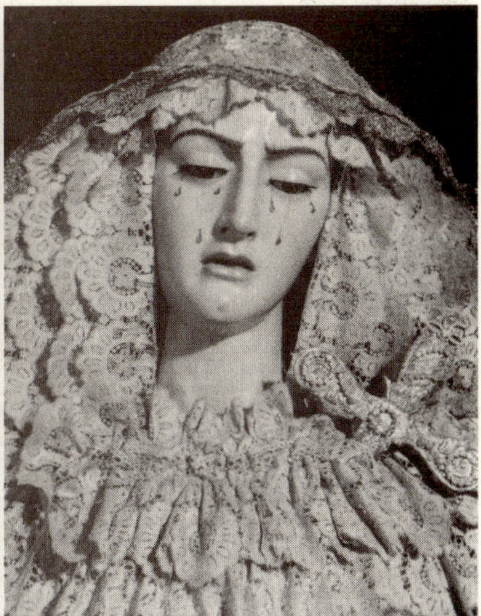

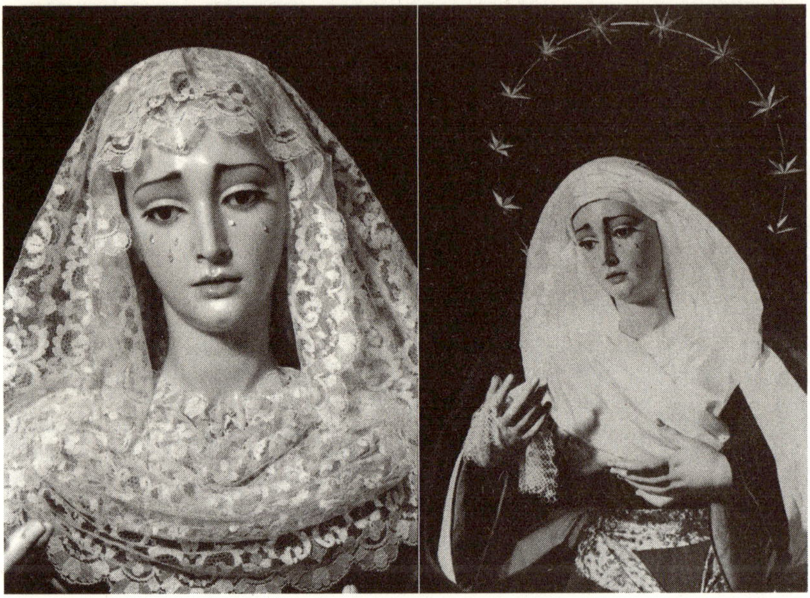

Diferentes formas de vestir a la Virgen de Guadalupe. Una de las imágenes a las que Antonio profesaba un especial cariño por haberla vestido desde su "nacimiento" en el taller de Luis Álvarez Duarte. (Fotografía Fernand: Archivo A. Pérez).

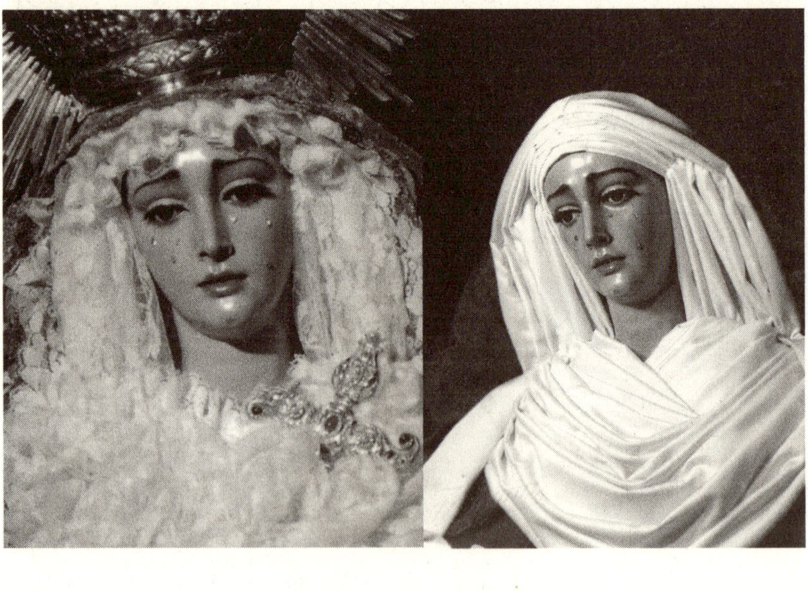

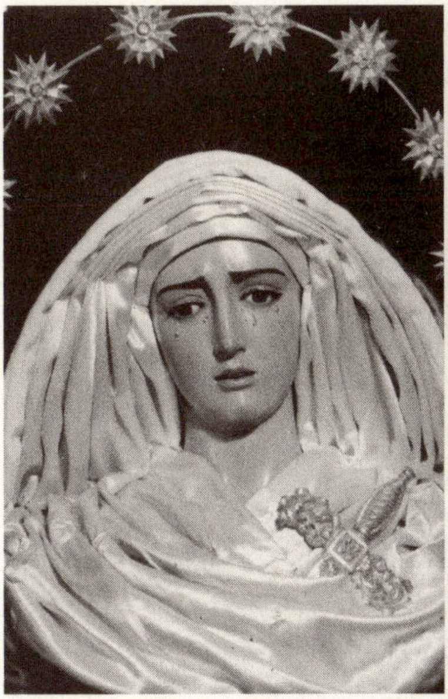
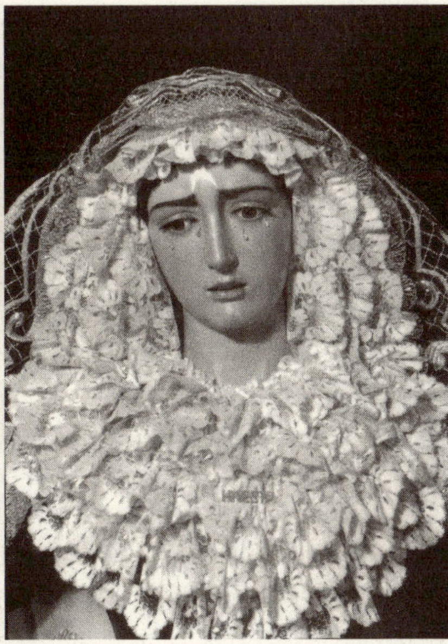

La Dolorosa de la Hiniesta vestida de Hebrea, sin corona, de "novia" y con el pecho de bullones que Antonio crease para Ella. Un virtuosismo en la forma de vestir y creación en las fotografías. (Fotografía Fernand: Archivo A. Pérez).

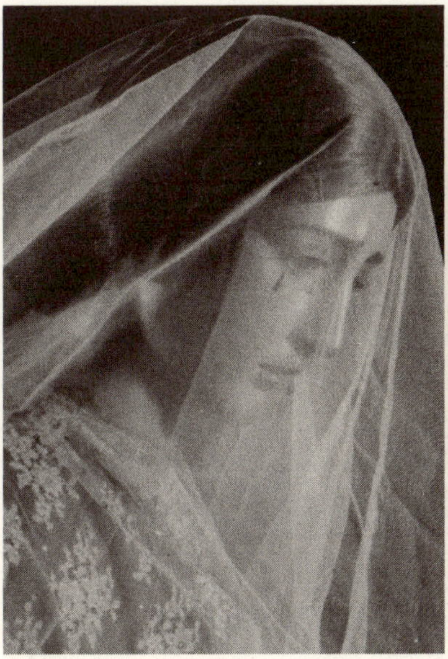
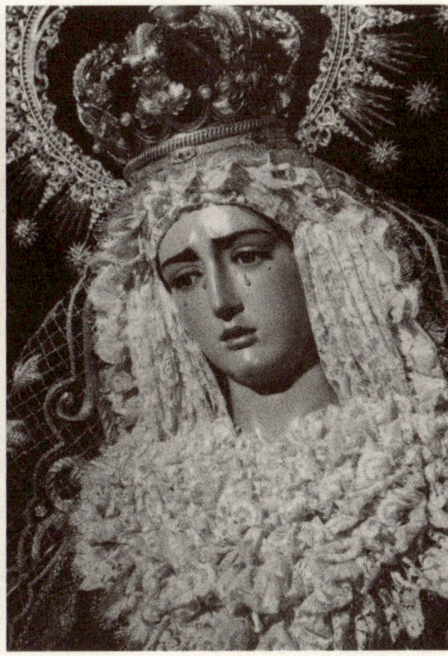

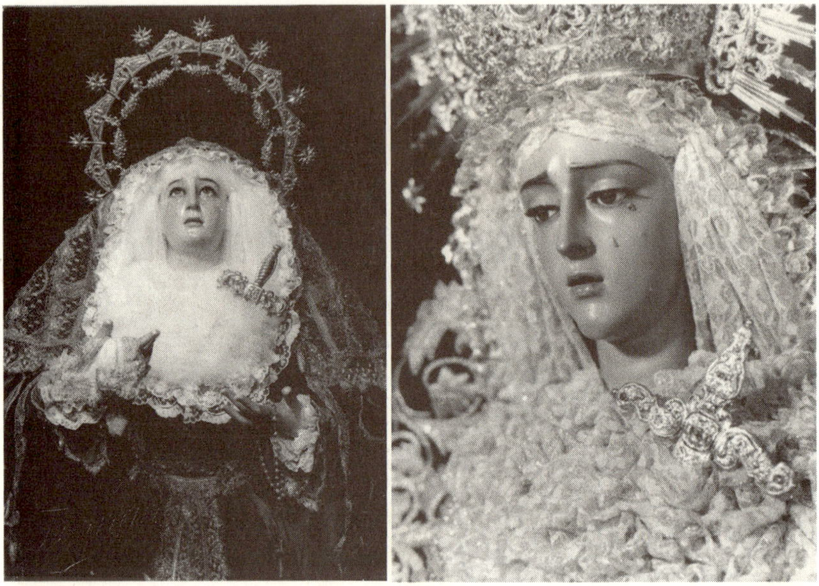

Curiosas instántaneas de la Virgen de los Remedios con un tocado de bullones de tul; La Caridad con bullones y pico en la frente; La Piedad del Baratillo (abajo) con grandes tocados de blondas y abullunados. (Fotografía Fernand: Archivo A. Pérez).

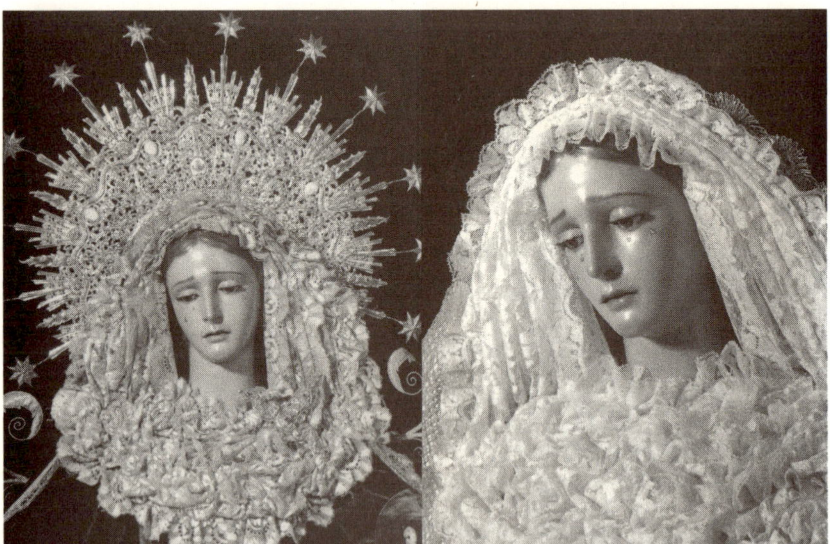

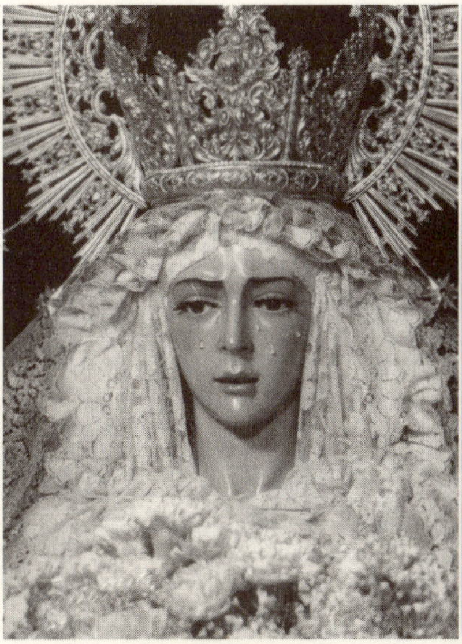

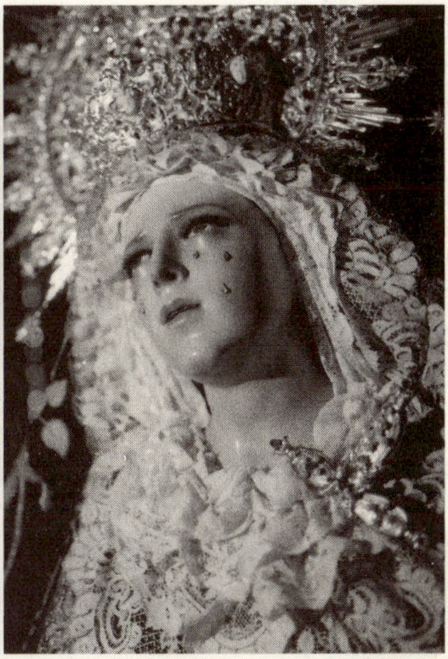

La Virgen del Rocío, Mayor Dolor en su Soledad (Carretería), las Mercedes (Tiro de Línea) y una curiosísima fotografía de la Virgen de las Penas (Hdad. Sta. Marta) con mantilla, despejada y pendientes. Imágenes que Antonio vistió en ocasiones determinadas o para la realización de sus reportajes. (Fotografía Fernand: Archivo A. Pérez).

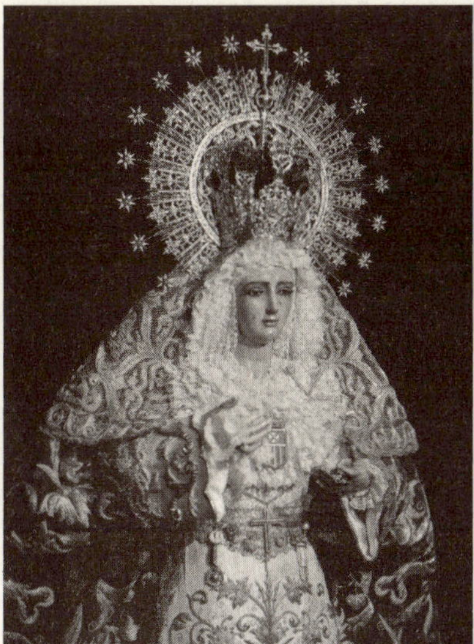

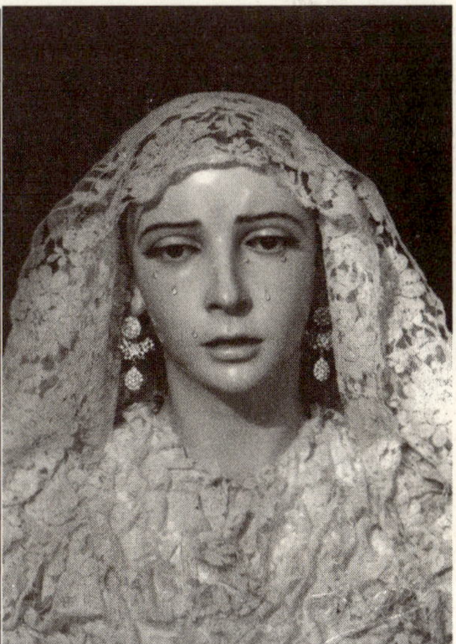

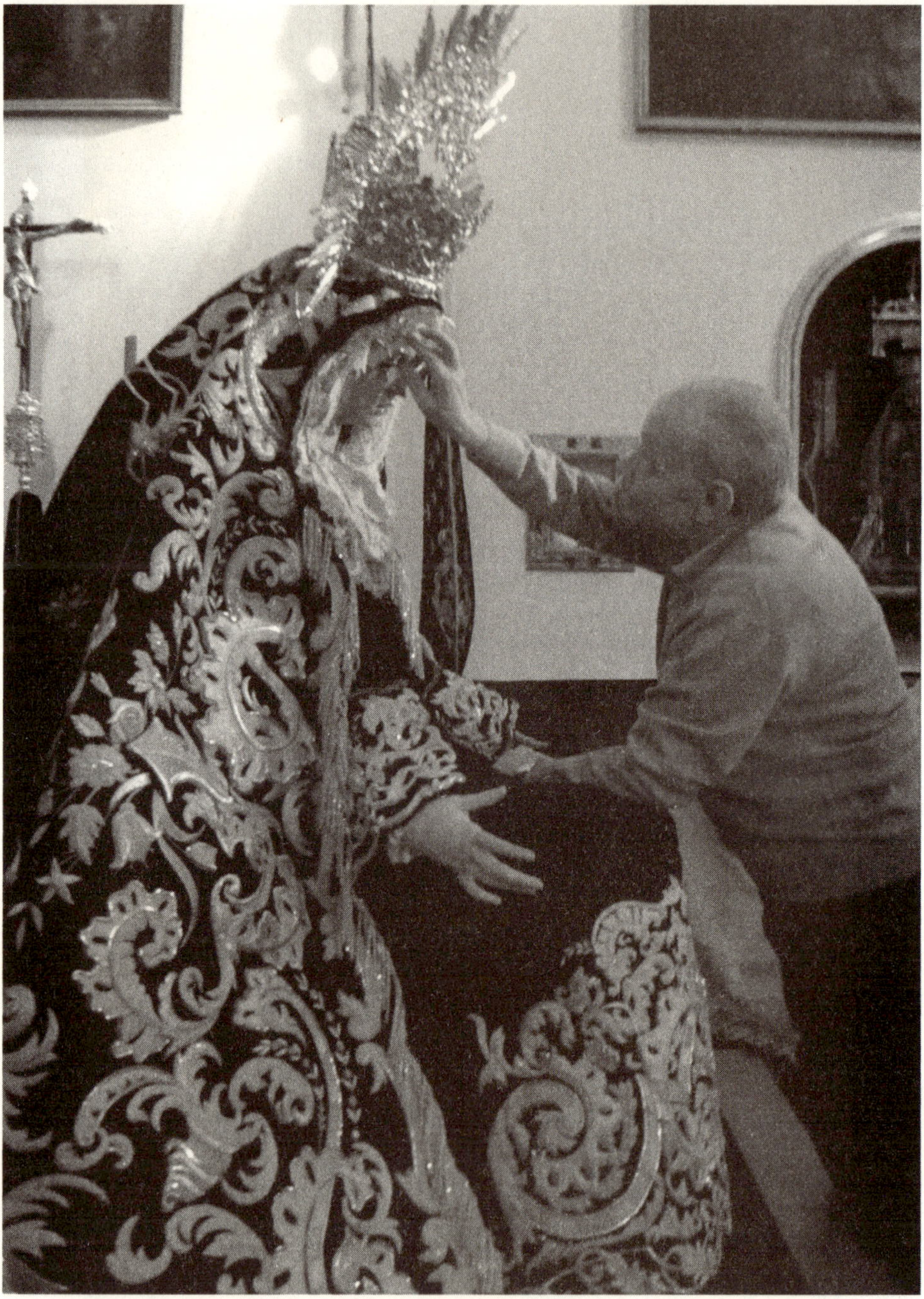

7. PEPE ASIÁN

José Luis Asián Cano, nace en Sevilla el 20 de Diciembre del año 1934 en el seno de una familia no muy cofrade, en la céntrica plaza de Zurbarán. Hijo de Manuel, natural de Villanueva del Ariscal, y de Setefilla, de Lora del Río. Fallece el 2 de abril de 2018.

Pepe, es el tercero de cuatro hermanos: Carmen y *Manué* —los dos mayores— y Antonia que nació tras él.

Sus primeros estudios los realiza en el colegio de los Escolapios que estaba situado en la plaza Ponce de León, junto a la Iglesia de los Terceros, y que hoy día es la sede de Emasesa.

La familia abandona el centro, la plaza de Zurbarán, en 1955 cuando Pepe cuenta con 21 años. Su vida laboral, se desarrolla en Astilleros de Sevilla como Administrativo entre los años 1963 y 1989 en el que se pre–jubila.

Sevillano por los cuatro costados, alardea... «En los casi 80 años que tengo, nunca he faltado de Sevilla más de veinte días. Como no hice la mili... sólo he faltado los días que me he ido de vacaciones, pero te digo: Nunca más de 20 días».

Como cualquier niño, jugaba a la Semana Santa: «Hacía pasitos de papel pequeñitos, cogía de algún arriate una «cochinita» y la metía debajo... al ser de papel y con ella dentro... el pasito andaba. Así pasaba las horas».

Cofrade, feriante, amante de su ciudad y sus tradiciones: «Me considero cofrade tardío. De pequeño iba a ver Iglesias con mis amigos, pero no como cofrade dentro de una hermandad. Me gustaba mucho la Feria en el Prado, donde me llamaban la atención las pinturas y las pañoletas. Con el paso del tiempo, pinté la pañoleta de mi caseta y el techo que es como un «techo de palio». Me gusta mucho bailar sevillanas y tenemos un grupo de amigos muy bueno. La caseta se llama «Amigos de la Feria» y casi no salgo de ella. Me llevo todo el tiempo recibiendo a amigos y de tertulia con el resto de los socios».

Pepe es hermano de la Macarena y de los Servitas. También perteneció durante años a las Hermandades del Cachorro y la Cena.

Es hermano de la Macarena desde el 4 de Julio de 1962, según consta en su hoja de inscripción de hermano. Él se reunía con su grupo de amigos en el atrio para asistir a la Sabatina. Desde entonces, formó una «pandilla» que aún conserva, siendo destacados cofrades hoy día y que como él forman parte de la historia de nuestra Semana Santa.

En ese grupo de amigos que se encontraban a los pies de la Esperanza Macarena, estaba Antonio Dubé de Luque, que era de la Hermandad de los Servitas. La cercanía de la basílica con la capilla de los Dolores, hizo que en muchas ocasiones fuese a visitarla: «A veces íbamos para echar una mano en montajes, otras para recoger al resto de los amigos para tomar una cervecita o dar una vuelta por el centro o visitar iglesias para ver cultos y besamanos». Al cabo de unos años, y como en tantas ocasiones sucede, Pepe, por ese vínculo con los amigos, se hace hermano de esta Primitiva Cofradía Servita.

SU DEVOCIÓN POR LA MACARENA

Viviendo en pleno centro, Pepe visitaba la Iglesia de la Anunciación donde había una Virgen que le gustaba muchísimo. Al principio, según sus propias palabras, siendo pequeño, no sabía ni el nombre de Ella... Pero lo que si tiene muy claro es que desde el primer instante se enamoró profundamente de aquella Virgen... la Esperanza Macarena.

«La ilusión más grande que tenía en la vida era limpiar la mano a la Macarena en su besamanos. En aquel tiempo no había ni monaguillos ni seguridad. Era todo más natural. La he observado tanto que me sé de memoria sus craquelados, los dientecitos, todo... Era más íntimo. Recuerdo que me quedaba en la Basílica junto a Abelardo y otros dos o tres más y me quedaba «embobao» junto a Ella. No estaba tan magnificado.

Para mí la Macarena es «el no va más». Como te he dicho me quedaba «embobao» y me sigo quedando al verla».

Su vida siempre estaba vinculada a la Macarena: «Desde niño, todo lo que pintaba tenía que parecerse a la Macarena. Y la mayoría de mis sobrinos se han casado delante de Ella».

Pepe nos narra su experiencia como nazareno... «Llegué a salir dos años de nazareno en la Macarena. No te digo que no me gustase... pero tantas horas, en aquellos años que tenía un numero muy nuevo... me preguntaba: ¿que hago yo aquí si la Virgen viene tan lejos? así que dejé de salir para disfrutarla como yo quería».

Pepe también vivió de forma muy cercana la Coronación Canónica aquel lejano mayo de 1964:

«La Coronación iba a ser en la plaza de España, pero amaneció lloviendo... Con el jaleo de organizarlo todo para celebrarlo en la Catedral, no dejaban entrar. Fui a la Puerta de San Miguel y el guarda de seguridad no me dejaba pasar. A esto que llega en ese momento el hermano mayor, que era Don Ricardo Zubiría y me dijo: ¡Hombre Pepe!, cómo no vas a pasar... y entré en la Catedral para ver su coronación. En Sevilla, menos la de la Virgen de los Reyes y la de la Antigua —que aún no había nacido— y la del Cerro del Águila, he asistido a todas».

«Para la coronación, unos amigos me animaron a presentar un cartel para anunciarla. Pinté Sevilla abajo, el Arco de la Macarena en medio y dos manos que sostenían la corona de la Virgen. En el Libro de la Macarena que editaron por el 25 aniversario lo pone».

Como sevillano y macareno, también vivió intensamente el 25 aniversario de su coronación y el cincuentenario que hemos celebrado en 2014: «De este aniversario, me quedo sin duda con el besamanos extraordinario en la iglesia del Sagrario. Miles de personas han pasado ante Ella. Uno de los días yo estuve desde las seis de la tarde hasta las 2 de la madrugada sentado con Ella. ¡Ocho horas!, y no estaba ni cansado. Me hubiese quedado allí mucho más junto a Ella».

Antes de enumerar las Vírgenes que Asián ha vestido, hay que hacernos eco de sus palabras para definir su estilo: «Yo no he creado nada. He intentado dar naturalidad a los tocados y no he sido amigo de grandes innovaciones. Siempre he intentado realzar la belleza de la Virgen sin que te distraigan los encajes. He pretendido hacerlo en su justa medida».

Conociendo un poco más a Pepe, nos habla de una de sus ilusiones: «No me considero ambicioso. Orgulloso, pero no me gustaría pensar en nada más. Contento con lo que he vivido. Quizás una de mis ilusiones era vestir una Virgen para un palio... y mira por dónde empecé: La Virgen del Patrocinio».

NUESTRA SEÑORA DEL PATROCINIO (HERMANDAD DEL CACHORRO)

«Comencé a vestir a Vírgenes por casualidad. La primera fue Patrocinio, pero no la de ahora, sino la antigua, «la Señorita». Por tradición, la vestían para el paso Margarita y Paco Astolfi. En una ocasión no fueron, y por mi amistad con los priostes —Manolo Fernández y José Alfonso— me dijeron que si la podía vestir... y así lo hice. Sería aproximadamente el año 1964, y así estuve de forma ininterrumpida hasta 1973. Justo la vez anterior al incendio en el que la Virgen se perdió».

«Recuerdo que la primera vez que la vestí para el paso, y siendo la primera Dolorosa, tenía cierto miedo a que algo se cayese, aunque yo estaba seguro de lo que había hecho. Como tantos Viernes Santos, ese año llueve y la hermandad se refugia en la Magdalena, teniendo que volver el Domingo de Resurrección. Al llegar a la Iglesia comentaban los priostes y miembros de la junta que no se le había caído nada, ¡y no se le había movido ni un alfiler!».

Sobre su estilo, Pepe añade: «Yo no creo que haya innovado o creado, pero en Patrocinio, como tenía la carita tan redondita, empecé a sacarle el pelito por el tocado en la frente y las sienes —que antes en esa época no se hacía en ninguna— y a descubrirle y bajarle el cuello para estilizárselo».

Una anécdota de las muchas que Pepe ha tenido en su larga vida, tiene lugar en el Cachorro: «Antonio Rodríguez Buzón, tras el maravilloso pregón que tenemos como un referente en nuestros días, fue al Cachorro. Se iba a poner una grabación de una obra suya que se llama «Dios Expirante». La iglesia estaba llena... y el magnetófono no funcionaba. Así que lo que hizo fue recitarlo en directo. Nos gustó mucho. En la copita posterior, un miembro de junta quiso presentarmelo... y al acercarme, le dijo Rodríguez Buzón: ¿A quién quieres presentarme? ¿A Pepe Asián? En casa tengo la suerte de tener dedicados el Pregón de Semana Santa de 1956 y el libro de esta anécdota que te he contado... «Dios Expirante».

LA HERMANDAD DE LOS SERVITAS, SU HERMANDAD

Ya hemos comentado anteriormente cómo llega Pepe a ésta su hermandad. Innumerables los elogios que los hermanos Servitas tenemos de nuestro amigo Pepe. Siempre atento, divertido, entregado, cariñoso, leal, gracioso, gran cofrade, discreto, educado, trabajador, gran artista... Son sólo una muestra de las palabras con las que lo definen sus hermanos.

Siempre volcado y viviendo todos los actos y cultos de la hermandad. Hermano, vestidor y miembro de la junta de gobierno: «Comencé a vestir a la Virgen de los Dolores tres años antes de que fuésemos Hermandad de Penitencia, en 1969. Era muy bonito e íntimo el recorrido visitando los conventos e iglesias de la zona. Incluso llegó a salir la Virgen del Convento de Santa Isabel. Fui fiscal de paso los dos primeros años en Semana Santa, en 1972 y 1973. A mi no me ha gustado salir de nazareno, pero lo hacía cuando mi responsabilidad como miembro de junta de gobierno debía hacerlo. Desde entonces siempre voy acompañando a la hermandad con mi traje, la medalla y mi corbata negra».

Muchas anécdotas jalonan la vida Servita de Pepe: «Años de lluvia, de recogernos en el Salvador con el paso chorreando; En otra ocasión pudimos meter el paso de la Virgen de los Dolores en la capilla de los Panaderos... Parecía que no cabía con los dos pasos allí montados y entró justito; los años que salíamos de la Anunciación con sus traslados de ida y vuelta; los cultos y besamanos de Dolores en nuestro Convento de Santa Isabel... No podré olvidar cuando la Virgen de los Dolores y el Cristo de la Providencia presidieron el Vía Crucis del Consejo (primer lunes de Cuaresma de 1998); y también los cultos extraordinarios en la Parroquia de San Marcos con un altar grandísimo que por las dimensiones de nuestra capilla normalmente no podemos montar».

Otra anécdota curiosa sobre su hermandad que Pepe recuerda cuando aún no era hermano: «Con el año de las Misiones, y ya viviendo nuestra familia fuera del centro, la Virgen de los Dolores vino a mi barrio. Delante iba el Gran Poder y detrás Dolores. En la barriada de Santa Teresa, la hermandad, colocó un azulejo conmemorativo de aquel acto —que fue multitudinario y muy emotivo—. Con el paso de los años, el edificio donde estaba colocado, se iba a destruir... y se iba a perder el azulejo... así que llamé a la hermandad y pudimos rescatarlo. Ese azulejo hoy día está en la casa de hermandad y le tengo un cariño especial».

Pepe, está eternamente agradecido a los Servitas por su trato y cariño recibidos a lo largo de tantos años. Recuerda emocionado el homenaje de la pasada Cuaresma: «Cuando esta Cuaresma (Viernes 21 de Febrero de 2014) la Hermandad de la Redención me concede el tercer «Olivo de Plata», si no llega a ser por los Servitas, no me dejan salir del Hospital. Entre Fermín García Perlacia y algún otro le dijeron a los médicos que tenían que dejarme salir para recibir el homenaje. Los médicos se negaban hasta que los convencieron. Así que bajo la responsabilidad de ellos me dejaron salir para ducharme, afeitarme y prepararme para recibir el homenaje en la Fundación Cajasol. Tuvieron que prometer que esa misma noche yo volvería al hospital y que no podía comer absolutamente nada. Y así lo hicimos. Fue muy bonito. ¡¡Llevaba hasta la vía puesta en la mano!!, pero pude estar allí e incluso leer un pequeño discurso que llevaba preparado. Nunca olvidaré ni el homenaje que organiza la Redención ni el esfuerzo de mis hermanos para que pudiese estar y disfrutarla».

Con motivo de ese Galardón otorgado por la Hermandad de la Redención, se organiza una muestra–exposición de la obra de este artista con el nombre: «Pepe Asián, vida y obra de un artista». Se inaugura el lunes 17 de Febrero de 2014 ante numerosos amigos, cofrades y admiradores de Pepe. Como dato curioso, cabe destacar —y ya que Pepe nos lo ha dicho antes—, que al estar ingresado, sigue tal inauguración y la conferencia de su amigo Fernando Cano sobre su persona a través de un teléfono móvil que Fermín acerca a un altavoz de la sala. Una muestra que durante los cinco días que está abierta al público recibiendo cientos de visitas. En dicha exposición se mostraban diseños para orfebrería, bordados, altares, rotulaciones, colgaduras y enseres de Hermandades que han sido diseñados por Pepe. En otro apartado, podían observarse fotografías de Dolorosas vestidas por Pepe e instantáneas únicas recuperadas para tal evento.

LA VIRGEN DEL SUBTERRÁNEO Y LA HERMANDAD DE LA CENA

En la Hermandad de la Cena, Pepe no entra directamente como vestidor, ya que durante años, era el prioste primero de la junta de gobierno el encargado de vestir a las imágenes.

En dicha hermandad, Pepe ostenta el cargo de consiliario, fiscal y prioste primero: «Para el paso sólo la vestí una vez, siendo prioste primero de la hermandad, creo que fue en 1989 aproximadamente. También recuerdo que la Virgen no tenía ropa de hebrea, y la vestimos gracias a Fernando Cano, que nos trajo una de Jerez. Como Subterráneo es más pequeñita que el resto, le quedaba muy grande y tuve que recogérsela para que no se notase».

En su labor como prioste y miembro de junta, Pepe nos cuenta otros detalles: «En nuestra candidatura como priostes, creamos el Besamanos de la Virgen, con el entarimado, la especie de balaustrada, los pedestales para las flores y los faroles... Un besamanos que con las modificaciones lógicas del paso de los años, sigue manteniendo ese esquema».

Pepe, también propuso la salida de la Virgen de Consolación que corona el Retablo Mayor de la iglesia: «En un Cabildo de Oficiales, presentamos el boceto del paso, con todo lo que necesitábamos para que pudiese procesionar dignamente. Aunque se aprobó en dicho cabildo, nunca llegó a buen puerto... por una discusión interna, tanto Luis, que era prioste segundo, como yo, que era el primero, dimitimos. El proyecto quedó olvidado en un cajón y hasta hoy, que yo sepa, no se ha vuelto a plantear».

Con su cargo como miembro de junta, Pepe llega a salir de nazareno en la Cena en dos ocasiones, ambas en la Virgen del Subterráneo: «Sólo salí dos veces, una como Fiscal de Palio y otra en su Presidencia».

NUESTRA SEÑORA DE LA PALMA (HERMANDAD DEL BUEN FIN)

Su llegada a Nuestra Señora de la Palma, la describe así: «Al Buen Fin, aunque tenía amigos y conocidos, como en tantas hermandades, llegué por Julio, mi traumatólogo. Él estaba en la playa, en un chiringuito de tertulia con algunos hermanos de la Hermandad del Buen Fin que eran miembros de la junta de gobierno. Me llamó y me dijo que tenía que hacerle un favor muy grande... vestir a la Virgen de la Palma. Con ella estuve aproximadamente unos 12 años, vistiéndola en ese tiempo para una fecha tan destacada como su Coronación Canónica».

NUESTRA SEÑORA DE LA HINIESTA

Por otro buen amigo llega a San Julian: «A la Hiniesta la vestía Antonio Fernández desde hacía muchos años. Cuando Antonio enfermó y viendo que no podría vestirla más, me llama un amigo de hacía años, Pedro Bueno, que era prioste por aquel entonces. No recuerdo muy bien cuántos años fueron, pero creo que seis o siete años».

MADRE DE DIOS DE LA PALMA (HERMANDAD DEL CRISTO DE BURGOS)

Y su llegada a la Hermandad del Cristo de Burgos también tiene anécdotas para destacar: «Con Madre de Dios de la Palma llevo alrededor de 20 años. Estaba enfermo Paco Morillo y me llamaron para vestirla. La hermandad, le hizo un merecido homenaje por todos los años que había estado vistiéndola, y Paco dijo que estaba contento porque la Virgen había caído en las mejores manos. Y gracias a Dios aquí sigo».

De las muchas cosas que ocurren en Semana Santa, Pepe tiene una de este Miércoles Santo: «Esta Semana Santa pasada, la de 2014, se rompió parte del armazón que sujeta el techo de palio. La gloria cimbreaba demasiado y en una de las «levantás» golpeó en la corona de la Virgen echándole hacia atrás el manto... y también claro está, al tocado, dejando ver no sólo el pelo... también la venda. Hubo personas que me dijeron que estaba muy bien tan «despejaíta» sin saber que había sido por ese pequeño «accidente» que se despejase tanto. Imprevistos que pasan en las hermandades».

OTRAS VÍRGENES VESTIDAS POR PEPE ASIAN

En ocasiones, por distintos motivos, Pepe se encarga de vestir otras imágenes de forma esporádica: «Hay otras Vírgenes que he vestido de forma excepcional, como el caso de la Angustia de los Estudiantes. La vestí de hebrea para un quinario que celebraron en la Catedral. También en otra ocasión que la habían restaurado. La Virgen se encontraba en casa de Julia Candau. Allí la vestí. Me regaló como muestra de agradecimiento un broche de oro que forman dos hojitas y que yo le regalé a la Virgen de los Dolores de los Servitas, y que me ha servido siempre para tapar un hueco donde se veía mucho terciopelo negro en el manto justo al lado izquierdo de su cara. Con ese broche disimulo esa parte tan negra y sin bordados».

Una anécdota entre vestidores: «Otra Virgen que vestí fue la Soledad de Pilas. Sólo una vez. Su vestidor, Diego Colchero, se había partido un brazo y lo tenía escayolado. Me llamó por si le podía vestir a su Virgen y le dije que sí, que iba a Pilas a vestírsela. Cuando llegué a la iglesia, a Diego le habían quitado ya la escayola y le dije que entonces la vistiese él. Me dijo que no, que estaba encantado que yo se la arreglase para el Quinario».

Algunas imágenes salidas del taller de Antonio Dubé: «También la Soledad de Salteras, obra de nuestro común hermano Servita y amigo Antonio Dubé. La vestí tras la bendición en 1972. En su casa de Hermandad hay fotos de Fernand de aquella época vestida por mí».

Y como no, Vírgenes de Gloria, entre las que destaca: «La Oliva de Salteras la vestí unos cinco o seis años... Como salía el 15 de Agosto y me cogía en todas las vacaciones me era complicado y dejé de hacerlo, pero conservo un gran cariño por Ella».

ROTULACIONES

Son innumerables los pergaminos que Pepe ha rotulado. Pregones, homenajes, aniversarios de hermano, dedicatorias, agradecimientos...

Pepe nos detalla cómo se inicia en las rotulaciones: «Trabajando en Astilleros, había un delineante que era prioste de la Soledad de San Buenaventura. Una vez, fui a su mesa y vi que tapaba algo con un folio y le pregunté. Me enseñó algo que estaba rotulando y me gustó mucho. Le dije que era una caligrafía muy bonita. Me dio un abecedario con ese tipo de letra, un papel milimetrado y un boli de punta fina... y ahí empecé a rotular».

«He tenido la suerte de rotular todos los pergaminos que Antonio Dubé hizo para los pregoneros de la Semana Santa, que son alrededor de veinte y del Pregón de las Glorias. Y para las hermandades... miles y miles y miles...».

DISEÑADOR DE ENSERES

Son muchas las hermandades y particulares que le han encomendado la labor de diseñar alguna insignia, bordados, orfebrería, papeletas de sitio, sayas, mantos...

«De lo que más orgulloso me siento es de los diseños para el palio de la Carretería, donde casi todo es mío. Basándome en el antiguo palio —que conserva Dolores y Misericordia— realicé el diseño del techo de palio, bambalinas interiores y faldones. Así como casi toda la orfebrería del mismo».

«He sido asesor artístico de los Escolapios de Granada con el diseño de las bambalinas y la reforma de los respiraderos. Su virgen, preciosa, de Luis Álvarez Duarte, la vestí para la bendición y fui con ellos a Roma... pero allí no la vestí yo. Así que me dediqué a conocer Roma mucho mejor. Eso fue una experiencia única... ver un paso de palio por la Ciudad Eterna».

«También me encargaron los respiraderos de la Virgen de los Desamparados de San Esteban y los de la Virgen de los Dolores de Villanueva del Ariscal. El pueblo de mi padre».

«Uno de los diseños que me han encargado no hace muchos

años fue el proyecto completo del palio de la Virgen de la Cabeza de las Siete Palabras del que poco a poco ya se van realizando algunos bordados».

Pepe realiza un diseño muy especial en un soporte distinto al habitual: «Estoy muy orgulloso de la reja de la capilla Sacramental del Santuario del Rocío. Lo hice a mano alzada. Le preguntaba al herrero si se podían hacer distintas hojas y roleos y así la diseñé. Había ido con unos amigos al Rocío... yo me puse a dibujar mientras ellos veían a la Virgen y conocían algunas dependencias. Cuando llegaron ya estaba el diseño acabado a tamaño real».

Como artista polifacético, Pepe también ha ayudado en el exorno floral de distintas hermandades: «En el Carmen de Santa Catalina llevo más de 40 años montando el paso de flores junto a otros cofrades. También en los Servitas llevo casi 20 años ayudando para los cultos, besamanos y los pasos. También estuve poniendo las flores durante un tiempo en la Hermandad de la Cena».

ORNAMENTACIÓN PINTURA SOBRE TELA

Otra de las facetas artísticas de Pepe es el diseño y creación de pintura sobre tela. Infinidad de reposteros, colgaduras, cubre–palios, sayas, incluso la decoración ornamental de capillas y oratorios.

«En una ocasión, vi una saya y un manto pintado que tiene la Virgen de la Soledad de Dos Hermanas y me llamó la atención. Me dijeron que la había pintado Bejarano. Así que te llamé para que me explicases. A los pocos días te presentaste en los Servitas con un trozo de damasco y un botecito de pintura dorada y me explicaste como lo hacías... Así que la «culpa» de que yo esté pintando es tuya. Y como es así, tu ponlo en el libro, no lo vayas a quitar. Una vez le pregunté a uno que donde compraba las pinturas y me dijo que se las traían del extranjero... que eran muy difíciles de conseguir... ¡y tú me las compraste en la Avenida de la Cruz Roja! He llegado a comprar cajas y cajas de esa pintura».

Agradeciendo las palabras de Pepe y siguiendo su mandato, se ha recogido y escrito lo que él ha pedido. Gracias, maestro.

Pepe comienza su andadura en el arte de la pintura ornamental: «Lo primero que pinté fue una saya para la Virgen del Rosario que se encuentra en la Iglesia de San Bernardo. Tenía muy poca ropa y decidí pintársela para que tuviese algo más arreglaíto».

El diseño y realización de un retablo: «Con un grupo de hermanos y devotos de la Pastora de Santa Marina, y todos por amor al arte, dirigí la realización del Retablo Mayor de su capilla. Con dorados, pinturas ornamentales, el camarín... De una pared vacía construimos ese altar para dignificar dicha capilla con un retablo que cobijase a su titular».

Cofrade generoso y agradecido: «De las últimas obras que he realizado se encuentra el dosel para el altar de la Virgen del Rocío de la Iglesia de Santiago. Es un regalo que he hecho como agradecimiento al homenaje «Olivo de Plata» que me hicieron la pasada Cuaresma y que ya te he comentado antes».

Incansable y como no puede, ni le dejan estar quieto... «Y ahora me encuentro realizando los altares de la Hermandad de la Cena de Dos Hermanas y el altar Mayor de la Parroquia del Amparo y San Fernando, cuyo Párroco es el amigo Currito».

Además ha pintado mantoncillos para flamencas, multitud de abanicos para amigos... «los abanicos me gusta pintarlos con ornamentos muy alegres. Y los mantoncillos... le pinté uno a María Luisa, la mujer de Fermín García Perlacia y me dije que no pintaba ninguno más del trabajo que tiene. El mantón de Luisa estuvo expuesto en la Exposición de Cajasol».

Como todo el mundo cofrade ya conoce, Pepe ingresó el pasado 18 de diciembre en el Hospital Virgen del Rocío. En la actualidad se recupera poco a poco de «historias» derivadas de esa intervención. Apoyado por su familia, amigos y sus Hermanos Servitas con Fermín a la cabeza, como embajador y «Jefe de Prensa» de nuestro amigo Pepe, que nos ha mantenido al tanto de su evolución. Sirvan también estas líneas como agradecimiento al incansable amigo Fermín.

Lo último que hizo Pepe antes de dirigirse al hospital para ingresar, fue acercarse a la basílica y besar las manos de la Esperanza Macarena...

Personalmente, he de agradecer el cariño, trato, escucha, consejos y todo tipo de parabienes que mi querido y admirado Pepe ha tenido conmigo. Y aunque él me riñe siempre diciéndome que no lo nombre en las entrevistas, mis padres me enseñaron que es de bien nacido el ser agradecido... Así que aquí quedan mis torpes palabras para ti, querido Amigo, admirado Maestro, dándote las gracias de nuevo por todo lo que me has enseñado como cofrade, como vestidor y por tu amistad sincera a lo largo de más de 25 años.

Pepe Asián fallece el lunes 2 de abril de 2018, lunes de Resurrección tras complicaciones de la enfermedad que padecía. En 2014, recibió el «Olivo de plata», el viernes 21 de febrero por su excepcional trayectoria cofrade, otorgado por la Hermandad de la Redención. Con tal motivo se hizo una exposición del 17 al 21 de febrero en el Centro cultural de Cajasol, llamada «Pepe Asián. Vida y obra de un artista». Dicha exposición atesoraba diseños, proyectos y fotografías de la vida y obra de Pepe, así como de las Vírgenes vestidas por él. Bordados, tallas, orfebrería, tapices, abanicos e incluso un mantón de manila pintado y diseñado por Pepe. Colaboraron las hermandades de Los Servitas, Carretería, Buen Fin, La Cena, Cristo de Burgos, Siete Palabras, San Esteban y Asunción de Cantillana.

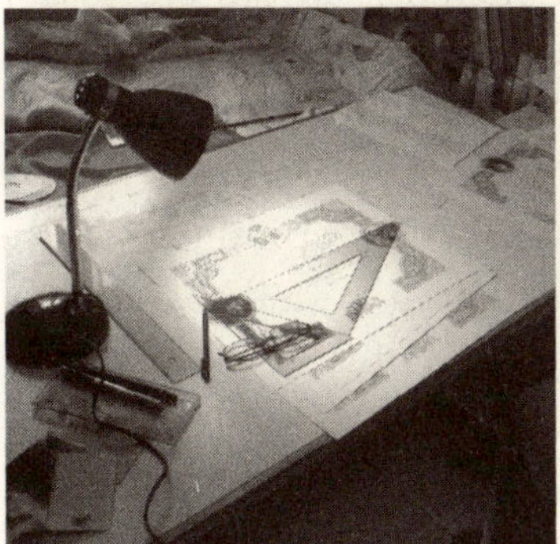

Mesa de trabajo de Pepe Asián: Rotuladores, tintas, reglas, sus gafas... un universo de creación. (Fotografías: Archivo Fermín G. Perlacia).

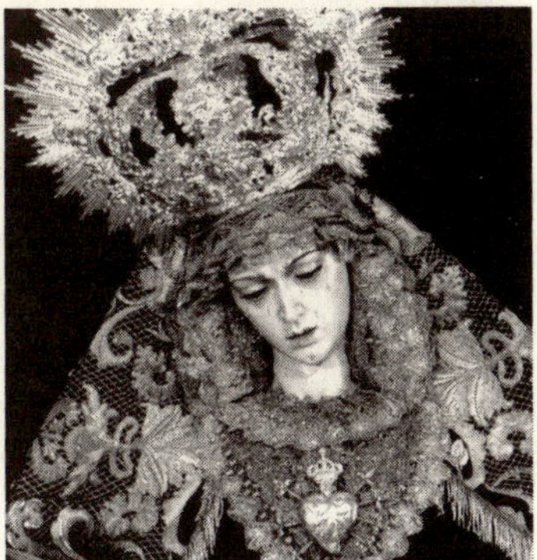

Tocado en oro con pico en el pecho adaptado por Pepe para la Virgen de los Dolores de los Servitas.

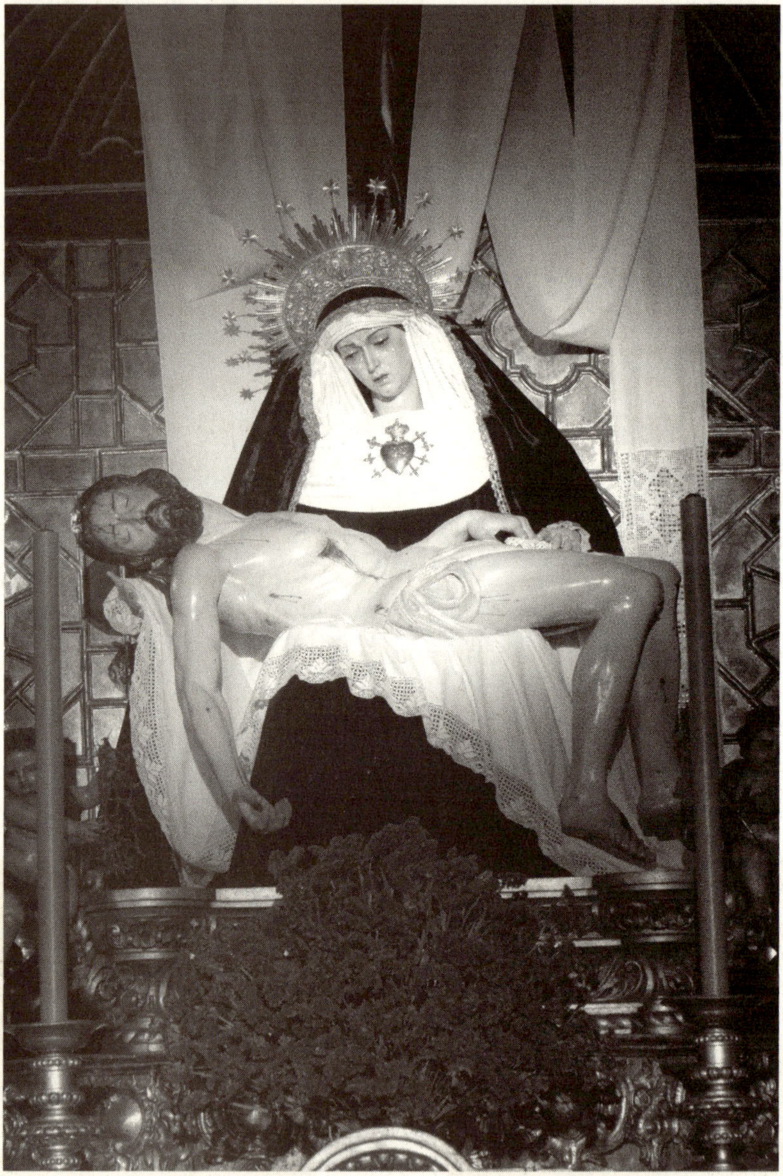

Dos formas diferentes de presentar a los Titulares Servitas: de liso, diadema, raso para los difuntos y encajes, corona, bordados y blondas para el Besamanos. Las distintas sábanas utilizadas acentúan el acabado de la obra. (Fotografías: Álvaro Heras).

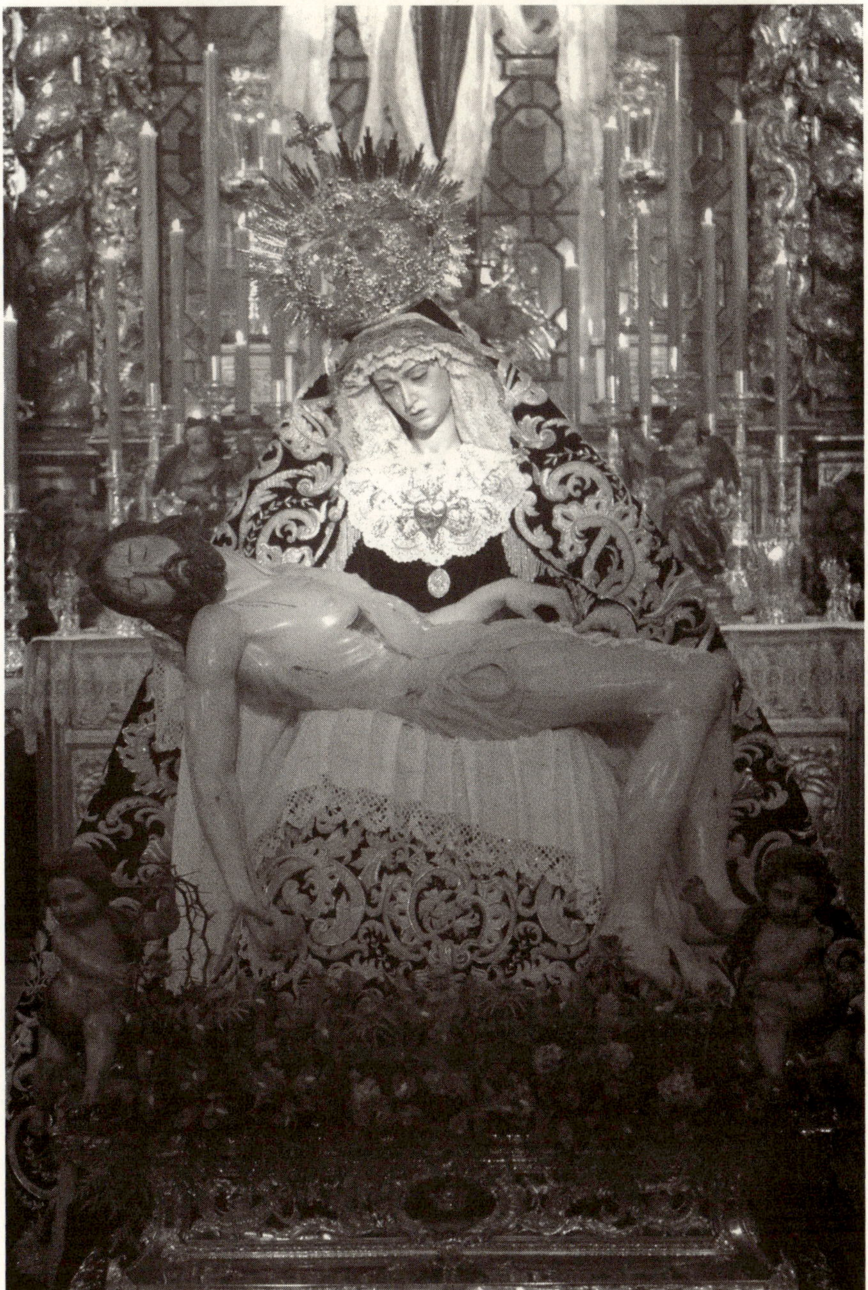

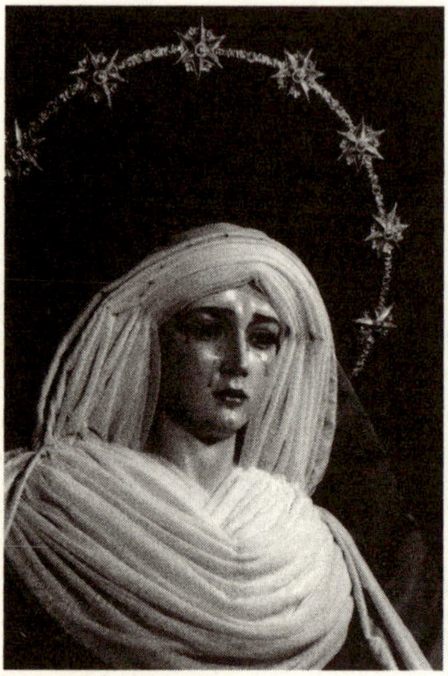
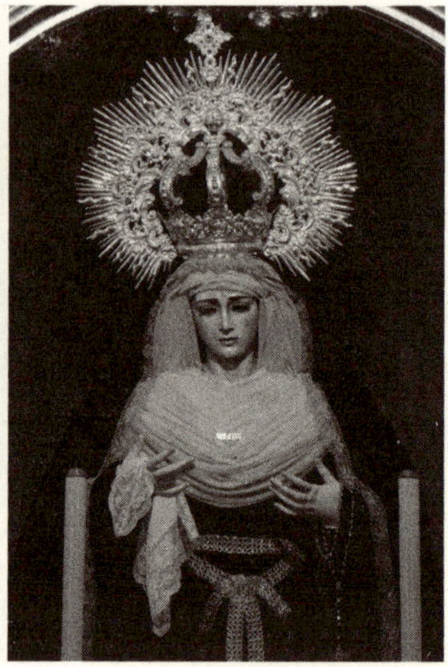

La Virgen de la Soledad de la Real Cofradía Servita, vestida en los últimos años por Pepe Asián para difuntos, y diferentes besamanos con tules, blondas y encaje. Destacamos el tapiz de fondo diseñado y pintado por Pepe Asián (Fotografías: Álvaro Heras) La fotografía arriba a la Izquierda, muestra a la Virgen vestida de hebrea en la década de los 90 con un estilo más adaptado a esos años. (Fotografía Fernand: Archivo A. Pérez).

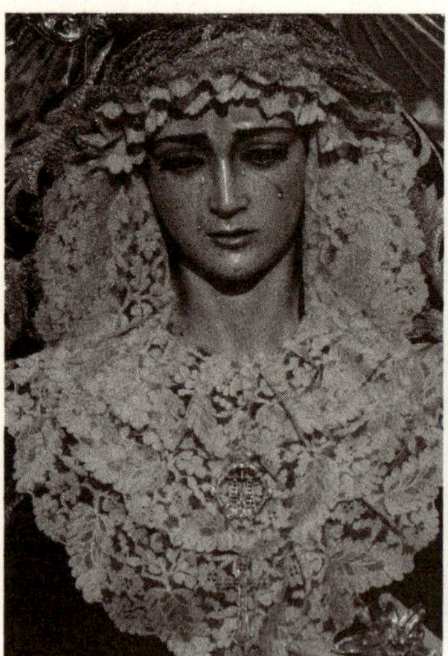
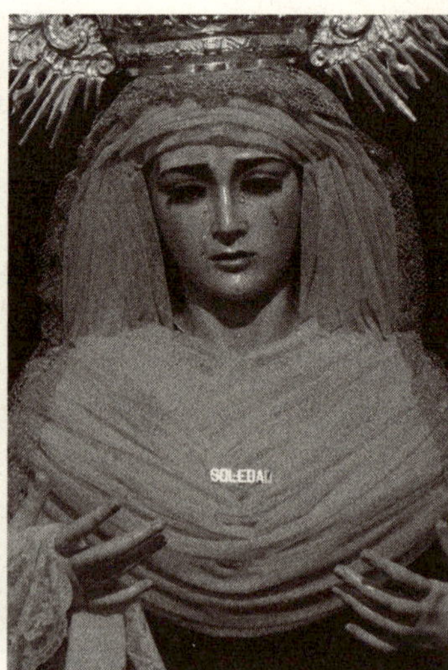

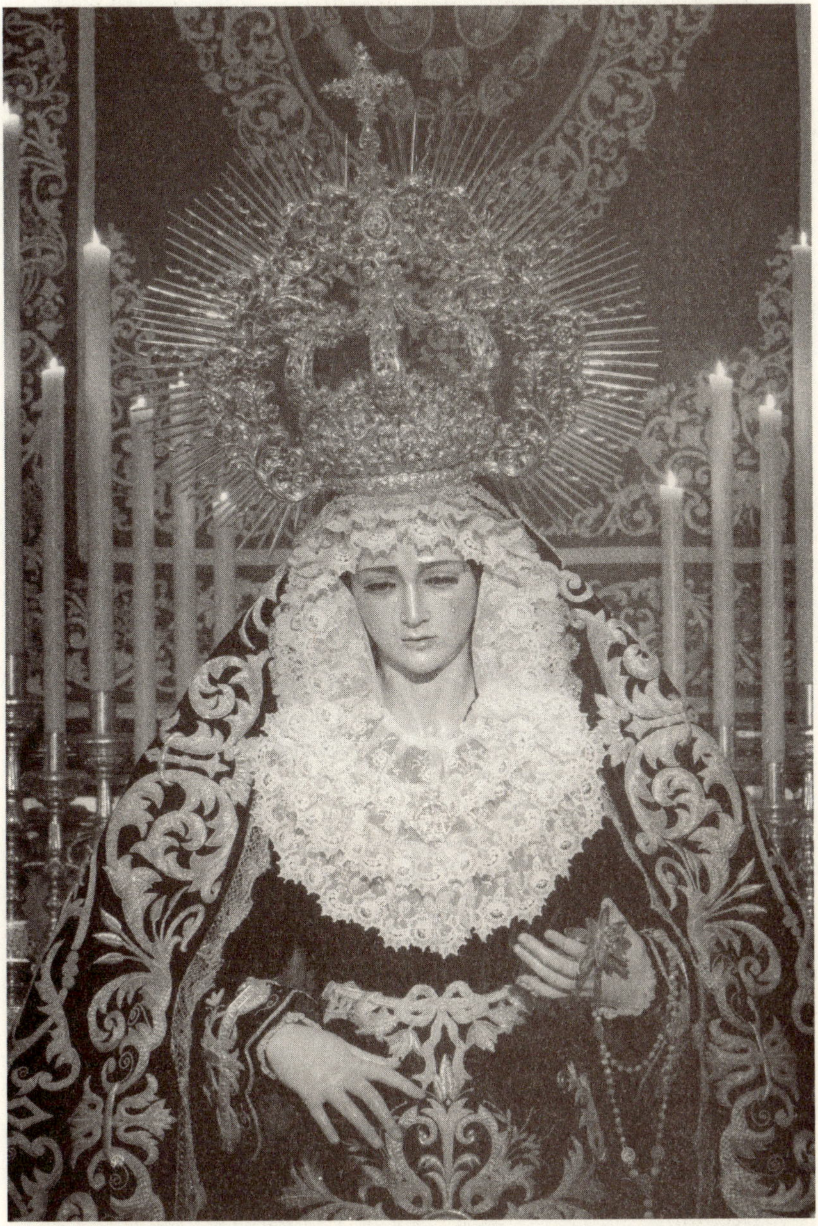

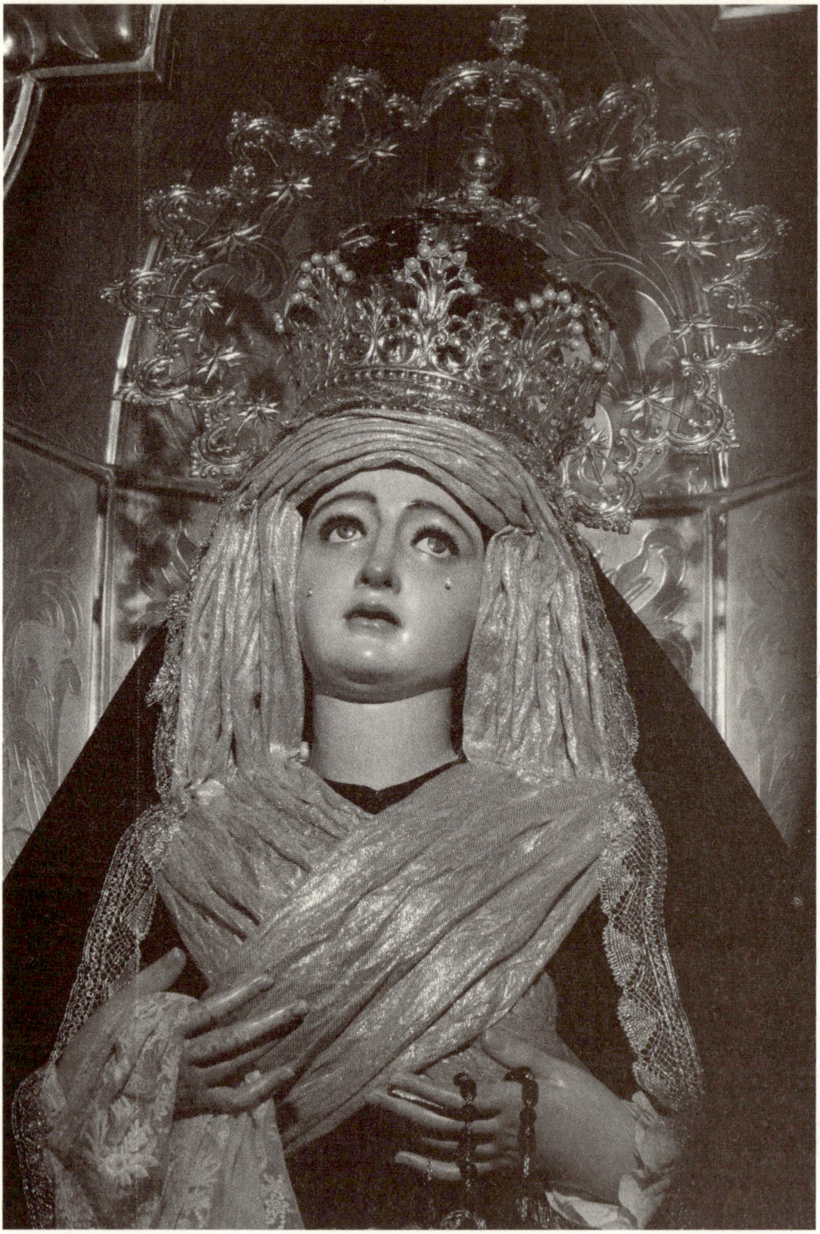

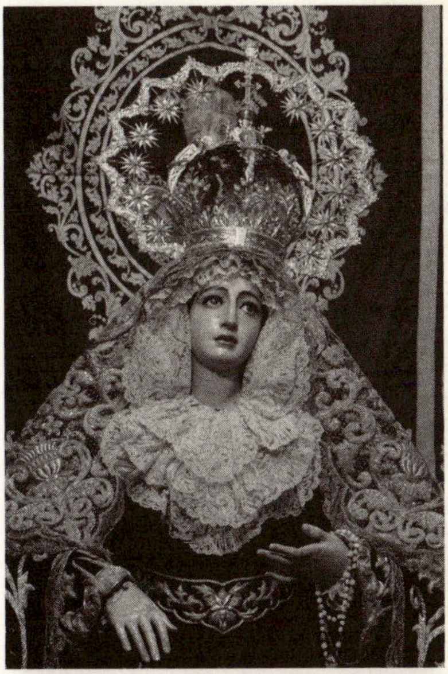

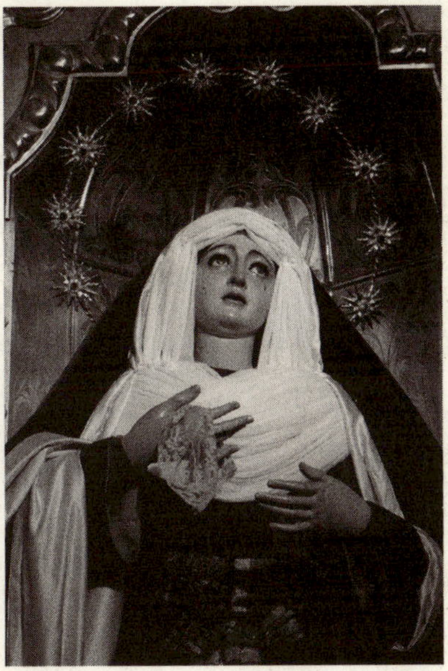

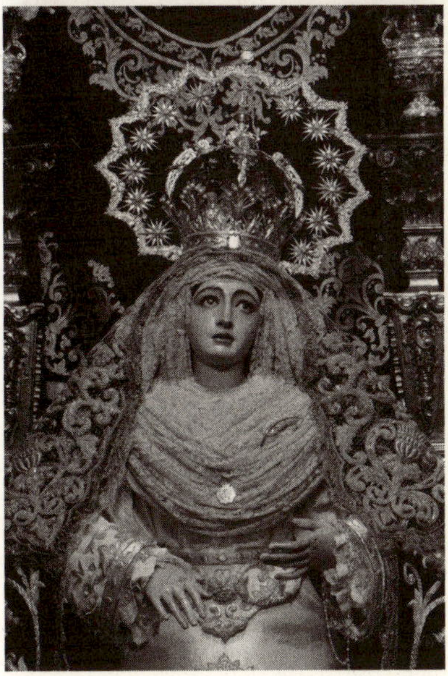

Distintas formas de vestir a Madre de Dios de la Palma. Reina, hebrea, difuntos, besamanos... Utilizando distintos tipos de blondas, lamés, rasos, encajes. De fondo, colgadura diseñada y pintada por Pepe. (Fotografías: Álvaro Heras).

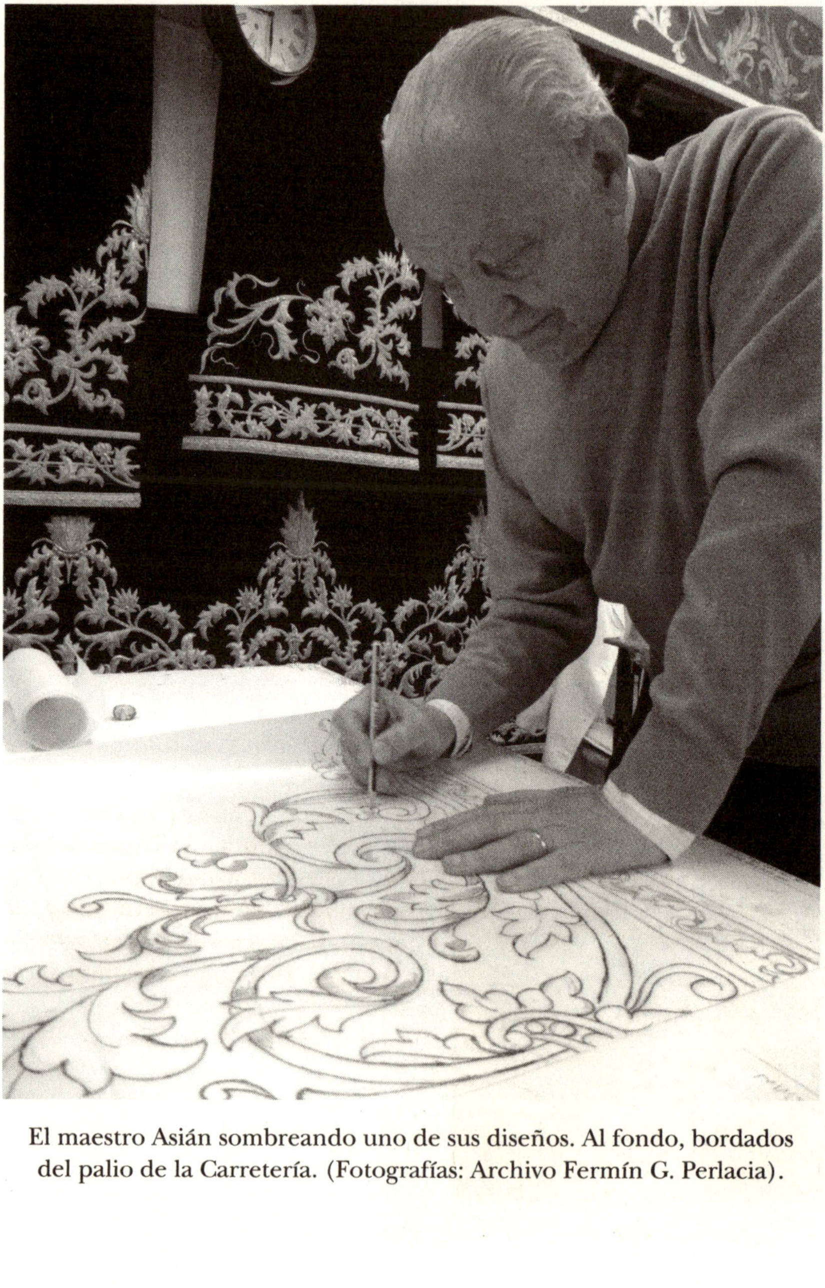

El maestro Asián sombreando uno de sus diseños. Al fondo, bordados del palio de la Carretería. (Fotografías: Archivo Fermín G. Perlacia).

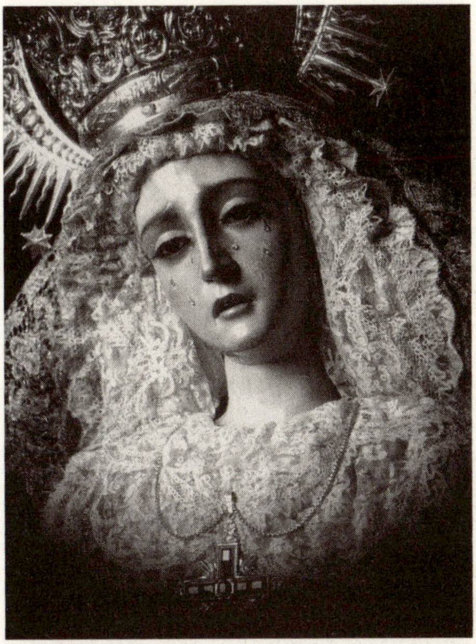

La Virgen del Subterráneo vestida por Pepe Asián para un besamanos siendo prioste primero de la Hermandad de la Cena. (Fotografía Gard: Archivo A. Pérez).

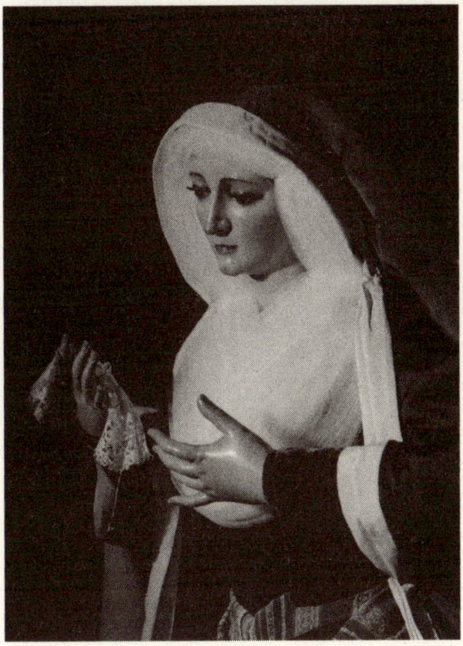

La Señorita de Triana, la Virgen del Patrocinio vestida de hebrea para alguna cuaresma de final de la década de los 60 del pasado siglo XX. (Fotografías: Archivo A. Pérez).

8. LA VISIÓN DEL IMAGINERO

Fernando Aguado, escultor, imaginero y licenciado en restauración de obras de Arte por la Universidad de Sevilla, nos ofrece una visión profesional de la importancia que tiene el Vestir una Dolorosa, que siendo imágenes de candelero, se «completan» o «terminan» al ser vestidas. De ahí la importancia y la responsabilidad de los vestidores, camareras, priostes y juntas de gobierno en general de hacerlo de la manera más digna para presentar la talla ante los fieles:

«Siempre se ha dicho que la vestimenta de una imagen realizada para tales efectos, es el cincuenta por ciento de una obra, hasta el punto de embellecerla y hacerla parecer hasta de mejor calidad, o al revés. Todo hemos visto en alguna ocasión alguna imagen de la Santísima Virgen mal presentada. Un rostrillo mal colocado, un manto «tirado» sobre la imagen, telas poco adecuadas... Ello provoca un primer juicio negativo que puede influir directamente en la apreciación artística y plástica de la obra que, en caso de los imagineros que trabajamos en la actualidad, puede llegar a influir negativamente en nuestro trabajo al recaer la crítica negativa en la totalidad de la obra cuando a veces, no llegue a ser merecida.

Diferenciaría dos problemas puntuales que a veces encuentro en la vestimenta no sólo de las imágenes de la Virgen, también llega a ocurrir con las de Cristo e incluso con las imágenes secundarias.

Uno de estos problemas es la incorrecta elección de las prendas con que son vestidas. Teniendo en cuenta la herencia escultórica que recibimos y que no sólo comprende al periodo barroco y al Siglo de Oro (XVII), sino que podríamos retrotraernos hasta el gótico incluso a las esculturas en madera policromada del románico y más atrás. En ellas encontramos un celo absoluto en los artistas por transmitir la elegancia en las ropas talladas que formaban parte de las obras consideradas de talla completa, y que en su mayoría aparecían decoradas a base de estofados en oro al temple de huevo que se combinaban con decoraciones puramente coloristas realizadas sin el recurso del oro en la que se daba rienda suelta a la imaginación en cuanto a diseños y dibujos de arte ornamental. En la mayor parte de esta producción escultórica de los siglos pasados, existe un denominador común que no es otro a mi juicio que la mesura y la elegancia en las tonalidades, en los cromatismos, en las decoraciones ornamentales que después fueron traspasadas a las túnicas, sayas y mantos bordados para las imágenes que comenzaron a hacerse para ser vestidas, aumentando y potenciado así la teatralidad de las mismas llegando a calar aún más hondo en el espectador que ve como cada vez se acerca más a la obra al realismo hasta hacerlo palpable en telas reales y no talladas. Cuando comienzan a realizarse estas obras para ser vestidas se hace evidente un gusto exquisito en la elección de los soporte: tisúes, terciopelos, sedas, encajes de punto a la aguja, bruselas, guipur, punto duquesa, etc… todo a favor siempre de embellecer la obra utilizando los más nobles materiales y diseños siempre a favor de exaltar las virtudes de la imagen, y nunca para restarle protagonismo.

Hoy en día, afortunadamente para el bien de la Semana Santa, se conserva una gran parte de todo este «ropero» para nuestras imágenes que las hermandades y cofradías han sabido heredar y conservar en la medida de lo posible.

Otro de los problemas que observo es la manera de vestir las Imágenes. El hecho de tener buenas prendas que para mí es algo fundamental tanto en bordados como en piezas lisas, no resuelve el problema. La elección y combinación de los ropajes así como su disposición en la imagen es algo absolutamente fundamental para que tengamos una visión correcta de la misma. Y para mi opinión no se trata de ponerlo todo ni de ser excesivamente simplista. En el arte existe un equilibrio que es el que ha de prevalecer como criterio teniendo en cuenta que la obra no puede perder su expresividad, sabiendo potenciar en cada momento las virtudes que tienen y a la vez, si se da el caso, disimular las carencias o deficiencias que pueda tener. Y tengo muy claro por poner un ejemplo, que una imagen de la Santísima Virgen puede estar maravillosa con una saya y manto liso y una tela sencilla como tocado; no hacen falta bordados ni encajes caros; el secreto estaría en la elección y combinación de los colores y una correcta colocación de los mismos, buscando la naturalidad de la obra y haciéndola brillar aún más. Como escultor considero el tocado no debe de superar el tamaño de su rostro a cada lado del mismo, ni verse enterradas en excesivos virtuosismos de volantes en el pecho; que los poyeros han de tener una caída natural desde la sien a los hombros, no utilizar colores estridentes ni tocados excesivamente blancos… ni pretender que las imágenes sean «puestecillos de joyas y complementos» sino que lo que lleve tenga sentido y criterio. Particularmente me encantan las Vírgenes enjoyadas y vestidas de corte antiguo, pero cada imagen pide una estética y forma de vestir propia que la hace tener su sello personal. Creo que hoy día hay magníficos vestidores que saben otorgar a cada imagen de su manera especial de presentarse ante los devotos y se ha de velar por conservar ese camino que huye de lo estridente. Algo que recientemente se hace notar para bien y para mal en el mes de los difuntos, donde se evidencia quién entiende la vestimenta de las imágenes como algo complementario y no como un protagonismo. Todas las personas que trabajamos en la Semana Santa debemos estar al servicio de la misma y contribuir de la mejor manera a engrandecerla y no dejarla caer en estereotipos y cuestiones banales que buscan más, quedarse sólo en las anécdotas estéticas que en el verdadero sentido, al cual si nos lleva de la mano el arte religioso bien interpretado en cualquiera de sus formas.

Seguir la estela de grandes vestidores sevillanos como Miguel Román que tanto aportó en sus Hermandades de la Cena y el Silencio, Paco Morillo con el que tuve la suerte de crecer y ver vestir en varias ocasiones a mi Virgen de la Concepción del Silencio en los años ochenta y noventa y que tan magistralmente vistió a varias imágenes más; Antonio Fernandez «Fernand» a quien tuve la suerte de ver vestir a las Imágenes de mi Hermandad de las Aguas; ejemplos perfectos de saber estar delante de una Devoción y no querer brillar más que Ellas sino demostrar a través del arte de sus manos al ataviarlas que es la Santísima Virgen la única protagonista y que todo se hace por y para ella, sea cual sea la advocación y la imagen».

Fernando Aguado

CONVERSACIONES CON LA MONARQUÍA

(JESÚS ROMANOV LÓPEZ-ALFONSO)

1. CONVERSACIONES CON LA MONARQUÍA

Recuerdo [...] el estreno del sorprendente manto llamado de malla de oro de la Virgen. Estuvo expuesto durante varios días en los grandes escaparates de un bazar y tienda de tejidos que se titulaba la Villa de Madrid, en la calle de Francos. De día y de noche —por aquellas calendas las tiendas se cerraban cuando Dios quería— la multitud llenaba la calle, por la que era imposible transitar, pues los miles de curiosos se estacionaban ante los escaparates, ávidos de admirar tanto arte y riqueza ¿Qué manto había que pudiera comparársele? Los macarenos, qué digo los macarenos, todos los sevillanos se enorgullecían de aquella magnífica ofrenda a la Virgen de la Esperanza. Y un día y otro día pasaba y repasaba la muchedumbre los escaparates de la Villa de Madrid para admirar aquella catarata de oro y arte que luciría la Virgen.

Santiago Montoto de Sedas

En los años ochenta del siglo XX, el panorama del arte de la vestimenta mariana era muy diferente al que en la actualidad observamos, puesto que la propia ciudad, su sociedad e incluso el país, eran distintos al de hoy.

Sevilla estaba inmersa en el asentamiento de la joven democracia que estrenaba España tras la restauración de la Monarquía en la persona de Juan Carlos I y con ella, habían surgido grupos que reivindicaban el regionalismo andaluz y el estudio serio, argumentado y documentado de nuestra historia y tradiciones. Lógicamente, nuestras manifestaciones de religiosidad popular fueron objeto de estas investigaciones que florecieron en la publicación de libros, revistas y documentales que trataron el tema desde el punto de vista histórico, artístico, religioso y antropológico. Se comenzó un estudio multidisciplinar que dio lugar al amplio conocimiento que en la actualidad tenemos de todos estos aspectos, y que cristalizaron en obras tan completas para su época como los tres tomos de *Semana Santa en Sevilla* realizada en 1982 y dirigida por Juan Delgado Alba, en la que participaron profesionales como Federico García de la Concha, Juan Martínez Alcalde o Juan Carrero Rodríguez y en la que se trató el fenómeno de la Semana Santa en todas sus dimensiones y aspectos, ofreciendo una visión histórica, científica y alejada de tipismos y folclore[1]. Se abordaron también nuevos temas antes no tratados, como puede ser el del mundo de «los que van abajo» que Pilar Távora plasmó en su documental *Costaleros* en 1984.

Escultores desconocidos eran de repente puestos en valor al saberse la autoría de tal o cual imagen, compositores olvidados de marchas que apenas se tocaron, orfebres de los que jamás se supo, artesanos del bordado… todos, desde ese entonces hasta hoy, irán teniendo su sitio por fin en el mundo de las artes de nuestra Semana Santa.

Todos menos un colectivo que quedaba siempre en una especie de «marginalidad»: Los vestidores: ¿Quiénes son? ¿Quiénes eran? ¿Qué hacen? ¿Cuál es su labor? ¿Son artistas? ¿Por qué se ignoraban de ese modo? ¿Cuál es ese mundo de blondas, pliegues, alfileres y lancetas que apenas es conocido por el público?

La única persona que se da cuenta de la importancia de esta labor y que por tanto realiza un pequeño estudio, pero no por ello menos valioso fue el profesor Palomero Páramo, que al analizar las imágenes marianas de nuestra ciudad repara en el trabajo de los vestidores que califica de este modo: *El vestidor cumple en las imágenes de candelero idéntica misión que el policromador en las esculturas de talla, y la policromía, no lo olvidemos,*

1 Varios Autores: «Semana Santa en Sevilla», Biblioteca de Ediciones Andaluzas, Sevilla 1982 Esta obra consta de tres tomos. En el primero se aborda la historia de la Semana Santa sevillana, desde sus orígenes en la Baja Edad Media hasta la actualidad del momento. En el segundo sobre la historia de las cofradías extinguidas y un artículo poético dedicado a cada hermandad. En el tercero se abordan las artes y artesanías. Se añadieron posteriormente dos tomos más en los que se incluyeron dos tomos pertenecientes a las hermandades de los pueblos de la provincia de Sevilla.

completa lo escultórico y ayuda a obtener los efectos realistas, impuestos por el pueblo y consentidos y canalizados por la iglesia.[2]

Palomero realizó en el diario *ABC* entre el diecisiete y el veintitrés de Marzo de 1985 una serie de artículos que se centran sobre todo en la evolución de los tocados de las imágenes marianas durante el siglo XX, clasificándolos según su forma. No sólo en eso quedaba la publicación, sino que aportaba datos sobre los creadores y discípulos de los mismos, las fuentes de inspiración y los seguidores que fueron adaptando a las modas del momento a lo largo de la pasada centuria hasta el momento de su recopilación.

Por primera vez alguien reparaba en la importancia de un buen vestidor, ya que complementa con su buen hacer (o desvirtúa con el malo) la obra del escultor, que no olvidemos que en una imagen de candelero se ciñe a la cabeza y las manos, puesto que el resto no es más que el busto desbastado y los listones de madera que hacen la función de mantener de pie la escultura. Compartimos por tanto la afirmación del profesor Palomero cuando dice que *un vestidor sin gracia suele malograr una buena talla, mientras que por el contrario, una escultura de inferior calidad, resulta siempre altamente valorada por un vestidor con arte.*[3]

Opiniones tan autorizadas como la de los profesores Don Ramón de la Campa Carmona, Don José Sánchez Isidoro o la del historiador Don Juan Martínez Alcalde han incidido también en este mismo aspecto en coloquios, conversaciones y publicaciones, donde exponen la necesidad de que una imagen sagrada siempre debe estar ataviada de modo correcto, sin extravagancias y respetando unos cánones que diferencian las Dolorosas de las Glorias.

Tras la serie de *ABC* a la que hemos aludido, podemos resaltar el análisis que Juan Miguel González Gómez realiza en *El Poder de las Imágenes*[4] sobre la evolución del atavío de la Dolorosa así como su iconografía, en una fecha ya tan tardía

---

2 Paloremo Páramo, Jesús: "El arte sevillano de Vestir vírgenes", *ABC* 17 de Marzo de 1985

3 ÍBIDEM 2.

4 González Gómez, Juan Miguel: «La Dolorosa», en «El Poder de las Imágenes. Iconografía de la Semana Santa de Sevilla», págs. 92–110. Diario de Sevilla, 2000.

como el año 2000. Salvo estos estudios, nunca más se ha realizado nada relativo a este tema, limitándose a nombrar en algunos programas de mano de la Semana Santa al vestidor de turno de la imagen y repetir tópicos como *lo bien que hace su tarea o lo guapa que la pone* sin ningún espíritu crítico ni de ahondar más en el tema.

Es curioso como cuando lanzamos a cualquier persona ajena al mundo cofrade la pregunta: ¿Quién viste a una Virgen? Inmediatamente nos va a contestar siempre lo mismo: Las camareras. Apenas es conocida la figura del vestidor para el público en general, que asocia esta tarea a manos femeninas con unas determinadas características: mujer soltera[5], viuda o monja, ya mayor que se pasa el día en la iglesia, lo que en el vocabulario andaluz popular se llama «una beata».

Sin embargo, como ya han podido ver en los anteriores capítulos de este libro y como vamos a seguir viendo, no siempre fueron las mujeres las que se ocupan de ese menester: sacristanes, sacerdotes o simplemente vestidores van a realizar esta tarea desde tiempo inmemorial hasta hoy. ¿Por qué entonces ese desconocimiento y escaso reconocimiento de este arte efímero y de estos artistas?

Hace unos años, escuché en cierto programa radiofónico de cofradías a cierto capataz hablando de las personas que frecuentaban las hermandades antiguamente que no eran tantas como hoy. Enumeraba a cargos de junta, las mujeres de los mismos que se ocupaban de la costura, limpieza y ornato, y por último nombraba al *«mariquita que iba a vestir a la Virgen»*. Creo que el comentario, tan tajante y que designa una realidad propia de una mentalidad educada en un mundo diferente al nuestro, nos da un poco de luz del porqué a la cuestión que planteamos y con lo que se ligaba el simple hecho de fijarse en la vestimenta de una imagen, asociándose por tanto a un grupo de la sociedad europea, que si era marginado en aquel

5 El dicho «te vas a quedar para vestir santos» lo resume todo; esa imagen de una mujer incompleta y no realizada que podemos ver en la película «Calle Mayor» de Juan Antonio Bardem en 1956 y que retrata de un modo humorístico la cantante Cecilia en su canción «Me quedaré soltera» en 1973, donde precisamente hace alusión a la vestimenta de imágenes cuando dice «yo no quiero vestir sedas de soltera, santos de madera, eso no es para mí».

entonces en todo el continente, imagínense en una España que vivía en una dictadura y los posteriores años más inmediatos a la misma.

Es muy curioso como Arturo Pérez Reverte analiza este aspecto en su artículo *Sevilla, la Ciudad de los pasos*, en el que nos habla de la Semana Santa y por su interés reproduzco tal cual el fragmento:

Una variedad apasionante es el capillita mariquita. Y en vez de homosexual escribo mariquita, a mucha honra. Porque nadie es tan entrañablemente mariquita como un homosexual sevillano y semanasantero. Lleva el barroco en la sangre y lo vive todo con una pasión inmensa, generosa, que se contagia y se le reconoce con respeto. Sus manos exquisitas para los alfileres han vestido y visten, con los más primorosos detalles, el buen gusto de las más bellas vírgenes de Sevilla. Y su delicadeza, y su ternura, y su profundo conocimiento de los mil detalles del ritual, lo convierten en autoridad indiscutible de la materia. Nadie, ni la más devota beata ni el capillita heterosexual más entregado a su cofradía, igualará nunca las manos de un mariquita como Dios manda aderezando la blonda del tocado de su Virgen, ni la mirada de orgullo que, abiertas de par en par las puertas de la iglesia, ya la música sonando y las largas filas de nazarenos calle abajo con sus cirios encendidos, le dirige a la guapisima Señora, a la Madre, cuando el capataz de portapasos grita «Al cielo con ella», y los costaleros se incorporan, en un golpe masculino y seco, con ella en la cerviz, bajo los varales. Es su momento de lágrimas, y de gloria.

Este mismo retrato, es el que Pilar Távora nos presenta en su largometraje *Madre Amadísima,* en la que el protagonista es Alfredito, un mariquita sesentón de un pueblo de la provincia de Sevilla que nos cuenta su vida mientras está vistiendo a la Patrona de su pueblo. Dialoga con Ella, la trata con la familiaridad, ternura y respeto con el que se le habla a una madre por la que se siente comprendido, acogido y no juzgado como lo hace la sociedad que lo señala.

Pero cuidado, no quiero decir con ello que todas las personas que han desempeñado la tarea de vestir imágenes marianas estén próximos a este mundo, sino que con el mismo se ha solido relacionar a los vestidores, hacia los que incluso otros colectivos de la Semana Santa «más viriles» han mirado con cierto desprecio y los han hecho blanco de críticas y chascarrillos, menospreciando a artistas o simplemente manteniendo en esta función a personas bienintencionadas, llenas de amor, pero con escaso arte para este menester.

Se ha hecho leña de los que han aportado sus conocimientos en elementos textiles como blondas, encajes, bordados, orfebrería y demás, que han querido dotar de una estética coherente a los conjuntos procesionales de las hermandades y que se han centrado en la importancia a la hora de vestir a una imagen, quitando importancia a este tipo de aspecto y recurriendo al *Ella con su cara lo puede todo, es que eso es secundario, eso no lo mira nadie, o yo es que de eso no entiendo y lo veo todo precioso, te quejas por quejarte.*

Ciertamente eran pocas las personas que se fijaban en la vestimenta de las imágenes (y siguen siéndolo) y no eran muchos los que iban durante el año por los templos a admirar este arte, por lo cual, su voz apenas era escuchada ya que no tenían un estrado para que se les oyese ni un público especialmente interesado en el tema.

Un nuevo medio de comunicación dio voz a estos grupos en la última década del siglo XX: Internet. En el mismo, se puede escribir de modo libre y todas las opiniones tienen cabida, por ello posibilitó que por fin se creasen plataformas en las que se pudiese discutir sobre el tema sin censuras, se intercambiasen impresiones y con la aportación de todos gracias a fotografías antiguas, puestas en común de conocimientos y la difusión de bibliografía, se pudo generalizar el estudio de este arte efímero.

En lugares virtuales como el extinto *Foro Cofrade* en el que se abordaron todo tipo de temas relacionados con la religiosidad sevillana, se comenzó a hablar de modo argumentado del atavío de las imágenes, de sus prendas, de los tocados, de la disposición de los mantos, del bordado, de sus técnicas, del porqué de determinadas iconografías y modos de presentar a las imágenes marianas, de materiales de calidad y su diferencia con los que no la poseen, y lo que es mejor, contribuyeron a que la juventud del momento tuviese acceso a esta información y asumiesen estos conocimientos.

Pronto se reparó en la creciente importancia que este tema iba teniendo en el mundo cofrade, y que había un público que demandaba material sobre el mismo. Al calor de esta coyuntura nacen páginas webs como *Cruz Alzada* o *El Arte de vestir a la Virgen*, en las cuales simplemente por fotografías se puede seguir el atavío de las imágenes marianas durante todo el año, no ya sólo a nivel sevillano sino de toda Andalucía.

Naturalmente, también surgieron grupos a la contra que entraban en estos que entraban en estos temas con afán burlesco a desprestigiar la puesta en común de conocimientos que se estaba haciendo desde allí y comienza a surgir el apelativo despectivo de «los del encajito».

El mundo radiofónico y posteriormente el de la televisión tampoco han querido permanecer ajenos a esta inquietud creciente, por lo cual, a día de hoy, las entrevistas a los vestidores y el interés por la labor que realizan en una hermandad, son habituales en los programas de cofradías, que se hacen eco del atavío de las imágenes marianas sobre todo en tres épocas: noviembre por la vestimenta de difuntos, Cuaresma por la de hebrea y Semana Santa por la subida a los pasos.

Por tanto, nos encontramos ante un tema que está de actualidad y que creemos que es necesario estudiar de un modo serio, alejado de convencionalismos, tópicos y folclore, dando a la figura del vestidor el lugar que merece como artista de lo efímero y permanente creador de visiones de Nuestra Señora.

Lógicamente la tarea es ardua e inabarcable para el espacio con el que contamos, y advierto que no se va a tratar de una biografía de cada personaje acompañada de una enumeración de las imágenes a las que viste. Es conveniente advertir por tanto al lector, que lo que vamos a realizar es un recorrido por la historia de la indumentaria mariana en los últimos treinta años, a través de una serie de lo que hemos considerados hitos que han contribuido a la modificación de la moda anterior a la actual, y por lo tanto no están todos los vestidores del momento, sino que hemos realizado una selección de lo que consideramos más representativo de la escuela sevillana de vestidores (que también existe como la de escultura y pintura) y que con su trabajo la siguen engrandeciendo hasta hoy.

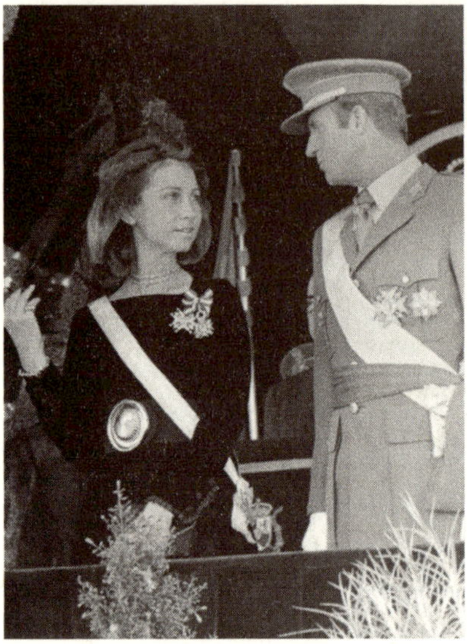

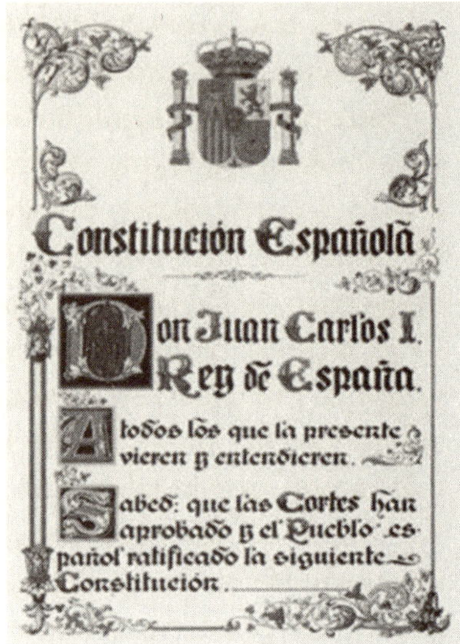

Constitución Española

Don Juan Carlos I.
Rey de España.

A todos los que la presente
vieren y entendieren.

Sabed: que las Cortes han
aprobado y el Pueblo español
ratificado la siguiente
Constitución.

Sus Majestades Juan Carlos I y Sofía de Grecia, Reyes de España. La restauración de la Monarquía trae de nuevo la Democracia a España. Abajo, Manifestación por la autonomía de Andalucía: Fue un revulsivo para bucear en la historia y cultura de esta Comunidad.

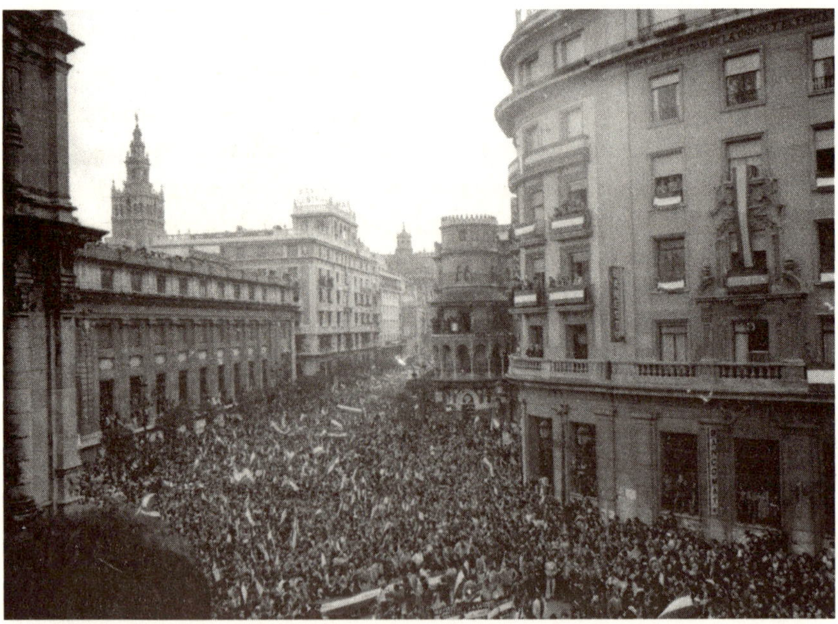

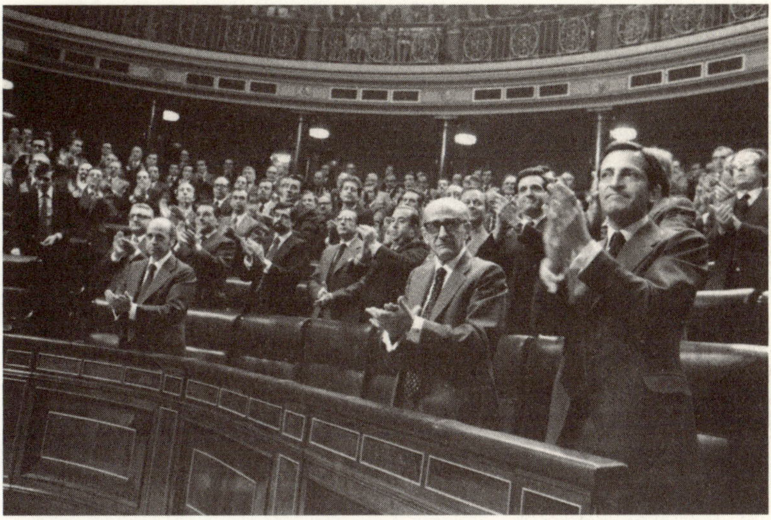

El presidente Adolfo Suárez, figura clave para entender el retorno al camino democrático que nunca se tuvo que perder en España. Abajo, El Cardenal Amigo Vallejo regentó la Iglesia sevillana y la lleva del fin del siglo XX al XXI, vive por tanto en primera línea todos los cambios sociales.

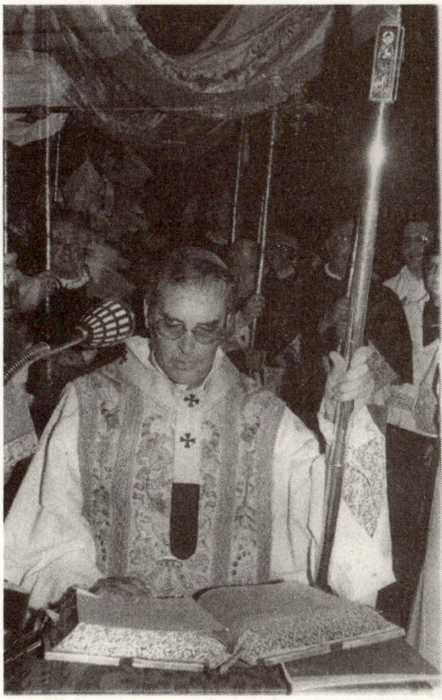

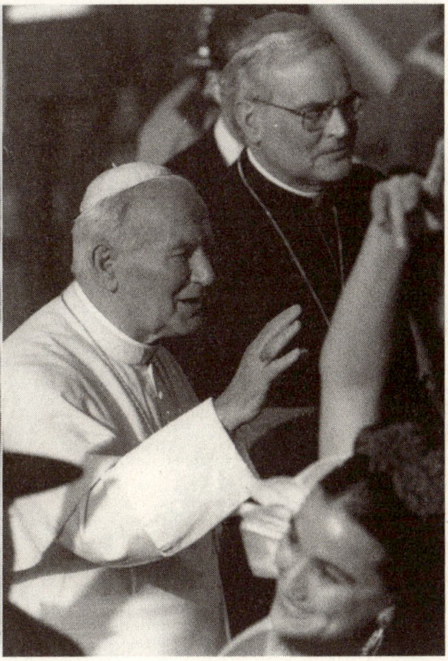

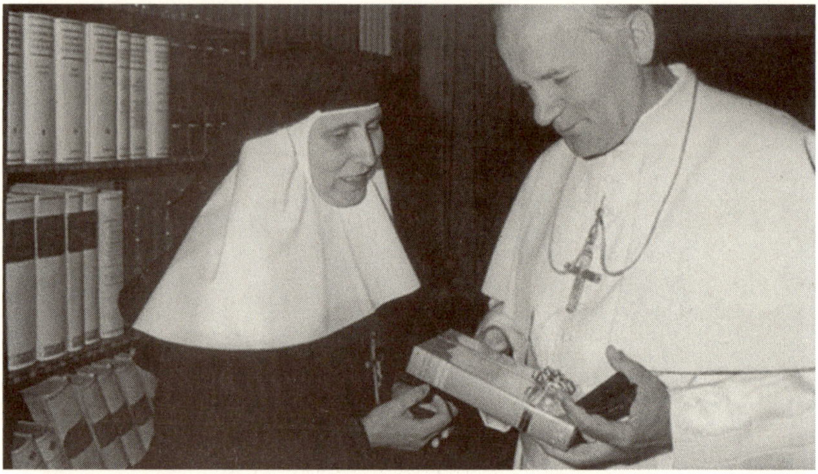

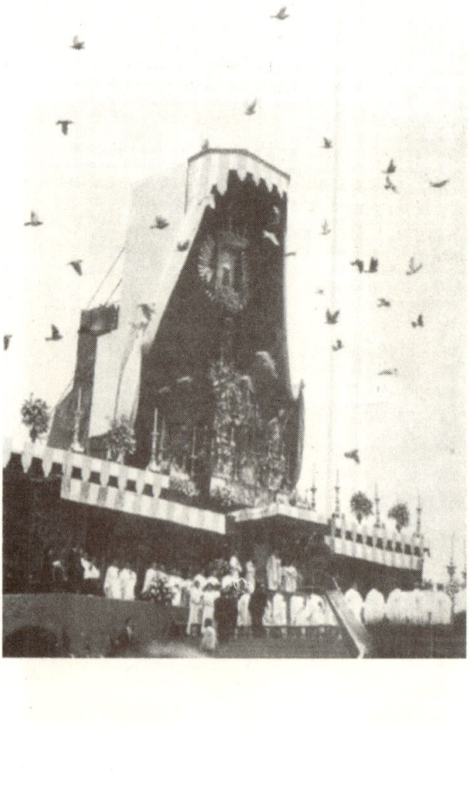

Su Santidad Juan Pablo II y la Beata María de la Purísima. La visita al Papa en 1982 fue uno de los grandes fastos de la Sevilla de los ochenta. Altar de la Beatificación de Sor Ángela de la Cruz, 5 de Noviembre de 1982, quizás la última muestra de la gran arquitectura efímera sevillana.

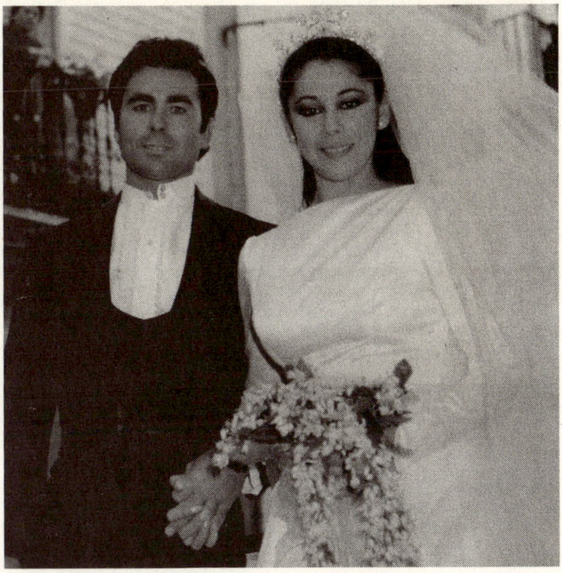

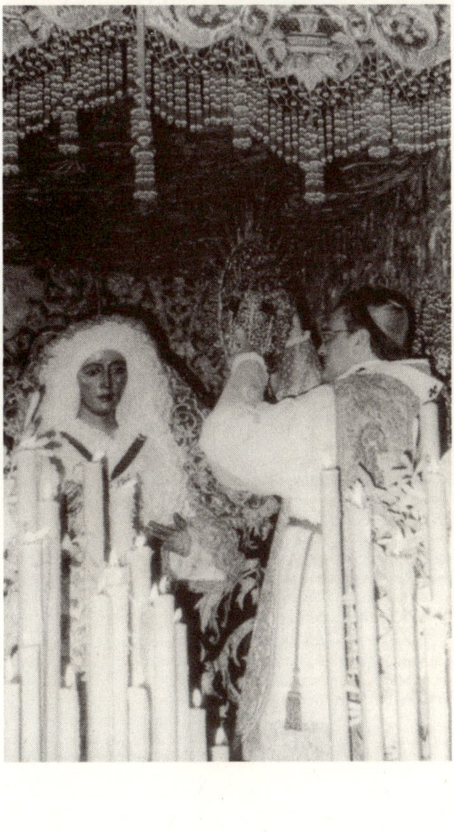

El romance de Isabel Pantoja con Francisco Rivera y su trágico fin sacudieron el corazón de aquella Sevilla. La coronación de la Esperanza de Triana fue otro de los grandes actos religioso-cofrades de la década.

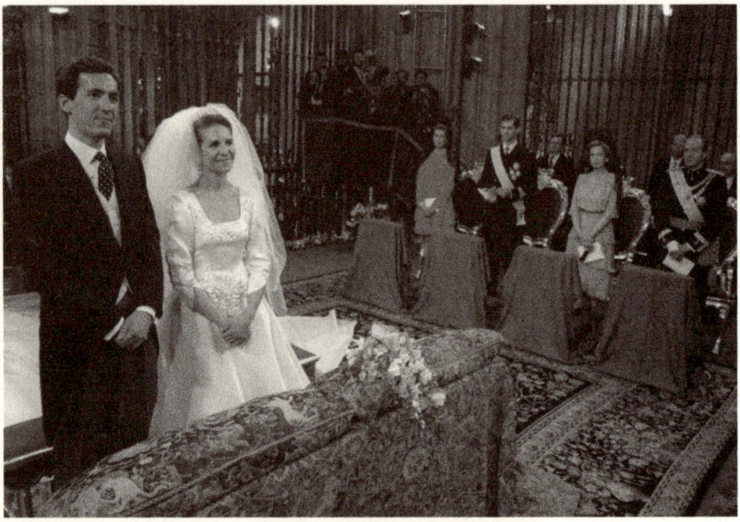

Boda de Su Alteza Real Elena de Borbón, Infanta de España con Jaime de Marichalar, Marzo de 1995. El gran acto social de los noventa. Abajo, la Expo 92 significó un antes y un después en todo para Sevilla. Las exposiciones de arte sacro a día de hoy siguen siendo insuperables.

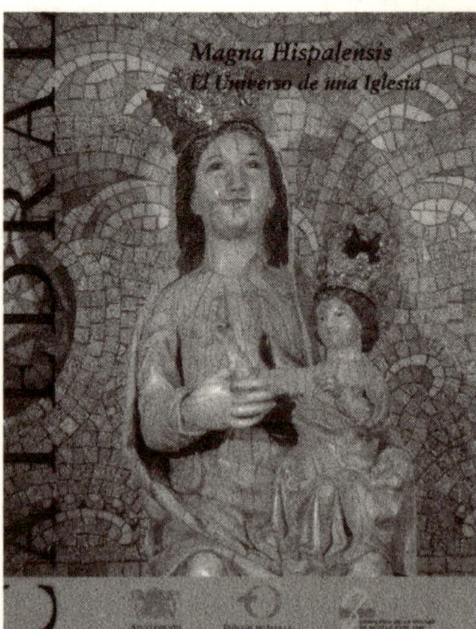

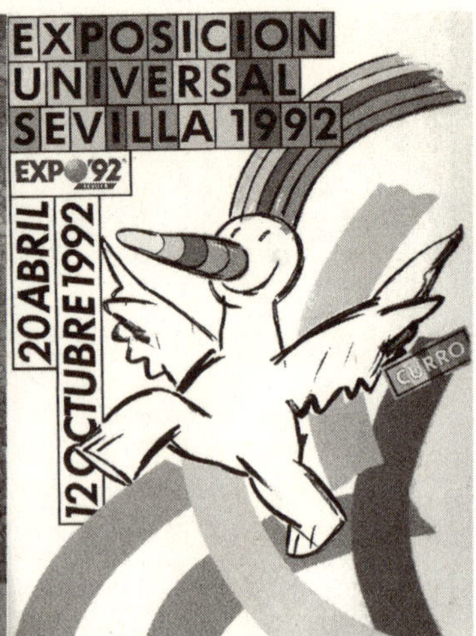

La Macarena, siempre presente en Sevilla, protagoniza dos grandes fastos: El XXV Aniversario de su Coronación Canónica en 1989 y el IV Centenario de la fundación de su hermandad en 1995.

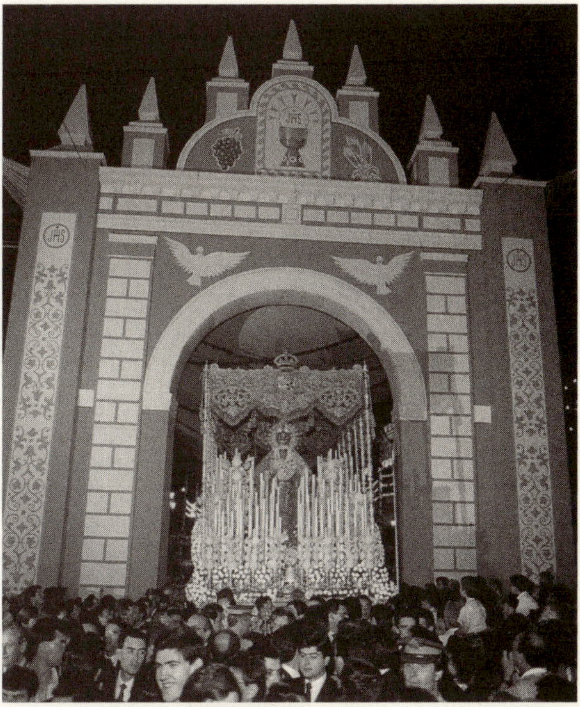

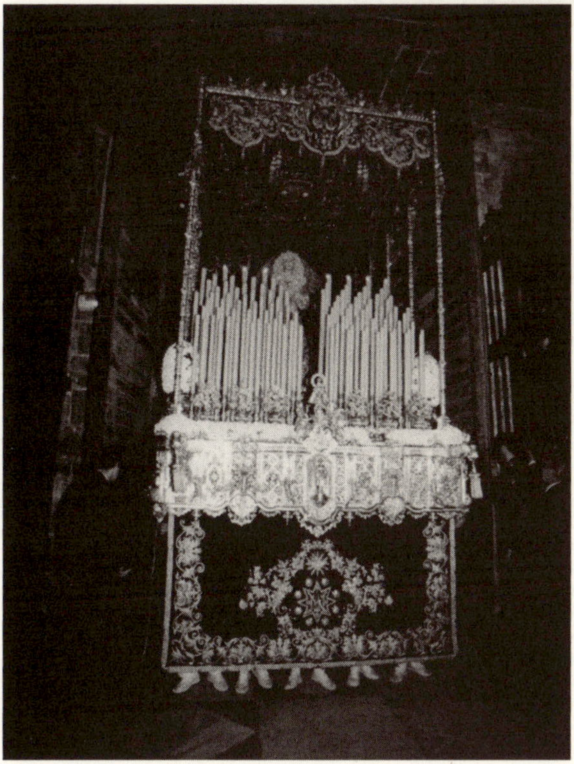

La Virgen de la Estrella entra en la Catedral para ser coronada el 31 de Octubre de 1999. Este acto cierra el siglo XX en lo cofrade.

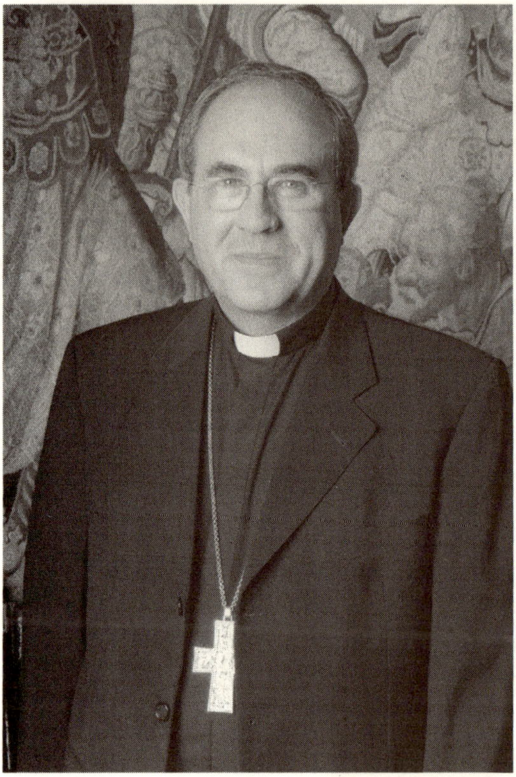

Desde el 2009
Juan José Asenjo
Pelegrina fue el
Arzobispo de Sevilla.
Abajo, Benedicto XVI
sucede a Juan Pablo II
en 2005, y tras retirarse
será elegido el Papa
Francisco en 2013. Su
entrega a la Iglesia y a
la lucha por un mundo
más justo e igualitario
le han hecho figura
clave del siglo XXI.

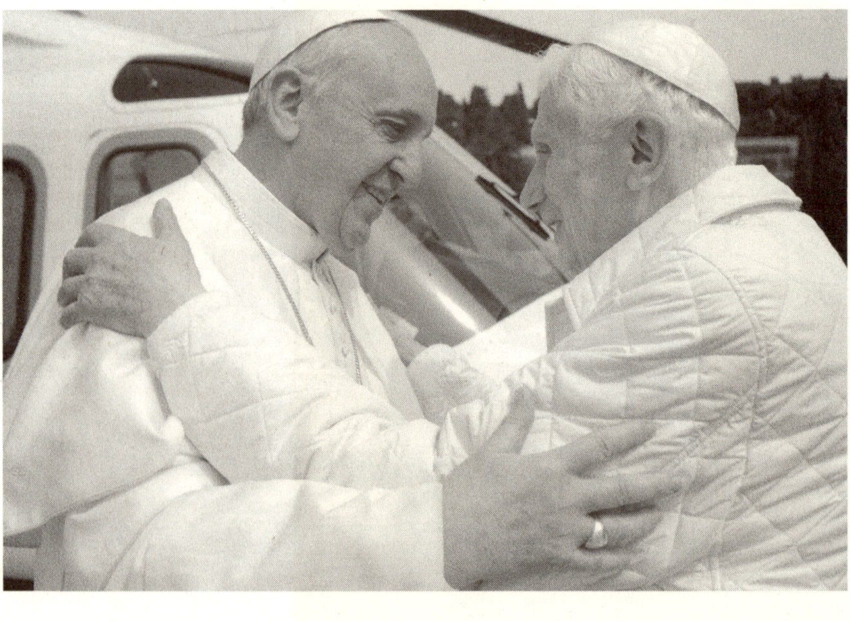

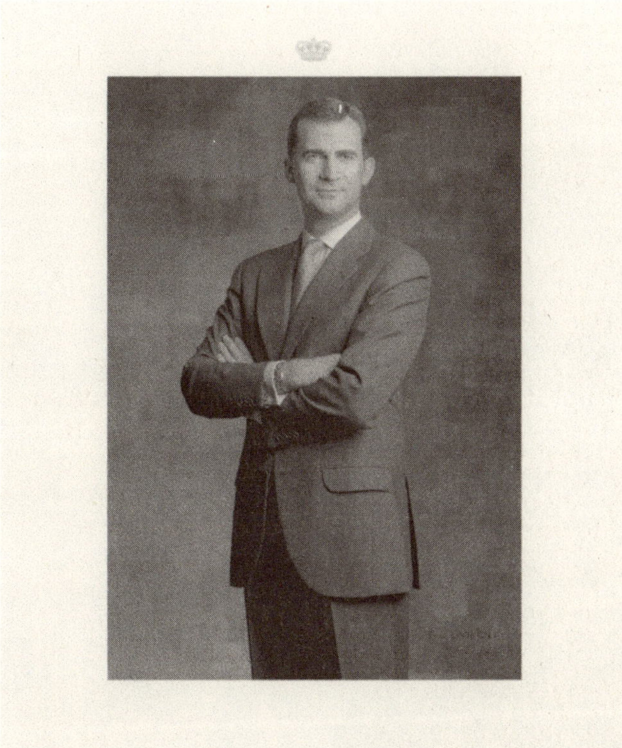

Su Católica y Real Majestad Felipe VI, Rey de España. Nuevo retos para un nuevo siglo debe enfrentar el Monarca.

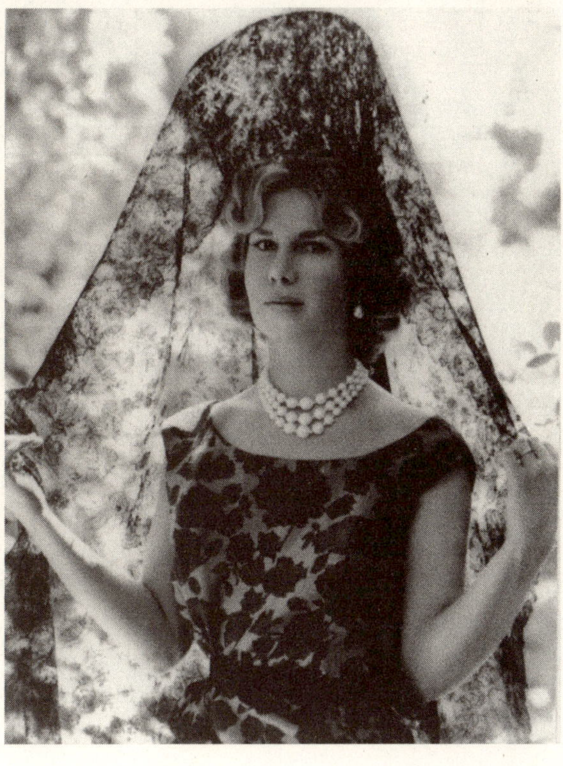

La muerte de Cayetana de Alba significó el final de la nobleza del siglo XX. Su vinculación con la ciudad y sus hermandades fue grande.

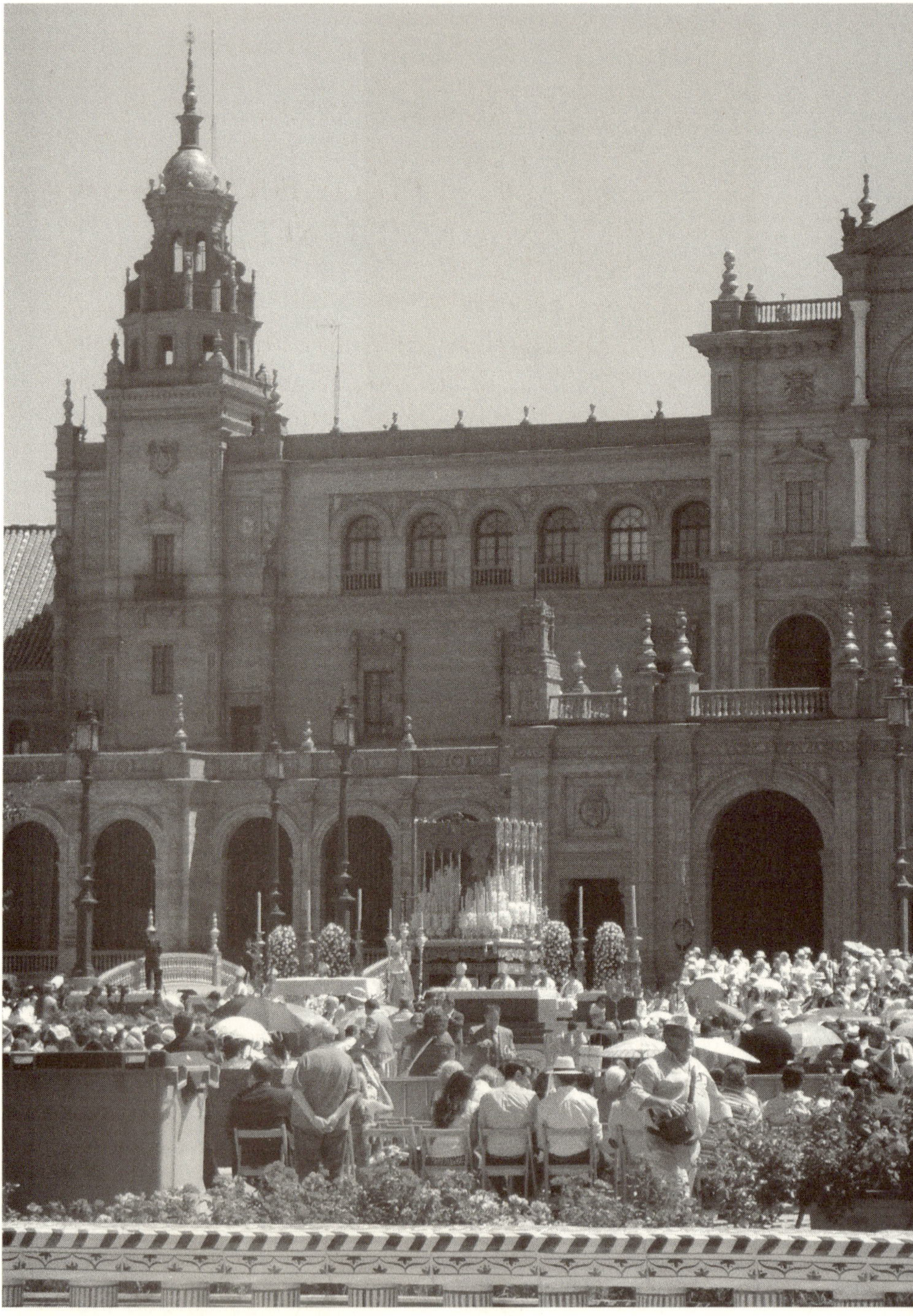

2. LA MACARENA COMO ICONO DE REFERENCIA

Me gustaría hacer una diferenciación entre lo que es la imagen devocional y su icono, ya que cuando pensamos en este último concepto se nos vienen a la cabeza las pinturas propias del arte religioso oriental.

Una imagen sagrada, es una obra de arte pictórica o escultórica, que representa a Cristo, a la Virgen o a los Santos para la instrucción del pueblo cristiano sobre la vida de los mismos y provocar en ellos la meditación e imitación de sus virtudes, así como el mover a la oración y piedad. Es decir, la imagen en sí es un medio, no un fin y por ella el devoto puede canalizar su comunicación con Dios o en el caso que estamos tratando, con la Virgen María.

El icono sería la visión que tienen los fieles en la retina sobre una imagen religiosa determinada, es decir, la forma en la que la misma se presenta a su pública veneración, con una serie de atributos de orfebrería, joyas y ropajes (en el caso de las imágenes de vestir, que es sobre el que profundizamos) y que la hacen diferente y fácilmente identificable al pueblo.

Cuando hablamos del caso de la Dolorosa española principalmente tenemos dos iconos de referencia, es decir, dos esculturas marianas cuyo atavío ha sido copiado hasta la saciedad en todo el territorio que pertenece al mundo hispánico desde Sevilla hasta Manila: Por un lado, la Virgen de la Soledad del Convento de la Victoria de Madrid desde el siglo XVI hasta la actualidad, y que ya se ha estudiado en su correspondiente capítulo. Por otro, la Virgen de la Esperanza de la Parroquia de San Gil (hoy en su Basílica) de Sevilla desde mediados del siglo XX hasta hoy y cuya evolución también ha sido estudiada anteriormente, si bien por la importancia que reviste para entender lo que deseo exponer haremos una recapitulación sobre Ella:

La Virgen de la Esperanza, conocida en el mundo entero como la Macarena por el barrio en el que se ubica, se trata de una obra de autor anónimo sevillano de finales del siglo XVII, próxima a la órbita de Pedro Roldán. Se concibió como escultura de candelero para ser vestida al modo luctuoso de la corte de los Habsburgo como podemos ver en el Libro de Reglas de la hermandad de 1720 y probablemente sea a finales del siglo XVIII cuando varíe su aspecto en cuanto a la vestimenta, ya que en el grabado de Molina, realizado en 1807, ya aparece despojada de los elementos propios de los Austria, y se nos presenta en el mismo con saya y manto oscuros bordados en oro, sosteniendo en las manos un gran pañuelo, y rodeando su rostro un velo que cruza el pecho. Perviven aún en esta representación los elementos de orfebrería antiguos de los cuales sólo ha pervivido la corona, desapareciendo la ráfaga y media luna.

De este modo permanecerá casi todo el siglo XIX, hasta que Juan Manuel Rodríguez Ojeda, probablemente inspirándose en modelos pictóricos, crea un tocado de tul para la Macarena, rectangular, asimétrico y suelto, que con alguna variación continuará Manuel Gamero Díaz y en el que Juan Pérez Calvo incluyó el famoso «pellizco» de la frente.

Juan Manuel además, vestirá a la Virgen con el color propio de su advocación, el verde en el manto rematado con toca de encajes, tomando así un elemento que hasta entonces era propio de las glorias y combinándolo con la saya blanca. No podemos pasar por alto tampoco una serie de aditamentos como son la corona de oro, realizada por Joyería Reyes en 1913[1] y las famosas «mariquillas», que se colocaron en el pecho de la imagen, quedando de ese modo definido el icono de la Macarena que encontrarán en 1959 los hermanos Garduño cuando comiencen a vestirla.

1 A este respecto no puedo resistirme a dejar una anécdota que me transmite el profesor Marco Antonio Coronel Ramos: Cuando Juan Manuel plantea a Joselito el Gallo la idea de realizar una «corona buena», el torero le dice al bordador que iba a ser un escándalo para las esferas que gobernaban las hermandades del centro que una Virgen de un barrio humilde llegase con una corona de plata. El genio de Ojeda le contestó «nadie dirá nada, porque se la haremos de oro».

El elemento que cambiará de un modo más llamativo será el tocado que se realizará con mantillas que se plisan enmarcando la cara de la Virgen y los frunces se van abriendo desde las sienes hasta las clavículas. A esta forma, heredada de los anteriores vestidores, los Garduño acentuarán el pellizco de la frente y sobre el mismo se coloca un diamante, retrasarán la caída del tocado hasta el cuello, con lo cual quedará más despejado el rostro y quedará más visible el frente y los perfiles de la imagen. Sobre la frente se colocan hileras de encajes rizados que caen hacia el pecho y en el mismo forman un semicírculo sobre el que se disponen las alhajas, siendo la última en formar parte de las que habitualmente lleva, la Medalla de Oro de la Ciudad de Sevilla, concedida por el Ayuntamiento en 1971 que pende sobre un lazo con los colores de la Bandera de España.

En el momento que estamos escribiendo la presente publicación, se ha producido el relevo en el cargo de vestidor de la Virgen de la Esperanza, ocupándolo en la actualidad José Manuel Lozano[2], discípulo de José Garduño, formado en la escuela de vestidores que durante un tiempo mantuvo el maestro, por lo que sigue el estilo del mismo tanto en la Macarena como en el resto de las imágenes a las que atavía.

El impacto de este icono ha sido tal, que en muchas zonas del mundo hispánico, a las dolorosas sevillanas se les conoce con el nombre genérico de «macarenas», y no sólo eso, sino que actuó como modelo en el que se inspiraron la mayoría de los vestidores, que con mejor o peor fortuna imitaron este estilo, desposeyendo en ocasiones a otras dolorosas del suyo propio. Poco a poco se tendió a una uniformidad en la vestimenta mariana, a la que escaparon excepciones como la de la Esperanza de Triana (vestida entonces por Fernando Morillo Lasso), la Virgen de las Aguas del Museo y la Piedad de la Mortaja con sus tocados monjiles o la de los Dolores de San Vicente.

Este panorama de amplios tocados, mantos anchos y recogidos a la cintura y sayas abiertas, fue el que imperó en la mayoría de los casos hacia los años ochenta. A día de hoy identificamos este estilo con el propio de hermandades de barrio, con

---

2 Asimismo es el vestidor de las siguientes imágenes: Virgen de los Ángeles, del Refugio, del Sol de las Mercedes (Puerta Real), de la Aurora y de las Penas.

un carácter más alegre, pero en aquel entonces incluso corporaciones que se distinguen por su carácter clásico y luctuoso, hicieron uso del mismo.

Otro factor que me parece bastante importante y no podemos pasar por alto, es el hecho de que no eran muchos los vestidores que se dedicaban a este menester, concentrando la mayoría de la vestimenta de imágenes marianas (tanto glorias como penitencias) en escasas manos: Francisco Morillo Esteban, Antonio Fernández Rodríguez, y los hermanos José y Antonio Garduño Navas, a lo que había que unir el escaso interés en las priostías de las hermandades en este asunto, que quedaba a criterio del vestidor para hacer lo que desease.

EL FINAL DE SIGLO XX Y EL CAMBIO GENERACIONAL: LA IMPORTANCIA DE LOS MEDIOS DE COMUNICACIÓN

Una generación completa creció imbuida en la estética mariana que hemos comentado creyendo por tanto que lo correcto era esto y que tendría que perpetuarse. Sin embargo, comenzaron a aparecer una serie de elementos que hicieron que los jóvenes comenzasen a cambiar de mentalidad, abrir los ojos a otras realidades y a mirar al pasado para evolucionar al futuro.

En la sociedad española de los años ochenta y noventa, las clases medias que desde la década de los sesenta se habían consolidado, constituían el grueso de la población e intentaba que sus hijos continuasen su formación académica más allá de la escuela primaria (entonces la EGB). La historia, el arte, la música, la literatura, la filosofía y las lenguas clásicas ya no serán parte sólo de unos pocos, sino que su conocimiento se irá generalizando, haciendo por tanto una sociedad más culta que lógicamente tendrá su reflejo en el estrato cofrade que comenzará a sentir inquietud por conocer qué hay más allá de lo que ven sus ojos.

Por otro lado, la Semana Santa Sevillana, llevaba años siendo un atractivo para el «turismo sacro», es decir, para aquellas personas que cada año viajaban a la ciudad en esas fechas para disfrutar de la fiesta desde los más variados puntos de España e incluso del resto del mundo. Devotos, capillitas, historiadores del arte, antropólogos, curiosos, sacerdotes, amantes del mundo del costal, de las bandas y del arte del vestir a la Virgen vendrán a Sevilla a empaparse de todo, a participar con los sevillanos de este ritual, del que tomarán nota para exportarlo a sus respectivas ciudades haciendo que en muchas ocasiones lo que las hacía diferente se perdiese, eliminando así la riqueza de la variedad de la Semana Santa Española. No es en balde la frase de Antonio Burgos en su artículo *El centralismo del costal* cuando afirma que *luego largan del centralismo sevillano, pero los capillitas de toda Andalucía no hacen más que imitar a la Semana Santa hispalense, a la que vienen como los moros van a la Meca.*

No fueron pasadas por alto estas circunstancias por parte de la prensa, que comenzó a ver un público ávido de información y por tanto, un mercado de consumo deseoso de adquirir «productos cofrades», ya que los pequeños reportajes, las noticias sobre cultos y besamanos y los especiales que se hacían sobre la Semana Santa ya no eran suficientes.

La única publicación seria del momento era el Boletín del Consejo de Cofradías, en el que aparecían artículos de historia y arte relacionados con las hermandades sevillanas, si bien, aunque era de venta en todos los quioscos, sólo el público iniciado era el que se hacía con tal revista, que ciertamente ha sido de gran importancia a la hora de la difusión del conocimiento.

En 1988 el Correo de Andalucía lanzó a la calle un coleccionable diario llamado «Cuaresma 88», que marcó en mi opinión un punto de inflexión. Era algo sencillo, de ocho páginas tamaño folio, pero en las cuales no sólo se hablaba de la actualidad cofrade, sino que se trataban asuntos históricos como el Vía Crucis a la Cruz del Campo, temas de iconografía y en el que la imagen tuvo un papel importante. Cada día, la contraportada era ocupada por un espacio titulado *Álbum de los cofrades de Sevilla*, en el que aparecía una fotografía antigua que nos enseñaba como era aquella Semana Santa de antaño que los más jóvenes desconocíamos. El encanto del blanco y negro y la curiosidad que despertó el redescubrimiento de lo antiguo para el gran público, unido al éxito de este formato, hizo que más diarios se planteasen la necesidad de lanzar a la calle todo tipo de coleccionables cofrades para todos los públicos: los llamadores, los misterios en miniatura o pins para solapas con escudos, inundaron cada Cuaresma los puestos de prensa sevillanos para terminar siendo enmarcados y muy dignamente colgados en casa de los cofrades que les encantaba lucirlos.

Pero junto con ello, también aparece lo más importante: Libros que tratan sobre aspectos históricos y artísticos de la Semana Santa, en el que de nuevo, la fotografía antigua tiene un importantísimo papel, incluso llega a haber algunos que son específicamente del tema.

Quizás la mejor publicación de este tipo que hasta el momento se haya realizado, fue la que en el año 2000 ofreció el *Diario de Sevilla*: El poder de las imágenes, en la que se reúne un compendio de todas las visiones del fenómeno de la Semana Santa y en el que, como ya hemos visto, el papel de la evolución de la vestimenta Dolorosa y su paso de palio fue muy importante.

En su afán por la competencia ofreciendo productos cada vez más sofisticados, los diarios comenzaron a dar cabida al mundo de lo audiovisual, en el que no era sólo el paso de las cofradías por puntos determinados durante su estación de penitencia lo que se reflejaba, sino también una historia suscinta de las mismas. En la línea que estamos comentando, fue muy importante la serie documental que en formato VHS ofreció el Correo de Andalucía llamada *Aquella Semana Santa*, en la que podíamos ver ya no sólo fotografías, sino también filmaciones del pasado de nuestra fiesta mayor.

Al calor de este ambiente, surgieron también revistas monográficas sobre religiosidad popular que ahondaron más en el conocimiento de la misma que se abrieron también al mundo de las glorias, las romerías, el corpus y que realizaron una interesante aportación. En las mismas, los jóvenes historiadores del momento encontraron un lugar donde exponer sus investigaciones y nuevos datos que se iban conociendo buceando en archivos y bibliotecas. *Tabor y Calvario* o *El cofrade* son un ejemplo de ellas.

El culmen a la difusión de documentos fotográficos y filmados vino a ser internet. Instituciones de todo tipo comenzaron a crear webs en la que se reflejaba el pasado y se pedía colaboración ciudadana para que realizasen su aportación fotográfica y colgarla en las páginas. Lógicamente, las manifestaciones religiosas tuvieron un papel importante y desde las antiguas cajas de lata, salieron imágenes antes conocidas sólo por sus propietarios y ahora accesibles para todo el mundo. Y no sólo eso, la religiosidad popular de cualquier punto del mundo, las obras de arte cristiano de cualquier templo fueron visibles para que cualquier público las disfrutase desde su propia casa.

Todo esto, hizo que poco a poco aflorase un mundo en la que la fantasía de los diseños modernistas de grandes hojas de acanto inundaba el bordado, en el que las imágenes de la Virgen se mostraban alhajadas de corona a saya con todo lo que sus devotos les ofrecían, de tocados sueltos que a veces no eran más que una mantilla sobre la cabeza o incluso la ausencia de los mismos, de coronas que aunque en muchos casos eran de «plata roultz», o sea, de hojalata, tenían un diseño con un dibujo claro y perceptible, grabados en las que las imágenes marianas aparecían vestida del modo Habsburgo, dolorosas con ráfagas que hasta entonces sólo se asociaban a las glorias, las sacras conversaciones…. Una estética perdida, una historia de piezas malvendidas por el afán del estreno de otras nuevas que en ocasiones no estuvieron a la altura de las enajenadas, una semana santa quizás más espontánea, menos coreografiada, en la que la música se hacía para acompañar a las imágenes y en la que quizás no hubiese tantas discusiones bizantinas como en la actual.

EL REVIVAL

Cuando hablamos de revival, nos referimos a la mirada al pasado que se hace desde el mundo del arte hacia estilos de épocas anteriores para revalorizarlos, entender las claves que los hicieron posibles y reproducirlos con más o menos fidelidad: lo que también conocemos como historicismo.

Todo el material documental que afloró y que anteriormente he expuesto, hizo posible una revisión del atuendo mariano como arte efímero, y por lo tanto, el comienzo del fin de la hegemonía de las vestimentas inspiradas en los modelos garduñescos.

Pero hay más: Ya hemos visto como el nivel cultural aumentó y con ello la inquietud de los jóvenes que se acercaban al mundo del alfiler y comienzan a mostrar su interés no sólo por el hecho de vestir bien a una imagen, sino con un atavío formado por prendas de calidad tanto para cultos principales y salida como para el diario. Se empezó a vislumbrar la necesidad de realizar los tocados con tejidos de buena factura y desterrar lo sintético para devolver a las orillas de los mantos los encajes de puntos de España realizados en hojilla de oro o que técnicas como las de Bruselas, punto de aguja o el tambor fueran las que enmarcasen los rostros de las imágenes de la Virgen en vez del nylon. De los arcones de las hermandades volvieron a salir prendas que habían sido guardadas *por ser viejas*, encajes *ennegrecidos* o joyas que apenas se usaban *porque la Virgen era pobre*, para ser debidamente restaurados y sirvieran de nuevo para su uso. Se pusieron en valor los tejidos que habían llegado del pasado y que devolvían un aspecto más clásico y comenzó la concienciación de la necesidad de preservar, proteger y conservar el patrimonio textil de las hermandades, hasta entonces quizás uno de los elementos más descuidados de las mismas, que en el mejor de los casos se guardaba como reliquia, cuando no era simplemente tirado como basura o malvendido.

En este sentido, me parece muy interesante la labor de personas como Luis Becerra[3] o el profesor Hipólito Rodríguez Silva[4], que investigaron en este tema y han sabido enseñar y hacer comprender la importancia de ver la imagen de la Virgen como un todo, en el que la calidad de la escultura vaya acompañada de la de las prendas que usa. Su conocimiento en las técnicas de bordado en oro, de la variedad de los encajes y telas así como de la historia de la estética mariana, ha sido clave a la hora de la asesoría artística en varias hermandades sevillanas.

Estas circunstancias son las que nos hacen comprender, como a principios de los años noventa desde las priostías de algunas hermandades se contemplará la idea de salir de la homogeneización imperante en la estética mariana y buscar una vestimenta, un estilo y un sello que se adecúe a cada imagen y no al revés.

---

3 Su trabajo en la entonces «Caja San Fernando» montando grandes exposiciones, así como su asesoría artística en la Hermandad de la Macarena o en la Vera+Cruz de Sevilla demostraron de sobra su valía.

4 Es muy resaltable la labor que ha realizado en el mantenimiento y engrandecimiento del patrimonio de la Hermandad de la Virgen de los Dolores de Olivares

De este modo es como nace el revival, que ha venido a veces en forma esporádica, es decir, en ciertas ocasiones para conmemorar una efeméride o durante un culto de regla determinado, o bien para quedarse para siempre y formar parte de la visión habitual de la escultura, o incluso, ha llegado a evolucionar para terminar siendo algo totalmente diferente a la idea inicial, como veremos que ha ocurrido en algún caso.

Me gustaría señalar una serie de hitos que considero el inicio del movimiento actualmente imperante en el arte de vestir a la Virgen, que vendrá de la mano de varias de las hermandades señeras de nuestra ciudad, cuyos vestidores y priostes inician un camino en el que se revisa el pasado como algo a tener en cuenta y perfectamente reproducible.

La hermandad de Montesión se ha caracterizado durante su historia por el vanguardismo a la hora de presentar a la veneración de los fieles a la Virgen del Rosario en sus Misterios Dolorosos. No en balde, es la primera imagen de la que tenemos constancia que procesionase bajo palio en nuestra ciudad, como también lo fue en usar este mismo elemento realizado en malla de oro, así como en vestirse de blanco.

A principios en 1992, José Ramón Paleteiro Bellerín[5] es nombrado vestidor, sustituyendo en el cargo a Fernando Abad. Ya desde los dieciocho años vestía a la Virgen de la Aurora de la Resurrección y a la Consolación de la Hermandad de la Sed, dándose la circunstancia que en sus inicios era un artista joven en medio de otros que tenían ya cierta edad y tenían una posición muy consolidada en el mundo de las cofradías sevillanas.

En el Rosario de la Aurora de 1994, Paleteiro sorprendió vistiendo a la titular de Montesión, siguiendo modelos propios del siglo XVIII que se habían abandonado en nuestra ciudad desde finales de la referida centuria. Para ello usó la saya «isabelina» (como se conoce a esta prenda bordada en plata sobre terciopelo negro) y el manto bordado en oro del mismo color, inspirándose en grabados antiguos de las Dolorosas. Dispuso un encaje sobre la cabeza que caía hasta los hombros, y en lugar de dejar descubierto el cuello realizó una gola sobre la que colocó un

5 Actualmente es además vestidor de las imágenes de la Virgen de Gracia y Amparo, Cabeza, Remedios (ambas titulares de la hermandad de las Siete Palabras) y Madre de Dios del Rosario (Santa Ana).

collar de perlas. Este tipo de vestimentas, nunca vistas en nuestra ciudad desde hacía siglos, se habían perdido del imaginario popular sevillano y no dejó a nadie indiferente. Tanto es así, que Manuel Tobajas Villegas al contemplar a la Virgen de Montesión así vestida, y tras consultar a Paleteiro, reproduce este modelo en la Semana Santa del año siguiente y la posterior (1995 y 1996) en la Virgen de la Soledad de la Parroquia de San Lorenzo, lo que significó el inicio de la recuperación, para algunas ocasiones, en determinadas dolorosas, de este tipo de atavío.

Es de justicia decir, que si bien la primera imagen en usar esta vestimenta para un culto externo es la Virgen del Rosario, antes el propio Paleteiro vistió de este modo a la Virgen de Gracia y Amparo como también a la Virgen de la Aurora de la que entonces era vestidor.

La versatilidad de este artista, hizo posible no sólo que la imagen fuese presentada conforme a los cánones propios de los ochenta a los que hemos aludido, sino que mirando al pasado, pudiesen reproducirse vestimentas tan históricas como la famosa «de las perlas» con la que José Lecaroz atavió a la Virgen del Rosario inspirándose en la Reina Victoria Eugenia o los mantos de brocado terciados a la cintura al modo de José Persio, poniendo a la cabeza del revival a la hermandad de Montesión, en la que la titular mariana de esta hermandad durante el año, no presenta una misma visión en la que sólo cambian los colores de manto y saya, sino que varía de modo radical la disposición de los mismos así como de los tocados y elementos de orfebrería que la coronan, alternando diademas, coronas y aros de estrellas.

Quizás su apuesta más atrevida a la vez que acertada, fue la vestimenta Habsburgo para noviembre de 2008, inspirándose para ello en la pintura del simpecado de la Virgen de los Ángeles de la Hermandad de los Negritos, que en palabras de Eduardo Fernández Merino, autor del libro *La Virgen de Luto*, fue la *más acertada recreación de este modelo que se ha realizado.* Supuso volver a ataviar a la Virgen del Rosario tal y como fue concebida en la segunda mitad del siglo XVI. Para ello, la cabeza se cubrió con una toca de papos que sólo dejaba al descubierto la cara, el cuello quedaba enmarcado con una gola, sobre el pecho se dispuso un corazón y desde los hombros caía una estola con los símbolos de la pasión. Sobre las manos se colocó la corona de espinas y el sudario. Portaba sobre sus sienes una corona de plata, dando así una apariencia parecida a la que debió tener en su origen y que concuerda con los ropajes que se nos describen en la entrega de bienes de la hermandad de marzo de 1596[6] al mayordomo de la misma.

Casualmente, en noviembre de ese mismo año 2008 Manuel Ojeda también realizó con bastante acierto un revival de este tipo para la Virgen de Villaviciosa de la Hermandad del Santo Entierro, en la que aparecía con su conjunto negro bordado en oro del siglo XVIII, la aureola que usaba hasta 1992 cuando estrena la diadema para salida y el rostro quedaba enmarcado por una toca de hilo blanco planchada en forma de espiga[7].

Con mejor o peor fortuna este tipo de vestimentas se han realizado por toda la geografía española, sobre todo a raíz de la publicación de libro ya referido *La Virgen de Luto* por Eduardo Fernández Merino en 2011, que supuso un análisis y recopilación de este estilo que en Andalucía tradicionalmente conocemos como «castellano», si bien en nuestra opinión es más lógico llamarlo español, ya que como hemos dicho anteriormente, fue propio de las dolorosas de la Monarquía Hispánica, habiendo por todos estos territorios testimonios de las mismas. Debemos también tener en cuenta como en algunos lugares se perdió por completo de la retina del pueblo cristiano esta iconografía, por ello, a la hora de vestir a una imagen de este modo, hay que ponderar que no todas se concibieron para ser presentadas a los fieles así y menos en el caso que nos ocupa, la ciudad de Sevilla, donde ya a finales del siglo XVIII se pierde

---

6 Archivo general del Arzobispado de Sevilla, Sección III (Justicia) Serie Hermandades Legajo 13. «Libro de Actas, Cuentas e Inventarios de la Hermandad de Montesión», folio 235 recto Cabildo de 25 de marzo de 1596 *Ítem se le entregó a el dicho mayordomo un manto de terciopelo negro de Nuestra Señora. Ítem se le entregó a el dicho mayordomo el vestido de terciopelo y toca y mangas y demás recaudos con que se viste Nuestra Señora en la estación del Jueves Santo. Ítem se le entregó a el dicho mayordomo cuatro rosarios de plata y cuatro pedazos de chapa del escudo que servía a Nuestra Señora. Ítem una corona de plata imperial que tiene puesta Nuestra Señora en su nicho. Ítem un sudario que tiene Nuestra Señora.*

7 En años anteriores este vestidor también realizó una visión retrospectiva para noviembre, disponiendo tocados de raso alrededor de la cabeza de la imagen que sólo dejaban ver su rostro.

este atavío y por tanto las imágenes que se realizan a partir de entonces se vestirían de una manera distinta.

En esta misma línea del revival, es necesario mencionar a Manuel Vargas de la Cruz[8], actual vestidor de la Virgen de Loreto y sucesor en este menester de Francisco Morillo Esteban. Cuando se hace cargo de esta labor, una de las cosas que se plantean es la vuelta al estilo que había caracterizado a la titular de la hermandad de San Isidoro y del que ya tenemos constancia desde el siglo XIX a través de los grabados. Consta de un tocado formado por una gasa (que en ocasiones se sustituye por una mantilla) que enmarca la cara con pliegues rectos mientras que por el pecho los paños se cruzan en forma de aspa del hombro derecho al pecho izquierdo y viceversa[9]. No fue pasado por alto este hecho, que fue causa de admiración y premiado con el Demófilo en 1995, convirtiéndose en fuente de inspiración para otros vestidores. Curiosamente, en los últimos años, en esta línea de recuperaciones, es curiosa la revalorización del estilo de Francisco Morillo, con esa indefinición perfecta que tenía para realizar los tocados de las Dolorosas y que Manuel Vargas ha recuperado también para la titular de la hermandad de San Isidoro, alternando por tanto el cruzado con las blondas.

No puedo tampoco dejar de lado la controvertida figura de Manuel Tobajas Villegas y su trabajo en sus dos hermandades: La de Nuestra Señora de la Soledad (que ya hemos referido) y la de la Santísima Vera+Cruz, en la que comenzó la renovación estética junto con Antonio López y el vestidor Antonio Garduño. La Virgen de las Tristezas era ataviada siguiendo el patrón que crearon los hermanos Garduño para la Virgen de la Estrella y se populariza como ya hemos visto con la Esperanza Macarena. Con la llegada a la priostía de Tobajas y de López, se buscó un estilo propio para la misma, más acorde con el palio decimonónico y con la más que centenaria historia de esta cofradía. Por ello, se eliminó la toca y el recogido del

8 Es también vestidor de la Virgen de Villaviciosa y de la Salud de San Isidoro.

9 El Maestro Curro, fue vestidor de la Virgen de Loreto y siempre lo hacía de este modo, como me ha transmitido Manuel Vargas de la Cruz, «con cuatro alfileres y anudando a la espalda las gasas». Su sucesor «Pepe el de las Salesas» será quien elimine este tipo de tocado.

manto a la cintura para dejarlo caer y se estrechó el pollero del mismo. Los pliegues de los tocados se realizaron más sueltos, enmarcando de un modo más natural la cara para disponerse finalmente en un pequeño pecherín. Este modelo, inspirado en los propios del siglo XIX y pasado por el tamiz de Antonio Garduño hizo que Juan Martínez Alcalde comentase de esta Dolorosa que era la mejor vestida de la ciudad en su obra *Imágenes sevillanas de la Virgen*[10].

A la muerte de Garduño en 2004 le sucedió en el cargo Antonio Bejarano, que continuó en un principio con este mismo estilo. Si bien se comenzó un camino buscando un estilo propio y acorde con la personalidad del simulacro mariano, que realzase sus valores plásticos, siendo los ropajes los que se adaptasen a la escultura y no al revés. No dejaba de tener su complicación el tema, ya que se partía desde cero, puesto que de la anterior imagen de la Virgen de las Tristezas no existen testimonios gráficos (debemos tener en cuenta la etapa de postración de la hermandad desde finales del siglo XIX hasta 1942) de los que partir para una posible recuperación de atavío en la que la Hermandad venera hoy. Además la actual es una escultura del siglo XX dotada de una estética más propia del XIX desde casi sus orígenes, puesto que la compra de las bambalinas exteriores a las Penas de San Vicente, realizadas por Patrocinio López en 1885, así como de bordados sueltos que proceden del interior de las mismas, condicionaron de modo afortunado, el ajuar de la Virgen y el estilo de la hermandad. Esta manera de presentarla, así como las intención de la misma, fue descrita magistralmente por Benjamín Domínguez en el anuario de Vera+Cruz de 2014 y por su interés paso a reproducirla tal cual:

En esta línea —imprescindible para llegar al momento actual— comenzó su andadura el actual vestidor Antonio Bejarano, aportando ideas nuevas y rebajando en gran medida los pliegues y la cascada de blondas típica del estilo anterior, pero manteniendo el modelo establecido hasta entonces. Más adelante, con el consenso de priostes y

10 Martínez Alcalde, Juan. *«Imágenes Sevillanas de la Virgen»*. Ed. Miriam 1991. Pág 81 *«Durante los últimos años es quizás la Dolorosa mejor vestida de la ciudad, siguiendo un estilo luctuoso basado en la iconografía de siempre, sin concesiones para la galería ni para el mal gusto de hoy»*

la autorización de los oficiales de junta, comienza a potenciarse el estilo naturalista actual que busca acentuar la expresión de dolor de la imagen, eliminando, si es necesario, cualquier encorsetamiento propio de la tradición impuesta. Así, en esa búsqueda de naturalismo y sencillez frente al conformado «amaneramiento» repetitivo y vulgar de los modelos ya agotados, se ha procedido paulatinamente a la apertura del rostro (incluso permitiendo la visión del pelo de talla, hasta el momento vetado por todos); se ha cambiado de mano el pañuelo, buscando en su posición actual —la mano izquierda— una mejor composición con respecto al movimiento del cuello; e igualmente, para eliminar la sensación tronco–piramidal encorsetada e inmóvil de las sayas tradicionales, se ha potenciado el uso de cordones y fajines anudados a la cintura junto con sayas lisas que permiten una disposición mucho más realista, dotando a la imagen de movimiento y sentido escultórico del que anteriormente carecía.

Especial relevancia adquiere la composición de los tocados o rostrillos, que pretenden siempre ir en consonancia con la postura de la imagen y sus manos, enfatizando el giro del cuello y permitiendo una disposición natural y realista, evitando plisados repetitivos e innecesarios. Como modelo a seguir, tal y como se viene haciendo desde principios del s.XIX, seguimos utilizando las figuras femeninas de la obras de Velázquez o Murillo, e incluso la fotografía de actualidad de países de Oriente Medio donde todavía perdura el uso del Hidjab o chador islámico. Quizás por todo lo expuesto, la vestimenta de hebrea es la que mejor se adapta a este concepto naturalista cobrando mayor verosimilitud frente al tradicional atuendo bordado o de «reina» que luce, por ejemplo, en Semana Santa o en los cultos de diciembre. Por último reflejar que ha influido bastante en el trabajo de los últimos años la documentación previa y la lectura de autores ya clásicos en estos temas, como Palomero Páramo o Roda Peña, u otros con obras recientemente publicadas, como el apasionado relato de Luque Teruel sobre Rodríguez Ojeda.[11]

Un caso parecido al de la Virgen de las Tristezas, es el de los Dolores del Cerro del Águila: una imagen del siglo XX imbuida en una estética más propia del XIX, que no se entiende sin la genial personalidad de su vestidor:

---

11 Domínguez Gómez, Benjamín: blog «noticiasgestionarte.blogspot» 3/01/2015

En 1974, a la edad de dieciséis años, Francisco Carrera Iglesias sucede en el cargo a Emilio Sánchez Verdugo, siendo aún hermandad de gloria la que tributaba culto a la Dolorosa, con lo cual, la evolución personal del artista y su madurez se pueden apreciar observando las fotografías de esta imagen en estos últimos cuarenta años.

Quizás Carrera Iglesias sea uno de los primeros vestidores que encarnen la figura del que no sólo se preocupa por tener a la imagen ataviada de un modo determinado, sino que lo hace con buenos materiales, se documenta de la evolución del estilo sevillano a través de la historia, y es capaz de plasmarlo en su trabajo.

Cuando en 1987 la hermandad del Cerro se convierte en cofradía de penitencia, una de las cosas que se plantean es la necesidad de dotarla de una estética que la haga diferente, reconocible, pero que al mismo tiempo no salga de la línea puramente sevillana. La solución no fue otra que la de la evolución mirando al pasado, es decir, la recuperación de modelos ya perdidos e inspirándose en los mismos, crear algo nuevo. Al no contar con ningún precedente ni idea preconcebida (sólo las de ciertos sectores cofrades ajenos a la hermandad que no esperaban algo así, sino más bien inspirado en la estética macarena) fue posible la realización estética del conjunto del paso de palio de la Virgen de los Dolores y el icono de la misma. La declaración de intenciones vino en el Cartel de la Caja San Fernando del año 1988, en el que aparecía la imagen vestida de negro con las ropas de la Dolorosa de la Parroquia del Salvador y un tocado dorado formado por encajes de puntos de España que enmarcaban el rostro, mientras que en el pecho se disponía un echarpe de tul bordado en mostacillas. La inspiración, la toma Carrera de las fotografías antiguas de la Virgen de la Amargura en las que aparece con el tocado de malla de oro. El estudio de la estética sevillana de finales del siglo XIX fue el que hizo posible la creación del icono de la Virgen de los Dolores del Cerro, a partir de sayas de colores oscuros con bordados de grandes hojas de acanto, que se ciñen al talle con fajines de hebrea realizados con tejidos ricos tal como los llevaban en el pasado la Virgen de la Victoria o la del Rosario de Montesión, tocados formados por un paño triangular que cae por el pecho sin formar hileras de blondas rizadas y que queda cubierto por alhajas. El círculo quedó cerrado con la realización del manto procesional, que recupera los diseños en damero del XVIII y XIX que en la actualidad observamos en el manto de la Virgen del Carmen de la Parroquia de San Vicente o en el que tuvo la del Mayor Dolor de las Aguas y que no ha llegó a la actualidad.

La naturalidad a la hora de vestir esta imagen, la calidad de los materiales con lo que se hace, y la apuesta por la recuperación de una estética sevillana perdida, supuso un revulsivo más en el panorama de este arte efímero que había caído en la repetición y el amaneramiento.

Una de las consecuencias que tuvo este icono, fue la de la recuperación por parte de la hermandad de la Amargura del referido tocado dorado, que ante la imposibilidad de restaurar el original, lo reproducirán con gran acierto las hermanas Rama y con el que Joaquín López la viste para su paso. Asimismo, en esta línea debemos citar a Joaquín Gómez Rodríguez de la Oliva, que para la Virgen de la Victoria ha recuperado el tocado dorado con el que la vemos en fotografías de finales del siglo XIX, compuesto por un encaje blanco que rodea el rostro y otros de oro en el pecho.

En esta línea del revival jugó también un importante papel José Antonio Grande de León con dos de las dolorosas que viste:

En 1994 comenzó a ayudar a su maestro, Francisco Morillo Esteban como vestidor en la Hermandad de la Bofetá, sucediendo al mismo poco después.

En 1999 se celebró el setenta y cinco aniversario de la imagen de la Virgen del Dulce Nombre, por tal efeméride se realizó un culto extraordinario en la Parroquia de San Lorenzo y se dispuso un gran altar en el que aparecían los titulares de la hermandad. Grande, vistió a la Dolorosa reproduciendo una fotografía de la misma en el taller de su autor, Don Antonio Castillo Lastrucci, en la que la vemos ataviada por Antonio Amians y Austria con la saya «del gato» (como se le conoce en la hermandad a esta prenda) un manto bordado que no hemos podido identificar que cae desde los hombros, mientras que la cabeza aparece velada por una gasa y sobre ella una toca de tul bordada, si bien para el altar se hizo con un manto de brocado blanco. Gustó tanto en el seno de la corporación, que se decidió poner en besamanos tal cual estaba pero con el manto de salida, llamando la atención y despertando las mejores críticas, por lo cual, en varias ocasiones se volvió a repetir esta vestimenta para algún culto.

Quizás una de las aportaciones más positivas del trabajo de Grande de León es su labor en la Hermandad de la Soledad de San Buenaventura, donde por dos veces ha sido vestidor de su titular (entre 2000 y 2004 y desde el 2013 hasta el momento) sucediendo en ambas a Francisco Ortiz, que disponía alrededor del rostro y sobre el pecho de la dolorosa tocados muy amplios a base de grandes blondas.

Con la llegada de Grande, la priostía de la hermandad dispuso que se recuperase el modo antiguo de vestir a esta imagen decimonónica, quizás más acorde que con el que hasta el momento había llevado. Por ello, los tocados han menguado de tamaño, ajustándose más a la cara de la Virgen que queda más descubierta, como también en el pecho ha disminuido, dejando ver el vientre de la misma que quedaba tapado antes por los encajes. Por esta razón la anchura del pollero del manto también es menor, del cual se ha eliminado además la toca.

El dramatismo de la Virgen de la Soledad se pronuncia aún más con la posición de las manos, las cuales a veces se han dispuesto cruzadas sobre el pecho, recuperando de este modo una posición que observamos en las fotografías antiguas. También se ha atendido a abrirlas, unas veces con la izquierda acercándose al corazón y otras con ambas bajadas en expresión orante, lo cual ha aportado mayor dinamismo a la escultura y conmueve aún más al espectador, provocando por tanto, el efecto deseado de compasión por el dolor de María y oración.

Importantísima también ha sido la labor de Javier Hernández Lucas en la hermandad de la Esperanza de Triana. La visión que hasta entonces habían tenido los hermanos y devotos de la popular imagen era diferente a la clásica que había realizado Fernando Morillo ya descrita en capítulos anteriores. Ciertamente, Morillo creó otro icono de referencia imitado en bastantes lugares de Andalucía, e incluso dentro de la propia Sevilla de finales del siglo XX: José Aguilar en la Virgen del Rocío y Grande de León en la Soledad de San Buenaventura lo reproducen tal como era en todo su esplendor, expresando quizás de este modo, el sentir general de los que se preocupaban por el arte de vestir a la Virgen en que la propia Esperanza de Triana volviese a presentarse de este modo, tan exquisito y elegante que en los últimos años había evolucionado a algo diferente de lo que originalmente era.

En la madrugada del 2007 apareció por fin la Esperanza como nunca debió de haber dejado de estar: Tocado de raso blanco sobre el que se aplica un encaje francés dorado que enmarca la cara de la Virgen haciendo pliegues en forma de arco en la frente y que caen abriéndose por las sienes. En el pecho se cruzan en línea recta, sobre los que se dispone otra pieza de tela plegada haciendo curvas, sobre la que se disponen alhajas: Flores, puñal y ancla. Todo queda rematado con el encaje de puntos de España dorado sobre el que se prenden en la parte superior unos broches que popularmente se les conoce como los «robanovios».

La saya se ajusta a la cintura, donde se ajusta el manto, abriéndose hasta la base y dejando ver la totalidad de la prenda.

En otras ocasiones se ha dispuesto el tocado que idea José Persio, en el que aparece el pecho cruzado por una malla dorada de izquierda a derecha.

De modo acertado no se ha prescindido de las mantillas y gasas blancas, dispuestas en la forma ideada por Morillo, con lo cual, no se renuncia tampoco a la estampa habitual que en los últimos treinta años ofreció la Virgen, sino que se alterna la bicromía blanco–dorado con la monocromía.

Quizás en la actualidad, a nuestro juicio, sea una de las imágenes mejor vestidas de la ciudad, siendo de nuevo un ejemplo tanto fuera como dentro de Sevilla por su exquisitez, elegancia, personalidad y clasicismo. Realmente es impagable la obra de Hernández Lucas, que le ha devuelto a Sevilla la estampa clásica de la Esperanza de Triana.

El mundo de las glorias no permaneció tampoco ajeno al revival, incluso fruto del mismo podríamos considerar su resurgimiento, ya que estas hermandades a principios de los años noventa permanecían aletargadas y algunas de ellas ni realizaban su procesión.

El interés por la religiosidad popular y el mundo de lo cofrade, posó sus ojos sobre estas corporaciones cuando ya el mundo de la Semana Santa estaba muy investigado y por ello en algunos aspectos agotado a la hora de ofrecer publicaciones sobre las mismas, a lo que debemos unir el trabajo infatigable de Juan Martínez Alcalde. Gracias a las investigaciones de este historiador vieron la luz libros como *Hermandades de Gloria de Sevilla* en 1988 y posteriormente *Anales de las Glorias*, en los que quedó por fin fijada por escrito la historia de éstas, siendo comparable su trabajo a finales del siglo XX al de José Bermejo y Carballo con las penitencias cien años antes.

Una de las cosas que nos describe con bastante desánimo y en la que insistió en varias ocasiones este autor, es en como la vestimenta de la Virgen de Gloria estaba siendo «contaminada» por las de las dolorosas, poniendo como ejemplo de ortodoxia a la Virgen de la Luz de la Parroquia de San Esteban, de la que dice en *Hermandades de Gloria de Sevilla* a la hora de describirla: *Hay que ponderar la personalidad con la que la visten: Manto terciado en la cintura, silueta recogida, precisa y elegante. No lleva —detalle de buen gusto— pecherines de encaje abrumando su pecho con inútiles y artificiosos primores: la forma del busto queda marcada tal cual, como iban antiguamente las Vírgenes de Gloria, antes que ese prurito absurdo por copiar a las Dolorosas desvirtuara su verdadero estilo. En este sentido es la imagen letífica mejor vestida de nuestra ciudad*[12].

En efecto, la moda de las imágenes de pasión se impuso a las de gloria, por lo que durante esos años (y en aún en la actualidad en algunos casos) pudimos ver en estos simulacros marianos mantos recogidos a la cintura que caían hasta los pies formando pliegues triangulares, pecherines de encaje cubriendo el pecho o peinados en moño que ocultaban el cabello de las mismas: Todo ello, iba en detrimento de una iconografía propia y diferente.

Llegados a este punto cabría preguntarse ¿Cuál es el estilo clásico de una imagen letífica? ¿De dónde viene el mismo?

Fue a finales del siglo XVIII, como en el caso de las Dolorosas, cuando se abandona el atavío propio de los Habsburgo y se toma del modelo escultórico de la *Virgen de Gloria Sevillana*, que existe desde principios del siglo XVI y pervivió hasta el XVIII, con un esquema que se repite siempre: María aparece de pie, con

12 Martínez Alcalde, Juan. «Hermandades de Gloria de Sevilla», Editado por el Servicio de Publicaciones del Boletín de las Cofradías de Sevilla. 1988. Pág 205.

el Niño en su brazo izquierdo (aunque existen excepciones) la cabeza velada con una toca, el manto cae desde los hombros y se cruza de derecha a izquierda, mientras que el otro lado permanece suelto. Un ejemplo de esta iconografía a la que nos referimos es la Virgen de la Salud de la Parroquia de San Isidoro.

Lógicamente, todo ello tiene sus variaciones a la hora de trasladar los ropajes escultóricos a los textiles, por ello desaparecen las tocas de papos que cubrían toda la cabeza, quedando libre y con ella los cabellos descubiertos peinados en forma de tirabuzones que simbolizan precisamente el júbilo y la alegría[13], ya que el pelo recogido, lacio o desgreñado es propio de lo luctuoso.[14] Se dispone una toca de encaje sobre la cabeza y sobre la misma el manto, que queda recogido sobre los brazos o bien cruzados imitando el referido modelo, haciendo alusión a la virginidad de María. Esta es la razón por la que los mantos en las imágenes letíficas tienen los picos pronunciados y que incluso Juan Manuel Rodríguez Ojeda realice un bordado menos profuso en la boca de los mismos: para poderlos plegar con comodidad, como vemos en el de la Virgen del Rosario de la Macarena o en el que tuvo Madre de Dios del Rosario de Santa Ana, hoy pasado a los costados del antiguo manto de la Virgen de las Mercedes de Santa Genoveva.

La silueta de las mismas queda enmarcada por las ráfagas de orfebrería, que en tradicionalmente en Sevilla tienen la habitual forma de ocho aunque han existieron excepciones

---

13 González Isidoro, José: *Iconografía e iconología pasionista: La Sagrada Mortaja»*, en *«Boletín de las Cofradías de Sevilla,* nº 602 pág 258. Al hablar del peinado de Santa María Magdalena dice *( ) con la melena suelta de las doncellas; y hasta hace unos años lacia ( ) y ahora algo enmarañada por ser de talla. Las dos soluciones se consideran expresiones de sufrimiento, de mortificación Frente a eso, los bucles, los rizos, los tirabuzones, los peinados elaborados hablan justo de lo contrario; de júbilo o alegría, por lo que su empleo resulta indispensable en efigies de la Purísima, de la Divina Pastora y restantes advocaciones mariana de gloria.*

14 A este respecto, me gustaría señalar las representaciones de las plañideras, mujeres contratadas para llorar en los entierros de los ricos. Esta costumbre hebrea se transportó a todo el Mediterráneo en la Antigüedad y aún en la Baja Edad Media hay testimonios de ella. Estas mujeres llevaban el pelo suelto, lacio y se lo iban despeinando en el cortejo fúnebre, mientras lloraban dando alaridos, como vemos en la Tumba de Samut Kiki, funcionario de Ramsés II, en el Sepulcro de Doña Blanca en Santa María la Real de Nájera (La Rioja), o en el de Sancho Saíz de Carrillo, originalmente en la ermita de San Andrés de Mahamud (Burgos) y hoy en el Museo Nacional de Arte de Cataluña (Barcelona)

en las que sólo eran una mandorla que partía desde los hombros, como vemos en las fotografías antiguas de la Virgen del Rosario de la Capilla del Dos de Mayo en los grabados de la de Santa Catalina, y cuya imagen pionera en su uso, como se ha visto en su capítulo correspondiente fue la Virgen del Amparo de la Parroquia de la Magdalena.

Este modelo, que se hace tradicional en el siglo XIX y se perpetúa en la primera mitad del XX se ve alterado como hemos dicho a partir de los años sesenta del mismo y llega así al final.

Las mismas circunstancias que hacen posible el revival en las dolorosas, son las que lo harán en las glorias

Uno de estos casos era el de la Virgen del Rosario de Santa Catalina, cuya hermandad se encontraba en un estado de postración tal, que no se veía otro modo de salir adelante que la fusión con la del Carmen de esta misma parroquia, hecho que no se logró hasta el año 2002 tras un intento fallido en 1979 en el que incluso llegó a procesionar.

Entre este año y el de la fusión, las hermandades compartían hermanos, los enseres del Rosario se guardaban en la casa hermandad del Carmen y era esta la que se hacía cargo de los cultos, por lo cual, también compartían vestidor: Francisco Morillo Esteban.

Su estilo a la hora de ataviar a la Virgen del Rosario rompió por completo su icono tradicional, ya que impuso un pecherín de encajes, más propio de las dolorosas y en vez de cruzar el manto dejándolo caer sobre el brazo izquierdo, lo plegaba formando una línea en diagonal que terminaba en la cintura.

Entre 1993 y 1994 se restaura por el taller Dueñas la imagen, que originalmente era de talla completa y que había sido mutilada a finales del siglo XVIII[15] y de cuyo estado original sólo quedaba la cara, las manos, vestigios de talla de la parte inferior a partir de las rodillas y el Niño. El resto se había eliminado por completo, quedando recubierta toda la superficie por un barniz marrón. La dirección del proceso corre a cargo de Manuel Tobajas, que toma la acertada decisión de no hacer una restitución ideal, ni un falso histórico añadiendo ningún volumen nuevo que pudiera simular lo perdido, sino que encarga a David Romero Alonso y Francisco

15 Ya en las reglas de 1789 aparece representada en una pintura sobre vitela y sobrevestida.

Rovira Yagüe[16] la limpieza y realización de un falso estofado sobre fondo dorado con motivos vegetales.

Al entregarse el Viernes de Dolores de 1994 restaurada a su hermandad, se decide prescindir de las sayas, si bien se siguió vistiendo con manto y tocado dorado, para que no desentonase con la nueva visión que ofrecía.

En 1996 Morillo cede el testigo a José Javier Fernández Sánchez, contando desde el primer momento con nuestra ayuda personal para la labor y unidos en la ilusión de retornar a su pasado esplendor a la Virgen del Rosario a pesar de nuestra juventud (teníamos quince años).

La idea desde el primer momento fue la de volver a revestirla por completo, puesto que los ropajes no eran un elemento perjudicial para la nueva situación de la escultura, si bien al principio se contó con la oposición frontal de los miembros de la junta de gobierno accidental de la hermandad, que imponía que se continuase con la solución empleada por Morillo. Por ello, en los primeros años se disponían amplios tocados y pecherines que daban un aspecto extraño en un cuerpo de talla e impropio en una Virgen de Gloria.

El primer paso que dimos para lograr nuestro objetivo, fue el de documentarnos a partir de fotografías y grabados antiguos que nos mostraron como el manto poseía un fleco de canutillo, algo muy propio del XIX, como la imagen se tocaba con toca de encajes y como tenía saya bordada en oro de la que sólo habían llegado los manguitos y el corpiño[17].

A partir de este trabajo, se comenzó por cruzar los mantos y hacer los pecherines cada vez más pequeños. Por fin, para los cultos de 1997, se logra revestirla de nuevo por completo, con la saya blanca de Nuestra Señora de las Lágrimas, que gentilmente cedió la hermandad de la Exaltación.

Finalmente, se decide que la imagen vuelva a usar de nuevo sus vestidos, y con ello comenzamos el proceso definitivo para la total recuperación del icono, tomando como referente la fotografía de Albarrán que aparece en el tantas veces referido

---

16 Ambos componen en la actualidad el taller DAROAL

17 Los bordados de la falda se conservan en la actualidad en la saya roja de la Virgen de la Soledad de la Hermandad de los Servitas, si bien con el dibujo alterado.

libro de Martínez Alcalde *Hermandades de Gloria de Sevilla* y procurando siempre buscar materiales antiguos y de calidad. Por ello, se eliminó la blonda sintética del manto y se sustituye por un fleco de canutillo de oro, devolviendo de ese modo la apariencia original de la prenda. Asimismo, realizamos una toca de tul bordado (hoy sustituida para la salida por la confeccionada por José Manuel Benítez Rubio), como también del fajín de hebrea con telas ricas, pasamanerías y encajes de oro, haciendo una versión más rica del que aparece en la fotografía referida.

Desafortunadamente, no teníamos la saya original y la solución que en su día se dio para cubrir esta falta, fue realizarla pasando el bordado del antiguo estandarte corporativo. Tras la fusión de las hermandades, se propuso realizar con los bordados del antiguo simpecado de la Virgen del Carmen de Patrocinio López, una saya para la del Rosario. Al ser aprobada la idea, se procedió a montar un taller en la hermandad, dirigido por la bordadora Sofía Bernarquez a cuyas órdenes yo mismo trabajé con José Francisco Armengol Villalba, realizando el diseño de la nueva prenda el sacerdote Jesús García Morales.

José Javier Fernández a la hora de vestirla, dispuso con gran maestría, todos estos elementos, volviendo a enmarcar el rostro de la Virgen un sencillo encaje, abierto para dejar al aire el cabello y las orejas, ondulado de modo natural, dejando todo el pecho descubierto para que el mismo se aderezase con alhajas que también cubren la corona, dando ese aspecto radiante de la mujer apocalíptica que corresponde a las representaciones de la Madre de Dios.

Curiosamente, al comenzar a vestir a la Virgen del Carmen de esta hermandad, continuó con el estilo que impuso Francisco Morillo, si bien, suele alternarlo con la iconografía propia de esta advocación que recuperó después de casi cuarenta años sin presentarla de este modo: Manto suelto que cae desde los hombros y toca sobre la cabeza que deja al descubierto el cabello y la totalidad de la cara, sin ningún tipo de tocado.

Poco después, vinieron más recuperaciones del atavío propio de la Virgen de Gloria Sevillana, destacando el trabajo de Pedro Luis Bazán Gallego en el Rosario de San Julián, el de José Ramón Paleteiro en el Rosario de San Vicente (que sigue la línea marcada por sus antecesores), el de Francisco Javier Sosa Sánchez en la Virgen de la Alegría, el muy positivo de Vicente Martín en la Esperanza Divina–Enfermera de San Martín o el de Luis Becerra en la recuperación del atavío Habsburgo en la Virgen de las Aguas de la Colegial del Salvador, reproduciendo pinturas y grabados barrocos de la misma.

Destacamos también la elegancia con la que Antonio Jesús del Castillo viste a la Virgen de la Encarnación de la Iglesia de los Terceros, con gola, collares de perlas, peinado en tirabuzones y saya abierta, que acentúa su hieratismo y la mayestática verticalidad.

Un guiño al pasado realizó también José Antonio Grande de León al revestir a la Virgen del Carmen de Calatrava con la saya bordada que había usado durante el siglo XIX, o que hace lo mismo para el besamanos de la Reina de Todos los Santos de Noviembre de 2007, para el que pudo verse con su saya bordada que la hermandad regaló a la Soledad de San Lorenzo tras su estancia en esta parroquia por las obras de reconstrucción de Omnium Santorum tras el asalto e incendio de 1936.

Particularmente significativa fue la vestimenta de la Virgen del Amparo de la Parroquia de Santa María Magdalena para los cultos del año 2006, en los cuales pudimos contemplarla de nuevo cubierta, como había permanecido hasta su restauración, con el estilo tan propio y personal que crearon sus camareras Doña Carmen López Gómez y Doña Pilar González Gómez hacia 1929[18], que optaron por ajustar el manto a la cintura sólo en los lados y no a la espalda, otorgando una silueta inconfundible a este simulacro mariano, dotándola de gran elegancia y personalidad. La misma, se mantuvo tras la restauración, cuando se optó por revestirla sólo con el manto, pero se ha suprimido por completo en su salida procesional tras el pasado de esta prenda. Siempre he dicho que ganamos una escultura, pero perdimos un icono de gran importancia, ya que como se ha visto en capítulos anteriores, fue para esta imagen para la que se crea el actual estilo de la vestimenta de la Virgen de Gloria Sevillana, que aún está presente en el imagi-

18 Martínez Alcalde, Juan. «Hermandades de Gloria de Sevilla», Editado por el Servicio de Publicaciones del Boletín de las Cofradías de Sevilla. 1988. Pág 334

nario popular por lo relativamente reciente de su fin en esta imagen letífica. Como se vio, es perfectamente combinable el hecho de vestirla por completo en las grandes solemnidades (e incluso para la procesión) y mantener visible la escultura durante todo el año, sin que las ropas sean perjudiciales para la misma. No podemos olvidar que la iconografía mariana que la Edad Moderna nos legó es también un patrimonio, que desde finales del siglo XIX se ha visto cada vez más mermado y adulterado al despojar a las imágenes de sus ropajes textiles para devolverlas a su «pureza original». Hoy que tenemos una cada vez mayor conciencia de la conservación de nuestro legado cultural, debemos aprender a combinar en el caso de las imágenes de talla sobrevestidas el cuidado de la escultura, con su presentación tradicional al culto y alternar por ello ambas visiones.

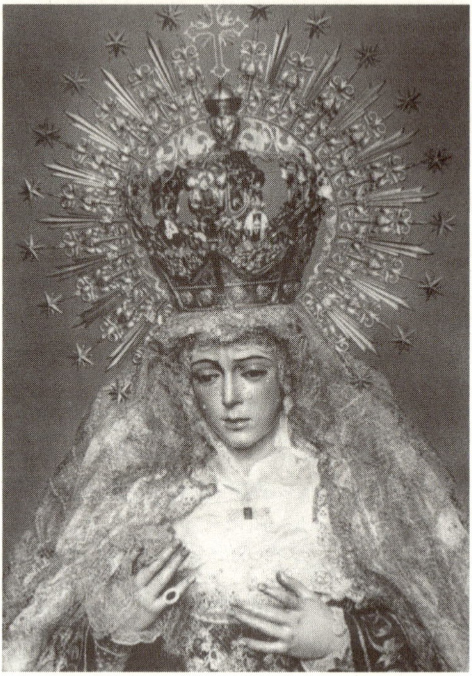

La Virgen de la Esperanza por su gran devoción se convirtió en el icono de referencia que siguieron la mayoría de los vestidores al ataviar a las dolorosas.

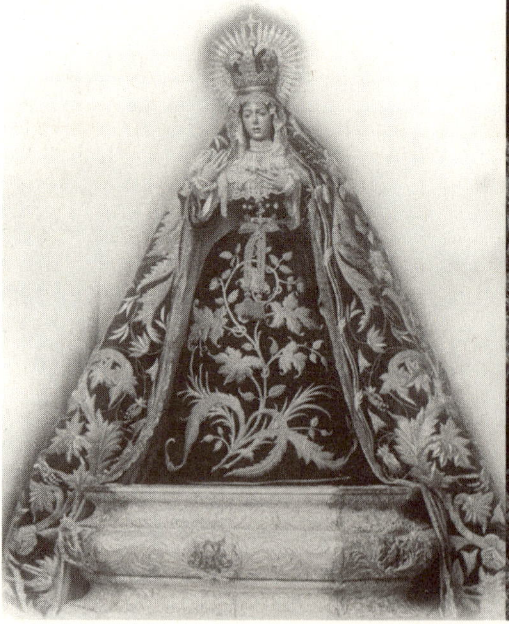

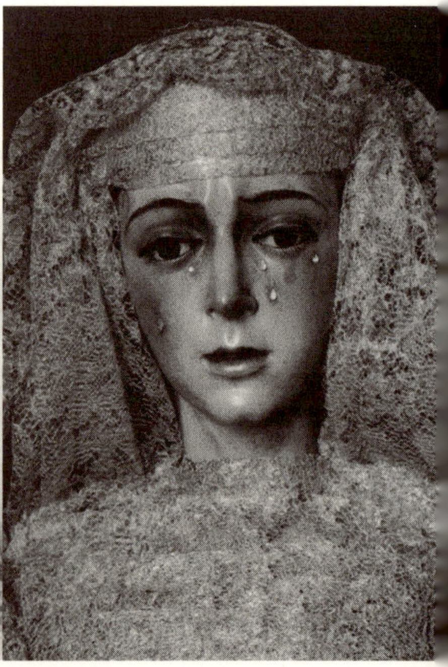

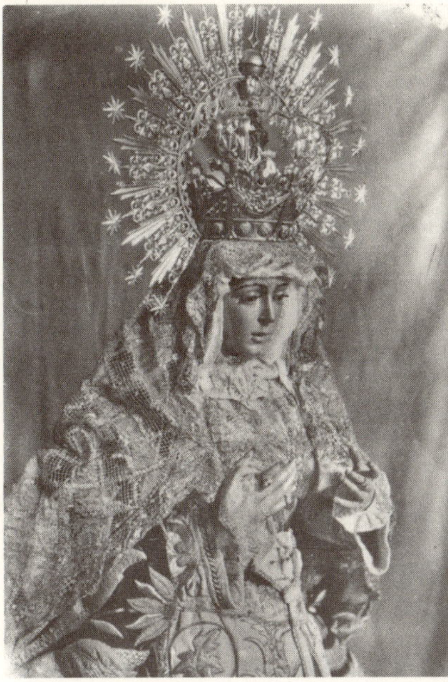
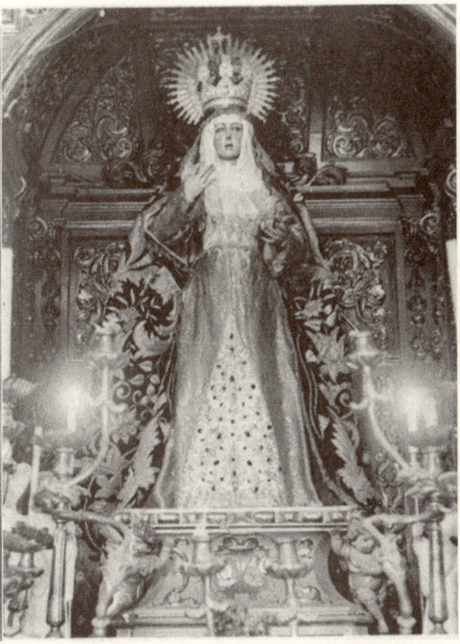

El Modelo del retrato regio de la Reina Victoria Eugenia se tomará en la disposición del manto en los besamanos.

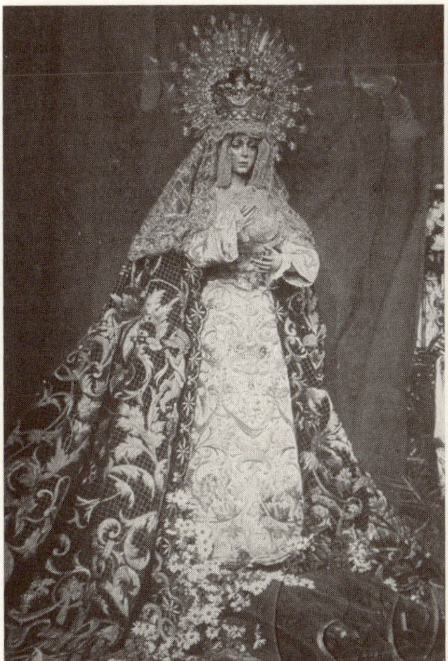
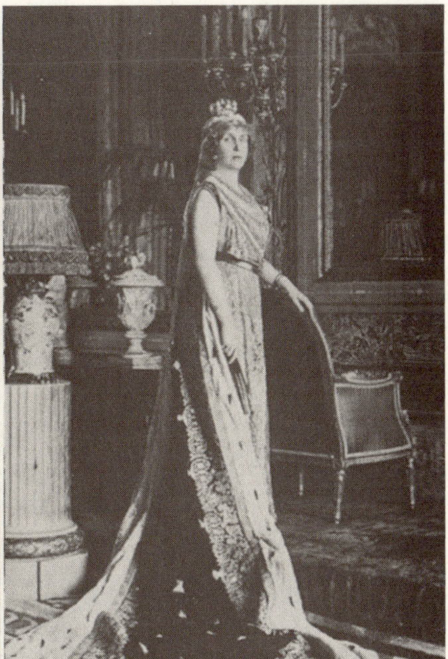

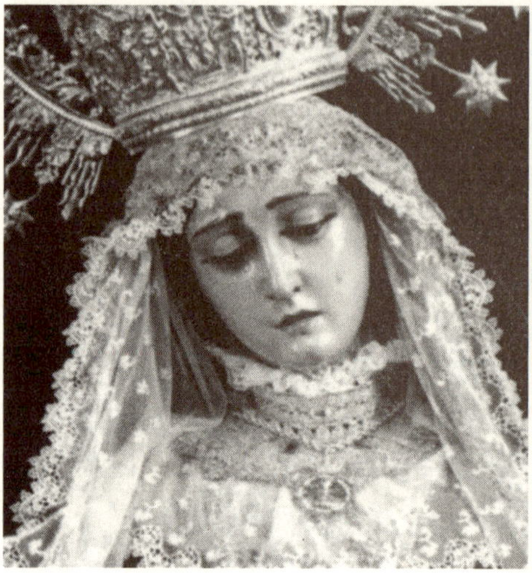

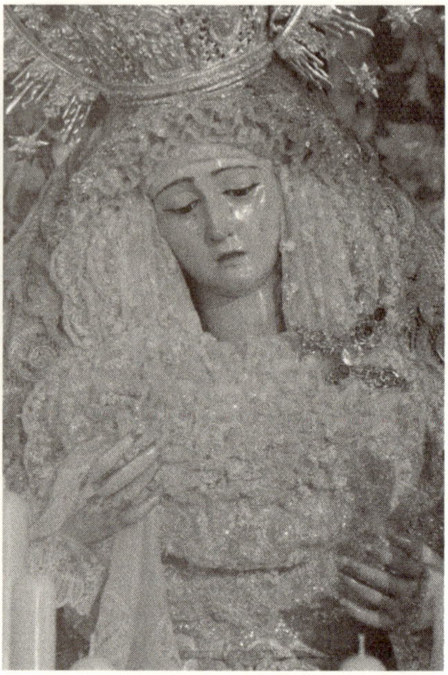

Diversas fotografías de la Virgen del Rosario ataviada por Jose Ramón Paleteiro.
Para el Rosario de la Aurora de 1994 con gola.
A la usanza sevillana propia del siglo XX. Revival de la famosa «fotografía de las perlas» con manto terciado, y al estilo Habsburgo, con la vestimenta para la que se concibe esta Dolorosa.

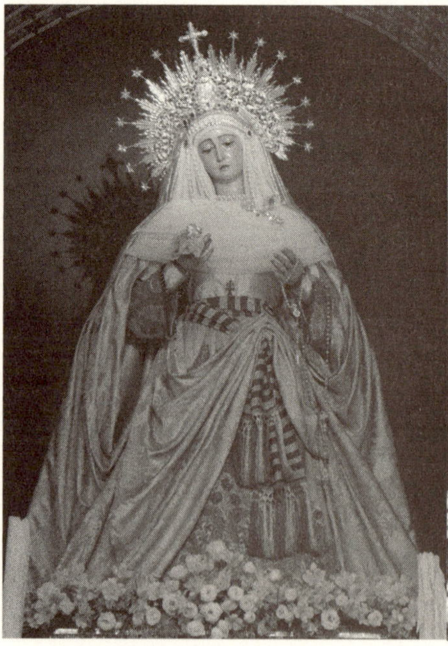

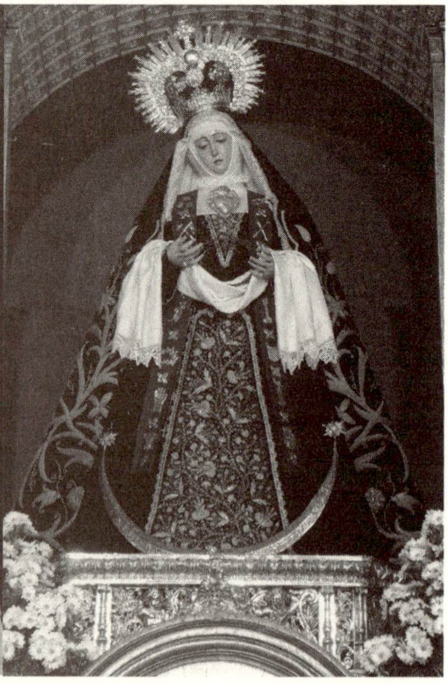

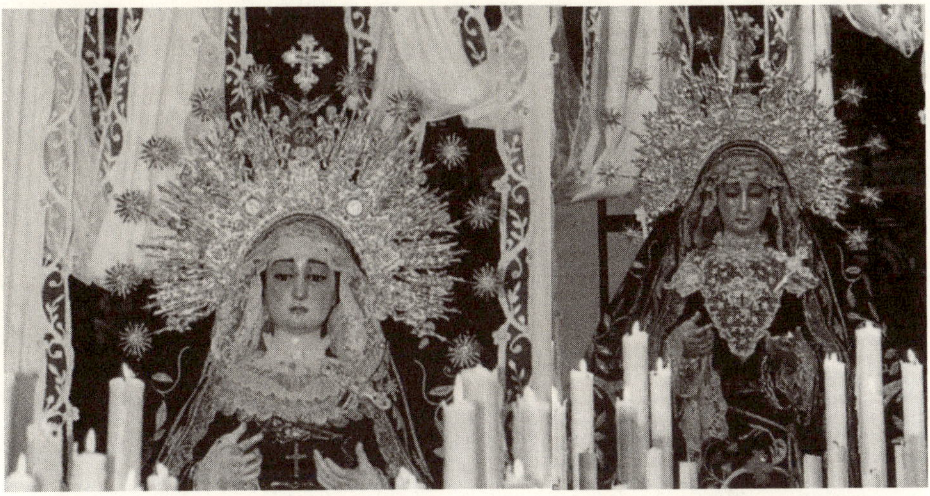

La Virgen de la Soledad vestida por Manuel Tobajas Villegas en la Semana Santa de 1995 y 96, siguiendo el estilo dieciochesco que tanto favorecía a esta imagen.

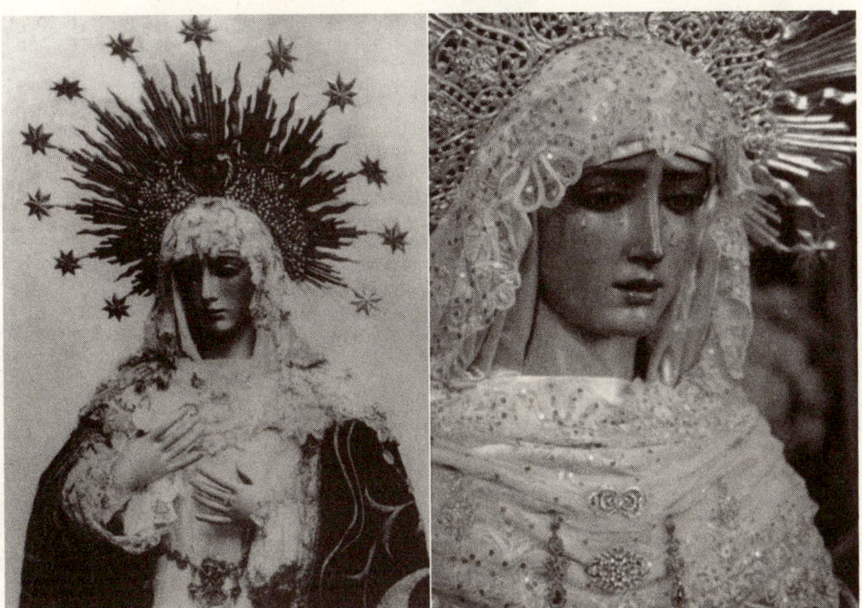

Revival realizado por Grande de León con la Virgen del Dulce Nombre en el besamanos de 1999, siguiendo el modelo de la vestimenta de Antonio Amians y Austria.

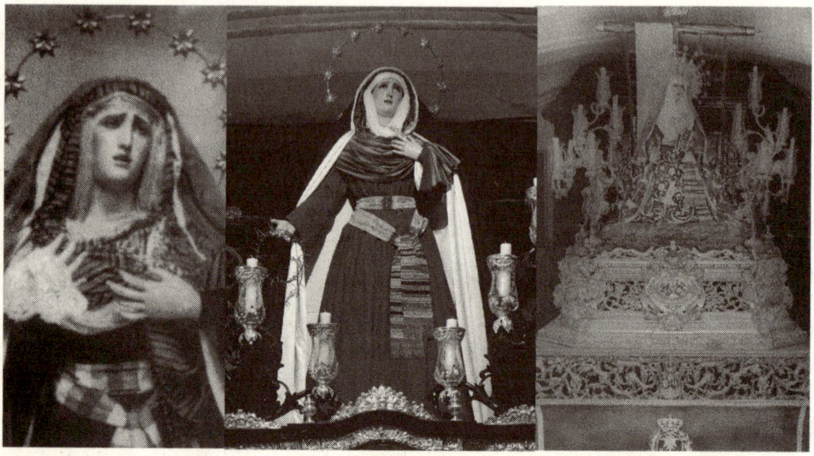

Grande de León recupera para la Virgen de la Soledad de San Buenaventura diversos tocados así como la posición de las manos que le da mayor expresividad.

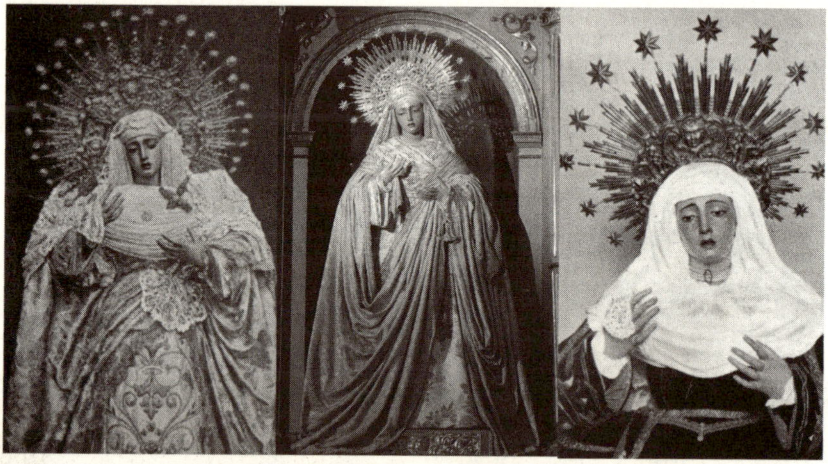

Revival de Joaquín Gómez Serrano en la Esperanza de la Trinidad, recuperando el manto cruzado y el tocado monjil.

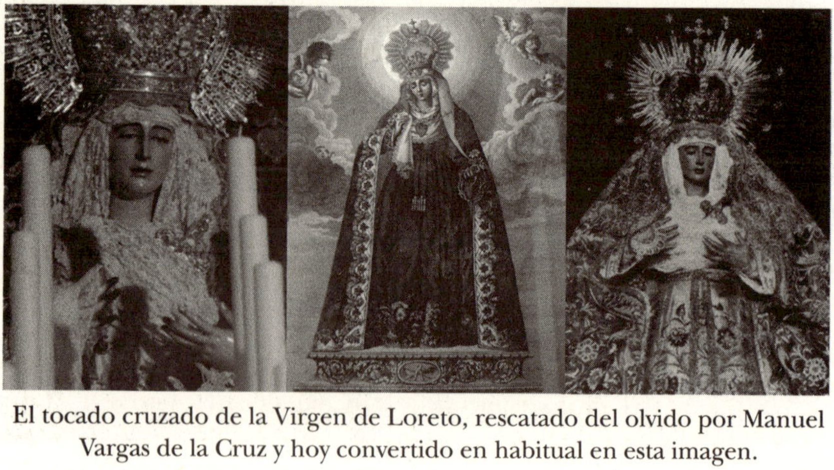

El tocado cruzado de la Virgen de Loreto, rescatado del olvido por Manuel Vargas de la Cruz y hoy convertido en habitual en esta imagen.

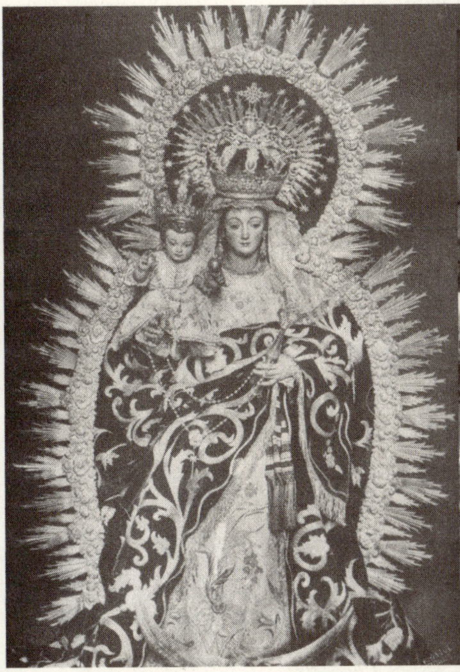
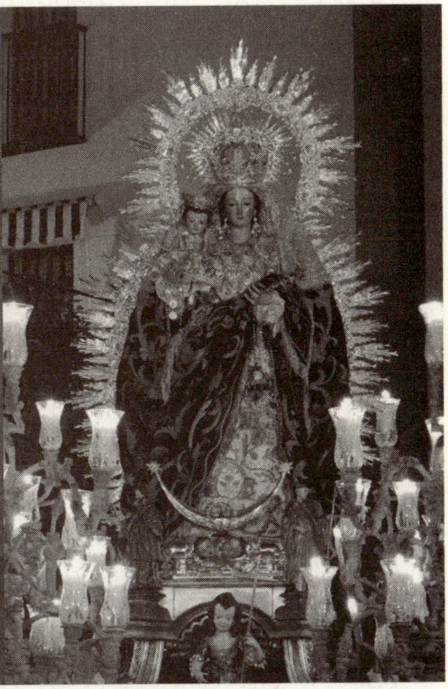

Pionero fue José Javier Fernández Sánchez en la recuperación del estilo de la Virgen de Gloria Sevillana en el Rosario de Santa Catalina.

La Virgen del Amparo revestida de modo muy acertado para los cultos de 2006. La recuperación de la talla no tiene que implicar la pérdida de la apariencia barroca con la que llegó al siglo XX.

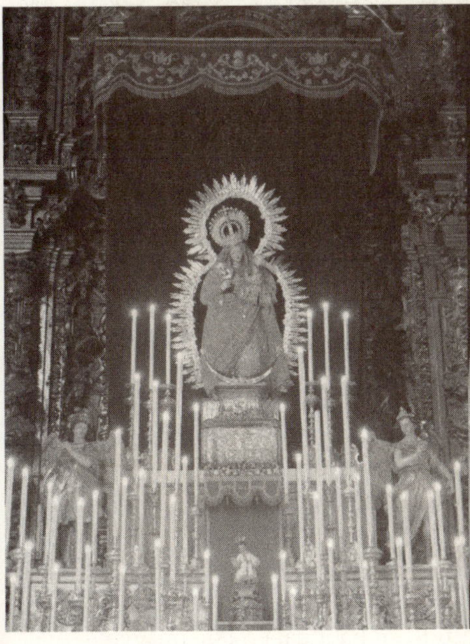
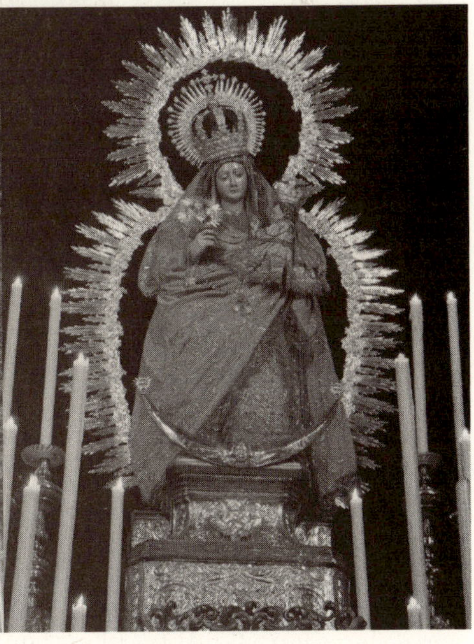

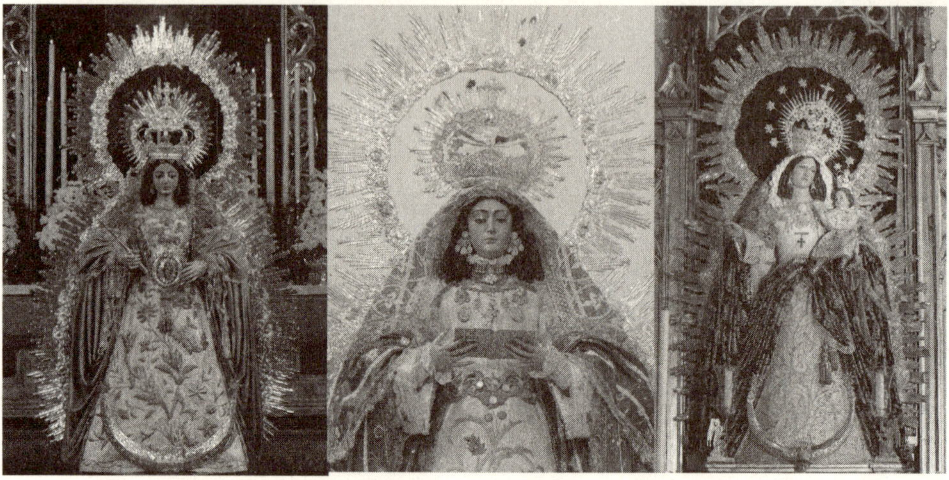

La Esperanza Divina Enfermera, la Virgen de la Encarnación y el Rosario de San Julián: acertadas vueltas a modelos clásicos de las glorias sevillanas.

Revival que realiza Antonio Bejarano en la Virgen de Montserrat.

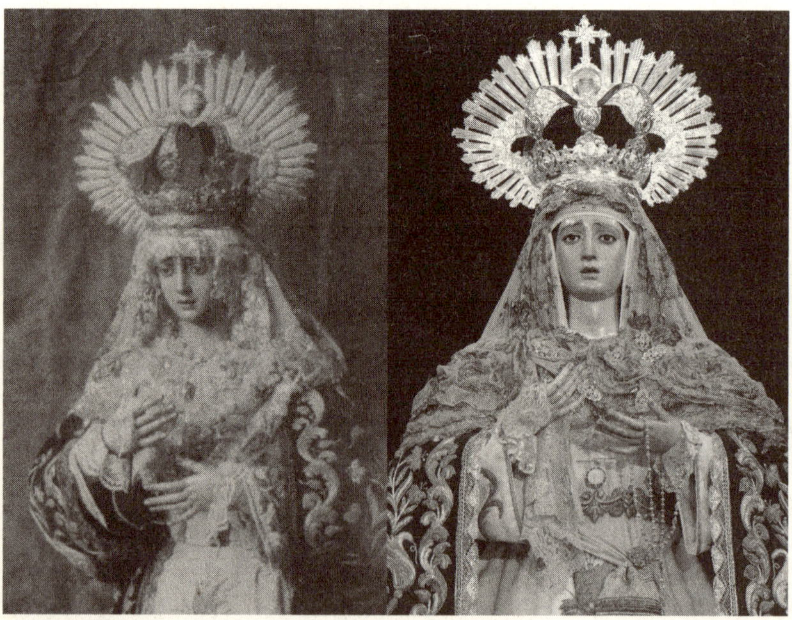

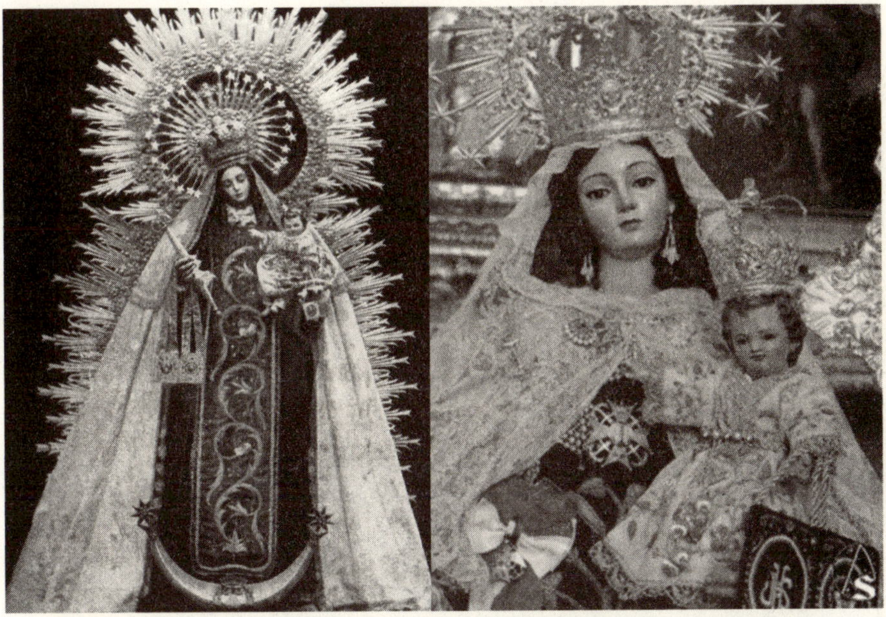

José Javier Fernández en ocasiones ha vuelto a vestir a la Virgen del Carmen de Santa Catalina conforme a los cánones propios de esta iconografía.

La Virgen de Gracia y Amparo fue una de las primeras imágenes que viste Paleteiro inspirándose en grabados decimonónicos a principios de los años noventa del siglo XX. La Virgen de Villaviciosa vestida en 2008 por Manuel Ojeda siguiendo el atavío Habsburgo.

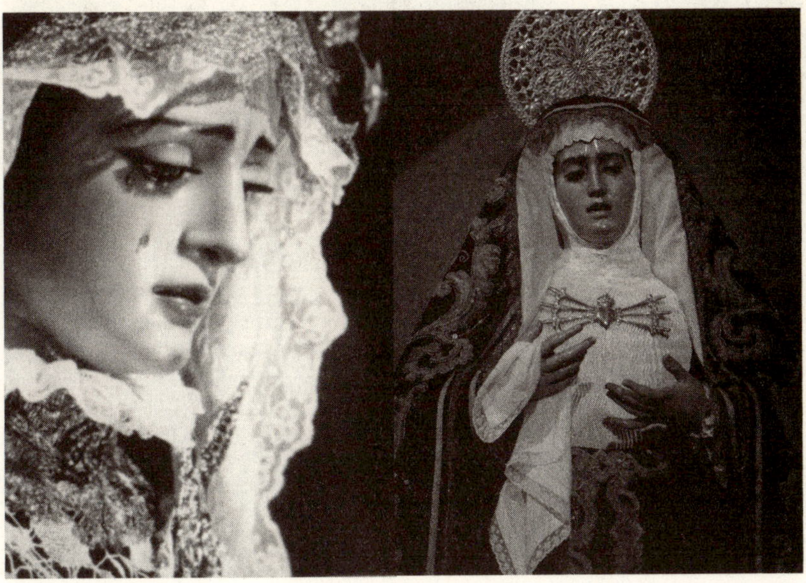

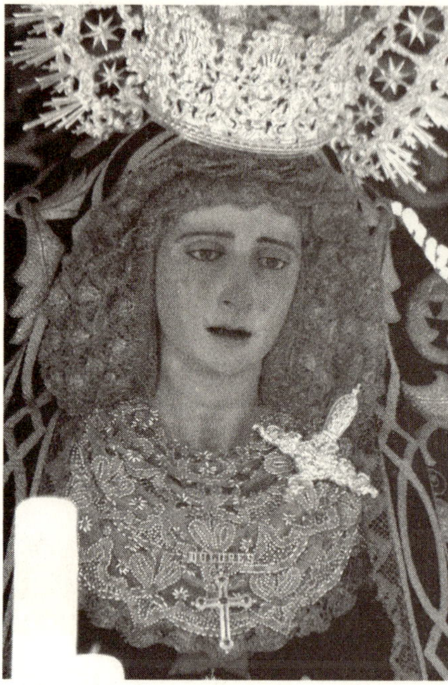
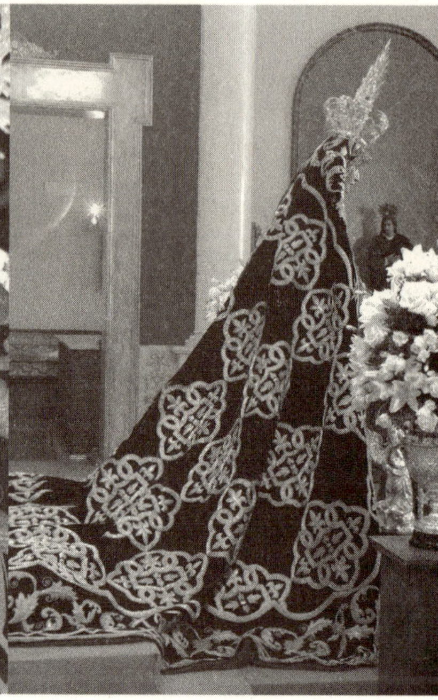

A partir de modelos del final del siglo XIX y principios del XX, Francisco Carrera Iglesias crea el icono de la Virgen de los Dolores del Cerro.

José Asián Recrea la estampa clásica de los Servitas, con ráfaga, añadiendo además el tocado dorado. A su lado, la Virgen de la Victoria, con la espléndida vuelta a su atavío de principios del siglo XX, por Joaquín Gómez Fernández de la Oliva.

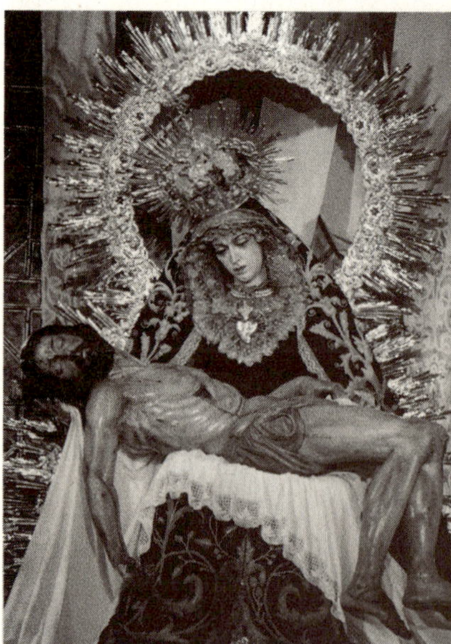
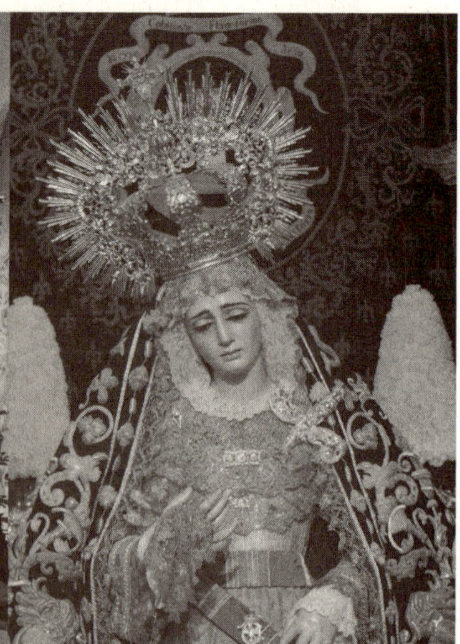

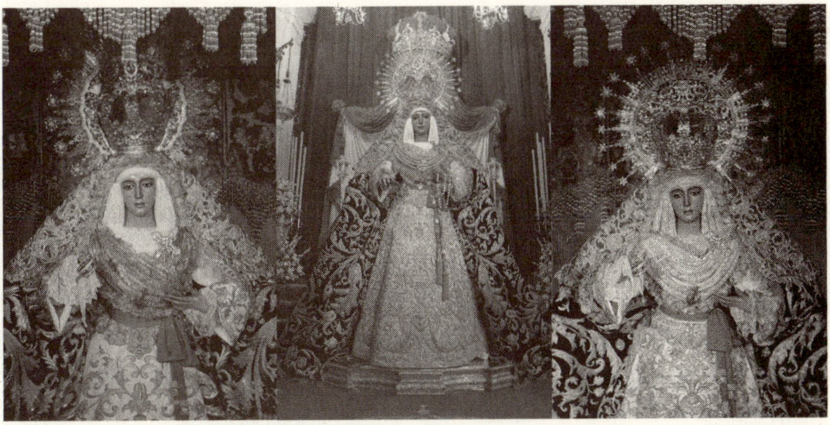

Javier Hernández Lucas ha devuelto a Sevilla
el icono clásico de la Esperanza de Triana.

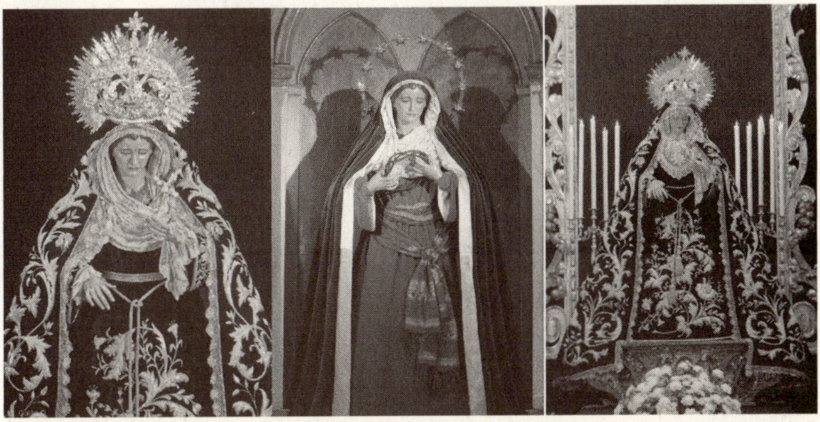

Antonio Bejarano crea un nuevo estilo para la Virgen de las Tristezas a base de tocados abiertos que acentúan el dinamismo de la imagen.

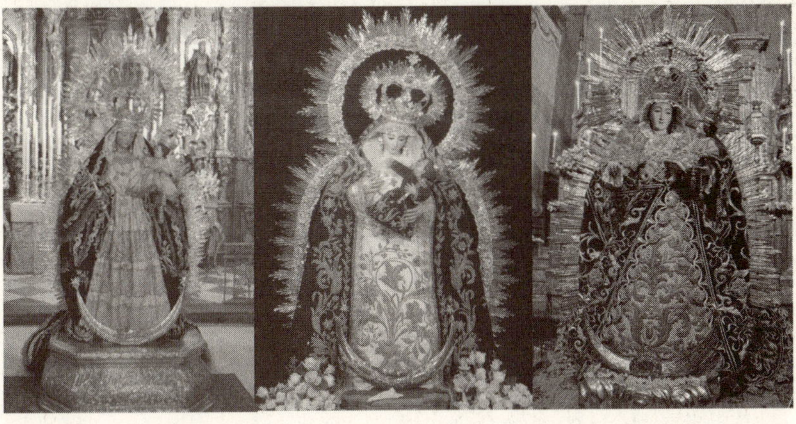

El Rosario de San Vicente, la Virgen de Todos los Santos y la Virgen de la Alegría, en la actualidad, referentes de clasicismo en las Glorias.

3. ENTRE EL CONTINUISMO Y LA EVOLUCIÓN

Lógicamente, todo no ha sido revival en los últimos veinte años, sino que también existen hermandades en la que los vestidores han seguido la línea que marcaron sus antecesores, puesto que o bien es lo que ha gustado a los cofrades (con algún recuerdo al pasado o a otro estilo en ocasiones), o nos encontramos ante un icono ya hecho desde hace muchos años, por lo que se respeta la fisonomía del mismo tal cual ha llegado a la actualidad. Este último es el caso de imágenes como la Virgen de las Aguas, la de la Piedad de la Mortaja o la Virgen de los Dolores de San Vicente.

El profesor Palomero en sus artículos, realizó una clasificación de los tocados que cada artista realizaba del mismo modo que los grafismos de un escultor a la hora de tallar una imagen. Ciertamente, los vestidores del pasado tuvieron una manera concreta a la hora de realizar su trabajo, por lo que incluso a día de hoy todavía se habla del estilo de Fernand, del de Paco Morillo o el de los hermanos Garduño, cada uno con sus propias características que los hacían diferentes.

Sin embargo, si tuviera que destacar algo de los vestidores actuales es su versatilidad, puesto que la mayoría son capaces de repetir no sólo los modelos que han aprendido o creado ellos mismos durante su trayectoria, sino que pueden imitar a la perfección lo que los grandes maestros que les precedieron realizaron, de ahí que podamos hablar en algunos casos de continuismo e innovación cuando la hay.

Quizás uno de los primeros vestidores que encarnen esta versatilidad sea José Aguilar[1], que desempeña esta labor en la

1 Es también vestidor de la Virgen del Carmen, titular de su hermandad de penitencia de la Parroquia de Omnium Santorum.

Virgen del Rocío, titular de la Hermandad del Beso de Judas. Esta imagen, fue realizada por Antonio Castillo Lastrucci inspirándose en la Virgen de la Esperanza Macarena, y como tal, en su vestimenta se la imitó con distinta fortuna por los diversos vestidores que tuvo. Por ello, en su primera época se siguieron las formas propias del atavío de la Dolorosa de San Gil, tanto las de Juan Pérez Calvo como las de José Garduño Navas.

Este es el panorama que encuentra José Aguilar al comenzar a vestir a la Virgen del Rocío en el año 1992, en la que desarrollará lo que podríamos calificar de un estilo ecléctico, ya que en Ella ha sabido expresar todo su saber y virtuosismo, haciendo de una imagen que pasaba desapercibida, uno de los centros de atención en cuanto al atavío de la Semana Santa de los últimos veinte años. Partiendo de una escultura que copia a otra, se buscó la originalidad en la vestimenta de la misma, empleando por ello estilos que la hiciesen diferente a la Esperanza.

En ella se han alternado tocados y soluciones de diversos tipos clásicos sevillanos, oscilando desde los macarenos con el pellizco en la frente y pechos de blondas, a reproducir el «refregaor» de la Esperanza de Triana, o cubrir el manto con una mantilla blanca a modo de toca, como era propio de la Virgen de las Angustias a mediados del siglo XX. Es muy a tener en cuenta también su apuesta por tomar elementos de otras ciudades como Cádiz, por lo que hemos visto a la Virgen del Rocío con el rostro enmarcado por encajes que no continúan cubriendo el pecho, como es propio de la usanza sevillana, sino que en el mismo se dispone un paño bordado, o la interpretación que en Diciembre de 2014 realizó de la vestimenta de la homónima imagen malagueña, conocida como la «novia de Málaga» por usar el color blanco en todos sus ropajes.

Muy destacable también es la profusión de joyas distribuidas por el pecho y que aderezan la corona, retomando modelos propios de la Semana Santa española que pervivieron hasta los años sesenta del siglo XX, así como el engrandecimiento del ajuar de la Dolorosa con prendas bordadas, realizándose en el momento que escribimos el manto procesional en el taller de Santa Bárbara.

Ciertamente, podemos decir que José Aguilar es el gran artífice de la estética actual de la hermandad del Beso de Judas y que su labor sirvió durante los años noventa para la recuperación en otras hermandades de elementos propios que habían perdido y que se pudieron ver en la Virgen del Rocío, mostrados con buen gusto, valentía y sin complejos.

Otra de las dolorosas que ha llamado la atención en los últimos años es la Virgen del Socorro de la hermandad del Amor, de cuya vestimenta se encarga el ya nombrado José Antonio Grande de León que en el año 2000 tomó el relevo de Antonio Fernández Rodríguez. Ya en la Semana Santa de 1999, se comentó bastante el radiante aspecto de la imagen el Domingo de Ramos, que apareció con un tocado de raso cruzado, inspirado en el de la Virgen de Loreto, y el pecho y la corona enjoyados, siendo muy del agrado del público en general, ya que rompía por completo con la habitual visión que había tenido durante años, que se limitaba al tocado propio de este artista. Esta línea de ruptura con lo anterior que había marcado su antecesor, truncada por la muerte del mismo, es la que Grande de León va a seguir, realizando su aportación que podríamos resumir de la siguiente manera: sayas que marcan la cintura y las caderas frunciéndose, buscando la femineidad de la imagen, mantos sueltos y con menor ampulosidad que caen sin plegarse. La mayor variación que observamos con respecto al anterior aspecto que presentaba la Virgen del Socorro es en el tocado, que en la mayoría de las ocasiones ha quedado reducido al contorno de la cara, a semejanza de los tradicionales de Cádiz, si bien, a veces, en vez de terminar a la altura de los codos, el encaje cae hasta los pies, lo cual es una aportación propia de este vestidor. El corpiño queda casi al descubierto, en muchas ocasiones simplemente con un pequeño encaje al cuello, o bien cuando se usan mantillas o telas, los pecherines son bastante reducidos, dejando ver la figura de la Virgen.

No podemos dejar de lado la labor de su camarera, Doña Julia Candau, gracias a su interés se ha visto acrecentado el ajuar de Nuestra Señora del Socorro con la restauración de prendas antiguas que estaban en desuso, así como la realización de otras nuevas.

Si en la Hermandad del Amor Grande de León rompió totalmente con la estética anterior, en la de Jesús Despojado ha sido absolutamente fiel a la que Fernand crease para la Virgen de los Dolores y Misericordia, permaneciendo la exitosa y personal fórmula del tocado abierto que deja ver casi toda la cabeza y el cuello y que deriva de modelos de Salzillo como la Dolorosa.

En el sentido continuista, debemos hablar de la obra de varios vestidores y nos gustaría comenzar por Joaquín Gómez Serrano, que realiza esta labor en la Hermandad de la Trinidad.

Quizás, es el único discípulo de Francisco Morillo Esteban que ha seguido tal cual el estilo de su maestro, devolviendo a la Virgen de la Esperanza la perfección que había perdido por el propio deterioro causado por la edad de su antecesor.

Si algo debemos destacar de Gómez Serrano es su naturalidad a la hora de disponer sayas, mantos y tocados, en los cuales, los encajes forman pequeños rizos en la frente, caen con soltura por las sienes formando dos grandes líneas diagonales , mientras que en el pecho queda cubierto con un plegado simple, que permite ver el dibujo de la prenda. Los mantos quedan ajustados a la cintura y se abren conforme van descendiendo, algo que introduce este vestidor en el atuendo de la Esperanza, ya que Morillo era más dado a dejarlos caer en línea recta, con lo que quedaba cubierta gran parte de la saya, que ahora podemos contemplar por completo.

A partir de las premisas marcadas por su mentor, este artista ha evolucionado hacia su propio estilo, que quizás sea más visible durante el culto diario, en el que vemos a la Virgen con tocados que tienden a despejar el contorno de la cara y que se pliegan de modo suelto, sin hacer grandes artificios, quedando por tanto los ropajes adaptados a Ella y no al revés, algo que por desgracia no siempre ocurre a la hora de vestir a una imagen.

No sólo ha perpetuado las maneras de Morillo sino que ha sabido también aportar guiños al pasado reproduciendo fotografías antiguas en la que vemos a la Virgen con el manto cruzado y el tocado monjil a semejanza de la Virgen de las Aguas.

Ya hemos hablado de la obra de Antonio Bejarano en la Hermandad de la Santísima Vera+Cruz, pero no podemos dejar de lado su trabajo en el resto de las cofradías sevillanas.

Si hay algo que podríamos destacar de este artista, es su gusto por la pintura, lo cual se traduce en su manera de ataviar a las imágenes marianas, ya que como él mismo nos dijo un día, hace *«con los tejidos lo que no sabe hacer con los pinceles»*, y ello se refleja en su manera de disponer los tocados, sobre todo los rasos, gasas y tules, a los que otorga gran movimiento y elegancia, saliendo de la habitual y monótona simetría. De ahí su gusto por la apertura de este elemento, en unos casos más que en otros, dejando visible gran parte del rostro y cuello.

Sus maestros son José Asián Cano y Antonio Fernández Rodríguez, en los cuales se fijaba y aprendía de los mismos durante los montajes cuaresmales de sus hermandades: Los Servitas y las Aguas, ocupando en esta última el cargo de vestidor en la actualidad de las dos titulares, Nuestra Señora del Mayor Dolor y de Guadalupe desde el año 2010.

La fisonomía de ambas imágenes es absolutamente diferente: La primera, se trata de una imagen de José Romero Murillo que copia (con bastante acierto) los rasgos de la perdida en el incendio fortuito de San Jacinto, que se atribuía con bastante fundamento a José Montes de Oca, y la segunda es obra de Luis Álvarez Duarte, obedeciendo por tanto a los gustos propios del siglo XX.

Mientras que en la Virgen de Guadalupe ha permanecido fiel a la impronta que dejó Fernand, reproduciendo los tocados de bullones o blondas y respetando con ello una estética de la centuria anterior que nos parece muy adecuada para este tipo de escultura, observamos mayor libertad creativa en el caso del Mayor Dolor, en la que los tocados son más abiertos, más sueltos y obedecen a esa sensibilidad por la pintura que hemos referido.

Esta continuación del estilo sevillano a la hora de ataviar a las imágenes marianas es la que vemos en la Virgen de Montserrat, a la que viste desde el año 2009, si bien con la misma también ha hecho revival reproduciendo fotografías antiguas o incluso, en 2012 la pudimos ver con un tocado realizado a partir de un paño de tul oscuro bordado en hojilla de plata.

En la Virgen del Patrocinio también ha continuado con la línea clásica sevillana que impuso José Asián Cano en los años sesenta del pasado siglo y que han respetado los sucesivos vestidores que ha tenido la imagen desde entonces. Muy acertada e interesante fue la vestimenta de la Semana Santa del 2013, en la que se realizó una simbiosis entre el estilo que caracterizó a la Señorita de Triana hasta la llegada de Asián (que se caracterizaba por el empleo de tocados realizados con un paño de tul bordado en hojilla, que cruzaba por el pecho y del que se prendían alhajas) y la actualidad. Por ello, el rostro de la imagen quedó enmarcado por un tul blanco, a partir del cual se desplegaba otro bordado a semejanza de los arriba descritos, pero respetando la habitual disposición en hileras de blondas, siendo una solución que nos pareció de lo más interesante y que es una lástima que no la hayamos vuelto a ver, ya que significaba una feliz reinterpretación de un modelo perdido y que fue clásico en esta la hermandad del Cristo de la Expiración.

Se nos agotarían los adjetivos de admiración para calificar su obra en la cofradía de los Gitanos, en la que desde 2010 viste a la Virgen de las Angustias, sucediendo a Juan Miguel Ortega Ezpeleta, que de un modo particular y libre reinterpretaba la manera clásica de ataviar a esta Dolorosa o los modelos de los Garduño.

Si observamos la evolución de la vestimenta mariana en esta corporación durante el siglo XX, tanto en la imagen primitiva como en la actual (así como en efímera de José Merino Román que procesionó sólo en 1935), es una constante el gusto por los tejidos plegados que en ocasiones no cubrían el pecho y en su lugar aparecen blondas de oro. Asimismo, los mantos quedaban cubiertos bien por tocas de tul bordadas en el referido metal, o bien por mantillas blancas que a partir de mediados de la pasada centuria, se suprimieron con la adquisición de las tocas bordadas en oro.

Bejarano, optó por la actualización de las maneras propias de esta hermandad y el uso de elementos que durante años permanecieron guardados, pero no en el olvido. De este modo, hemos podido ver como las ropas se adaptan a la fisonomía de la imagen, los mantos encajan perfectamente, apareciendo menos abultados en la parte superior, y los mismos en ocasiones para el culto interno quedan rematados con las tradicionales mantillas blancas que le otorgan personalidad, distinción y elegancia a la Virgen Gitana, los tocados enmarcan el rostro, y el plegado de los diversos tejidos que lo forman caen de modo triangular desde las sienes a los hombros y en el pecho se alternan diversas soluciones como la habituales hileras de encajes, el cruzado en aspa, o los plisados en bandas horizontales cubierto por una fina malla de oro, novedad introducida por el genio de este vestidor que como en el caso de la Patrocinio, fusiona con maestría elementos propios de la vestimenta de la Virgen de las Angustias durante su historia, que le otorga gran personalidad y realza la belleza de tan popular imagen.

Otros continuadores que debemos citar del estilo sevillano son:

Pedro Luis Bazán Gallego, que atavía a Virgen de la Candelaria y a la de los Desamparados, en las que ha respetado la impronta que dejó Fernand en las mismas.

Antonio Jesús del Castillo con la Virgen del Subterráneo de la Hermandad de la Sagrada Cena y la de las Lágrimas de la Exaltación, Jesús Campos Montes con la Virgen de Consolación de la Hermandad de la Sed, o Manuel Jesús del Corral Zambruno con la Virgen de la Palma del Buen Fin, son vestidores que han perpetuado las formas clásicas sevillanas, que se caracterizan por su buen hacer y limpieza en la ejecución de su trabajo, mostrando siempre claridad y nitidez en las formas de disponer los tocados, mantos y sayas.

CONSIDERACIONES FINALES

Como ya dijimos al comenzar esta tercera parte, no hemos tratado de realizar una biografía de vestidores ni un relación exhaustiva de los mismos, sino que, repetimos, se trata de una visualización del panorama actual en el arte de vestir a la Virgen, por lo que hemos escogido ejemplos que nos han resultado especialmente significativos y que pensamos que han marcado hitos en el mismo tanto en el mundo de la Semana Santa como en las glorias.

Quizás la conclusión principal que obtenemos es que no nos encontramos ante una artesanía que se limita a la reproducción mimética de formas heredadas del pasado, sino ante un arte vivo, creativo, y que ha evolucionado desde el siglo XVI hasta la actualidad y en el que nuestra ciudad, Sevilla, ocupa un lugar privilegiado, como centro del mundo cofrade español en el que están todos los ojos puestos, y desde el que se irradian la mayoría de las influencias.

Quizás por este hecho, debemos ser más conscientes de la importancia que radica en las vestimentas de nuestras imágenes marianas, ya que todo lo que se haga en Sevilla tiene su eco en el resto de España (e incluso del mundo hispánico me atrevo a decir) y por eso, las grandes hermandades deben tener siempre este hecho en cuenta, puesto que son el espejo en el que multitud de cofrades van a ir a mirarse, así como continua fuente de inspiración, ya que su trayectoria de siglos les avala en la mayoría de las ocasiones por su buen hacer.

Actualmente existe, en cierto tipo de cofrades la postura de condenar este mundo a lo secundario, a lo accesorio, acusando de falta de religiosidad, seriedad y sincera devoción a los que nos venimos preocupando por la estética de nuestras hermandades y de nuestras Vírgenes. Esto se traduce por desgracia en la dejadez que presentan algunas Dolorosas en su presentación al culto, pudiéndose ver en ocasiones tocados sin forma y mantos descompensados, que desvirtúan esculturas y conjuntos procesionales de primera línea.

Intentan el desprestigio con frases como *«ya están hablando los del encajito»* o *«los de la goma»* o con el manido discurso de *«ir a rezar a San Onofre»*, como si la preocupación por el aspecto estético de las imágenes en particular y las hermandades en general, fuera en detrimento de la piedad personal y la adoración a Cristo. No olvidemos que gracias a esta preocupación existen maravillas como el altar de plata de la Catedral de Sevilla, que se levanta para honrar a la Virgen María en la octava de su Inmaculada Concepción, o conjuntos procesionales como los de la Macarena, y todo hecho siempre a mayor Gloria de Dios y de su Madre, ya que es la fe de un pueblo, canalizada en la persona de los artistas la que hace todo esto posible.

Precisamente por eso, por la dignidad del culto, de la representación perfecta de la Imago Mariae, de la transmisión al futuro del lenguaje iconológico que se esconde tras la representación mariana y de la preservación del patrimonio del pueblo cristiano y de la religiosidad sevillana, nos preocupamos por este aspecto, para presentar siempre a las imágenes de la Virgen María como reflejo de la idea de Nuestra Señora, Santa María Reina.

APÉNDICE: Elenco de vestidores sevillanos en la fecha de la publicación de la primera edición de este libro:

Creemos bastante práctico ofrecer los nombres de los vestidores así como de las imágenes marianas que atavían para reflejar un estado de la cuestión en la actualidad.

Por ello dejamos este elenco por orden alfabético, en el que sólo se incluyen a los que visten imágenes que procesionan, de otro modo sería inabarcable.

— Aguilar Hernández, José: Virgen del Rocío (Beso de Judas), Virgen del Carmen (Omnium Santorum).

— Asián Cano, José: Madre de Dios de la Palma (Cristo de Burgos), Virgen de los Dolores, de la Soledad (Servitas).

— Bazán Gallego, Pedro Luis: Virgen de los Desamparados (San Esteban), de la Candelaria (San Nicolás), del Rosario (San Julián).

— Bejarano Ruiz, Antonio: Virgen de las Tristezas (Vera+Cruz), del Mayor Dolor y de Guadalupe (Aguas), del Patrocinio (Cachorro), Montserrat, Divina Pastora (Capuchinos), de las Angustias (Gitanos), de los Dolores (San José Obrero), Divina Gracia (Padre Pío), Desamparados (Alcosa).

— Caballero Pérez, Manuel: Virgen de las Aguas (Museo), de la Quinta Angustia, de la Soledad (San Lorenzo).

— Camacho Valverde, Francisco: Virgen de la O.

— Campos Montes, Jesús: Virgen de Consolación (Sed).

— Carrasco Linares, Federico: Virgen de Araceli (San Andrés).

— Carrera Iglesias, Francisco: Virgen de los Dolores (Cerro), Dulce Nombre (Bellavista).

— Corral Zambruno, Manuel Jesús: Virgen de la Palma (Buen Fin).

— Cordón García de Leaniz, Jose María: Virgen de los Dolores (Santa Cruz), de la Luz, San Esteban.

— Del Castillo Fernández Antonio Jesús: Virgen del Subterráneo, de la Encarnación (Cena), de las Lágrimas (Exaltación).

— Díaz Lora, Jesús: Virgen del Carmen (San Leandro).

— Fernández Sánchez, Jose Javier: Virgen del Rosario, del Carmen (Santa Catalina), del Amparo (Heliópolis).

— García Hidalgo, Antonio: Virgen de la Purísima Concepción (Divino Perdón).

— Garduño Lara, Luis Miguel: Virgen de la Salud (San Gonzalo), del Mayor Dolor y Traspaso (Gran Poder).

— Garduño Navas, José: Virgen de la Esperanza (Macarena, mantiene el cargo de vestidor honorífico), de la Estrella.

— Granados Caro, Rafael: Virgen de Gracia y Esperanza (San Roque).

— Grande de León, Jose Antonio: Virgen del Socorro (Amor), Dolores y Misericordia (Jesús Despojado), Amor (Pino Montano), Dulce Nombre (Bofetá), Piedad, Caridad (Baratillo), Soledad (San Buenaventura), de la Merced (Pasión), de las Nieves (Santa María la Blanca), Carmen (Calatrava), de la Anunciación (Juan XXIII), Dolores (Torreblanca).

— Gómez Fernández de la Oliva, Joaquín: Virgen de la Victoria (Cigarreras).

— Gómez Gonzálvez, Jose Luis: Divina Pastora (Triana).

— Gómez Serrano, Joaquín: Virgen de la Concepción, de la Esperanza (Trinidad).

— Hernández Lucas, Francisco Javier: Virgen de la Esperanza (Triana).

— López González, Joaquín: Virgen de la Amargura.

— López Luna, Manuel: Virgen del Rosario (Barrio León).

— Lozano Rivero, Jose Manuel: Virgen del Rosario (San Pablo), Penas (Santa Marta), Refugio (San Bernardo), Ángeles (Negritos), Esperanza, Rosario (Macarena), Aurora (Resurrección), Mercedes (Puerta Real), Carmen (San Gil), Divina Pastora (San Antonio de Padua).

— Martín Caballero, Vicente: Virgen de Guía, del Buen Fin, de la Esperanza Divina Enfermera (Lanzada).
— Martin González, Álvaro: Divina Pastora (Santa Marina), Virgen de la Cabeza (San Juan de la Palma).
— Martín Santonja, Mariano: Virgen de la Encarnación (San Benito), de Regla (Panaderos), del Carmen (Puente de Triana), Esperanza (Tres mil viviendas).
— Moreno Bernal, Jose Antonio: Virgen del Rosario (La Milagrosa)
— Ojeda Rodríguez, Manuel: Virgen de la Hiniesta (San Julián), de los Reyes (San Ildefonso).
— Paleteiro Bellerín: Virgen de Gracia y Amparo (Javieres), de los Remedios, de la Cabeza, del Rosario (Siete Palabras), del Rosario en sus Misterios Dolorosos (Montesión), Madre de Dios del Rosario (Santa Ana).
— Palomino Manuel: Virgen de la Angustia (Estudiantes), del Valle, de la Concepción (Silencio).
— Robles Segura, Juan Jorge: Virgen de la Paz (Porvenir), de la Luz, del Mayor Dolor (Carretería).
— Ruiz Zafra, Francisco: Virgen de la Sierra (San Roque).
— Sosa Sánchez, Francisco Javier: Virgen de la Alegría (San Bartolomé).
— Vargas de la Cruz, Manuel: Virgen de Loreto, de las Nieves (Tres Caídas), de la Salud (San Isidoro), de Villaviciosa (Santo Entierro).
— Vespia Román, Manuel: Virgen de las Mercedes (Santa Genoveva).

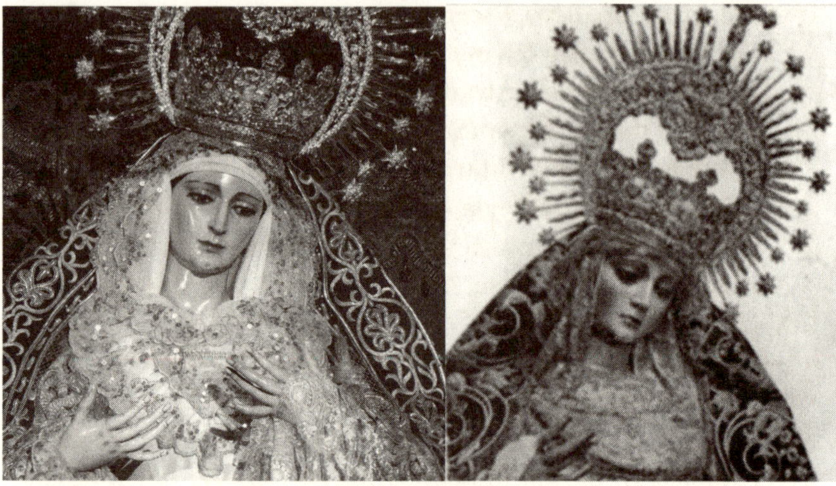

Fusionando el tocado dorado con el que en el pasado se vestía a la Virgen del Patrocinio, con los modelos actuales, viste de este modo tan acertado a la Señorita de Triana.

José Aguilar alterna en la Virgen del Rocío soluciones gaditanas (izquierda) con sevillanas (derecha).

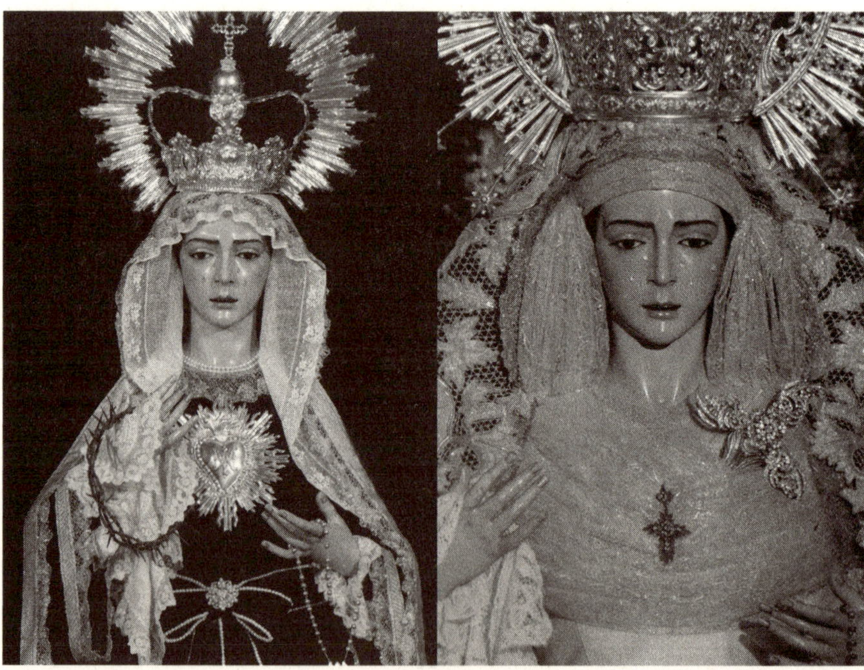

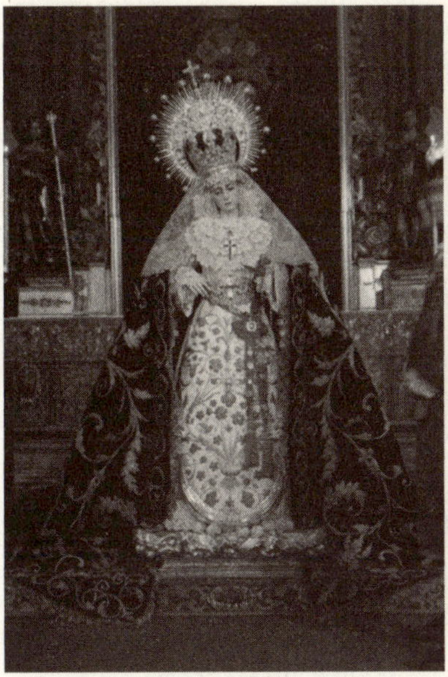

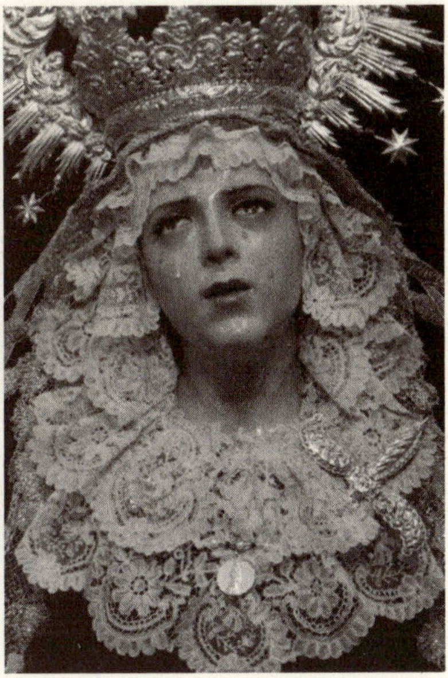

La Virgen del Subterráneo y la del Mayor Dolor en su Soledad, impecablemente ataviadas conforme a las modas del final del siglo XX.

La soltura y naturalidad son las características que definen la vestimenta de la Virgen de la Esperanza de la Trinidad por Joaquín Gómez Serrano.

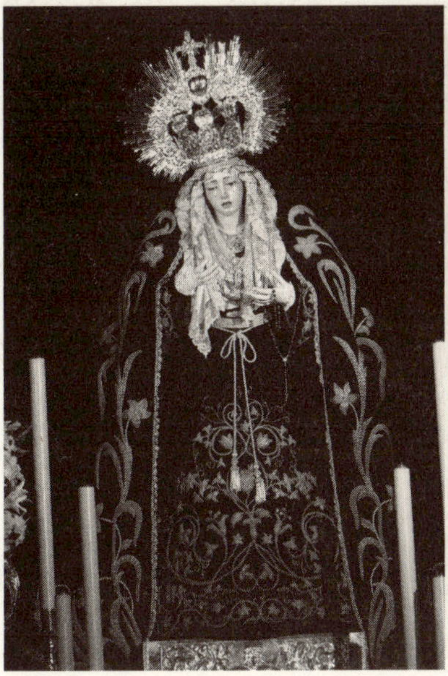

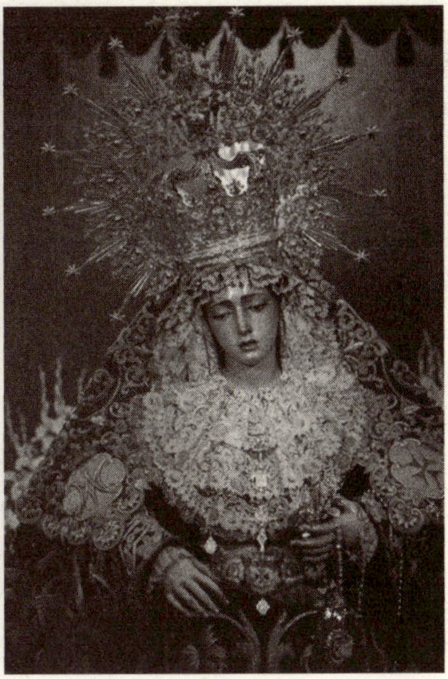

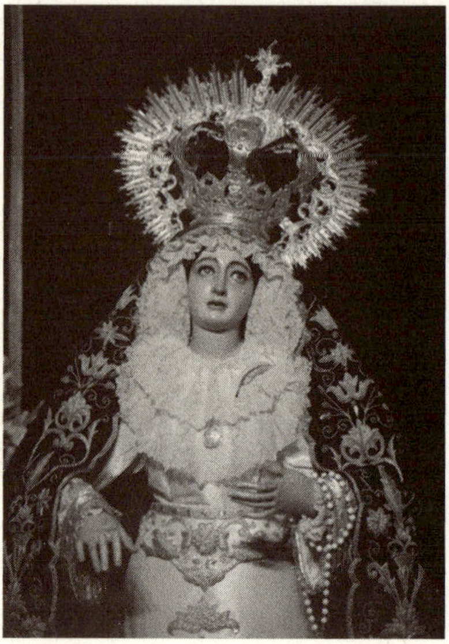
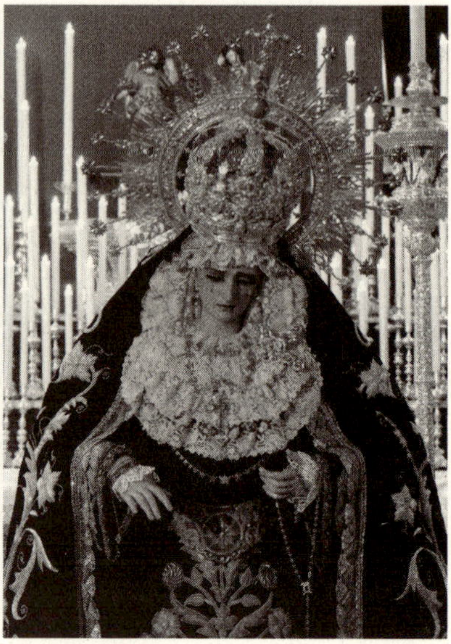

Elegancia y belleza en las vestimentas de Madre de
Dios de la Palma y la Virgen de las Lágrimas.

Grande de León ha continuado con el personal estilo que otorgó Antonio Fernández a la Virgen de los Dolores y Misericordia. José Javier Fernández muestra con maestría en la Virgen de la Soledad en su Esperanza (San Ildefonso) el clasicismo y la ortodoxia de la hebrea sevillana.

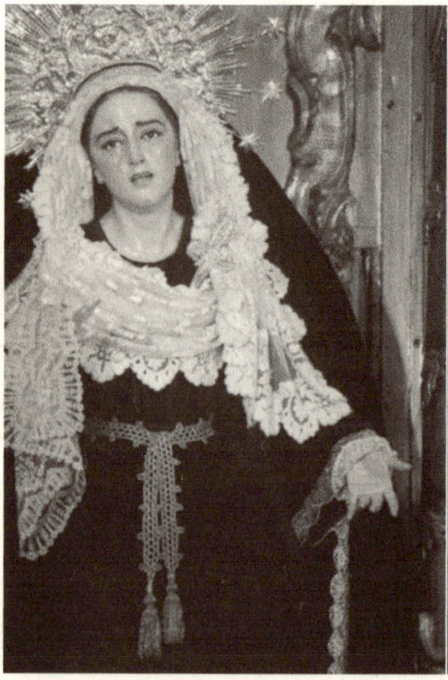
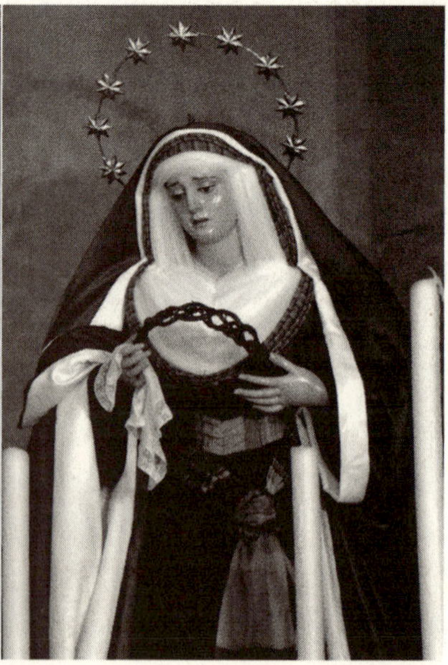

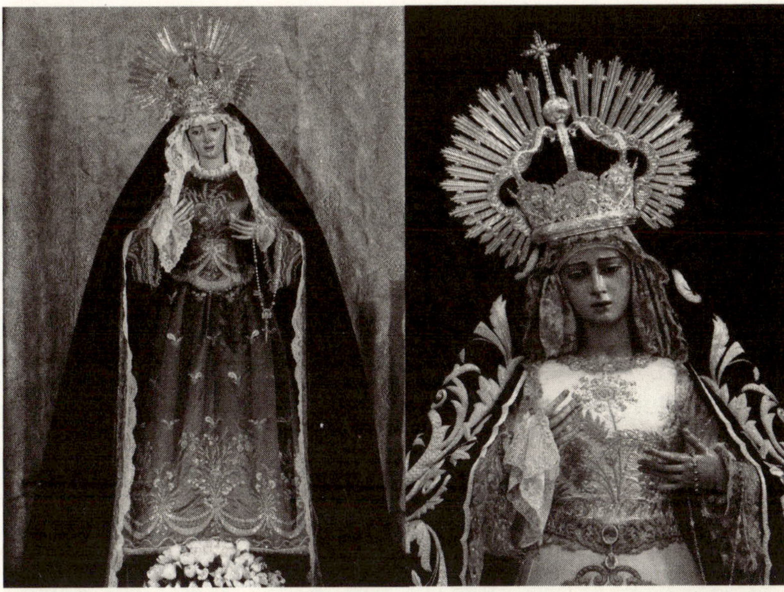

Innovaciones de Gran de León en la Virgen del Socorro. Observen la continuación del encaje por toda la orilla del manto.

La Virgen de los Dolores de San Vicente y la de las Aguas del Museo: Dos iconos fijados que han pasado incólumes las modas del siglo XX y XXI.

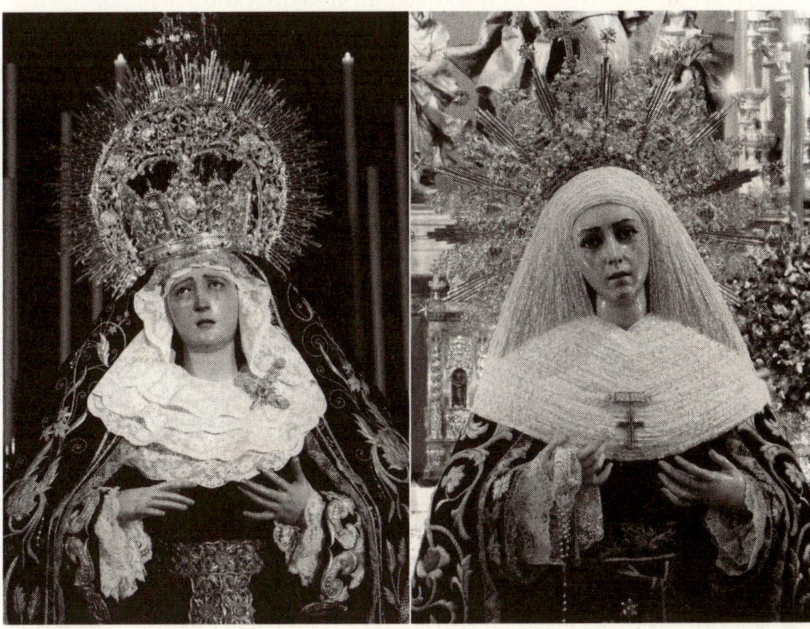

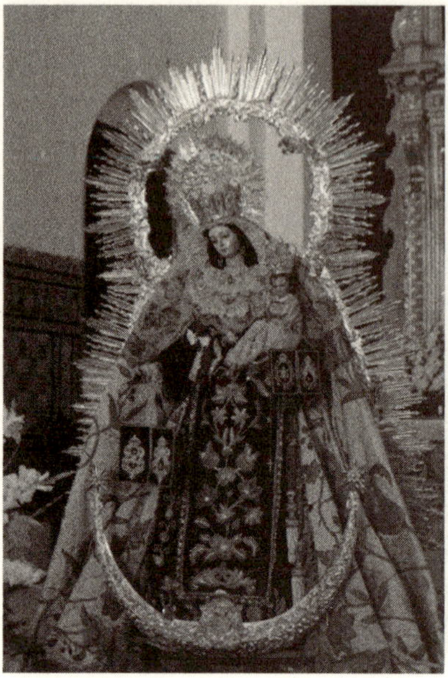

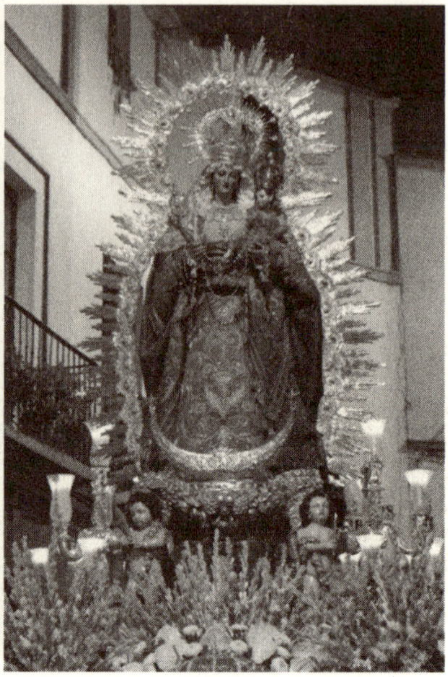

La Virgen del Carmen de Santa Catalina continúa en la mayoría de las ocasiones con el tocado que impuso Francisco Morillo. La Virgen de la Luz, la única que jamás se salió del estilo de Gloria sevillano.

La Piedad del Baratillo y la de la Mortaja, en las que se ha respetado el estilo que Antonio Fernández en la primera y Antonio Amians en la segunda les diese.

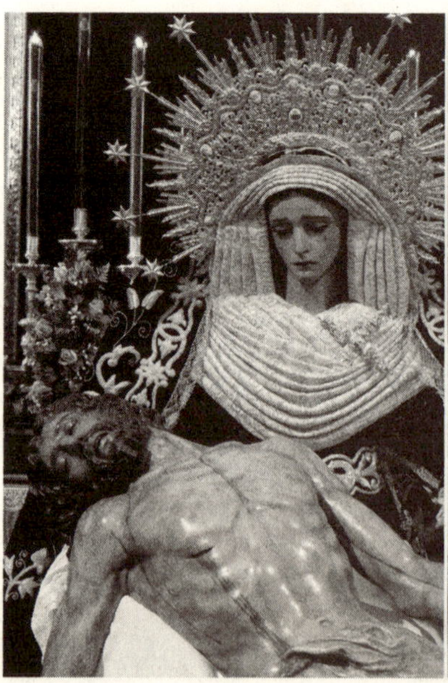

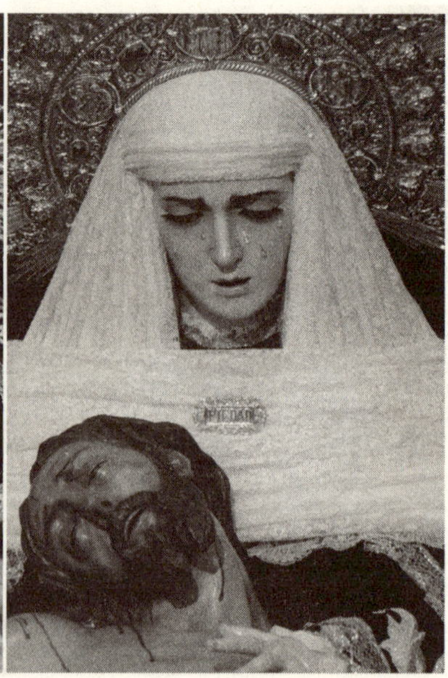

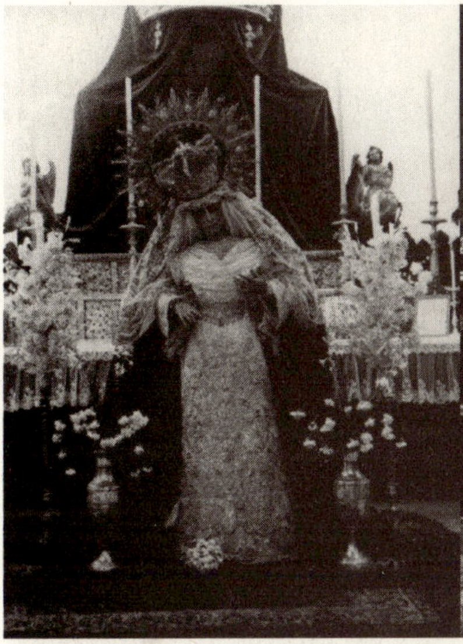
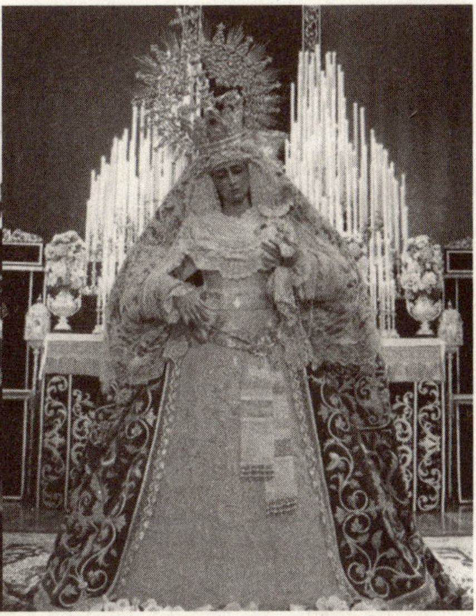

A partir de modelos propios de la hermandad de los Gitanos, Antonio Bejarano vuelve a vestir a la Virgen de las Angustias.

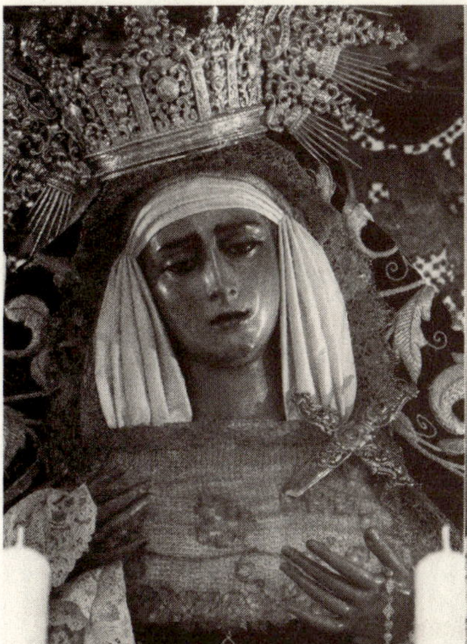
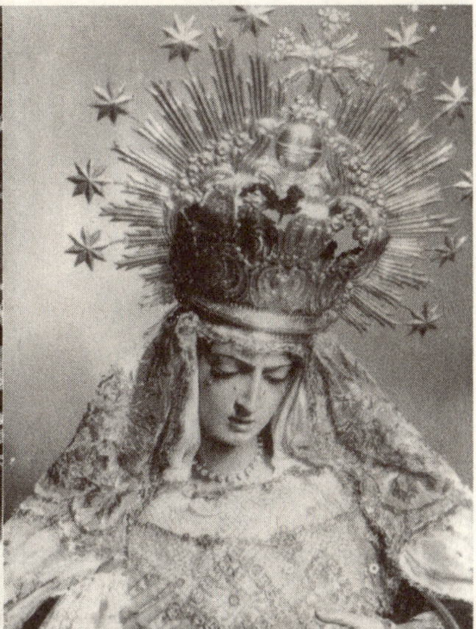

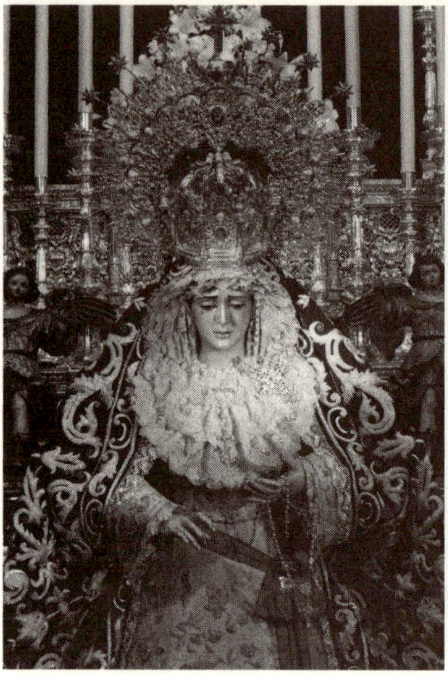

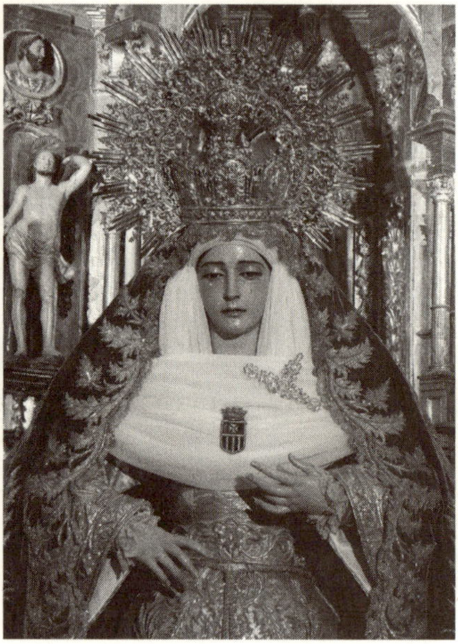

Los tocados de blondas o telas plegadas del siglo XX han marcado en el imaginario sevillano la imagen de la Dolorosa, por lo que en algunas son ya inamovibles. Virgen de Gracia y Esperanza, de la Merced, de la Paz y de la Palma.

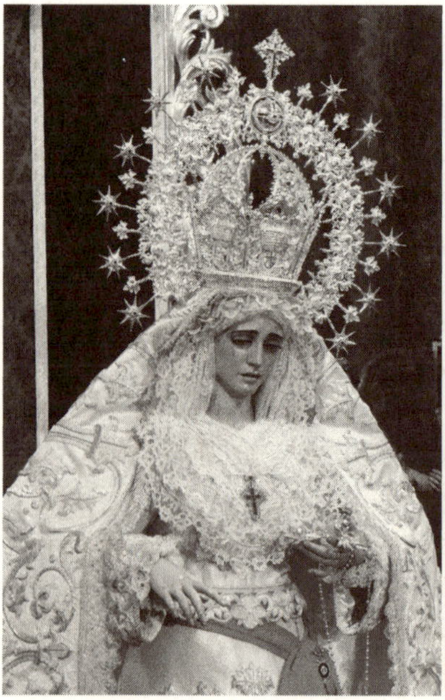

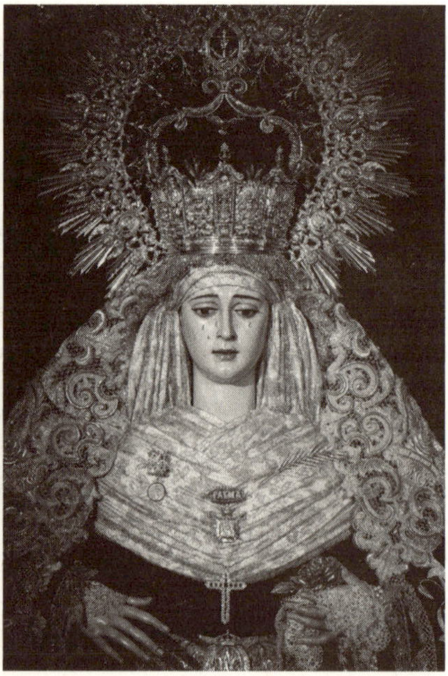

Agradecimientos

A mis padres y a Javier por su paciencia, y a la Esperanza que nos alegra con la belleza de su mirada.

J. Ignacio Sánchez Rico

El apartado de los Grandes Maestros, no hubiese podido realizarse sin estas aportaciones:

El maestro y amigo Luis Álvarez Duarte por contarnos tantas vivencias y abrir una vez más su taller para perdernos en el tiempo de buenas tertulias.

Fernando Aguado, gran amigo, por darnos su particular visión de lo que debe ser un vestidor para ensalzar una imagen desde el prisma de su profesión.

Pepe Asián por su disponibilidad y atenciones al aportarnos tanto y de forma tan divertida. Y por quererme tanto!

Pepe Garduño y a su esposa Leonor por abrirnos las puertas de su casa y compartir tantas vivencias de su vida. También por contarnos anécdotas de su hermano Antonio.

Lolina y su nieto Quique para hablarnos de su admirado y gran amigo Paco Morillo y ofrecernos todo lo que necesitásemos desde el primer minuto. Anécdotas, fotografías...

Inmaculada Villanueva Morillo, sobrina de Paco Morillo por abrirnos no sólo las puertas de su casa, también las de su corazón y su archivo fotográfico.

La familia Alzate Morillo, especialmente a Rocio, sobrina de Fernando Morillo y sus hijos Fernando y Esperanza, dispuestos siempre a cualquier hora y contándonos su vida, vivencias y anécdotas.

Lorenzo de Juan Luque, gran cofrade Cordobés ayudándonos con la relación de Fernando Morillo y su Virgen, la Reina de los Mártires.

Miguel Ángel Zambruno Cerdán, Cofrade de mi querida Sanlúcar de Barrameda por compartir su trato con Fernando Morillo y su relación con la Virgen de la Estrella de ésta bendita localidad.

Francisco Manuel Fernández Corbacho por contarnos tantas vivencias de Antonio Fernández, "Fernand".

Manolo Sousa Sousa por abrir su corazón y hablarnos de su padre y abuelo. Desde aquí también nuestro reconocimiento y agradecimiento. Un apellido siempre vinculado a la Sagrada Mortaja.

Joaquín Gómez Rodríguez, por su amistad y recordar años sobre su Virgen de la Victoria y Fernando Morillo.

Luis Miguel Romero Amoscótegui por aportar los distintos datos que necesitaba.

En el apartado fotográfico, agradecer la disponibilidad absoluta de estos fotógrafos o coleccionistas. Sin ellos y sus archivos hubiese sido imposible ilustrarlo. A todos, gracias por su amistad, disponibilidad y apoyo incondicional:

Antonio Pérez por su extenso archivo, digno de un museo de la Semana Santa.

Álvaro Heras por participar con fotografías e ilustrarnos con su web www.cruzalzada.com

Fernando Morillo Alzate, por las fotografías y reproducciones de su tío–abuelo Fernando y de Paco Morillo.

Fermín García Perlacia por su extenso y único archivo Servita y de Pepe Asián.

José Luis Segovia por las fotos de su Virgen de la Estrella de Sanlúcar de Barrameda.

Carlos Torregrosa por las fotografías del puñal de la Reina de los Mártires de Córdoba.

Gracias también a Jesús Andrades por su búsqueda incansable de archivos fotográficos.

Gracias a Dani López por la fotografía de portada y a la Hermandad del Silencio Sanlúcar de Barrameda por ofrecernos todo tipo de facilidades para que las manos de su Virgen del Amor sean las que nos inviten a adentrarnos en este libro.

Especialmente también, agradecer a las hermanas Rosa y Esperanza García Perea por ser las precursoras y el aliento para que este libro cobrase forma y fuese una realidad. Eternamente agradecido.

Y como no... a esos Grandes Maestros que a lo largo de los años, muchos de ellos en el anonimato, ayudaron a cientos de fieles a encontrar el camino de la devoción por su cariño, entrega, desvelo y forma de ataviar a la Virgen María. Especialmente a los seis Grandes Maestros de los que hemos recogido parte de sus vidas: Fernando Morillo, Paco Morillo, Antonio Fernández, Antonio Garduño, Pepe Garduño y Pepe Asián.

Antonio Bejarano Ruiz.

Quisiera agradecer a David Romero Alonso, Ramón de la Campa Carmona, Antonio Flores Holgado, a Sergio Fernández Pérez y a la página web «El Costal» la ayuda prestada para poder realizar este libro.

Jesús Romanov López–Alfonso.